초사

일러두기

1. 이 책은 후한後漢 왕일王逸의 『초사장구楚辭章句』에 수록된 굴원과 송옥을 포함한 초사 작가 9인의 작품 63편을 모두 번역한 것이다.
2. 문장 표점과 해석은 황서우치黃壽祺·메이퉁성梅桐生의 『초사전역楚辭全譯』, 우광핑吳廣平의 『초사전해楚辭全解』, 린자리林家驪의 『초사역주楚辭譯註』를 참고했다.
3. 이 책에 수록된 그림은 우광핑의 『초사도문본楚辭圖文本』(岳麓書社, 2011)과 청나라 소운종蕭雲從·문응조門應兆가 그린 『흠정보회소운종이소전도欽定補繪蕭雲從離騷全圖』를 참고했다.
4. 원문에 나오는 이체자異體字는 현재 통용되는 한자로 모두 바꾸었다.
   예) 歟→陳, 壄→野 등
5. 원문은 되도록 짧은 대목으로 나누어 번역했고, 번역문 아래에 원문과 개별 한자의 독음 및 주석을 붙여놓아 대조하며 읽기에 편하도록 했다.
6. 각 편의 앞머리에는 해당 편의 역사적 유래와 내용 등을 미리 이해할 수 있도록 해제를 붙여놓았다.
7. 번역문은 원문에서 크게 벗어나지 않는 부분에서 해석하려고 노력했으나 어떤 부분은 충분한 이해를 돕기 위해 알기 쉽게 풀어놓기도 했다.
8. 주석에 나오는 주요 참고문헌은 다음과 같다.
   『楚辭全譯』(黃壽祺·梅桐生 譯註, 貴州人民出版社, 1996)
   『屈原集校註』(金開誠·董洪利·高路明 著, 中華書局, 1999)
   『楚辭今註今譯』(郝志達 譯註, 河北人民出版社, 2000)
   『楚辭補註』([宋] 洪興祖 補註, 鳳凰出版社, 2007)
   『楚辭全解』(吳廣平 著, 岳麓書社, 2008)
   『楚辭譯註』(林家驪 著, 中華書局, 2010)
   『장강을 떠도는 영혼』(선정규, 신서원, 2000)
   『굴원』(장기근·하정옥, 명문당, 2003)

초나라의 노래 국내 첫 완역

초사

굴원·송옥 외 지음 | 권용호 옮김

글항아리

초사楚辭란

　　초사란 전국戰國시대 후기 초楚나라의 고유한 언어와 음악을 이용해 지어진 새로운 시체이자 굴원屈原과 그 이후의 작가들이 이 시체를 이용해 지은 시가를 말한다. 당시 북방에서 유행했던 『시경詩經』과는 내용과 형식에서 완전히 다른 시체라고 할 수 있다. 내용적으로 초사는 『시경』의 현실적인 시들과 달리 개인의 고뇌와 번민을 수많은 비유와 대구로 표현하여 중국 문학의 문학성과 예술성을 한층 높였다. 형식적으로는 매 구의 중간 혹은 끝에 "혜兮" "사些" "지只" 같은 어조사를 두어 뛰어난 운율미를 갖고 있고 문장 끝에 "난亂"을 두어 작품 전체를 총결하기도 한다.

　　초사는 굴원이 활동할 당시에는 새로운 시체였지만 초사라는 말이 처음으로 등장한 것은 한나라 때였다. 전한前漢 성제成帝 때 유향劉向(기원전 77~기원전 6)이 옛 문헌을 정리하면서 초나라의 굴원과 송옥宋玉의 작품을 비롯한 한나라의 가의賈誼(기원전 201~기원전 169)·회남소산淮南小山·동방삭東方朔·유향劉向·왕포王褒·엄기嚴忌의 작품들을 한 곳에 엮어 "초사"라고 명명한 것이 시작이다. 이때부터 초사는 하나의 새로운 시체로 인식되었다.

후한 안제安帝 때 왕일王逸은 유향이 엮은 『초사』에 주석을 달고 자신이 직접 쓴 『구사九思』를 넣어 『초사장구楚辭章句』라는 책을 펴냈다. 나중에 유향이 엮은 『초사』는 실전되고, 왕일의 이 『초사장구』가 지금까지 전해온다. 우리가 초사의 면모를 알 수 있게 된 것은 전적으로 이 책 덕분이라고 할 수 있다. 이 책은 현존하는 가장 오래된 『초사』 주석본이다.

초사의 작가와 작품

굴원은 초사문학에서 가장 중요한 작가다. 굴원은 전국시기 초나라 선왕宣王 17년, 즉 기원전 353년 정월 23일에 태어났다. 이름은 평平, 자는 원原이다. 왕족 출신이라 어려서 좋은 교육을 받았고 국가에 대한 자부심도 컸다. 초 회왕懷王 때는 능력을 인정받아 당시 초나라 최고의 행정장관인 영윤令尹 다음인 좌도左徒라는 직책을 맡아 국사를 처리하기도 했다. 그러나 우국충정에서 나오는 타협할 줄 모르는 곧은 성격 때문에 많은 신료의 미움을 받아 세 차례나 유배되는 고초를 겪는다. 이는 그를 철저히 좌절시켰고 임금에 대한 원망과 그리움으로 이어졌다. 이를 문학으로 승화시킨 작품이 초사라고 할 수 있다.

굴원이 살았던 전국 시기는 중국 역사상 가장 혼란했던 시기였다. 제齊·초楚·연燕·한韓·조趙·위魏·진秦나라가 천하를 다투었다. 이중 진나라의 국력이 가장 강성했다. 초나라는 강성해지는 진나라를 막고자 제나라와 군사동맹을 맺었다. 진나라는 초나라를 치기 위해서 이 군사동맹을 와해시킬 필요가 있었다. 이에 진 혜왕惠王은 언변에 능한 장의張儀를 초나라로 보냈다. 장의는 초나라에게 제나라와 동맹관계를 끊는다면 그 대가로 상商·어於 땅 600리里를 돌려주겠다고 한다. 회왕은 마음이 동해 제나라와 동맹관계를 끊고 진나라로 사람을 보내 이 600리의 땅을 요구한다. 그러나 장의는 600리의 땅이 아니라 6리의 땅이라고 우긴다. 화가 난 회왕은 군사를 동원해 단양丹陽에서 진나라 군대를 공격했다. 결과 초나라는 진나라에 대패하고 한중漢中 지방까지 빼앗긴다.

위기감을 느낀 회왕은 제나라와 동맹관계를 회복하기 위해 굴원을 불러 사자로 보냈다. 회왕 18년(기원전 311), 진나라는 한중 지방을 돌려주겠다며 화친을 요구한다. 이때 회왕은 화친의 대가로 장의를 보내줄 것은 요구한다. 장의는 초나라에 와서 회왕의 총애를 받는 근상靳尙에게 뇌물을 주어 초나라 임금에게 좋은 말을 올려달라고 부탁한다. 이로써 장의는 석방된다. 회왕 24년(기원전 305), 초나라는 제나라와의 관계를 단절하고 진나라와 연합한다. 이때 진나라와 연합을 반대했던 굴원은 간언을 올렸다가 조정 신료들의 미움을 받아 한북漢北으로 유배를 당한다.

회왕 30년(기원전 300), 진나라는 초나라를 공격하여 8개 성을 점령한다. 회왕은 굴원을 다시 불러들였으나 굴원은 끝까지 제나라와 연합하여 진나라에 대항할 것을 주장한다. 당시 진 소왕昭王은 회왕에게 편지를 써서 두 사람이 무관武關에서 만나 맹약을 체결하자고 제의했다. 회왕은 굴원의 강력한 반대에도 불구하고 무관으로 간다. 회왕은 무관에 들어서자 바로 연금되고 땅을 할양하라는 협박을 받는다. 초나라에서는 대신들이 태자 횡橫을 임금으로 세우는데 이가 경양왕頃襄王이다. 경양왕 3년(기원전 296), 회왕은 끝내 초나라로 돌아오지 못하고 진나라에서 사망한다. 굴원은 영윤 자란子蘭에게 회왕이 죽은 책임을 돌린다. 자란은 상관대부上官大夫를 사주해 경양왕 앞에서 굴원을 비방하게 한다. 경양왕은 대로하여 굴원을 강남으로 유배를 보낸다. 굴원은 결국 자신을 시기하는 신료들과 자신의 말을 들어주지 않는 임금에게 절망한다. 조정이 무능한 신료들에 의해 장악당하면서 초나라의 국세도 나날이 기울어져갔다. 경양왕 21년(기원전 278)에 진나라의 장수 백기白起가 초나라의 수도 영도郢都를 공격해 초나라는 결국 패망한다. 이에 절망한 굴원은 멱라강汨羅江에 뛰어들어 자살한다.

굴원의 작품으로 『사기史記』는 「이소離騷」 「천문天問」 「초혼招魂」 「애영哀郢」 「회사懷沙」 5편이 있다고 했고, 『한서漢書』 「예문지藝文志」는 25편이 있다고 했다. 『한서』에서 말하는 25편은 왕일의 『초사장구』와 주희朱熹(1130~1200)의 『초사집주楚辭集註』의 기록과도 일치한다. 이 25편은 각각 「이소」 「구가九歌」(11편), 「천문」 「구장九章」(9편), 「원유遠遊」 「복고卜居」 「어부漁父」다. 여기에 현대 학자들의 고증으로 굴원의 작품으로 보는 「대초大招」까지 포함하면 총 26편이 된다. 『사기』에서 언급한 「초혼」은 『초사장구』에서 송옥宋玉이 지은 것이라고 했기 때문에 굴원의 작품에 넣지 않는 것이 타당할 듯싶다.

굴원의 작품 중 가장 중요한 작품이 「이소」다. 「이소」는 중국 고대 시가 중에서 가장 긴 작품으로 굴원이 한북으로 유배당했을 때 지어졌다. 내용은 좋은 자질을 가지고도 등용되지 못하고 쫓겨나는 신세를 한탄하는 내용인데 작가 굴원의 고고한 인품이 잘 나타나 있다. 「구가」는 민간에서 신에게 제사지내는 악곡에 개인의 정서를 넣어 만든 시다. 「구가」에는 「동황태일東皇太一」 「운중군雲中君」 「상군湘君」 「상부인湘夫人」 「대사명大司命」 「소사명少司命」 「동군東君」 「하백河伯」 「산귀山鬼」 「국상國殤」 「예혼禮魂」이 수록되어 있다. 「구가」는 제사지내는 신에 따라 하늘·땅·사람으로 나눌 수 있다. 천신을 찬미하는 것으로는 「동황태일」 「운중군」 「동군」 「대사명」 「소사명」이 있고, 지신을 찬미하는 것으로는 「상군」 「상부인」 「하백」 「산귀」가 있고, 사람귀신을 찬미하는 것으로는 「국상」이 있다. 「천문」은 「이소」 다음으로 긴 시다. 시에는 170여개의 질문을 하며, 천지의 생성과 일월성신의 운행에서 고대의 신화전설과 하·상·주의 역사적 흥망성쇠 그리고 초나라의 장래 등을 묻고 있다. 「구장」은 굴원이 지은 9편의 작품을 모은 것이다. 「석송惜誦」 「섭강涉江」 「애영哀郢」 「추사抽思」 「회사懷沙」 「사미인思美人」 「석왕일惜往日」 「귤송橘頌」 「비회풍悲回風」이 수록되어 있다. 「귤송」을 제외한 나머지 작품들은 굴원이 유배당한 곳이거나 유배 가던 중에 지은 것이다. 이들 작품 중 시기적으로 「석송」이 가장 이르다. 그 다음이 「추사」 「사미인」으로, 굴원이 한북으로 유배당했을 때 지어졌다. 「섭강」 「애영」은 경양왕 때 강남으로 유배되었을 때 지어졌고, 「비회풍」 「회사」 「석왕일」은 굴원이 멱라강에 투신하기 전쯤에 지어졌다. 「석왕일」은 굴원의 절명사다. 이 여덟 편은 자신의 불행한 운명을 하소연하며 나라의 장래를 걱정하는 마음을 읊고 있다. 이외에 「원유」 「복거」 「어부」 등도 굴원이 유배를 당하게 된 이유와 자신의 처지 및 심정을 읊고 있다.

송옥은 굴원의 뒤를 잇는 초사문학의 중요한 작가다. 굴원과 같은 초나라 사람이지만 굴원보다 약간 후대의 문인이다. 대략 초나라 경양왕 원년(기원전 298) 전후에 태어났고, 초나라가 패망할 무렵인 대략 기원전 222년에 사망했다. 경양왕·고열왕考烈王·유왕幽王 시기에 활동했다. 경양왕의 신하로서 몇 차례 간언을 올렸지만 받아들여지지 않고, 대부 등도자登徒子와 당륵唐勒 등의 모함을 받았다. 그는 굴원의 뒤를 잇는 초사 문학의 대가이자 한부漢賦의 시조다. 초사와 한부를 잇는 중요한 역할을 했다는 평가를 받는다. 대표작은 「구변九辯」과 「초혼招魂」이다. 「구변」은 가을의 처량한 경치를 대하면서 자신의 처지와 초나라가 처한 암울한 현실을 읊고 있다. 쇠퇴해가는 초나라의 현실이 초목이 시드는 가을날의 처량함과 일치하고 있어 예술적으로 뛰어난 작품으로 평가받는다. 「초혼」은 굴원의 「대초」의 영향을 크게 받은 작품으로 초 경양왕의 혼을 부르는 작품이다.

가의賈誼는 낙양 사람이다. 18세 때 고향에서 이미 문재를 떨쳤고, 20살 때 한 문제文帝가 박사博士로 불렀다. 그리고 얼마 후 태중대부太中大夫로 승진했다. 정치개혁을 주장하다 대신들의 배척을 받고 장사왕태부長沙王太傅로 좌천되었다. 나중에 다시 양회왕태부梁懷王太傅로 자리를 옮긴다. 양회왕이 말에 떨어져 죽자 가의는 대단히 괴로워했다고 한다. 이후 얼마 있지 않아 33세의 나이로 사망했다. 대표작으로는 「석서惜誓」 「조굴원부弔屈原賦」 「붕조부鵬鳥賦」가 있다.

회남소산淮南小山은 사적이 분명치 않으나 회남왕淮南王 유안劉安(기원전 179~기원전 122)의 문객으로 추정된다. 대표작으로는 「초은사招隱士」가 있다.

동방삭東方朔은 한 무제武帝 때의 사람으로, 무제가 천하에 재능 있는 선비를 구할 때 자천하여 벼슬길에 올랐다. 그러나 뛰어난 재

능에도 불구하고 크게 중용되지 못했다. 대표작으로는 「칠간七諫」 7
편이 있다.

유향劉向은 초나라 원왕元王의 후대로, 패현沛縣 사람이다. 황명을
받들어 각종 전적을 교감하여 선진 이전의 전적들을 보전하고 전래
하는 데 큰 업적을 세웠다. 그러나 벼슬길이 순탄하지 않아 두 차례
나 옥고를 치렀다. 성제成帝 때 중용되어 여러 차례 간언을 올리나
받아들여지지 않았다. 대표작으로는 「구탄九歎」 9편이 있다.

왕포王褒는 전한 촉군蜀郡 사람이다. 문재가 뛰어나 황제의 총애
를 받았다. 그러나 일찍 병사한다. 대표작으로는 「구회九懷」 9편이
있다.

엄기嚴忌는 문재와 언변이 뛰어났다. 오왕吳王 유비劉濞의 문객으
로 있다가 나중에 유비가 모반을 일으키자 글을 올려 간언했으나
받아들여지지 않았다. 이에 오왕을 떠나 양효왕梁孝王에게 기탁했
다. 양효왕이 예로써 대우해주었지만 정치적으로 어떤 성취를 거두
지 못했다. 대표작으로는 「애시명哀時命」이 있다.

왕일王逸은 남군南郡 의성宜城 사람으로 교서랑校書郎과 시중侍中
을 지냈다. 가장 이른 초사의 주석본인 「초사장구」를 지었다. 관운
은 좋지 않아 세상을 한탄하는 내용의 작품들이 많다. 대표작으로
는 「구사九思」 9편이 있다.

문학사적인 의의

중국 문학의 원류는 보통 산문은 『상서尙書』에서, 운문은 『시경』

에서 시작되었다고 말한다. 『시경』은 서주西周 초년(기원전 11세기)에서 춘추春秋 중엽에 이르는 약 500년간 동안 유행했다. 『시경』이후 또 300여 년 동안은 『좌전左傳』『논어論語』『장자莊子』같은 역사 산문과 제자諸子 산문이 많이 지어졌다. 초사는 바로 이들의 뒤를 잇는 중국 문학의 또 다른 거대한 수확이라고 할 수 있다. 초사는 여러 가지로 중국 운문의 원류인 『시경』과 구별되는 자신만의 내용과 형식을 가지고 있기 때문이다.

첫째, 초사는 중국 문학의 또 다른 원류다. 『시경』은 사언이 위주이고 한대 오언 고체시古體詩의 형성에 큰 영향을 끼쳤다. 초사의 육언六言 형식은 한대의 부賦와 정형화된 칠언시七言詩의 발전에 지대한 영향을 미쳤다. 또한 중국 소설과 희곡도 초사에 뿌리를 두고 있다. 이를테면 「복거」와 「어부」의 대화체 그리고 「초혼」과 「대초」 등은 중국 희곡의 원류가 되었다. 이로 보면, 비록 『시경』보다 늦게 나타났지만 중국 문학의 또 다른 원류라고 할 수 있다.

둘째, 초사는 민간의 집체창작에서 작가 개인이 창작하는 시대를 열었다. 『시경』에 수록된 시들은 서주 초기부터 민간에 유행한 시가들을 채집한 시들로 후인들이 정리하고 편집해 만들었다. 초사는 굴원과 그의 후학 송옥에 의해 만들어졌다. 그 내용 또한 『시경』과 달리 개인의 정서를 집중적으로 표현하고 있다. 중국 문학에서 이렇게 작가가 개인의 울분과 정서를 문학작품으로 승화한 것은 초사에서 시작되었다.

셋째, 초사는 중국 낭만주의 문학의 시초다. 초사 이전의 문학은 중원의 북방문화 위주였다. 『상서』와 『시경』을 봐도 황하 유역의 문화가 집중적으로 구현되어 있다. 작품의 내용도 현실적이고 사회적인 색채가 두드러진다. 초사는 남방 문학과 음악의 영향을 받아 낭만적이고 서정적인 색채가 강하다. 용龍과 함께 노닐며, 신들과 함께 구름 위를 달리는 꿈과 같은 이야기들이 펼쳐진다. 이런 낭만주의적 요소들은 중국 문학을 더 풍요롭게 해주었다. 당나라의 대시인 이백 李白의 기상천외한 시, 명대 오승은吳承恩의 『서유기西遊記』 등의 작품들에 영향을 줄 정도로 영향력이 지대했다.

넷째, 풍부한 상상력과 섬세한 내심의 묘사는 중국 문학의 표현력을 크게 향상시켰다. 굴원은 개인의 울분을 노래하면서 고대의 신화·전설과 역사를 넘나들고 천신과 용을 부렸고, 또 복잡한 내심의 변화를 섬세하게 표현했다. 이는 전대의 작품에서는 도저히 볼 수 없는 것이었다. 일례로 "근심을 빙 둘러 띠로 만들고, 시름과 고통을 엮어 속옷으로 만드네糺思心以爲纕兮, 編愁苦以爲膺."(「비회풍悲回風」) 같은 구절은 작가의 온 몸이 근심·시름·고통에 휩싸여 있음을 표현한 것으로 그 감정묘사의 섬세함을 엿볼 수 있다. 초사의 뛰어난 점은 이렇게 작가의 굴곡진 인생경력에 뛰어난 문학적 상상력과 섬세한 감정묘사를 결합해서 보여주었다는 것이다.

이밖에도 『초사』에 반영된, 임금을 걱정하고 나라를 생각하는 마음은 역대 중국 문인들에게 본받아야 할 하나의 지침이 되었을 뿐만 아니라 어려움에 처했을 때 위로를 받는 정신적인 안식처가 되었다. 자신의 안위를 떠나 간곡하게 충언을 올리는 것, 몇 번이나 자신을 버린 임금을 도리어 걱정해주는 마음, 풍전등화에 빠진 조국의 현실에 고통스러워하는 마음은 후대 중국 문인들의 본보기가 되었다. 근대의 대학자인 궈모뤄郭末若(1892~1978)는 1937년 일본이 중국을 침공할 때 굴원의 일대기를 다룬 극을 만들어 민중들의 애국심을 고취했다고 한다.

끝으로 후한 사람 왕일은 초사문학을 다음과 같이 평했으니 그
문학적 가치를 충분히 짐작할 수 있다.

"굴원의 시들은 실로 넓고 아득하다. 굴원이 강에 뛰어들어 죽은
후로, 이름난 유학자들과 해박한 사람들이 사부를 지었으나 그의
모습을 모방하고, 그의 규범을 따르고, 그의 핵심을 취하고, 그의
아름다운 문장을 훔친 것에 지나지 않았다. 문장의 형식과 내용이
뛰어나 백세가 지나도 필적할 수 없을 것이다. 그 명성은 끝없이 전
해질 것이니 영원히 없어지지 않을 것이다屈原之詞, 誠博遠矣. 自終沒以
來, 名儒博達著造詞賦, 莫不擬則其儀表, 祖式其模範, 取其要妙, 竊其華藻, 所
謂金相玉質, 百世無匹, 名垂罔極, 永不刊滅者矣."

중국과 한국의 초사 연구

초사 연구는 실질적으로 왕일의 『초사장구』에서 시작된다. 『초사
장구』는 유향의 『초사』를 텍스트로 삼아 주석을 넣었다. 왕일은 굴
원과 같은 초 지역 사람이어서 초사에 나오는 많은 방언문제를 해
결해주었다. 이후 당대까지는 훈고학과 음운학으로 초사를 연구했
다는 기록이 있으나 전해지지 않는다.

송나라 때부터 주석본이 본격적으로 등장하는데 그중 가장 유명
한 것이 홍흥조洪興祖(1090~1155)의 『초사보주楚辭補註』와 주희의
『초사집주』다. 『초사보주』는 왕일의 주석을 언급하고 그 뒤에 "보왈

補曰"로 왕일의 주석을 보충하고 있다. 『초사보주』는 주석이 상세하고 새로운 견해가 많아 역대로 초사 연구자들 사이에서 중요한 저작으로 간주되었다. 『초사집주』는 『초사장구』의 체례에서 벗어나 굴원과 송옥의 작품을 제외한 나머지 「칠간」「구회」「구탄」「구사」를 빼고, 가의의 「조굴원부弔屈原賦」와 「붕조부鵩鳥賦」를 넣고 있다. 『초사집주』는 의리義理 방면에서 새로운 견해가 많고, "충군애국忠君愛國" 사상을 강조하고 있다는 것이 특징이다.

명·청대로 오면 초사연구는 더욱 풍성해진다. 주요 저작으로는 명나라 사람 왕원汪瑗의 『초사집해楚辭集解』, 왕부지王夫之(1619~1692)의 『초사통석楚辭通釋』, 청나라 사람 대진戴震(1724~1777)의 『굴원부주屈原賦註』, 장기蔣驥의 『산대각주초사山帶閣註楚辭』 등이 있다.

초사는 우리나라의 문학에도 큰 영향을 끼쳤다. 굴원과 송옥의 작품은 소명昭明의 『문선文選』에 기록되어 있고, 『삼국사기』에도 신라시대에 교재로서 문인 학자들 사이에 널리 읽혔다는 기록이 있다. 고려 말 나라의 국운을 걱정하던 문인들이 굴원의 작품을 입에 올리고 시를 높이 평가했다. 조선 시대에는 많은 문인의 글에서 초사를 언급한 기록이 보인다. 특히 송강松江 정철鄭澈의 「사미인곡思美人曲」은 굴원의 「사미인思美人」「이소離騷」와 유사한 점이 많다.

현재 국내에도 여러 편의 번역서들이 나와 있다. 필자의 조사에 따르면, 이민수의 『초사』(1992), 류성준의 『초사』(2002), 하정옥의 『굴원』(2003)이 있다. 아쉬운 점은 국내의 번역서는 굴원의 작품에만 치중되어 있다는 것이다. 이민수의 『초사』와 하정옥의 『굴원』은 굴원의 작품만 대상으로 하고 있고, 류성준의 『초사』는 송옥의 「초혼」까지 넣고 있으나 이 역시 기본적으로 굴원의 작품을 대상으로 하고 있다. 이번에 글항아리 동양고전 시리즈로 나오는 『초사』 완역본은 이들 국내 초사 번역서를 참고해 굴원과 송옥을 비롯한 한대 초사 작가들의 작품까지 모두 번역해 초사 작품 전체를 완역한 것이 특징이다. 이는 『시경』과 쌍벽을 이루는 문학작품을 국내에 정식으로 완전하게 소개하는 것임은 물론 국내에 초사 작품 전체를 감상하거나 연구하려고 하는 분들에게 큰 도움이 될 것이다.

차 례

제1편 | 이소

離騷

원망과 이별 그리고

떠남의 노래

「이소離騷」는 전국戰國시기 초楚나라에서 활동한 굴원屈原의 대표작이다. 이 편은 중국 고전문학에서『시경詩經』과 쌍벽을 이루는 작품이자 가장 긴 작품이다. 총 375개의 구에 2490글자로 이루어져 있다.

창작 시기는 현대 학자들의 연구에 의하면, 대략 초 회왕懷王 16년(기원전 313) 굴원이 상관대부上官大夫 근상斳尚의 모함을 받고 도성 영郢을 떠날 때 지은 것으로 추정하고 있다.

"이소"의 의미에 대해서는 역대로 여러 가지 의견이 있어 왔다. 현재 가장 흔히 통용되는 설은 두 가지다. 첫째는 후한 반고班固(32?~92)가『이소찬서離騷贊序』에서 "'이'는 '만나다'는 의미다. '소'는 '근심하다'는 의미다離, 猶遭也. 騷, 憂也."라고 한 것이다. 이에 근거해 해석하면 "근심을 만남" 내지 "근심을 당함" 정도로 풀 수 있다. 두 번째는 후한의 왕일王逸(89?~158?)이 『초사장구楚辭章句』「이소경서離騷經序」에서 "'이'는 '이별하다'는 의미다. '소'는 '근심하다'는 의미다離, 別也. 騷, 愁也."라고 한 것이다. 이에 근거해 해석하면 "이별과 근심" 정도로 풀 수 있다. 어쨌든 작품의 정서가 근심과 깊은 관련이 있음을 알 수 있다. 전체적인 내용을 봤을 때 두 설 모두 작품의 전체적인 분위기와 잘 맞아 어느 것이 정확한지는 말하기 어렵다.

시는 내용상 크게 네 부분으로 나눌 수 있다. 첫째 부분은 또 다섯 단락으로 나눌 수 있다(1~5). 첫 단락은 자신의 출생·이름·집안의 내력·자질과 임금을 도와 어진 정치를 펼치고 싶은 마음을 나타냈다. 둘째 단락은 충정을 다했으나 간신배들의 말을 듣고 그릇된 길로 간 임금을 원망한다. 셋째 단락은 작금의 세태를 원망하고 자신의 고결한 뜻을 지키고자 함을 읊고 있다. 넷째 단락은 자신이 버림을 받은 이유와 혼탁한 세상과 어울리지 않으려는 마음을 노래했다. 다섯째 단락에서는 조정에 몸을 담았음을 후회하고 멀리 떠날 것을 결심하는 내용이다. 둘째 부분은 네 단락으로 나눌 수 있다(6~9). 첫째 단락은 누나 여수女嬃가 너무 강직하게 행동한다고 굴원을 질책하는 장면이다. 둘째 단락은 역대의 폭군과 성군을 비교하며 어진 임금의 도리를 따르겠다고 다짐한다. 셋째 단락은 하늘로 올라가 자신을 알아주는 사람을 찾으나 찾지 못한 것을 말한다. 넷째 단락은 하계로 내려와 지기를 찾았어도 자신의 뜻을 전해줄 좋은 중매쟁이가 없음을 슬퍼한다. 셋째 부분은 네 단락으로 나눌 수 있다(10~13). 첫째 단락은 영분靈氛에게 점을 쳐 자신의 진로를 봐달라고 한다. 둘째 단락은 영분의 점괘를 들은 굴원이 무함巫咸이라는 신무神巫를 찾아가 또 다시 자신의 진로를 묻는다. 셋째 단락은 변심을 일삼는 세태를 원망하고 자신을 알아주는 사람을 찾아 떠나기로 한다. 넷째 단락은 세상을 떠나 하늘을 주유하다 고향을 보며 슬퍼한다. 네 번째 부분(14)은 전체의 결말로 현실에 더 이상 미련을 두지 않고 멀리 떠나겠다는 결심을 보여준다.

저는 하늘의 신 고양高陽의 후손이자 저의 태조는 백용伯庸이십니다. 저는 인년寅年 정월, 경인일庚寅日에 태어났습니다. 태조께서는 제가 갓 태어났을 때의 풍채를 살피시고 점을 쳐 이 아름다운 이름을 지어주셨습니다. 나의 이름을 정칙正則이라 하시고 자字를 영균靈均이라 하셨습니다. 저는 이런 많은 아름다운 자질에 또 뛰어난 자태까지 갖췄습니다. 강리江離(궁궁이)와 외진 곳에서 자라는 백지白芷(구릿대)를 둘렀으며 가을 난초를 엮어 노리개로 찼습니다. 시간은 흐르는 물처럼 빨라 따라잡을 수 없으니 나를 기다려주지 않을까 염려스럽습니다. 아침에는 산비탈에서 목란을 꺾고 저녁에는 물가의 모래톱에서 숙망宿莽(숙근초)을 캡니다. 해와 달은 한시라도 멈추지 않고, 봄과 가을은 끊임없이 돌며 이어집니다. 초목이 시들어 떨어질 것 생각하니 아름다운 분 늙어 가시는 것이 염려스럽습니다. 어찌 젊었을 때의 그릇된 행동들을 버리지 않으십니까? 어찌 이런 모습을 고치지 않으십니까? 준마 타고 마음껏 달리십시오, 제가 앞에서 인도해드릴 테니.

帝高陽之苗裔兮, 朕皇考曰伯庸. 攝提貞于孟陬兮, 惟庚寅吾以降. 皇覽揆余初度兮, 肇錫余以嘉名. 名余曰正則兮, 字余曰靈均. 紛吾旣有此內美兮, 又重之以修能. 扈江離與辟芷兮, 紉秋蘭以爲佩. 汩余若將不及兮, 恐年歲之不吾與. 朝搴阰之木蘭兮, 夕攬洲之宿莽. 日月忽其不淹兮, 春與秋其代序. 惟草木之零落兮, 恐美人之遲暮. 不撫壯而棄穢兮, 何不改此度? 乘騏驥以馳騁兮, 來吾道夫先路.

兮혜: 어조사. 攝섭: 당기다, 잡다. 孟맹: 첫, 처음. 陬추: 모퉁이. 覽람: 보다, 살펴보다. 揆규: 헤아리다. 扈호: 걸치다. 紉인: 실 꿰다. 汩율: 빠르다. 搴건: 뽑다, 들어 올리다. 阰비: 산 이름, 초나라 남쪽에 있는 산. 洲주: 섬, 모래톱. ○撫무: 의지하다. 穢예: 더럽다. 騏기: 천리마. 驥기: 천리마. 馳치: 달리다, 질주하다. 騁빙: 달리다.

○帝제: 천신天神. ○高陽고양: 전욱顓頊. 초나라 왕족의 조상이었다고 함. ○苗裔묘예: 후예, 후손. ○朕짐: 나의(제1인칭의 소유격.) ○皇考황고: 태조太祖, 먼 조상. ○攝提섭제: 인년寅年. 섭제격攝提格의 줄임말. 전국戰國 시기에는 목성의 운행주기로 해를 계산함. 목성이 태양을 한 바퀴 도는데 12년이 걸렸는데, 이를 십이간지十二干支로 나타냄. 이에 따라 인년을 섭제격이라 했음. ○貞정: 마침. ○于우: ~에 있다. ○孟陬맹추: 정월. ○惟유: 어기사. ○皇皇: 앞에 나온 "황고皇考"의 줄임말. 태조를 가리킴. ○初度초도: 처음의 풍채. 갓 태어났을 때를 말함. ○肇조: 점을 치다. "조兆"의 가차자. ○錫석: 주다. "사賜"와 통함. ○紛분: 많다. ○重중: 더하다, 게다가. ○修能수능: 뛰어난 자태, 좋은 자질. "수"는 "훌륭하다"의 의미. "능"은 "태態"와 통함. ○扈호: 걸치다. ○江離강리: 궁궁이. 향초 이름. ○辟벽: 편벽되다, 외지다. "벽僻"과 통함. ○芷지: 백지白芷. 구릿대. 향초 이름. ○紉인: 꿰다, 두르다. ○佩패: 노리개, 장신구. ○불오여不吾與: 원래는 "불여오不與吾"임. 나를 기다려주지 않는다는 의미. ○阰비: 산비탈. "파陂"와 통함. ○攬람: 잡다. ○宿莽숙망: 숙근초. 향초 이름. ○淹엄: 오래되다, 머무르다. ○代序대서: 차례로 번갈아감. ○惟유: 생각하다. ○영락零落: 떨어지다. ○遲暮지모: 날이 천천히 짐. 나이가 듦을 말함. ○不불: "하불何不"의 줄임말. "어찌~하지 않는가?"의 의미. ○撫壯무장: 젊었을 때. 서환룡徐換龍은 『굴사세수屈辭洗髓』에서 "'무'는 '의지하다'의 의미다撫, 憑也"라고 했다. ○來吾道내오도: 원래 형태는 "오래도오래來道"가 되어야 함. 이때 "래"는 "오다"의 의미가 아닌 어조사 용법으로, 동사 앞에서 어떤 일을 하려고 하는 적극성을 보여주는 어감을 나타냄. "도"는 인도하다. "도導"와 통함. ○夫부: 어기사.

[2]

옛날 세 분의 선대 임금께서는 덕이 순수하시어 실로 많은 꽃들이 모였습니다. 신초申椒(화초)와 균계菌桂(육계나무)도 섞여 있었으니 어찌 저 혜초蕙草(영릉향)와 백지로만 꿰차겠습니까? 요임금과 순임 금께서는 바르고 곧으시어 정도正道를 따라 길을 나아갔습니다. 걸桀(하나라의 마지막 임금)과 주紂(상나라의 마지막 임금)는 얼마나 방탕을 일삼았습니까. 그들은 그릇된 길에 빠져 허둥대며 걸었습니다. 저 당파를 이룬 무리들 향락만 추구하니 그들의 길은 어둡고 좁아 위험천만할 것입니다. 제가 어찌 화를 당할 것을 두려워하겠습니까? 폐하의 수레가 엎어지는 것이 두려울 뿐입니다. 저는 폐하를 앞뒤에서 열심히 보필하고 선왕 폐하의 자취를 따르고자 했습니다. 폐하께서는 저의 충정을 헤아리지 않으시고 도리어 참언을 믿고 대노하셨습니다. 저는 충언이 화를 부른다는 것을 잘 알고 있지만 그래도 참고 가만히 있을 수 없었습니다. 저 하늘을 두고 맹세하건대 이 모든 것이 오직 폐하만을 위한 마음 때문이었습니다. 황혼 때 만나자고 말씀하시고는 어찌 중도에 길을 바꾸십니까? 애초에 저와 약속을 해놓으시고 나중에 마음을 바꿔 다른 생각을 하십니까. 폐하와 멀어지는 것은 두렵지 않으나 폐하의 잦은 변심에 마음이 아픕니다.

昔三后之純粹兮, 固衆芳之所在. 雜申椒與菌桂兮, 豈維紉夫蕙茝? 彼堯舜之耿介兮, 旣遵道而得路. 何桀紂之猖披兮, 夫唯捷徑以窘步. 惟夫黨人之偸樂兮, 路幽昧以險隘. 豈余身之憚殃兮? 恐皇輿之敗績. 忽奔走以先後兮, 及前王之踵武. 荃不察余之中情兮, 反信讒而齋怒. 余固知謇謇之爲患兮, 忍而不能舍也. 指九天以爲正兮, 夫唯靈修之故也. 曰黃昏以爲期兮, 羌中道而改路? 初旣與余成言兮, 後悔遁而有他. 余旣不難夫離別兮, 傷靈修之數化.

茞채: 구릿대. 향초 이름. 耿경: 빛나다. 猖창: 어지럽다. 窘군: 막히다, 궁해지다. 偸투: 탐내다. 昧매: 어둡다. 憚탄: 꺼리다. 踵종: 발꿈치, 쫓다. 荃전: 창포菖蒲. 齌제: 몹시 노하다. 謇건: 떠듬거리다. 舍사: 버리다. 數삭: 자주.

○三后삼후: 초나라의 어질었던 세 명의 선대 대왕. "후"는 임금. ○申椒신초: 신申 땅에서 나는 화초花椒로, 향료로 쓰임. "신"은 지금의 허난 성 난양南陽. ○菌桂균계: 육계나무. 계수나무의 일종으로, 향목香木임. 나무줄기가 대나무처럼 둥글고 껍질은 얇아 말 수 있음. ○維유: 단지, 오로지. ○夫부: 저(지시대명사.) ○蕙혜: 혜초蕙草. 영릉향. 한 줄기에 꽃이 여러 개 달리고, 난초보다 향기가 더 강함. ○茞채: 백지白芷. "지芷"와 같음. 향초 이름. ○耿介경개: 바르고 곧음. ○何하: 얼마나. ○猖披광피: 옷을 어지럽게 입은 모양. 방탕함을 말함. ○唯유: ~ 때문에. ○捷徑첩경: 빠른 길. 이곳에서는 올바른 길이 아님을 의미. ○窘步궁보: 허둥대며 걸음. ○偸樂투락: 향락을 추구함. "투"는 탐내다. ○幽昧유매: 그윽하고 어두움. ○皇輿황여: 임금이 타는 수레. ○敗績패적: 수레가 뒤집어짐. ○踵武종무: 족적, 발자취. ○荃전: 창포菖蒲의 일종으로 향초임. 이곳에서는 임금을 의미. ○中情중정: 충정. ○謇謇건건: 충언을 올리는 모양. ○正정: 증명함. 이곳에서는 맹세하는 의미. "증證"과 통함. ○唯유: ~ 때문이다. ○靈修영수: 원래는 아내가 남편을 존중해서 부르는 칭호. 이곳에서는 임금을 높여 부른 말. ○期기: 만나다. ○羌강: 원래는 발어사發語詞로 쓰이나 이곳에서는 "어찌", "왜"의 의미로 쓰임. 왕일의 『초사장구』는 "초나라 사람들의 말로, '어찌'의 의미다楚人語詞也, 何爲也"라고 했다. ○成言성언: 약속하다. ○悔遁회둔: 후회하여 피함. 이곳에서는 약속한 것을 후회하여 저버림을 의미. ○難난: 두렵다. ○數化삭화: 자주 변함.

[3]

저는 이미 구원九畹이나 되는 넓은 땅에 난초를 재배했고 또 백무百畝나 되는 땅에 혜초도 심었습니다. 밭두둑의 경계를 지어 유이留夷(작약)와 게거揭車를 심고 그 사이로 두형杜衡(족두리풀)과 백지도 키웠습니다. 가지와 잎이 크고 무성해지길 바라며 수확할 날을 기다렸습니다. 시들고 떨어지는 것은 마음이 아프지 않으나 꽃들이 거칠어지고 더러워지는 것이 슬픕니다. 사람들은 하나같이 다투어 탐욕을 부립니다. 그들은 가득 채운 것도 모자라 계속 명리를 찾습니다. 어찌 자신의 탐욕스런 마음으로 다른 이를 멋대로 헤아리고 서로 어진 이를 질투할 생각만 합니까? 미친 듯이 달리며 명리를 추구하는 것은 제가 간절히 원하는 것이 아닙니다. 노년이 점점 다가오니 고결한 이름을 남기지 못할까 두렵습니다. 아침에는 목란에서 떨어지는 이슬을 받아 마시고 저녁에는 가을 국화에서 떨어지는 꽃잎을 먹습니다. 실로 제 마음이 고결하고 한결같다면 오랫동안 먹지못해 야윈들 무엇이 아프겠습니까? 목란의 뿌리를 캐 백지를 묶고 떨어진 벽려薜荔(줄사철나무)의 꽃술을 이어 화환을 만듭니다. 균계를 바르게 펴서 혜초와 잇고 호승胡繩으로 길고 보기 좋게 새끼를 꼽니다. 저는 전대의 선현을 공경하게 본받기에 세상 사람들과 입는 것이 다릅니다. 지금 사람들과 생각이 달라 팽함彭咸(은나라의 어진 신하)이 남긴 뜻을 따르고자 합니다.

이
소
—
27

余旣滋蘭之九畹兮, 又樹蕙之百畝. 畦留夷與揭車兮, 雜杜衡與芳芷. 冀枝葉之峻茂兮, 願竢時乎吾將刈. 雖萎絶其亦何傷兮, 哀衆芳之蕪穢. 衆皆競進以貪婪兮, 憑不猒乎求索. 羌內恕己以量人兮, 各興心而嫉妒? 忽馳騖以追逐兮, 非余心之所急. 老冉冉其將至兮, 恐修名之不立. 朝飮木蘭之墜露兮, 夕餐秋菊之落英. 苟余情其信姱以練要兮, 長頷頷亦何傷? 擥木根以結茞兮, 貫薜荔之落蕊. 矯菌桂以紉蕙兮, 索胡繩之纚纚. 謇吾法夫前修兮, 非世俗之所服. 雖不周於今之人兮, 願依彭咸之遺則.

畹원: 밭 면적 단위. 畝무: 전답의 면적 단위. 畦휴: 밭두둑. 竢사: 기다리다. 刈예: 베다. 蕪무: 거칠어지다. 穢예: 더럽다. 婪람: 탐하다. 厭염: 만족하다. 騖무: 달리다, 질주하다. 冉冉염염: 나아가다. 顑함: 주리다, 파리하다. 頷함: 턱, 굶주려서 얼굴이 누렇게 뜬 모양. 擥람: 잡다, 쥐다. 蕊예: 꽃술. 矯교: 바로잡다. 索삭: 새끼를 꼬다. 纚리: 연이어지다.

○滋자: 심다. ○九畹구원: 4.5무畝의 땅. 아주 넓음을 의미. 일원一畹은 반무半畝에 해당. ○樹수: 심다. ○畦휴: 밭두둑. 이곳에서는 밭두둑을 나누어 심는 것을 의미. ○留夷유이: 작약芍藥. 향초 이름. ○揭車게거: 향초 이름. 잎은 노랗고 꽃은 희며 신맛이 남. ○杜衡두형: 족두리풀. 향초 이름. ○芳芷방지: 백지白芷. 향초 이름. ○憑빙: 차다. ○羌강: 어찌. [2]의 주석 참고. ○恕서: 자신의 마음으로 타인을 헤아림. ○興心흥심: 마음이 일다. ○馳騖치무: 내달리다. ○冉冉염염: 점점. ○其기: 어기사. 추측을 나타냄. ○修名수명: 훌륭한 이름. "수"는 아름답다. ○信姱신과: 아름답다. ○練要연요: 한결같음. ○顑頷함함: 먹지 못해 야위고 수척함. ○木根목근: 원의는 나무뿌리. 이곳에서는 목란의 뿌리를 의미. ○薜荔벽려: 줄사철나무. 향초 이름. ○胡繩호승: 향초 이름. ○纚纚리리: 길게 연이어진 모양. ○謇건: 공경하다. ○前修전수: 전대의 어진 이들. ○周주: 알맞다. ○彭咸팽함: 은나라의 어진 신하. 임금에게 충언을 올렸으나 받아들여지지 않자 강에 뛰어들어 자살했다고 함.

[4]

길게 숨을 내쉬고 눈물을 닦으며 이렇게도 모진 인생을 슬퍼합니다. 저는 아름다운 것에만 얽매여 아침에 충언을 올렸다가 저녁에 버림받았습니다. 제가 버림받은 것은 혜초를 찼기 때문이고 또 백지를 땄기 때문이었습니다. 이들은 제가 진심으로 좋아하는 것이니 백 번을 죽더라도 후회하지 않을 것입니다. 폐하께서 방탕을 일삼으시며 끝내 저의 충정을 헤아려주시지 않은 것이 원망스럽습니다. 여인들은 저의 아름다움을 시기하고 근거 없는 말을 지어내 제가 음

여인들이 굴원의 아름다움을 시기하는 모습.

탕한 짓을 잘 한다고 비방합니다. 본시 목공이라는 자들은 세속의 흐름을 잘 따르는 사람들이어서 법을 무시하고 규칙을 바꾸길 좋아합니다. 또 그들은 법도를 어기고 그릇된 길을 가며 다투어 영합하는 것을 규칙이라 여깁니다. 저는 걱정되고 답답해 낙담하고 있습니다. 유독 저만 지금 곤궁에 빠져있습니다. 차라리 지금 이 순간 죽어 강물 따라 내려갈지언정 저는 차마 그런 짓을 할 수 없습니다. 사나운 새는 무리를 짓지 않는다 했습니다. 이는 예로부터 그랬습니다. 네모난 것과 둥근 것이 어찌 맞겠으며 길이 다른데 어찌 함께 갈 수 있겠습니까? 마음을 굽히고 뜻을 억누르며 잘못됨을 참고 치욕을 견디겠습니다. 청백한 절개를 품고 정의를 위해 죽는 것은 본시 옛 성현들이 귀중히 여긴 것입니다.

長太息以掩涕兮, 哀民生之多艱. 余雖好修姱以鞿羈兮, 謇朝誶而夕替. 旣替余以蕙纕兮, 又申之以攬茞. 亦余心之所善兮, 雖九死其猶未悔. 怨靈修之浩蕩兮, 終不察夫民心. 衆女嫉余之蛾眉兮, 謠諑謂余以善淫. 固時俗之工巧兮, 偭規矩而改錯. 背繩墨以追曲兮, 競周容以爲度. 忳鬱邑余侘傺兮, 吾獨窮困乎此時也. 寧溘死以流亡兮, 余不忍爲此態也. 鷙鳥之不羣兮, 自前世而固然. 何方圜之能周兮, 夫孰異道而相安? 屈心而抑志兮, 忍尤而攘詬. 伏淸白以死直兮, 固前聖之所厚.

鞿기: 재갈, 고삐. 誶수: 간하다, 욕하다. 替체: 버리다. 纕양: 띠, 차다. 申신: 거듭하다. 攬람: 따다. 謠요: 노래하다, 유언비어. 諑착: 헐뜯다, 참소하다. 偭면: 등지다. 忳돈: 근심하다. 侘차: 실의하다. 傺제: 묵다. 溘합: 갑자기. 鷙지: 사납다. 圜환: 둥글다. 攘양: 받다, 취하다. 詬구: 부끄럽다. 伏부: 안다.

○掩涕엄체: 눈물을 닦음. ○民生민생: 인생. ○雖수: 오로지. ○鞿羈기기: 말고삐와 말굴레. 이곳에서는 얽매이는 의미. ○謇건: 발어사. ○浩蕩호탕: 방탕하다. ○民心민심: 사람의 마음. 이곳에서는 굴원 자신의 마음을 의미. ○아미蛾眉: 여인의 아름다운 눈썹. 이곳에서는 굴원 자신의 아름다운 모습을 의미. ○謠諑요착: 근거 없는 말을 퍼뜨리며 비난함. ○工巧공교: 솜씨가 뛰어난 장인. 이곳에서는 목장木匠을 의미. ○規矩규구: 원과 네모를 그리는 도구. 이곳에서는 법도를 의미. ○錯착: 규칙. "措조"와 통함. ○繩墨승묵: 목공들이 직선을 그을 때 쓰는 도구. 이곳에서는 정도正道 내지 법도의 의미. ○周容주용: 서로 영합함. ○邑읍: 근심하다. "悒悒"과 통함. ○侘傺차제: 실의함. ○流亡유망: 강물 따라 떠내려감. ○屈心굴심: 자신의 마음을 남에게 굽힘. ○忍尤인우: 잘못을 참음. "우"는 잘못. ○攘詬양구: 치욕을 견딤. ○固然고연: 본래 그러함.

[5]

　길을 살피지 못한 것을 후회하고 서성이다 돌아가렵니다. 수레를
돌려 왔던 길로 돌아갑니다. 더 먼 곳에서 길을 잃어버리기 전에 말
입니다. 난초가 자라는 물가의 언덕에 말을 풀어놓고 산초나무가 우
거진 언덕으로 달려가 잠시 쉬렵니다. 직언을 올려 받아들여지지
않아 죄 지은 몸 되었으니, 물러나 처음 입었던 옷을 다시 수선하렵
니다. 연잎을 마름질해서 상의를 만들고 연꽃을 이어 하의를 만듭
니다. 나를 알아주지 않아도 괜찮습니다. 실로 내 마음만 고결하면
됩니다. 머리에 쓴 갓을 더욱 높게 올리고 허리에 찬 검을 더욱 길게
합니다. 향기와 악취가 함께 섞여 있더라도 고결한 자질은 해를 입
지 않습니다. 문득 고개를 돌려 눈 닿는 곳을 봅니다. 저는 천지의
저 끝을 보러 갈 것입니다. 화려하고 아름다운 장식으로 많이 꾸미

연잎과 연꽃으로 만든 옷을 입은 모습.

면 짙은 향기는 더 잘 드러날 것입니다. 사람마다 좋아하는 것이 있습니다. 저는 평소에 아름답게 꾸미는 것을 유난히 좋아합니다. 몸이 부서지더라도 변하지 않을 것이니 어찌 제 마음에 두려움이 있겠습니까?

悔相道之不察兮, 延佇乎吾將反. 回朕車以復路兮, 及行迷之未遠. 步余馬於蘭皋兮, 馳椒丘且焉止息. 進不入以離尤兮, 退將復修吾初服. 制芰荷以爲衣兮, 集芙蓉以爲裳. 不吾知其亦已兮, 苟余情其信芳. 高余冠之岌岌兮, 長余佩之陸離. 芳與澤其雜揉兮, 唯昭質其猶未虧. 忽反顧以遊目兮, 將往觀乎四荒. 佩繽紛其繁飾兮, 芳菲菲其彌章. 民生各有所樂兮, 余獨好修以爲常. 雖體解吾猶未變兮, 豈余心之可懲?

相相: 보다. 延연: 오래다. 佇저: 우두커니. 焉언: 여기. 芰기: 세발 마름수초의 일종. 已이: 그만이다. 信신: 진실로. 岌급: 높다. 揉유: 섞다. 虧휴: 이지러지다. 荒황: 변경. 彌미: 더욱. 章장: 나타나다. 常상: 법, 도리. 懲징: 두렵다.

○延佇연저: 오랫동안 우두커니 서 있음. 서성이며 나아가지 않는다는 의미.
○行迷행미: 길을 잃다. ○止息지식: 쉬다. ○離리: 받다, 당하다. ○芰荷기하: 연잎. 초나라의 방언. ○長장: 길게 하다. ○佩패: 차고 있는 검. ○陸離육리: 긴 모양. ○澤택: 악취. "취臭"가 잘못 전해진 글자. ○唯유: 어기사. ○昭質소질: 좋은 자질. ○遊目유목: 눈길 닿는 대로 봄. ○四荒사황: 사방의 끝. ○繽紛빈분: 갖가지, 여러 가지. ○芳菲菲방비비: 향기가 짙게 피어남.

[6]

누이 여수女嬃가 가쁜 숨을 몰아쉬며 몇 번이나 저를 이렇게 야

단쳤습니다. "곤鯀(우임금의 부친)은 일신의 안위를 돌보지 않고 너무 강직하더니 결국 우산羽山의 들판에 갇히고 말았다. 너는 어찌 직언을 잘하고 고결하게 행동해서 이 아름다운 절개를 지키려 하느냐? 방에는 보잘 것 없는 야생화들이 가득하거늘 어찌 너만 가려내 멀리하며 차지 않느냐. 집집마다 찾아다니며 사람들을 설득할 수도 없는 노릇이거늘 누가 우리의 마음을 알아주겠느냐? 사람들은 서로 추켜세우고 무리를 이루길 좋아하는데 어찌 너만 내 말을 듣지 않는 것이냐?"

女嬃之嬋媛兮, 申申其詈予. 曰 "鯀婞直以亡身兮, 終然殀乎羽之野. 汝何博謇而好修兮, 紛獨有此姱節? 薋菉葹以盈室兮, 判獨離而不服. 衆不可戶說兮, 孰云察余之中情? 世幷擧而好朋兮, 夫何煢獨而不予聽?"

이
소
—
33

嬃수: 누나. 嬋선: 곱다. 媛원: 예쁘다. 詈리: 꾸짖다, 욕하다. 鯀곤: 우禹 임금의 부친. 婞행: 강직하다. 殀요: 일찍 죽다. 姱과: 아름답다, 크다. 薋자: 풀이 더부룩하다. 대왕풀. 菉록: 조개풀. 葹시: 도꼬마리. 判판: 구별하다. 煢경: 외롭다.

○女嬃여수: 굴원의 손위 누이 이름. 『초사장구』는 "여수는 굴원의 누이다女嬃, 屈原姊"라고 했다. ○嬋媛선원: 숨을 가쁘게 몰아쉼. 초나라의 방언. ○申申신신: 거듭, 몇 번이나. ○婞直행직: 강직함. ○羽우: 우산羽山. 신화에 나오는 지명으로, 동해에 있다고 함. ○博謇박건: 직언을 많이 함. ○菉葹녹시: 원의는 조개풀과 도꼬마리. 이곳에서는 보잘 것 없는 야생화의 의미. ○服복: 차다. ○戶說호설: 집집마다 찾아가 말함. ○云운: 어조사. ○幷擧병거: 서로 치켜세움. ○煢獨경독: 혼자, 외로이. ○不予聽불여청: 원래는 "불청여不聽予"임. 나의 말을 듣지 않는다는 의미.

[7]

    선현들의 가르침을 따라 올바르게 판단했건만 온통 탄식만 하다 여기까지 왔습니다. 원수沅水와 상수湘水를 건너 남쪽으로 가다가 순임금 계신 곳에서 속마음을 털어놓습니다. 하나라의 계啟는 "구변九辯"과 "구가九歌"를 훔쳐, 향락을 추구하며 방종을 일삼았습니다. 또 무관武觀(하나라 임금 계의 아들)은 어려움을 생각해 훗날을 준비하지 않고, 궁중에서 음란한 짓을 하는데 이 노래들을 이용했습니다. 예羿는 과도한 향락을 즐기고 사냥에 빠졌으며, 큰 여우를 쏘는 것을 좋아했습니다. 본시 어지러운 짓을 하는 무리에게는 좋은 결말이 드뭅니다. 한착寒浞(예의 신하)은 예를 죽이고 그의 아내를 취했습니다. 요澆(한착의 아들)는 힘이 센 것을 믿고, 욕정을 참지 못해 제멋대로 했습니다. 그는 날마다 향락을 추구하다 자신의 안위는 잊어버려, 결국 소강少康에게 목이 달아났습니다. 하나라 걸은 법도를 어기고 추락해 재앙을 만났습니다. 은나라의 주왕紂王 신辛(주왕의 이름)은 사람을 육장(인체를 소금에 절이는 형벌)으로 만들었습니다, 이 때문에 은나라는 오래 갈 수 없었습니다. 탕임금과 우임금은 엄숙하고 공경하셨으며, 주나라의 선왕들도 법도를 말하심에 그릇됨이 없었습니다. 어진 이를 선발하고 능력 있는 이를 임용했으며 법도를 따르고 한쪽으로 치우치지 않았습니다. 하늘은 사사로움이 없고 덕이 있는 사람을 보면 도와줍니다. 어질고 지혜로워 덕을 잘 행하는 사람만이 이 천하의 땅을 가질 수 있습니다. 과거를 돌아보시고 미래를 생각하시면 세상의 시비를 판단하는 기준을 분명하게 볼 수 있습니다. 어찌 정의롭지 않은 일을 할 수 있겠으며 어찌 선하지 않은 일을 할 수 있겠습니까? 곤경에 빠져 죽음이 닥쳐와도 저는 후회하지 않고 처음의 뜻을 생각할 것입니다. 구멍을 재지 않고 네모난 장부(두 재목을 이을 때 한쪽 재목의 끝을 다른 한쪽 구멍에 맞추기 위해 가늘게 만든 부분)를 만들다 전대의 성현들은 육장이 되었습니다. 저는 답답하고 울적해 거듭 흐느껴 울곤 합니다. 좋은 때를 만나지 못한 것이 애통할 뿐입니다. 부드러운 혜초로 눈물을 닦아도 흐르는 눈물은 계속 옷깃을 적십니다.

依前聖以節中兮, 喟憑心而歷兹. 濟沅湘以南征兮, 就重華而陳詞. 啓"九辯"與"九歌"兮, 夏康娛以自縱. 不顧難以圖後兮, 五子用失乎家巷. 羿淫遊以佚畋兮, 又好射夫封狐. 固亂流其鮮終兮, 浞又貪夫厥家. 澆身被服强圉兮, 縱欲而不忍. 日康娛以自忘兮, 厥首用夫顚隕. 夏桀之常違兮, 乃遂焉而逢殃. 后辛之菹醢兮, 殷宗用而不長. 湯禹儼而祗敬兮, 周論道而莫差. 擧賢而授能兮, 循繩墨而不頗. 皇天無私阿兮, 覽民德焉錯輔. 夫維聖哲以茂行兮, 苟得用此下土. 瞻前而顧後兮, 相觀民之計極. 夫孰非義而可用兮, 孰非善而可服? 阽余身而危死兮, 覽余初其猶未悔. 不量鑿而正枘兮, 固前修以菹醢. 曾歔欷余鬱邑兮, 哀朕時之不當. 攬茹蕙以掩涕兮, 霑余襟之浪浪.

喟위: 탄식하다. 沅원: 강 이름. 湘상: 강 이름. 征정: 가다. 就취: 나아가다. 康강: 즐거워하다. 縱종: 방종하다. 羿예: 사람 이름. 畋전: 사냥하다. 封봉: 크다. 鮮선: 드물다. 終종: 종말, 결말. 浞착: 젖다. 圉어: 부리다. 菹저: 채소절임, 젓갈. 醢해: 젓갈. 儼엄: 삼가다, 엄숙하다. 祗지: 공경하다. 頗파: 치우치다. 阿아: 의지하다. 阽점: 위태롭다. 鑿조: 구멍. 枘예: 장부. 曾증: 거듭. 歔허: 흐느끼다. 欷희: 흐느끼다. 當당: 만나다. 茹여: 부드럽다. 霑점: 적시다.

○節中절중: 올바르게 판단함. "절"은 "절折"과 통함. ○憑心빙심: 온 마음. "빙"은 "滿만"과 통함. ○歷兹역자: 여기까지 이르다. ○重華중화: 순임금의 이름.

○陳詞진사: 속마음을 털어놓음. ○啓계: 우임금의 아들로, 하나라 군주를 지냈음. ○九辯구변·九歌구가: 하나라의 음악. 전설에 의하면 하나라 계가 천제에게서 훔쳐와 비를 기원하거나 풍년을 기원할 때의 의식에 이용했다고 함. ○夏하: 원의는 하나라. 이곳에서는 하나라 임금 계啓를 의미. ○五子오자: 사람이름. 오관五觀 내지 무관武觀이라고도 함. 하나라 계의 아들이자 태강太康의 남동생. ○失실: 편안하다, 방탕하다. "일佚"의 옛 글자. ○家巷가항: 궁중의 골목. ○羿예: 하나라 때 유궁씨有窮氏의 군주. 활을 잘 쏘았으며 국정을 돌보지 않아 가신 한착寒浞에 의해 살해됨. ○淫遊음유: 과도하게 즐기다. ○封狐봉호: 큰 여우. ○亂流난류: 국정을 어지럽히는 무리들. ○浞착: 한착寒浞. 예羿의 재상을 지냄. 예의 부인을 차지하기 위해 예의 가신 봉몽逢蒙과 결탁하여 예를 살해함. ○澆요: 과요過澆. 한착과 예의 부인이 낳은 아들로, 힘이 장사여서 육지에서도 배를 움직였다고 함. ○被服强圉피복강어: 몸에 옷을 걸치고 있듯 강한 힘을 몸에 가지고 있음. "강어"에 대해, 『초사장구』는 "힘이 많은 것이다多力也"라고 했다. ○用용: 때문에. ○顚隕전운: 떨어지다. ○常違상위: 법도를 어김. "위상違常"의 도치. ○遂수: 추락하다. "추墜"와 통함. ○焉언: 어조사. ○后辛후신: 은나라의 주왕紂王. "후"는 임금. "신"은 주왕의 이름. ○菹醢저해: 사람을 육장으로 만드는 형벌의 일종. ○殷宗은종: 은나라의 종묘사직. 이곳에서는 은나라를 의미. ○阿아: 한쪽으로 치우침. ○錯輔조보: 도와줌. "조"는 준비하다, 마련하다. "조措"와 통함. ○維유: 오로지, 단지. "유唯"와 통함. ○聖哲성철: 덕이 있고 지혜로움. ○茂行무행: 큰 덕을 행함. ○用용: 부리다. ○下土하토: 천하. ○計極계극: 시비를 판단하는 기준. "극"은 법도. ○正柄정예: 네모난 장부. "정"은 네모. ○前修전수: 전대의 성현들. ○鬱邑울읍: 울적하고 답답함. "울읍鬱悒"과 통함. ○不當부당: 때를 만나지 못함. ○茹蕙여혜: 부드러운 혜초. ○浪浪낭랑: 눈물이 끝없이 흐름.

꿇어 앉아 옷섶을 단정히 펼치고 진심을 아룁니다. 저는 정도를 따랐기에 한 치의 부끄러움이 없습니다. 뿔이 없는 네 마리 옥룡이 끄는 봉황수레를 타고 순식간에 먼지바람을 일으켜 하늘로 올라갑니다. 아침에 창오蒼梧를 출발해 저녁에 곤륜산崑崙山의 현포縣圃에 옵니다. 신령들이 계신 이곳에 잠시 쉬고자 하나 해는 어느덧 지려고 합니다. 나는 희화羲和에게 속도를 늦추게 하고 엄자산崦嵫山으로 다가가지 말라고 합니다. 길은 멀고 아득해도 나는 하늘과 땅에서 나를 알아주는 사람을 찾습니다. 함지咸池에서 말에게 물을 먹이고 부상扶桑에 말고삐를 맵니다. 약목若木을 꺾어 해를 털고 잠시 자유롭게 둘러봅니다. 망서望舒(월신의 수레를 모는 사람)에게 앞에서 길을 열라 하고 비렴飛廉(바람의 신)에게 뒤에서 따라오라 합니다. 봉황에게 앞에서 나를 호위하라 하고 뇌사雷師(천둥의 신)는 아직 호위할 준비가 되지 않았다고 합니다. 나는 봉황에게 날아오르게 하여 밤낮으로 쉬지 않고 가게 합니다. 회오리바람은 한 곳에 모여 서로 달라붙고 꽃구름을 이끌고 나를 맞이하러 옵니다. 꽃구름이 어지러이 모였다 흩어지면서 하늘과 땅 사이에 찬란하고 눈부신 색채를 수놓습니다. 천문을 지키는 문지기에게 문을 열라 하니 문지기는 천문에 기댄 채로 바라보기만 합니다. 날은 어둑어둑 저물려하고 저는 난초를 엮으며 오랫동안 서 있습니다. 세상은 혼탁해 선악을 구분하지 않고 훌륭한 이를 가리고 시기하는 것만 좋아합니다.

跪敷衽以陳辭兮, 耿吾旣得此中正. 駟玉虯以乘鷖兮, 溘埃風余上征. 朝發軔於蒼梧兮, 夕余至乎縣圃. 欲少留此靈瑣兮, 日忽忽其將暮. 吾令羲和

옥룡玉龍이 끄는 봉황수레를 타고 하늘로 올라가는 모습.

弭節兮, 望崦嵫而勿迫. 路曼曼其修遠兮, 吾將上下而求索. 飲余馬於咸池兮,
總余轡乎扶桑. 折若木以拂日兮, 聊逍遙以相羊. 前望舒使先驅兮, 後飛廉
使奔屬. 鸞皇爲余先戒兮, 雷師告余以未具. 吾令鳳鳥飛騰兮, 繼之以日夜.
飄風屯其相離兮, 帥雲霓而來御. 紛總總其離合兮, 斑陸離其上下. 吾令帝
閽開關兮, 倚閶闔而望予. 時曖曖其將罷兮, 結幽蘭而延佇. 世溷濁而不分
兮, 好蔽美而嫉妒.

敷부: 펴다. 衽임: 옷깃, 옷섶. 駟사: 한 수레에 매우는 네 마리의 말. 虯규: 규
룡, 뿔이 없는 용. 鷖예: 갈매기, 봉황. 溘애: 갑자기, 순식간. 埃애: 먼지, 티끌.
軔인: 쐐기나무, 정지시키다. 弭미: 그치다, 중지하다. 崦엄: 산 이름. 嵫자: 산
이름. 迫박: 접근하다. 總총: 묶다. 聊료: 잠시. 羊양: 배회하다. 屬속: 붙다.
부착되다. 騰등: 오르다. 帥솔: 거느리다. 霓예: 무지개. 斑반: 어지럽다. 閽혼:
문지기. 關관: 빗장. 閶창: 천문天門. 闔합: 문짝, 문을 닫다. 曖애: 가리다, 흐
리다, 어두운 모양. 罷파: 그치다, 쉬다.

○中正중정: 정도正道. ○埃風애풍: 먼지가 들어간 큰 바람. ○發軔발인: 수레
를 고정시키는 쐐기나무를 들어냄. 출발한다는 의미. ○蒼梧창오: 구의산九嶷
山. 지금의 후난 성 닝위안寧遠 동남쪽. 순임금을 이곳에서 장례했다고 함. ○
縣圃현포: 신선이 산다는 곳으로, 곤륜산의 정상에 있다. ○靈瑣영쇄: 신령들
이 모인 곳. "영수靈藪"와 통함. "수"는 모이는 곳. ○羲和희화: 태양신의 수레
를 모는 신. ○弭節미절: 채찍질을 멈추다. 속도를 줄이는 의미. "절"은 "책策"
과 통함. ○崦嵫엄자: 산 이름. 전설 속의 해가 진다는 곳. ○曼曼만만: 길고
아득함. ○咸池함지: 태양이 나올 때 목욕하는 천지天池. ○扶桑부상: 태양이
떠오르는 곳에서 자란다는 신수神樹. ○若木약목: 태양이 지는 곳에서 자란
다는 신수. ○相羊상양: 이리저리 돌아다님. "상양徜徉"과 통함. ○望舒망서:
월신月神의 수레를 모는 사람. ○飛廉비렴: 신화속의 바람의 신. ○奔屬분속:
따라 붙음. "속"은 붙다. ○鸞皇난황: 봉황. ○先戒선계: 앞에서 호위함. ○雷師
뇌사: 번개의 신. ○飄風표풍: 회오리. ○屯둔: 모으다. ○離리: 붙다. "려麗"와
통함. ○雲霓운예: 꽃구름. ○御어: 마중하다. "迓아"와 통함. ○總總총총: 모
여 있는 모양. ○離合이합: 흩어졌다 모였다함. ○斑陸離반육리: 색채가 찬란
하고 눈부심. ○帝閽제혼: 천제의 문지기. ○開關개관: 빗장을 풀다. 문을 열
라는 의미. ○閶闔창합: 천문. ○曖曖애애: 날이 어두워짐. ○幽蘭유란: 난초.

망서望舒·비렴飛廉·봉황鳳凰의 호위 속에 하늘을 주유하는 모습.

천문을 지키는 문지기가 굴원을 쳐다보는 모습.

[9]

저는 아침에 백수白水를 건너고 낭풍산閬風山에 올라 말을 매려합니다. 문득 뒤돌아보니 눈물이 흐르고 고구高丘의 산에 신녀가 없음을 슬퍼합니다. 저는 얼른 동방 청제의 춘궁春宮을 돌아보며 옥나무의 가지를 꺾어 계속 찹니다. 이 꽃들 시들기 전에, 하계로 내려가 꽃을 전해줄 아리따운 여인을 찾아봅니다. 풍륭豊隆(우뢰의 신)에게 구름을 타고 가서, 복비宓妃가 있는 곳을 찾게 합니다. 차고 있던 매듭을 풀어 마음을 전하고 종鍾과 경磬의 소리로 중매를 서게 합니다. 복비는 태도가 애매해 주관이 없고 변덕을 잘 부려 어울리기 어렵습니다. 복비는 저녁에 궁석窮石에 가서 머물고 아침에는 유반洧盤에서 머리를 감습니다. 그녀는 아름다움을 믿고 거만하며 매일 무절제하게 향락을 추구합니다. 그녀는 아름답지만 예의를 모르니 저는 그녀를 버리고 다른 곳으로 미인을 찾으러 갑니다. 저는 천지사방을 살피고 하늘을 주유해서 땅에 내려옵니다. 높이 솟은 옥 누대를 바라보다 유융국有娀國의 미녀를 보았습니다. 짐새에게 중매를 서달라고 했지만 짐새는 그녀의 좋지 않은 점을 말합니다. 수비둘기는 지저귀며 날아가나 저는 그의 경박함과 교묘한 말솜씨를 싫어합니다. 속으로 머뭇하며 의심이 들어 직접 가보고 싶지만 예의에 맞지 않습니다. 봉황이 이미 예물을 보내 고신高辛이 저보다 먼저 미인을 차지할까 두렵습니다. 저는 먼 곳에 있고 싶으나 의지할 곳 없어 잠시 이리저리 떠돌며 소요합니다. 소강少康이 장가들기 전 유우씨有虞氏의 두 딸은 약혼을 기다렸습니다. 중매를 서는 사람들 무능하고 어리석어 말을 제대로 전달해주지 못할까 걱정입니다. 세상이 더

유웅국有娀國의 미녀를 바라보는 모습.

럽고 혼탁해 어진 이들이 질시를 받고 좋은 사람은 가리고 나쁜 사람을 받들길 좋아합니다. 궁궐은 깊고 멀며 명철하신 임금은 잠에서 깨어나지 않습니다. 충정을 품고도 나타낼 길이 없으니 제가 어찌 평생을 참을 수 있겠습니까!

朝吾將濟於白水兮, 登閬風而緤馬. 忽反顧以流涕兮, 哀高丘之無女. 溘吾遊此春宮兮, 折瓊枝以繼佩. 及榮華之未落兮, 相下女之可詒. 吾令豐隆乘雲兮, 求宓妃之所在. 解佩纕以結言兮, 吾令蹇修以爲理. 紛總總其離合兮, 忽緯繣其難遷. 夕歸次於窮石兮, 朝濯髮乎洧盤. 保厥美以驕傲兮, 日康娛以淫遊. 雖信美而無禮兮, 來違棄而改求. 覽相觀於四極兮, 周流乎天余乃下. 望瑤臺之偃蹇兮, 見有娀之佚女. 吾令鴆爲媒兮, 鴆告余以不好. 雄鳩之鳴逝兮, 余猶惡其佻巧. 心猶豫而狐疑兮, 欲自適而不可. 鳳皇旣受詒兮, 恐高辛之先我. 欲遠集而無所止兮, 聊浮遊以逍遙. 及少康之未家兮, 留有虞之二姚. 理弱而媒拙兮, 恐導言之不固. 世溷濁而嫉賢兮, 好蔽美而稱惡. 閨中旣以邃遠兮, 哲王又不寤. 懷朕情而不發兮, 余焉能忍與此終古.

閬낭: 솟을 대문, 높다. 緤설: 고삐, 잡아매다. 詒이: 보내다, 주다. 纕양: 띠. 蹇건: 절다, 멈추다. 緯위: 씨, 가로. 繣획: 어그러지다, 깨지는 소리. 次차: 머물다. 濯탁: 씻다. 洧유: 강 이름. 信신: 실로. 偃언: 쓰러지다. 鴆짐: 짐새. 鳩구: 비둘기. 惡오: 미워하다. 佻조: 방정맞다. 稱칭: 칭찬하다. 邃수: 깊다. 寤오: 깨다. 焉언: 어찌.

○白水백수: 신화에 나오는 강. 곤륜산에서 발원하며, 그 물을 마시면 죽지 않는다고 함. ○閬風낭풍: 신선이 사는 산 이름. 곤륜산의 꼭대기에 있음. ○高丘고구: 초나라의 산 이름. ○春宮춘궁: 동방의 청제靑帝가 산다는 선궁仙宮. ○瓊枝경지: 신화 속 옥으로 된 나무의 가지. ○榮華영화: 꽃. ○下女하녀: 하계의 여인. ○豐隆풍륭: 우레의 신. ○宓妃복비: 복희씨伏羲氏의 딸로, 낙수洛水에 빠져 죽어 낙수의 신이 되었다고 함. ○結言결언: 마음을 나타냄. ○蹇修

건수: 鐘鐘과 경磬의 소리. 장태염章太炎은 『도한한화菿漢閑話』에서 "지금 말하는 '건수위리'라는 말은 성악을 심부름꾼으로 삼는다는 것이다. (…) 『석기』는 종으로만 치는 것을 '수'라하고, 경으로만 치는 것을 '건'이라고 했다. '건수'는 바로 이런 의미다今謂'蹇修爲理'者, 謂以聲樂爲使 (…) 『釋器』'徒擊鐘謂之修, 徒擊磬謂之蹇', 則此'蹇修'之義也"라고 했다. ○理리: 중매쟁이. ○紛總總분총총: 태도가 불분명하고 모호함. ○離合이합: 헤어졌다 만남. 이곳에서는 자신의 주관이 분명하지 않음을 의미. ○緯繡위획: 변덕을 부림. ○窮石궁석: 신화에 나오는 산 이름. ○洧盤유반: 신화에 나오는 강 이름. ○保보: 믿다, 의지하다. ○來래: "오다"의 의미가 아닌 어조사 용법. 동사 앞에서 어떤 일을 하려고 하는 적극성을 보여주는 어감을 나타냄. ○違棄위기: 버리다. ○覽相觀남상관: 세 글자 모두 "보다"의 의미. ○四極사극: 천지사방의 끝. ○瑤臺요대: 옥으로 쌓아올린 누대. ○偃蹇언건: 높이 솟은 모양. ○有娀유융: 신화에 나오는 나라 이름. ○佚女일녀: 미녀. ○鴆짐: 짐새. 깃에 독이 있음. 그것으로 독주毒酒를 만들어 사람을 독살하는 데 사용했다. ○雄鳩웅구: 수비둘기. 잘 울어서 말이 많은 사람에 비유함. ○佻巧조교: 방정맞고 언변에 능함. ○猶豫유예: 머뭇거리며 망설이다. ○狐疑호의: 의심하다. ○受詒수이: 예물을 주다. "수"는 주다. "수授"와 통함. "이"는 예물. "이貽"와 통함. ○高辛고신: 제곡帝嚳이 신辛 땅을 봉해 받고 제위에 오른 후에 부른 호칭. ○少康소강: 하나라를 중흥시킨 군주로, 하상夏相의 아들. ○未家미가: 결혼하지 않음. ○有虞유우: 순임금의 후예들이 세운 나라. ○二姚이요: 유우국有虞國 군주의 두 딸. 성姓이 요씨姚氏임. ○理리: 중재함. 이곳에서는 명사로 쓰여, 중매쟁이의 의미. ○終古종고: 오래도록.

[10]

　띠풀과 대나무 조각을 찾아와 영분靈氛(무당이름)에게 점을 쳐달
라고 합니다. 영분이 말합니다. "양쪽이 아름다우면 분명히 합쳐질
것이니, 정말로 아름다운 사람이 아니고서야 어찌 그대를 그리워하
겠소? 넓고 큰 천지를 생각하오. 어찌 이곳에만 아름다운 사람이
있겠소?" 영분이 또 말합니다. "주저하며 의심 말고 멀리 떠나시오.
아름다움을 추구하는 사람이 어찌 자신을 버리겠소? 하늘 아래 어
느 곳인들 향기로운 풀이 없겠소. 어찌 고국에 미련을 두는 것이

영분靈氛에게 점을 쳐달라고 부탁하는 모습.

오?" 세상이 혼탁해 사람을 어지럽게 하는데 누가 나의 좋고 나쁨을 살피겠습니까? 사람마다 좋고 나쁨에 대한 기준이 다르건만 저 당파를 이룬 사람들만 유독 특별납니다. 사람마다 냄새나는 쑥을 허리에 가득 차고 다니며 그윽한 곳에 자라는 난초는 찰 수 없다고 합니다. 초목의 좋고 나쁨도 구별하지 못하면서 어떻게 옥석의 아름다움을 헤아릴 수 있겠습니까? 똥이 들어간 흙을 구해 향주머니를 채우면서 신申 땅에서 나는 화초花椒는 향기가 없다고 합니다.

索葽茅以筵篿兮, 命靈氛爲余占之. 曰: "兩美其必合兮, 孰信修而慕之? 思九州之博大兮, 豈唯是其有女." 曰: "勉遠逝而無狐疑兮, 孰求美而釋女? 何所獨無芳草兮, 爾何懷乎故宇?" 世幽昧以眩曜兮, 孰云察余之善惡? 民好惡其不同兮, 惟此黨人其獨異. 戶服艾以盈要兮, 謂幽蘭其不可佩. 覽察草木其猶未得兮, 豈理美之能當? 蘇糞壤以充幃兮, 謂申椒其不芳.

索색: 찾다. 葽경: 메, 영초靈草의 이름. 筵정: 점대, 둥근 대그릇. 篿전: 점대. 艾애: 쑥. 理정: 옥 이름. 當당: 감당하다. 幃위: 향낭, 휘장.

○葽茅경모: 띠풀. ○以이: ~와. ○筵篿정전: 대나무 조각. ○靈氛영분: 점을 잘 본 무당이름. "영"은 무당. "분"은 무당 이름. ○是시: 이곳. 초나라를 말함. ○女여: 그대. 굴원을 말함. "여汝"와 통함. ○故宇고우: 옛날 살던 곳. 초나라를 말함. ○幽昧유매: 아득하고 어두움. ○眩耀현요: 눈을 어지럽히고 현혹함. ○云운: 어기사. ○民민: 사람들. ○盈要영요: 허리에 가득 두름. "요"는 "요腰"와 통함. "요腰"는 허리. ○蘇소: 구하다. "색索"과 통함.

저는 영분의 좋은 점괘를 따르고 싶으나 속으로 주저하고 망설입
니다. 무함巫咸(무당이름)이 저녁에 강림하면 저는 화초와 고운 쌀을
들고 그에게 복을 빌어볼 것입니다. 하늘의 모든 신이 해와 달을 가
리고 강림하면 구의九嶷의 여러 산이 잇따라 마중하러 올 것입니다.
휘황찬란하게 신령스런 빛을 발하며 저에게 상스러운 이야기를 해
줍니다. 무함이 말했습니다. "하늘과 땅을 부지런히 오르고 내리며
법도를 함께 지켜나갈 사람을 찾으라. 탕임금과 우임금은 공경하게
자신과 뜻이 같은 어진 이를 찾았으니 이윤과 고요를 얻어 조화를
이루었다. 실로 그대의 마음이 고결하다면 중재할 사람이 왜 필요하
겠는가? 부열傅說은 부암傅巖에서 흙손을 잡고 담을 쌓았음에도 무
정武丁은 추호의 의심 없이 그를 등용했다. 여망呂望은 칼을 갈며 고
기를 잘랐지만 주 문왕을 만나 중용되었다. 영척甯戚은 소뿔을 치며
노래를 부르다가 제 환공이 듣고 자신을 보좌할 대신으로 삼았다.
아직 늦지 않은 나이다. 시간도 아직 다하지 않았다. 두견새가 일찍
울어 꽃들이 더 이상 향기롭지 않을까 두렵다."

欲從靈氛之吉占兮, 心猶豫而狐疑. 巫咸將夕降兮, 懷椒糈而要之. 百神
翳其備降兮, 九疑繽其并迎. 皇剡剡其揚靈兮, 告余以吉故. 曰: "勉陞降以
上下兮, 求榘矱之所同. 湯禹嚴而求合兮, 摯咎繇而能調. 苟中情其好修兮,
又何必用夫行媒? 說操築於傅巖兮, 武丁用而不疑. 呂望之鼓刀兮, 遭周文
而得擧. 甯戚之謳歌兮, 齊桓聞以該輔. 及年歲之未晏兮, 時亦猶其未央.
恐鵜鴂之先鳴兮, 使夫百草爲之不芳."

하늘에서 강림한 신들이 굴원을 맞이하는 모습.

粣서: 정미, 양식. 要요: 구하다. 翳예: 일산日傘, 가리다. 備비: 모두. 剡섬: 날카롭다, 빛나다. 陞폐: 오르다. 榘구: 곱자. 矱확: 자, 법, 표준. 繇요: 역사役事, 부역. 該해: 갖추다. 旻안: 늦다. 央앙: 다하다. 鷤제: 사다새, 두견이. 鴂결: 뱁새, 두견이.

○巫咸무함: 은나라의 유명한 신무神巫. 이름이 무武였음. ○九疑구의: 산 이름. 지금의 후난 성 닝위안寧遠 동남쪽. "구의九嶷"라고도 함. ○皇황: 빛나다. "煌황"과 통함. ○剡剡섬섬: 사방으로 빛이 나는 모양. ○揚靈양영: 신령스런 빛을 내다. ○吉故길고: 상스러운 이야기. ○榘矱구확: 법도. ○摯지: 은나라의 명재상 이윤伊尹. ○咎繇구요: 고요皐陶. 순임금 때 형벌을 관장한 대신. ○行媒행매: 중재를 해주는 사람. ○說열: 은나라 고종高宗 때의 명재상 부열傅說. ○築축: 흙손. ○傅巖부암: 지명. 지금의 산시山西 성 핑루平陸 동쪽. ○武丁무정: 은나라 고종高宗. ○呂望여망: 여상呂尙. 강태공姜太公이라고도 한다. ○鼓刀고도: 칼을 휘두르다. ○周文주문: 주나라 문왕文王. ○甯戚영척: 춘추시기 위衛나라 사람. ○齊桓제환: 제나라 환공桓公. ○該輔해보: 보좌할 신하로 삼으려고 함. "해"는 갖추다.

[12]

　나의 옥패는 이다지도 아름답거늘 어찌하여 사람들은 그 광채를 덮고 가리려고 합니까? 저 무리를 이룬 사람들 신의를 따지지 않으니 옥패를 질투해 부러뜨릴까 두렵습니다. 세상은 어지럽고 종잡을 수 없으니 제가 어찌 이곳에 오래 머물 수 있겠습니까? 난초와 백지는 동화되어 더 이상 향기롭지 않고, 창포菖蒲와 혜초도 보잘 것 없는 억새풀이 되었습니다. 예전의 향기로운 풀들이 지금은 어찌 저 냄새나는 쑥이 되었습니까? 설마 다른 이유가 있는 것입니까? 이는 꾸밈을 좋아하지 않아 입은 화입니다. 난초는 믿을 수 있다고 여겼건만 어찌 속은 비고 겉만 아름다운 것입니까? 그 아름다움을 버리고 세속의 무리들을 따릅니다. 향기로운 화초들 속에 구차하게 끼고자 말입니다. 화초는 전횡을 일삼고 아첨하며 오만방자하게 굴고 또 수유茱萸(나무이름)는 사람들이 차는 향주머니에 들어가고자 합니다. 위로 올라가려고만 하니 그 향기로움을 어떻게 퍼뜨릴 수 있겠습니까? 시속이란 본시 대세를 따르는 것이니 누가 변하지 않을 수 있겠습니까? 화초와 난초를 봐도 이렇거늘 하물며 게거와 강리는 더 말할 것도 없을 것입니다. 이 옥패만이 귀중했거늘 그 아름다움은 버림받아 여기까지 왔습니다. 그윽한 향기는 사라지지 않아 지금까지도 향기는 진하게 남아 있습니다. 옥패의 소리를 맞추는 것을 즐거움으로 삼아 잠시 떠돌며 미인을 찾아보렵니다. 제가 꾸민 것에서 향기가 나는 동안 하늘과 땅을 돌며 둘러볼 것입니다.

何瓊佩之偃蹇兮, 衆薆然而蔽之? 惟此黨人之不諒兮, 恐嫉妒而折之. 時繽紛其變易兮, 又何可以淹留? 蘭芷變而不芳兮, 荃蕙化而爲茅. 何昔日之芳草兮, 今直爲此蕭艾也? 豈其有他故兮? 莫好修之害也. 余以蘭爲可恃兮, 羌無實而容長? 委厥美以從俗兮, 苟得列乎衆芳. 椒專佞以慢慆兮, 樧又欲充夫佩幃. 旣干進而務入兮, 又何芳之能祇? 固時俗之流從兮, 又孰能無變化? 覽椒蘭其若茲兮, 又況揭車與江離. 惟茲佩之可貴兮, 委厥美而歷茲. 芳菲菲而難虧兮, 芬至今猶未沬. 和調度以自娛兮, 聊浮游而求女. 及余飾之方壯兮, 周流觀乎上下.

重重: 거듭. 薆薆: 숨기다, 덮다. 諒량: 믿다, 진실. 繽빈: 어지럽다, 성盛한 모양. 淹엄: 오래되다. 蕭소: 맑은대쑥. 委위: 버리다. 慆도: 기뻐하다, 방자하다. 樧살: 오수유吳茱萸. 幃위: 향낭. 虧휴: 이지러지다. 沬매: 어둑어둑하다.

○瓊佩경패: 옥패. 아름다운 덕을 상징. ○偃蹇언건: 높이 솟음. 이곳에서는 아름답고 고귀함을 의미. ○蔓然애연: 가려진 모양. ○蕭艾소애: 쑥.『초사』에서는 악초惡草를 상징함. ○好修호수: 꾸밈을 좋아함. ○羌강: 어찌. ○容長용장: 겉모습이 뛰어남. ○專佞전녕: 전횡을 일삼고 아첨함. ○慢慆만도: 태만하고 방자함. ○干간: 구하다. ○祇지: 떨치다. "진振"과 통함. ○和調度화조탁: 세 글자 모두 "조절" 내지 "조화"의 의미. 옥패의 소리를 조절하는 것을 의미. ○壯장: 성하다. 향기가 많이 남을 의미.

[13]

영분이 이미 좋은 점괘를 나에게 알려주었으니 저는 길일을 골라 떠나려 합니다. 옥나무의 가지를 꺾어 건포로 삼고 옥가루를 잘 추려 건량으로 삼습니다. 비룡이 날 위해 수레를 몰고 옥돌과 상아를 섞어 수레를 꾸밉니다. 마음이 다르니 어찌 함께 할 수 있겠습니까? 제 스스로 멀리 떠나겠습니다. 저는 수레를 돌려 곤륜산을 향합니다. 길고 먼 길에서 이리저리 떠돌겠습니다. 꽃구름 깃발을 들어 하늘과 해를 가리고 난새 모양의 옥 방울은 짤랑짤랑 소리를 냅니다. 아침에 은하수 나루터를 출발하여 저녁에 해가 지는 서쪽에 도달합니다. 봉황의 날개는 구름깃발에 닿고 높이 비상하며 유유자적합니다. 어느덧 모래가 흐른다는 사막에 와서 적수赤水를 따라 머뭇거리며 나아가지 않습니다. 교룡을 지휘하여 나루터에서 다리를 놓게 하고, 서황西皇(서방의 신)에게 맞은편 언덕까지 건너가게 해달라고 합니다. 길은 멀고 험난하여 여러 수레에게 곁에서 직접 호위할 것을 알립니다. 부주산不周山을 지나 왼쪽으로 돌아 서해를 가리키며 그곳에서 만나자고 합니다. 저는 수많은 수레를 불러 모아 옥 바퀴

비룡이 끄는 수레를 타고 교룡蛟龍에게 다리를 놓게 하는 모습.

를 나란히 하고 함께 달립니다. 여덟 마리 용을 몰아 구불구불 나아가니 수레에 꽂은 구름깃발은 펄럭펄럭 힘차게 나부낍니다. 깃발을 내리고 수레를 멈추니 마음은 저 한 없는 곳을 달려갑니다. "구가九歌"를 연주하고 "구소九韶"에 맞춰 춤을 추며, 이 순간을 빌려 한껏 즐겨봅니다. 이제 막 떠오른 태양이 휘황찬란한 빛을 비추니 문득 저 아래로 고향을 봅니다. 마부는 슬퍼하고 말은 그리워하며 머뭇머뭇 쳐다보며 가지 않습니다.

靈氛旣告余以吉占兮, 歷吉日乎吾將行. 折瓊枝以爲羞兮, 精瓊靡以爲粻. 爲余駕飛龍兮, 雜瑤象以爲車. 何離心之可同兮? 吾將遠逝以自疏. 邅吾道夫崑崙兮, 路修遠以周流. 揚雲霓之晻藹兮, 鳴玉鸞之啾啾. 朝發軔於天津兮, 夕余至乎西極. 鳳皇翼其承旂兮, 高翶翔之翼翼. 忽吾行此流沙兮, 遵赤水而容與. 麾蛟龍使梁津兮, 詔西皇使涉予. 路修遠以多艱兮, 騰衆車使徑待. 路不周以左轉兮, 指西海以爲期. 屯余車其千乘兮, 齊玉軑而幷馳. 駕八龍之婉婉兮, 載雲旗之委蛇. 抑志而弭節兮, 神高馳之邈邈. 奏『九歌』而舞『韶』兮, 聊假日以媮樂. 陟陞皇之赫戲兮, 忽臨睨夫舊鄕. 僕夫悲余馬懷兮. 蜷局顧而不行.

靡미: 부스러기. 粻장: 양식. 邅전: 돌다. 晻엄: 침침하다, 어둡다. 藹애: 부지런하다, 부드럽다. 啾추: 시끄러운 소리. 旂기: 깃발. 翶고: 날다, 비상하다. 詔조: 알리다. 軑대: 굴대. 邈막: 멀다, 아득하다. 媮유: 즐거워하다. 陟척: 오르다. 赫혁: 붉다, 빛나다. 睨예: 흘겨보다, 노려보다. 蜷권: 구부리다.

○歷력: 고르다. ○羞수: 말린 고기. "수修"와 통함. ○精정: 정선하다. ○瓊靡경미: 옥가루. ○雲霓운예: 꽃구름. 이곳에서는 꽃구름으로 만든 깃발. ○晻藹엄애: 운하가 하늘과 해를 가리는 모양. ○玉鸞옥란: 난새 모양의 옥 방울. 수레 앞 횡목에 건다고 함. ○啾啾추추: 방울소리. ○天津천진: 은하수 나루터.

하늘에서 고향을 내려다보는 굴원의 모습.

○西極서극: 서쪽의 가장 끝. 해가 지는 곳. ○承旂승기: 구름 깃발에 닿음. "승"은 닿다. "기"는 원의는 깃발. 이곳에서는 구름 깃발을 의미. ○翼翼익익: 유유자적하는 모양. ○流沙유사: 신화에 나오는 서쪽의 사막지대. ○적수赤水: 신화 속의 강 이름. 곤륜산에서 발원함. ○容與용여: 머뭇거림. ○梁津양진: 나루터에 다리를 놓음. "양"은 원의는 다리이나 이곳에서는 동사를 쓰여 "다리를 놓다"는 의미. ○西皇서황: 서방의 신. ○騰등: 알리다. ○徑待경대: 곧장 호위함. 어떤 판본에는 "경시徑侍"로 되어 있음. ○不周부주: 신화에 나오는 산 이름. 곤륜산의 서북쪽에 있음. ○千乘천승: 수레 한 대를 네 마리의 말이 끄는 것을 일승一乘이라 함. 이곳에서는 수레가 굉장히 많음을 의미. ○玉軑옥대: 옥으로 만든 바퀴. ○婉婉완완: 구불구불 길을 가는 모양. ○委蛇위사: 바람에 펄럭이는 모양. ○抑志억지: 깃발을 내림. "지"는 "치幟"와 통함. ○邈邈막막: 한없는 모양. ○九歌구가: 하나라 때 계啓가 천제가 있는 곳에서 훔쳐왔다는 음악. ○韶소: 순임금 때의 악무. ○陞皇승황: 떠오르는 태양. ○赫戲혁희: 밝게 빛나는 모양. ○僕夫복부: 원의는 시종. 이곳에서는 말을 모는 마부를 가리킴. ○蜷局권국: 몸을 웅크림. ○已이: 그치다. 그만두다.

[14]

마무리: 이제 그만 하리! 이 나라에는 알아주는 사람 없으니 고국에 무슨 미련을 두리. 훌륭한 정치를 함께 할 사람이 없으니 나는 팽함이 있는 곳으로 가리라.

亂曰: 已矣哉, 國無人莫我知兮, 又何懷乎故都. 旣莫足與爲美政兮, 吾將從彭咸之所居.

○亂난: 고대 악곡에서 노래를 마칠 때 일제히 합창하는 부분으로, 전체 내용을 요약하는 성격을 가짐.

제2편 | 구가

九歌

신들에게 올리는 노래

「구가九歌」는 원래 초나라에서 아주 오랫동안 전해진 악곡이다. 전설에 따르면 하나라의 계啓가 하늘에서 훔쳐 온 것이라고 한다. 굴원의 「구가」는 바로 이 악곡의 형식을 빌려 지은 것이다. 창작 시기는 굴원이 삼려대부三閭大夫로 있던 기원전 314년에서 기원전 296년 사이일 것으로 추정된다.

「구가」의 창작동기에 대해 왕일은 『초사장구』에서 다음과 같이 말하고 있다.

"「구가」는 굴원이 지었다. 옛날 초나라의 수도 영도郢都의 남쪽 원수와 상수 사이에 있는 마을들은 귀신을 믿고 제사지내는 것을 좋아하는 풍습이 있었다. 제사지낼 때는 반드시 노래를 부르고 춤을 추며 여러 신을 즐겁게 했다. 굴원은 유배를 당하자 이 지역에 몰래 들어와 걱정하며 괴로워했고 근심하며 답답해했다. 밖에 나가서 현지 사람이 제사를 지내는 예절과 가무의 음악을 보고 그 가사가 비루하다고 생각하여 「구가」를 지었다."

「九歌」者, 屈原之所作也. 昔楚國南郢之邑, 沅·湘之間, 其俗信鬼而好詞, 其詞必作歌樂鼓舞以樂諸神. 屈原放逐, 竄伏其域, 懷憂苦毒, 愁思沸鬱, 出見俗人祭祀之禮, 歌舞之樂, 其詞鄙陋. 因爲作「九歌」之曲

「구가」는 제목과 달리 11편으로 이루어져 있다. 이에 대해 원이둬聞-多는 「동황태일東皇太一」은 영신곡迎神曲이고 「예혼禮魂」은 송신곡送神曲으로 본문이 아니기 때문에 이를 빼면 9편이 된다고 했다. 임경林庚은 「예혼」을 「국상國殤」의 마무리 편으로 보고, 「상군湘君」과 「상부인湘夫人」은 내용이 같으므로 한 편으로 보면 9편이 된다고 했다. 이밖에 학자들마다 여러 가지 학설이 있다.

「구가」는 내용상 세 부분으로 나눌 수 있다. 첫째, 제가祭歌로는 「동황태일」「예혼」이 있다. 이중 「동황태일」은 신을 맞이하는 노래이고, 「예혼」은 신을 보내는 노래이다. 둘째, 연가戀歌로는 「동군東君」과 「운중군雲中君」, 「대사명大司命」과 「소사명少司命」, 「상군」과 「상부인」, 「하백河伯」과 「산귀山鬼」가 있다. 자연계에 있는 네 쌍의 신을 노래했다. 셋째, 죽음을 애도하는 노래로는 「국상」이 있다. 사람 귀신을 노래하고 있다.

동황태일東皇太一

하늘의 신

【해제】

"동황태일東皇太一"은 아래 시에 나오는 "상황上皇"으로, 황천상제
皇天上帝의 의미다. 초나라 사람들이 가장 숭배했던 천신인 천제 축
융祝融을 가리킨다. 따라서 이 편은 천신 축융을 제사지낼 때 부른
제가라고 할 수 있다. 시에서는 합창으로 동황태일을 맞이하고 찬송
하고 있다. 동황태일은 지고무상한 존재이기 때문에 시의 분위기는
매우 경건하고 엄숙하다.

[1]

좋은 날 좋은 시절, 삼가 상제를 즐겁게 해드리려고 옥 장식된 보
검 드니, 몸에 찬 패옥 댕그랑 소리를 내는구나.

吉日兮辰良, 穆將愉兮上皇. 撫長劍兮玉珥, 璆鏘鳴兮琳琅.

珥이: 날밑. 愉유: 즐겁다. 撫무: 쥐다. 璆구: 아름다운 옥. 鏘장: 금옥 소리.
琳림: 아름다운 옥. 琅랑: 옥 이름.

○辰良신량: 좋은 시절. "양신良辰"이 도치된 것임. ○上皇상황: 상제上帝. 이
곳에서는 동황태일東皇太一을 가리킴. ○玉珥옥이: 옥으로 만든 날밑칼자루
와 칼집 사이에 키우는 테. ○璆鏘구장: 패옥들이 부딪치며 나는 소리.

하늘의 신 동황태일東皇太一.

[2]

옥 누름돌로 창포 자리를 누르고 향기로운 풀을 가져와 널어놓고. 혜초로 제사 고기를 싸고 난초 잎을 바닥에 깔며, 계수나무로 담근 술과 화초로 만든 술을 올리네. 북채 들어 북을 치고 느릿한 리듬에 맞춰 평안하게 노래하니, 줄지어 늘어선 생황과 비파 소리 성대하게 울려 퍼지는구나.

瑤席兮玉瑱, 盍將把兮瓊芳. 蕙肴蒸兮蘭藉, 奠桂酒兮椒漿. 揚枹兮拊鼓.

疏緩節兮安歌, 陳竽瑟兮浩倡.

瑱진: 귀막이 옥. 盍합: 모으다. 藉자: 깔개, 깔다. 奠전: 올리다. 枹포: 북채.
拊부: 치다, 두드리다. 陳진: 늘어서다.

○瑤席요석: 창포菖蒲로 짠 자리. "요"는 "요蓐"와 통함. "요蓐"는 창포. ○玉瑱
옥진: 자리가 일어나지 않게 누르는 옥으로 만든 기물. "진"은 "진鎭"과 통함.
"진鎭"은 누르다. ○將把장파: 두 글자 모두 "잡다"의 의미. ○瓊芳경방: 향초
의 일종. ○肴蒸효증: 제사 때 쓰는 고기. ○桂酒계주: 계수나무의 꽃으로 담
근 술. ○椒漿초장: 화초花椒로 담근 술. "장"은 도수가 낮은 술. ○浩倡호창:
소리 높여 노래함. "창倡"은 "창唱"과 통함.

[3]

아리따운 옷 입은 무당께서 우아하게 춤을 추시니 그윽한 향기
온 방 안에 가득하고, 오음이 성대하게 어우러지니 상황께서 기뻐하
고 즐거워하시는구나.

靈偃蹇兮姣服, 芳菲菲兮滿堂. 五音紛兮繁會, 君欣欣兮樂康.

偃언: 쓰러지다. 蹇건: 절다. 姣교: 예쁘다, 요염하다. 欣흔: 기뻐하다.

○靈영: 신의 역할을 맡은 무당. ○偃蹇언건: 춤사위가 우아하고 경쾌함. ○姣
服교복: 아름다운 옷. ○五音오음: 고대음악에서 다섯 음계인 궁宮·상商·각
角·치徵·우羽를 말함. ○繁會번회: 한데 섞여 어우러짐.

운중군雲中君

구름의 신

【해제】

"운중군雲中君"은 "운군雲君"으로 구름의 신을 말한다. 이 편은 제사를 주재하는 무인巫人과 "운중군"으로 분장한 무인이 마주하고 창하는 형식으로 이루어져 있다. 이들은 모두 구름의 신을 찬미하고 있다. "운중군"을 제사지내는 전 과정을 묘사하면서 사람과 신이 모두 구름 신의 특징을 노래하여 그에 대한 간절한 기대와 그리움을 나타냈다.

[1]

난초 탕에서 몸을 씻으시니 온 몸이 향기로우시고, 화사하고 아름다운 옷 입으시니 꽃과 같으시네. 신령께서 에돌며 구름 속에 머무시니 밝고 찬란한 빛은 다함이 없으셔라.

浴蘭湯兮沐芳, 華采衣兮若英. 靈連蜷兮既留, 爛昭昭兮未央.

英영: 꽃. 蜷권: 구부리다. 爛란: 빛나다, 반짝이다. 央앙: 다하다, 끝나다.

○靈영: 운중군雲中君이 강림하기를 비는 무당. ○連蜷연권: 구불구불한 모양.

구름의 신 운중군雲中君.

[2]

수궁壽宮에서 평안히 계시니 일월과 함께 빛을 다투시고. 용 수레를 타고 상제의 옷을 입으시어 잠시 사방을 날며 한가로이 노니시네.

蹇將憺兮壽宮, 與日月兮齊光. 龍駕兮帝服, 聊翱遊兮周章.

憺담: 평안하다, 평온하다. 齊제: 같다. 翱고: 날다, 비상하다.

○蹇건: 발어사. "건謇"과 통함. ○壽宮수궁: 하늘에 있는 운중군의 궁궐. ○周章주장: 주유함.

[3]

신령께서 휘황찬란하게 하늘에서 내려오시더니 순식간에 멀리 구름 속으로 가시네. 기주冀州를 보고도 남음이 있으시고 온 세상까지 두루 미치시니 어찌 끝이 있으리. 신령님 그리며 길게 한숨 내쉬니 지극히 걱정스런 마음에 불안해지네.

靈皇皇兮既降, 猋遠舉兮雲中. 覽冀州兮有餘, 橫四海兮焉窮. 思夫君兮太息, 極勞心兮忡忡.

皇황: 성대하다, 휘황하다. 猋표: 빨리 떠나는 모양. 舉거: 오르다. 橫횡: 가로

지르다. 焉언: 어찌. 極극: 극히, 지극히. 勞노: 근심하다. 忡충: 근심하다, 걱정하다.

○皇皇황황: 찬란한 모양. "煌煌황황"과 같음. ○遠擧원거: 멀리 올라감. ○冀州기주: 고대 중국의 행정구역인 구주九州의 하나. 지금의 허베이 성과 산시 성 북부에 해당하는 고대 중국의 중심지. ○夫부: 발어사. ○勞心노심: 걱정스런 마음. ○忡忡충충: 걱정되어 불안함.

상군湘君
상수湘水의 신

【해제】

"상군湘君"과 뒤편의 "상부인湘夫人"은 상수湘水의 부부 신이다. 당시 민간에서는 상수를 숭배했기 때문에 이들 남녀 신을 만들었다. 전국시기에 이들에게 신화적인 색채를 가미했다. 전설에 따르면 요임금의 두 딸인 아황娥皇과 여영女英이 순임금의 아내가 되었다고 한다. 순임금은 남방을 순시하다 창오蒼梧에서 사망하고 구의산九嶷山에서 장례를 치렀다. 이때 아황과 여영은 돌아오지 않는 순임금을 찾아 나섰다가 동정洞庭에서 순임금의 사망 소식을 들었다. 남쪽을 바라보고 통곡하다가 강에 뛰어들어 자살했다고 한다. 순임금이 사망하고 장례를 치른 창오와 구의는 상수의 발원지였고, 아황과 여영은 강물에 뛰어들어 자살했기 때문에 초나라 사람들은 순임금과 두 사람의 슬픈 이야기를 상수의 부부 신과 결합시켰다. 이로써 순임금은 상수의 남신이 되었고, 이황과 여영은 상수의 여신이 되었다.

「상군」과 「상부인」은 바로 이런 민간전설을 토대로 만들어진 제가로, 남자 무당이 상수의 부부 신을 맞이하고자 하나 신들이 내려오지 않는 모습을 그리고 있다.

[1]

그대는 머뭇거리며 가시지 않으시고, 누굴 위해 강가 모래톱에 계십니까? 저는 곱게 꾸미고 계수나무 배 타고 빠르게 그댈 뵈러갑니다. 원수沅水와 상수湘水에게 물결을 일으키지 말라 하고 장강에게 고요하게 흘러가라 합니다. 그댈 기다리나 오시지 아니하니 통소를 불어본들 누가 알아줄까요?

君不行兮夷猶, 蹇誰留兮中洲? 美要眇兮宜修, 沛吾乘兮桂舟. 令沅湘兮無波, 使江水兮安流. 望夫君兮未來, 吹參差兮誰思?

洲주: 섬. 모래톱. 沛패: 빠르다. 參참: 섞이다, 뒤섞다. 差치: 들쑥날쑥하다.

○君군: 이곳에서는 상군湘君을 의미. ○夷猶이유: 머뭇거리다. ○蹇건: 발어사. "蹇謇"과 통함. ○要眇요묘: 자태가 아름다운 모양. ○宜修의수: 잘 어울리게 꾸밈. ○吾오: 나. 상군湘君을 맡은 박수무당. ○參差참치: 통소.

상수湘水의 신 상군湘君과 상수의 여신 상부인湘夫人.

[2]

　용선을 몰아 북쪽으로 가고 길을 바꿔 동정호로 가봅니다. 선실 벽엔 벽려 염발을 걸고 혜초 휘장을 치며, 창포로 노를 두르고 난초로 깃발을 꾸밉니다. 저 멀리 잠양潯陽의 물가가 바라보이고 내 정성을 보이고자 장강을 건넙니다. 내 정성 보여도 그대는 오시지 않으니 무녀巫女도 날 위해 한숨짓고 탄식하네요. 흐르는 눈물은 멈추지 않고 그대 그리는 마음에 애통하기 그지없습니다.

　駕飛龍兮北征, 邅吾道兮洞庭. 薜荔柏兮蕙綢, 蓀橈兮蘭旌. 望潯陽兮極浦, 橫大江兮揚靈. 揚靈兮未極, 女嬋媛兮爲余太息. 橫流涕兮潺湲, 隱思君兮陫側.

邅전: 머뭇거리다. 薜벽: 승검초. 荔려: 타래붓꽃. 蓀손: 창포菖蒲. 橈뇨: 노. 旌정: 기. 潯잠: 괸 물. 潺잔: 물 흐르는 소리. 湲원: 물 흐르는 모양. 隱은: 근심하다. 陫비: 숨다, 좁다.

○飛龍비룡: 용선龍船. ○邅전: 원의는 머뭇거리다. 이곳에서는 초나라의 방언으로, 길을 바꾸는 의미. ○洞庭동정: 호수이름. 지금의 후난 성 북부에 있음. ○薜荔벽려: 향초 이름. ○柏백: 염발. "박箔"과 통함. ○綢주: 휘장. "위幃"와 통함. ○潯陽잠양: 지명. 잠수潯水의 북쪽에 있음. 지금의 후난 성 평현灃縣 일대. ○揚靈양영: 정성을 나타냄. 왕일王逸의 『초사장구』에는 "자신의 정성을 나타낸다揚己精誠"라고 했다. ○女여: 상군湘君의 역할을 맡은 박수무당 곁의 무녀. ○嬋媛선원: 한숨짓고 탄식함. "탄훤嘽咺"과 통함. ○潺湲잔원: 눈물이 끝없이 흐르는 모양. ○陫側비측: 애통함. "비측悱惻"과 통함.

[3]

　계수나무 노와 목란의 뱃전, 물살을 가르며 물보라를 튀깁니다.
물에서 벽려를 따고 나뭇가지에서 연꽃을 꺾습니다. 마음이 다르니
중매 서도 소용없고 애정이 깊지 않으니 쉽게 끊어집니다. 돌 사이
로 강물은 쏜살같이 흐르고 용선은 가볍게 날아갑니다. 서로를 앎
이 진실하지 않으면 원망이 많아지니, 약속을 어기시고는 나에게 시
간이 없다고 하시네요.

　桂櫂兮蘭枻, 斲冰兮積雪. 采薜荔兮水中, 搴芙蓉兮木末. 心不同兮媒勞,
恩不甚兮輕絶. 石瀨兮淺淺, 飛龍兮翩翩. 交不忠兮怨長, 期不信兮告余以
不閒.

櫂도: 노. 枻설: 뱃전. 斲착: 깎다, 베다. 搴건: 빼내다, 들어 올리다. 瀨뢰: 여
울. 翩편: 빨리 날다.

○斲冰착빙: 원의는 얼음을 쪼개다. 이곳에서는 배가 물살을 세차게 가르고
나아가는 것을 형용함. ○積雪적설: 원의는 눈이 쌓이다. 이곳에서는 배가 물
살을 가를 때 튀기는 하얀 물보라를 형용함. ○芙蓉부용: 연꽃. ○淺淺천천:
물이 빨리 흐르는 모양. ○翩翩편편: 빨리 나는 모양. ○期기: 약속.

[4]

　아침에 배를 쏜살같이 몰아 강가 언덕에 오고, 저녁에는 말을 멈
추어 북쪽의 작은 모래톱에 머뭅니다. 새들은 옥상에 깃들고 물은

대청 아래를 돌아 흐릅니다. 저는 강물에 옥고리를 던지고 예수澧水가에 패옥을 버립니다. 향기로운 풀이 자라는 모래톱에서 두약杜若을 캐서 그대의 시녀에게 줄 것입니다. 시간은 가버리면 다시 오지 않으니 잠시 이리저리 돌아볼까 합니다.

黿驂鰲兮江皐, 夕弭節兮北渚. 鳥次兮屋上, 水周兮堂下. 捐余玦兮江中, 遺余佩兮醴浦. 釆芳洲兮杜若, 將以遺兮下女. 時不可兮再得, 聊逍遙兮容與.

黿조: 아침, 바다거북. 皐고: 언덕. 弭미: 그치다. 渚저: 물가, 모래섬. 次차: 머물다. 周주: 두르다. 捐연: 버리다, 없애다. 玦결: 패옥. 醴예: 단술. 浦포: 물가.

○弭節미절: 채찍질을 그만둠. 말을 멈춘다는 의미. "미"는 그치다. "절"은 "책策"과 통함. "책"은 채찍. ○醴浦예포: 예수澧水의 물가. "예"는 "예澧"와 통함. ○杜若두약: 향초 이름. 여름에 흰 꽃이 피고 키는 1∼2척 정도다. ○下女하녀: 상군湘君의 시녀. ○容與용여: 둘러보다.

초사

72

상부인湘夫人
상수湘水의 여신

【해제】

이 편은 상부인湘夫人을 제사지내는 제가다. 상부인으로 분장한 여자 무당이 독창하여 상부인에 대한 그리움과 애처로운 원망의 마음을 나타내고 있다.

[1]

천제의 따님께서 북쪽 모래톱에 내려오시니, 간절히 바라보다 걱정되네요. 산들산들 가을바람 불어오니 동정호는 물결치고 나뭇잎은 떨어지네. 흰 번풀을 밟고 저 멀리 바라보네. 저녁에 그대와 만나기로 했는데 새는 어찌하여 마름 풀 위에 모이나? 그물은 어찌하여 나무 위에 치나? 원수에는 백지 자라고 예수에는 난초 자라건만, 부인이 그리워도 함부로 말하지 못하겠네. 멀리 바라보니 아득하고 유유히 흐르는 강물만 보이네.

帝子降兮北渚, 目眇眇兮愁予. 嫋嫋兮秋風, 洞庭波兮木葉下. 登白蘋兮騁望, 與佳期兮夕張. 鳥何萃兮蘋中? 罾何爲兮木上? 沅有茝兮醴有蘭, 思公子兮未敢言. 荒忽兮遠望, 觀流水兮潺湲.

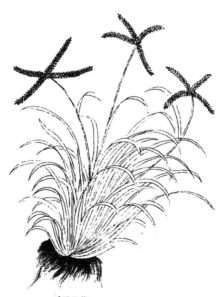

번풀蘋草.

嫋뇨: 소리가 가늘고 길게 이어지는 모양. 蘋번: 번풀. 수초이름. 罾증: 어망.
沅원: 강 이름.

○帝子제자: 천제의 딸. 상부인湘夫人을 의미. ○眇眇묘묘: 멀리 바라보는 모
양. ○嫋嫋뇨뇨: 미풍이 부는 모양. ○白蘋백번: 번풀. 수초 이름. 가을에 호수
나 늪에서 자라며, 향부자香附子와 모양이 비슷함. ○佳가: 가인佳人. 상부인
을 가리킴. ○張장: 베풀다. 차리다. ○醴예: 예수澧水. "예"는 "예澧"와 통함.
○公子공자: 상부인을 가리킴. ○荒忽황홀: 아득하다, 희미하다. ○潺湲잔원:
물이 천천히 흐르는 모양.

[2]

고라니는 어찌하여 뜰에서 먹이를 찾나? 교룡은 어찌하여 물가
에서 노나? 아침에 강가 언덕으로 말을 달리고 저녁에는 서쪽 물가
를 건너네. 나를 부르는 그대의 소리 들리면 나는 함께 가자고 전할
것이네. 물속에 집을 짓고 연잎으로 지붕을 이네. 창포로 벽을 만들
고 보랏빛 조개를 뜰에 깔며, 향기로운 화초를 뿌려 방을 칠하네.
계수나무로 대들보 만들고 목란으로 서까래를 얹으며, 백목련으로
문미를 만들고 백지로 침실을 꾸미네. 벽려를 엮어 휘장으로 삼고
혜초를 잘라 서까래 위에 걸었네. 백옥으로 돗자리 누름돌로 삼고
석란石蘭을 침대 앞 병풍 삼아 놓네. 백지로 난초 지붕을 이고 두형
으로 집 전체를 두르네. 갖은 풀들을 모아 마당을 채우고 온 방과
문 사이로 향기 나는 꽃들을 두네. 구의산九巍山의 산신들이 오색찬
연하게 맞이하시는데, 그 내려오시는 모습이 흘러가는 구름 같네.

麋何食兮庭中? 蛟何爲兮水裔? 朝馳余馬兮江皐, 夕濟兮西澨. 聞佳人兮召予, 將騰駕兮偕逝. 築室兮水中, 葺之兮荷蓋. 蓀壁兮紫壇, 播芳椒兮成堂. 桂棟兮蘭橑, 辛夷楣兮藥房. 罔薜荔兮爲帷, 擗蕙櫋兮旣張. 白玉兮爲鎭, 疏石蘭兮爲芳. 芷葺兮荷屋, 繚之兮杜衡. 合百草兮實庭, 建芳馨兮廡門. 九嶷繽兮幷迎, 靈之來兮如雲.

麋미: 고라니. 蛟교: 교룡. 裔예: 후손. 滋서: 물가. 騰등: 전하다. 駕가: 더하다. 葺즙: 기울다, 지붕을 잇다. 蓀손: 창포菖蒲. 橑료: 서까래. 楣미: 문미. 擗벽: 치다, 가르다. 櫋면: 차양, 추녀 끝에 덧댄 목. 鎭진: 누름돌. 疏소: 두다. 繚료: 감다, 두르다. 實실: 가득 차다. 廡무: 집, 처마, 큰 집. 嶷의: 산 이름.

○水裔수예: 물가. ○騰駕등가: 전하다. ○偕逝해서: 함께 감. ○紫壇자단: 보랏빛 조개를 가운데 정원에 깜. "자"는 "자패紫貝"의 줄임말로, 보랏빛을 띠는 조개를 의미. "단"은 가운데 정원. ○成堂성당: 방을 칠함. "성"은 칠하다. "성盛"과 통함. ○桂棟계동: 계수나무로 만든 대들보. ○辛夷신이: 백목련. ○藥房약방: 백지白芷로 침실을 꾸밈. "약"은 백지. "방"은 침실. ○罔망: 그물질하다, 엮다. "망網"과 통함. ○疏소: 깔다. ○石蘭석란: 향초 이름. ○芳방: 원이 뒤聞一多는 『초사교보楚辭校補』에서 "방防"자로 보았다. "방防"은 또 "병屛"과 음이 비슷함. "병"은 "병풍"의 의미. ○廡門무문: 방과 문. ○建건: 두다. ○九嶷구의: 산 이름. 이곳에서는 구의산의 여러 산신. ○靈영: 신神. 이곳에서는 구의산의 산신들을 의미.

[3]

옷소매를 강에 버리고 홑옷을 풍수의 물가에 던지네. 물가의 모래톱에서 두약을 캐 저 먼 곳에 있는 분께 보내드리리. 좋은 시간 자주 오지 않으니 잠시 이리저리 돌아볼까 하네.

捐余袂兮江中, 遺余褋兮醴浦. 搴汀洲兮杜若, 將以遺兮遠者. 時不可兮驟得, 聊逍遙兮容與.

袂몌: 소매. 襟접: 홑옷. 搴건: 뽑다. 汀정: 물가, 모래섬. 驟취: 자주.

대사명大司命
생명의 신

【해 제】

"대사명大司命"은 생명을 주재하는 신이다. 이 말은 금문金文 「제
후호齊侯壺」에 처음으로 보인다. 『주례周禮』「대종백大宗伯」, 『예기禮
記』「제법祭法」, 『사기史記』「천관서天官書」에도 "사명司命"에게 제사를
지냈다는 기록이 있다.

이 편은 대사명으로 분장한 남자 무당과 사람들로 분장한 여러
무당이 마주하고 대사명의 위엄과 신비로움을 노래해 장수를 바라
는 사람들의 염원을 표현했다.

[1]

하늘 문을 활짝 열고, 나는 자욱한 먹구름을 타네. 회오리바람을 앞세워 달리고 폭우로 길의 먼지를 씻네. 신께서 빙빙 돌아 날며 내려오시니, 나는 공상산空桑山을 넘어 신을 따르네. 구주九州에는 사람들 이렇게 많은데 그들의 생사는 어찌하여 나에게 있나요?

廣開兮天門, 紛吾乘兮玄雲. 令飄風兮先驅, 使凍雨兮灑塵. 君迴翔兮以下, 踰空桑兮從女. 紛總總兮九州, 何壽夭兮在予?

凍동: 소나기, 얼다. 灑쇄: 뿌리다, 씻다. 迴회: 돌다. 踰유: 넘다.

○紛분: 짙다. ○凍雨동우: 폭우. ○迴翔회상: 빙빙 돌며 날다. ○空桑공상: 신화에 나오는 산 이름. ○女여: 그대. "여汝"와 통함. ○總紛紛총분분: 아주 많은 모양. ○壽夭수요: 장수하고 단명함. 생사를 의미.

[2]

높은 곳을 천천히 비상하며 맑은 기운을 타고 음양의 조화를 부리시네. 나는 공경하게 상제를 맞이하여 구주의 산을 살피도록 인도하네.

高飛兮安翔, 乘淸氣兮御陰陽. 吾與君兮齋速, 導帝之兮九坑.

생명의 신 대사명大司命과 어린이의 신 소사명少司命.

齋재: 공손하다. 坑갱: 구덩이.

○齋速재속: 경건하고 삼가감. 송나라 사람 주희朱熹는 『초사집주楚辭集注』
에서 "재"는 "제齊"가 잘못된 글자로 보고, "제속齊速"이 되어야 한다고 했음.
"제"는 공경하다. ○之지: 가다. ○九坑구갱: 구주九州의 산.

[3]

　내가 입은 구름옷은 크고 길며, 내가 찬 옥패는 반짝반짝 빛이
나네. 어두웠다 밝아졌다 하니 내가 하는 일을 아는 이가 없네. 승
마升麻의 백옥 같은 꽃송이를 따다가 멀리 떠나는 당신께 드리리.
노년은 점점 가까워지는데 당신을 가까이하지 않으면 더욱 소원해
지리.

　靈衣兮被被, 王佩兮陸離. 壹陰兮壹陽, 衆莫知兮余所爲. 折疏麻兮瑤華,
將以遺兮離居. 老冉冉兮旣極, 不寖近兮愈疏.

浸침: 점점, 차차.

○靈衣영의: 구름 옷. "운의雲衣"의 착오. ○被被피피: 크고 긴 모양. "披披피
피"와 통함. ○陸離육리: 반짝반짝 빛이 남. ○壹陰一陽일음일양: 어두워졌다
밝아짐. "일"은 "일一"과 통함. ○疏麻소마: 승마升麻. 원이둬聞一多는 『구가해
고九歌解詁』에서 말했다: "'신'과 '승'은 발음이 비슷해서, 신마는 승마로 의심
된다. 『본초강목』에는 '승마는 시내가의 음지에서 자라는데, 촉 땅에서 나는
것이 가장 좋다. 줄기의 높이는 2~3척 되고, 뿌리는 보라색과 검은 색을 띠
며, 수염이 많다. 약으로도 복용할 수 있다'라고 기록하고 있다神升聲近, 疑神
麻卽升麻. 『本草』: '升麻産於溪澗陰地, 以蜀中出者爲勝. 莖高二三尺, 夏開白

花, 根紫黑色, 多鬚, 可入藥." ○瑤華요화: 승마升麻의 꽃송이. ○離居이거: 떠나는 사람. 대사명을 가리킴.

[4]

   덜커덩덜커덩 용 수레 타시고 높이 달려 하늘로 솟구치시네. 계수나무 가지 엮으며 오래오래 기다리니, 어찌하여 생각할수록 사람을 울적하게 만드십니까? 울적하게 한들 또 어찌 하겠습니까만은, 그저 오늘처럼 몸 다치지 않기를 바랄 뿐입니다. 본시 인명은 정해져 있는 것이거늘 신과 인간이 만나고 헤어지는 것을 누가 어찌할 수 있겠습니까?

   乘龍兮轔轔, 高駝兮沖天. 結桂枝兮延竚, 羌愈思兮愁人? 愁人兮奈何, 願若今兮無虧. 固人命兮有當, 孰離合兮可爲?

轔린: 수레바퀴 소리. 竚저: 우두커니, 오래다. 虧휴: 이지러지다.

○轔轔린린: 수레 소리. ○駝타: 내달리다. "치馳"와 통함. ○羌강: 어찌하여. 초나라의 방언. ○無虧무휴: 다치지 않음. ○有當유당: 정해져 있음.

소사명少司命
어린이의 신

【해제】

"소사명少司命"은 어린이의 생명과 운명을 주재하는 여신이다.

이 편은 소사명으로 분장한 여자 무당이 독창하며, 부드럽고 선량하며 굳센 여신의 형상을 그리고 있다. 이를 통해 신을 즐겁게 하고 인간 세상에 강림하여 자손들을 더욱 번창해주길 기원하고 있다.

[1]

가을 난초와 궁궁이, 제당 아래에 줄지어 자랍니다. 푸른 잎과 하얀 꽃에 그윽한 향기가 나에게 스며듭니다. 사람들은 저마다 훌륭한 자녀가 있거늘 신께서는 어찌하여 시름에 겨워 괴로워하시나요?

秋蘭兮麋蕪, 羅生兮堂下. 綠葉兮素華, 芳菲菲兮襲予. 夫人自有兮美子, 蓀何以兮愁苦?

麋미: 천궁川芎, 궁궁이. 蕪무: 거칠어지다, 잡초가 무성하다. 菲비: 향초. 蓀손: 창포菖蒲.

○麋蕪미무: 궁궁이. 향초 이름. 7~8월에 흰 꽃이 피며 향기가 진함. ○羅生나생: 늘어서서 자람. ○菲菲비비: 향기가 그윽한 모양. ○夫부: 발어사. ○美子미자: 훌륭한 자녀. ○蓀손: 향초 이름. 이곳에서는 소사명을 말함.

[2]

　무성한 가을 난초, 잎은 푸르고 줄기는 보랏빛이네요. 방 안에 가
득한 미인들, 문득 나에게만 눈길을 주는군요. 들어올 땐 말없이 나
갈 땐 소리 소문 없이, 구름 깃발을 싣고 회오리바람을 타고 갑니다.
생이별만큼 가장 슬픈 것은 없고 새롭게 아는 것만큼 가장 즐거운
것은 없지요.

　秋蘭兮靑靑, 綠葉兮紫莖. 滿堂兮美人, 忽獨與余兮目成. 入不言兮出不
辭, 乘回風兮載雲旗. 悲莫悲兮生別離, 樂莫樂兮新相知.

○靑靑청청: 무성함. "청청菁菁"과 통함. ○目成목성: 눈썹으로 정감을 나타
냄. ○雲旗운기: 구름깃발. 구름을 깃발로 삼았음을 의미.

[3]

　연꽃 옷 입고 혜초 띠 두르시며, 갑자기 오셨는가 싶더니 홀연히
떠나시네요. 저녁에 하늘나라 교외에서 머무시니 당신은 구름 가에
서 누구를 기다리시나요?

　荷衣兮蕙帶, 儵而來兮忽而逝, 夕宿兮帝郊, 君誰須兮雲之際?

儵숙: 빠르다. 須수: 기다리다.

○帝郊제교: 하늘나라의 교외. ○誰須수수: 누구를 기다리다. "수수須誰"의
도치.

[4]

그대와 구하九河에서 노닐고 싶지만 큰 바람 불어 강물이 출렁이
네요. 그대와 함지에서 머리를 감고 해가 나오는 곳에서 머리를 말
리고 싶었건만. 미인을 바라보나 오지 않으시니, 바람 맞으며 하염없
이 소리 높여 노래합니다.

　與女遊兮九河, 衝風至兮水揚波. 與女沐兮咸池, 晞女髮兮陽之阿. 望美
人兮未來, 臨風怳兮浩歌.

阿아: 언덕, 구석. 怳황: 멍하다, 자실自失한 모양.

○九河구하: 우禹 임금이 황하를 치수하면서 연 아홉 갈래의 물길. ○衝風충
풍: 사나운 바람. ○陽之阿양지아: 해가 뜨는 곳. "아"는 구석진 곳. ○浩歌호
가: 큰 소리로 노래 부름.

[5]

공작새 깃털 덮개에 물총새 깃털의 깃발, 구천에 올라 혜성을 어
루만지시고. 긴 칼을 쥐고 아이를 안으시니, 그대만이 인간의 생명
을 주재할 수 있네요.

孔蓋兮翠旍, 登九天兮撫彗星. 竦長劍兮擁幼艾, 蓀獨宜兮爲民正.

旍정: 깃발. 彗혜: 꼬리별. 竦송: 잡다, 쥐다. 擁옹: 안다. 艾애: 기르다. 蓀손: 창포.

○孔蓋공개: 공작새의 깃털로 만든 수레덮개. ○翠旍취정: 물총새 깃털로 만든 깃발. ○幼艾유애: 아이. ○蓀손: 원의는 창포. 이곳에서는 소사명을 의미. ○民正민정: 사람들의 생명을 주재함.

동군東君

태양의 신

【해 제】

"동군東君"은 태양신을 말한다. 이 편은 태양신을 제사지내는 제가이자 태양신을 찬송하는 송가이기도 하다.

이 편은 태양신으로 분장한 남자 무당이 독창한다. 시에서 풍부한 상상력으로 태양신 동군의 정직함·용맹함·강인함·다정함을 묘사하고 있다.

[1]

떠오르는 해 동쪽에서 나오고, 나의 난간 부상扶桑을 비추네. 말을 가볍게 치며 천천히 달리니 어둠은 물러가고 날이 환하게 밝아오

태양의 신 동군東君.

네. 용 수레를 모니 우레 소리 나고 구름 깃발은 바람에 펄럭이네. 숨을 한 번 고르고 위로 오르려 하나 마음은 못내 아쉬워 머뭇거리네. 왜 사람들은 노래와 춤에 빠지고 보는 이들은 즐거워 돌아갈 줄 모르는가?

暾將出兮東方, 照吾檻兮扶桑. 撫余馬兮安驅, 夜皎皎兮旣明. 駕龍輈兮乘雷, 載雲旗兮委蛇. 長太息兮將上, 心低佪兮顧懷. 羌聲色兮娛人, 觀者憺兮忘歸?

暾돈: 아침 해, 아침에 해가 솟아오르는 모양. 皎교: 희다, 밝다. 輈주 끌채. 憺담: 평안하다, 평온하다.

○扶桑부상: 신화에서 동쪽의 해가 나오는 곳에서 자란다는 신수神樹. ○皎皎교교: 밝은 모양. ○龍輈용주: 용이 끄는 수레. ○乘雷승뢰: 우레가 치는 듯한 수레소리. "승"은 수레. ○委蛇위사: 자유로이 펄럭이는 모양. ○低佪저회: 머뭇거리다. ○顧懷고회: 아쉬워함. ○羌강: 어찌하여. 초나라의 방언.

[2]

거문고를 세차게 튕기고 북을 치며 종을 쳐대니 종 틀이 마구 흔들리네. 횡적을 불고 피리를 부니 어질고 아름다운 신무神巫가 그리워지네. 물총새가 날개를 펴고 날아오르듯 가볍게 걸음을 내딛으며, 신과 인간이 함께 노래하고 춤을 추네. 음률에 따라 노래하고 박자에 맞춰 춤을 추니 해를 가릴 정도로 많은 신이 동군을 맞이하네.

絚瑟兮交鼓, 簫鐘兮瑤簴. 鳴鵾兮吹竽, 思靈保兮賢姱. 翾飛兮翠曾, 展詩兮會舞. 應律兮合節, 靈之來兮蔽日.

○緪瑟긍슬: 거문고의 현絃을 바짝 조임. "긍"은 "긍揯"과 통함. ○交鼓교고: 북을 치다. "교"는 "攴복의 잘못된 표기. ○簫鐘소종: 종을 침. "소"는 "숙摍"과 통함. ○瑤요: 흔들다. "요搖"와 통함. ○靈保영보: 신무神巫. ○曾증: 날개를 펴고 날아오름. "증翻"과 통함. "증翻"은 날아오르다. ○展詩전시: 노래를 부름. ○靈영: 천상의 여러 신. ○蔽日폐일: 해를 가림. 이곳에서는 해를 가릴 정도로 많은 신이 왔음을 의미.

[3]

푸른 구름을 상의로 무지개를 하의로 삼고, 긴 활을 들어 천랑성天狼星을 쏘네. 내 활을 가지고 서쪽으로 내려가면서 북두를 쥐고 계화주를 뜨네. 말고삐를 잡고 먼 곳으로 높이 날아올라 저 멀고 어두운 곳을 지나 동쪽으로 가리.

青雲衣兮白霓裳, 擧長矢兮射天狼. 操余弧兮反淪降, 援北斗兮酌桂漿. 撰余轡兮高駝翔, 杳冥冥兮以東行.

弧호: 활. 淪윤: 빠지다, 잠기다. 杳묘: 어둡다, 멀다.

○天狼천랑: 별자리 이름. 당시 사람들은 이 별을 침략자의 상징으로 여김. 따라서 당시 초나라의 적대국이었던 진秦나라를 의미. ○淪降윤강: 내려감. ○北斗북두: 북두칠성. 7개의 별이 국자 모양으로 이루어져 있음. ○桂漿계장:

계화주桂花酒. ○駞타: 내달리다. "치馳"와 같음. ○冥冥명: 어두움.

하백河伯
황하黃河의 신

【해제】

"하백河伯"은 황하의 수신水神이다. 원래는 하신河神이라고 했는데, 전국시기부터 하백으로 불렸다. 이 편은 하백으로 분장한 남자무당이 독창한다.

이 편은 남자무당이 풍부한 상상력으로 하백을 따라 용궁으로 가서 노닐다가 하백과의 작별을 아쉬워하는 모습을 그리고 있다.

[1]

그대와 구하에서 노니는데 사나운 바람 불어 물결이 이네요. 연잎 덮개를 한 수차를 타고 두 마리 용이 수레를 몰고 뿔 없는 용은 곁을 달립니다. 곤륜산에 올라 사방을 바라보니 마음은 날아갈듯 자유로워집니다. 날 저물어도 즐거워 돌아갈 줄 모르고 저 먼 물가만 생각합니다.

與女遊兮九河, 衝風起兮橫波. 乘水車兮荷蓋, 駕兩龍兮驂螭. 登崑崙兮四望, 心飛揚兮浩蕩. 日將莫兮悵忘歸, 惟極浦兮寤懷.

황하의 신 하백河伯.

驂참: 곁마. 螭리: 교룡, 뿔 없는 용. 悵창: 슬퍼하다, 원망하다.

○驂참: 고대에는 네 필의 말이 수레를 끌었는데, 이때 중간의 두 필의 말을 "복服"이라 하고 바깥쪽 두 필의 말을 "참"이라고 했다. 이곳에서는 동사로 쓰여 "바깥에서 달리다"는 의미. ○浩蕩호탕: 마음이 탁 트임. ○悵창: 원의는 슬퍼하다. "憺담"의 잘못된 표기. "담"은 즐겁다. ○寤懷오회: 자나 깨나 그리워함.

[2]

물고기 비늘로 만든 집에 용당을 그리시고, 보랏빛 조개로 만든

망대와 진주로 만든 궁전을 지으셨네요. 신께서는 어찌하여 물속에
사시는 것인가요? 흰 자라를 타니 잉어가 쫓아오고, 신과 강가에서
노니니 유빙流冰이 계속 떠내려 오네요.

　魚鱗屋兮龍堂, 紫貝闕兮朱宮, 靈何爲兮水中? 乘白鼂兮逐文魚, 與女遊
兮河之渚, 流澌紛兮將來下.

***

鱗린: 비늘. 鼂원: 자라. 隣린: 비늘. 澌시: 다하다, 없어지다.

○闕궐: 궁문 양쪽에 높이 솟은 망대望臺. ○朱宮주궁: 진주로 만든 궁전. "주
궁珠宮"이라고도 함. ○文魚문어: 잉어. ○流澌유시: 겨우내 얼었던 강이 녹으
면서 떠내려 오는 얼음덩어리.

[3]

　신께서 내 손을 잡아주시고 동쪽으로 가시니, 나는 남쪽의 물가
까지 신을 바래다드리고. 넘실대는 파도는 신을 영접하고 수많은 물
고기들은 나를 배웅하네요.

　子交手兮東行, 送美人兮南浦. 波滔滔兮來迎, 魚隣隣兮媵予.

***

子자: 그대. 媵잉: 보내다, 전송하다.

○交手교수: 손을 잡다. 작별의 의미. ○滔滔도도: 물이 넘실대는 모양. ○隣
隣린린: 아주 많은 모양. "린린鱗鱗"과 통함.

산귀山鬼
사랑과 혼인의 신

【해제】

"귀鬼"는 신神이다. 따라서 "산귀山鬼"는 산신을 말한다. 청나라 사람 고성천顧成天은 『초사구가해楚辭九歌解』에서 "산귀"는 무산巫山의 신녀神女라고 했다. 무산의 신녀는 사랑과 혼인을 주재하는 신이다.

이 편은 신녀로 분장한 여자 무당이 독창하며, 산신을 맞이하고자 하나 강림하지 않는 산신에 대한 그리움과 아쉬움의 마음을 표현하고 있다.

[1]

산의 외진 곳에 사는 사람, 벽려를 걸치고 새삼 덩굴을 맸네. 은근한 눈길에 아름다운 미소, 그대가 나를 흠모하는 것은 이 아름다움이 좋아서이리. 붉은 표범을 타고 얼룩 너구리가 뒤를 따르며, 백목련으로 만든 수레에 계수나무 가지를 엮은 깃발이라네. 석란을 걸치고 두형을 차며, 향기로운 화초를 따서 흠모하는 사람께 보내네. 나는 종일 하늘이 보이지 않는 깊고 어두운 대숲에 살고, 길마저 험해 홀로 늦게 왔다네.

若有人兮山之阿, 被薜荔兮帶女羅. 旣含睇兮又宜笑, 子慕予兮善窈窕. 乘赤豹兮從文狸, 辛夷車兮結桂旗. 被石蘭兮帶杜衡, 折芳馨兮遺所思. 余

사랑과 혼인의 신 산귀山鬼.

處幽篁兮終不見天, 路險難兮獨後來.

睇제: 흘끗 보다. 狸리: 너구리. 篁황: 대숲.

○若약: 발어사. ○阿아: 산의 외진 곳. ○女羅여라: 새삼 덩굴. "여라女蘿"라
고도 함. ○含睇함제: 은근하게 봄. ○宜笑의소: 미소가 아름다움. ○文狸문
리: 너구리. ○辛夷신이: 백목련. ○芳馨방형: 향기로운 화초.

산 위에 우뚝 홀로 서 있으면 구름들은 산 아래로 흘러가네. 어찌하여 이리도 깊고 어두워 대낮도 어두운 밤과 같을까? 동풍이 불면 신께서 비라도 내려주실까? 신께서 즐거워 돌아가지 않길 기다리니, 나이 들면 누가 나를 다시 아름답게 해주려나? 무산巫山에서 영지를 캐는데 돌은 어지러이 쌓여 있고 칡넝쿨은 이리저리 엉켜 있네. 저를 슬프게 하시고 돌아갈 것을 잊게 만드신 공주님을 원망합니다. 그대는 저를 흠모하나 올 시간이 없습니다.

表獨立兮山之上, 雲容容兮而在下. 杳冥冥兮羌晝晦? 東風飄兮神靈雨? 留靈修兮憺忘歸, 歲旣晏兮孰華予? 采三秀兮於山間, 石磊磊兮葛蔓蔓. 怨公子兮悵忘歸, 君思我兮不得閒.

晏안: 늦다. 晝주: 대낮. 於오: 탄식하다. 磊뢰: 돌이 쌓인 모양. 蔓만: 덩굴지다.

○表표: 두드러지다. ○容容용용: 구름이 움직이는 모양. ○留유: 기다리다. ○靈修영수: 산의 귀신. ○華화: 꽃이 피다. 이곳에서는 꽃이 피는 것처럼 아름답게 한다는 의미. ○三秀삼수: 영지靈芝. ○於山오산: 산 이름. 무산巫山을 말함. ○磊磊뢰뢰: 돌이 어지럽게 쌓여있는 모양. ○만만蔓蔓: 어지럽게 엉켜 있는 모양. ○公子공자: 무산巫山의 신녀神女.

[3]

산에 사는 사람 두약처럼 향기롭고, 맑은 샘물 마시고 송백으로
해를 가리네. 그대가 저를 그리워하는지 반신반의합니다. 우르릉 천
둥치고 주룩주룩 비는 내리고, 원숭이들은 야밤에 꽉꽉 울어댑니
다. 솨솨 바람 불고 우수수 나뭇잎 떨어지니 공주님 생각에 부질없
이 시름에 젖습니다.

山中人兮芳杜若, 飮石泉兮蔭松柏. 君思我兮然疑作. 靁塡塡兮雨冥冥,
猨啾啾兮又夜鳴. 風颯颯兮木蕭蕭, 思公子兮徒離憂.

靁뢰: 우레. 猨원: 원숭이. 啾추: 시끄러운 소리. 颯삽: 바람 소리.

○蔭음: 해를 가림. ○然疑연의: 반신반의함. "연"은 믿다. "의"는 의심하다. ○
作작: 일다. ○塡塡전전: 번개 치는 소리. ○颯颯삽삽: 바람소리. ○蕭蕭소소:
나뭇잎이 흔들려 떨어지는 소리. ○公子공자: 공주公主와 같음. 이곳에서는
산귀山鬼를 말함. 산귀는 무산巫山의 신녀를 의미. ○離憂이우: 근심에 빠짐.
"리"는 ~를 만나다(당하다).

국상國殤
호국영령들의 노래

【해제】

"상殤"은 20살이 되지 않아 죽는 것이다. 여기서는 천수를 다하
지 못하고 전장에서 사망한 젊은 사람들이며 나라를 위해 희생당한

그들을 위한 제가라고 할 수 있다. 이 편은 남자무당이 전사한 장병으로 분장해 독창하며, 용감하고 위엄 있는 강인한 "귀웅鬼雄"을 찬미하고 나라를 위하는 초나라 장병들의 영웅적인 기개를 노래한다.

[1]

무소 갑옷을 입고 오나라의 창을 잡으며, 바퀴들이 부딪치고 창과 검이 오가네. 깃발은 해를 가리고 적은 구름과 같이 많은데, 빗발치는 화살 속에서 장사들은 전진하네. 아군 진영은 공격받고 아군의 대오는 짓밟히며, 좌측의 말은 죽고 우측의 말은 다치네. 두 바퀴 진흙에 빠지고 네 마리의 말은 발이 묶이고, 옥으로 만든 북채 들고 둥둥 북을 울리네. 날 저물어도 용맹하신 신령들은 여전히 분노하시며 가차 없이 적군을 베고 들판에 버리시네.

操吳戈兮被犀甲, 車錯轂兮短兵接. 旌蔽日兮敵若雲, 矢交墜兮士爭先. 凌余陣兮躐余行, 左驂殪兮右刃傷. 霾兩輪兮縶四馬, 援玉枹兮擊鳴鼓. 天時墜兮威靈怒, 嚴殺盡兮棄原野.

착錯: 섞이다, 어지럽다. 轂곡: 바퀴. 凌릉: 범하다, 침범하다. 躐렵: 밟다, 디디다. 殪에: 쓰러지다, 죽다. 霾매: 흙비. 縶집: 매다. 枹포: 북채.

○錯轂착곡: 바퀴들이 서로 부딪침. ○短兵단병: 칼이나 창 같은 근접해서 쓰는 무기류. ○凌릉: 침범하다. ○霾매: 묻다. "매埋"와 통함. ○威靈위령: 신령. 이곳에서는 죽은 병사들. ○怒노: 떨쳐 일어남, 용맹함. ○嚴엄: 가차 없이.

호국영령들.

[2]

　나오면 들어가지 못하고 가면 돌아오지 못하니, 들판은 아득하고
길은 멀기만 하네. 긴 검을 차고 진궁秦弓을 드시어, 몸과 머리는 다
른 곳에 있어도 두려운 것이 없네. 실로 용맹하며 무예가 출중하시
고 굳세고 강해 적이 끝내 침범할 수 없어라. 몸은 죽고 없어졌으나
넋은 영원할 것이니, 그대들의 혼백은 영령들의 영웅이 되리.

出不入兮往不反, 平原忽兮路超遠. 帶長劍兮挾秦弓, 首身離兮心不懲.

誠既勇兮又以武, 終剛强兮不可凌. 身既死兮神以靈, 子魂魄兮爲鬼雄.

挾협: 끼다. 凌릉: 침범하다.

○秦弓진궁: 진秦 땅에서 만든 활. ○不懲불징: 두려움이 없음. ○神以靈신이
령: 정신은 신령이 됨. 정신은 죽지 않았다는 의미.

예혼禮魂
혼을 떠나보내는 노래

【해제】

이 편은 「구가」에서 신을 보내는 곡이다. "혼魂"은 신을 말한다.
신을 보내는 것은 제사의 마지막 의식이기 때문에 "예혼禮魂"이라고
했다.

이 편은 마지막에 즐겁고 흥겨운 분위기를 연출하여 사람들이 신
들에게 영원한 보살핌을 바라는 염원을 나타내고 있다.

혼을 떠나보내고 있다.

[1]

　제사가 끝나니 일제히 북을 치네, 꽃을 건네고 이어가며 춤을 추
는데, 아리따운 여인들의 노래 소리 아득히 멀리 퍼져가네. 봄엔 난
초로 가을엔 국화로 영원히 이어지리.

　成禮兮會鼓, 傳芭兮代舞, 姱女倡兮容與. 春蘭兮秋菊, 長無絶兮終古.

芭파: 꽃.

○成禮성례: 제례가 끝남. ○會鼓회고: 일제히 북을 침. ○傳巴전파: 꽃을 건넴. "파"는 "파葩"와 통함. ○容與용여: 차분하고 느림. ○終古종고: 영원함.

제3편 | 천문

天問

하늘에 물음

「천문天問」은 굴원의 두 번째 장편 시가다. "천문"이란 "하늘에 묻는다"는 의미다. 전편이 총 374개의 4언구에 172개의 의문구로 이루어져 있는 상당히 독특한 작품이다. 문장을 보면 한 구가 의문문으로 된 경우도 있고, 두 구, 세 구, 네 구가 하나의 의문문을 이룬 경우도 있다.

창작 동기에 대해서 왕일의 『초사장구』는 다음과 같이 기록하고 있다.

"굴원은 추방당해 근심과 걱정에 몸과 마음이 피폐했다. 산과 물가를 돌아다니고 언덕이나 평지를 떠돌며 하늘을 보고 울부짖기도 하고 탄식하기도 했다. 그는 초나라에 선왕을 모신 종묘와 공경들을 모신 사당에 아름답고 기이한 천지·산천·신령을 그린 벽화들과 옛 성현과 괴물들의 행적이나 이야기를 그린 그림들을 보았다. 굴원은 이리저리 떠돌다 지치면 그곳에서 쉬면서 벽화를 보았다. 그 벽화에 글을 쓰며 왜 그런지를 물으면서 가슴 속의 분함을 토로하고 근심을 해소했다. 그 후 초나라 사람이 굴원을 애석하게 여겨 벽에 쓴 글을 모았다."

屈原放逐, 憂心愁悴, 彷徨山澤, 經歷陵陸. 嗟號昊旻, 仰天歎息, 見楚有先王之廟及公卿祠堂, 圖畵天地山川神靈, 琦瑋僪佹, 及古賢聖怪物行事. 周流罷倦, 休息其下, 仰見圖畵, 因書其壁, 何而問之, 以渫憤懣, 舒瀉愁思. 楚人哀惜屈原, 因共論述

「천문」은 내용상 세 부분으로 나눌 수 있다. 첫 번째 부분(1~3)은 자연계의 형성과 구조에 대해 질문하는 부분이다. 여기에는 우주의 기원, 천체의 모양, 일월성신의 운행, 대지의 구성과 사방, 우의 치수, 예가 열 개의 태양을 쏜 일 등이 나온다. 두 번째 부분(4~10)은 고대의 신화에서 초나라까지의 일을 언급하고 있는 부분이다. 여기에는 우의 혼인, 하·은·주나라의 전설적인 역사와 제후들의 이야기 등이 나온다. 마지막 부분(11)은 초나라의 현실과 자신의 슬픈 심정을 서술하는 부분이다.

[1]

　묻노니, 먼 옛날 태초의 시작을 누가 전했나? 천지가 아직 형성되지 않았는데 무엇으로 이를 알 수 있었나? 어둠과 밝음이 분명하지 않았을 것인데 누가 이를 밝힐 수 있었나? 대기는 원기로 충만했는데 무엇으로 식별했나? 낮은 밝고 밤은 어두운데 하늘은 왜 이렇게 만들었나? 음양은 교차하고 합해지는데 무엇이 근본이고 무엇이 변

바람의 신 백강伯强.

화인가? 둥근 하늘은 아홉 층이라는데 누가 이를 돌아서 쟀나? 이 얼마나 큰일인데 누가 처음으로 시작했나? 천체를 돌게 하는 축의 줄은 어디에 매여 있나? 어디에서 하늘의 지붕을 떠받치고 있나? 하늘을 떠받치는 여덟 개의 기둥은 어디 있나? 동남쪽은 왜 지세가 낮은가? 하늘의 중앙과 팔방의 가장자리는 어디까지 닿아 있고 어디까지 이어져 있나? 천지에는 굴곡지고 외진 곳이 많은데 누가 그 수를 알 수 있나? 천지는 어디에서 합해지나? 12진辰은 어떻게 구분했나? 해와 달은 떨어지지 않고 어디에 붙어 있나? 별들은 어떻게 가지런히 늘어서 있나? 태양은 탕곡湯谷에서 나와 몽사蒙汜에 머물고, 날이 밝아졌다가 어두워지기까지 몇 리나 가나? 달은 무슨 신묘한 약을 얻었기에 죽었다 다시 살아나나? 달은 무슨 이로움이 있다고 뱃속에 호랑이를 키우나? 여기女岐는 결혼하지 않았는데 어찌하여 아홉 명의 아이를 두었나? 바람의 신 백강伯强은 어디에 사나? 차가운 바람은 어디에서 부나? 어떤 문이 닫히면 날은 어두워지나? 어떤 문이 열리면 날은 밝아지나? 동쪽이 밝아오기 전에 태양은 어디에 숨어 있나?

曰: 遂古之初, 誰傳道之? 上下未形, 何由考之? 冥昭瞢闇, 誰能極之? 馮翼惟像, 何以識之? 明明闇闇, 惟時何爲? 陰陽三合, 何本何化? 圜則九重, 孰營度之? 惟兹何功, 孰初作之? 斡維焉繫? 天極焉加? 八柱何當? 東南何虧? 九天之際, 安放安屬? 隅隈多有, 誰知其數? 天何所沓? 十二焉分? 日月安屬? 列星安陳? 出自湯谷, 次于蒙汜; 自明及晦, 所行幾里? 夜光何德, 死則又育? 厥利維何, 而顧菟在腹? 女岐無合, 夫焉取九子? 伯强何處? 惠氣安在? 何闔而晦? 何開而明? 角宿未旦, 曜靈安藏?

瞢몽: 어둡다. 闇암: 어렴풋하다, 어둡다. 極극: 다하다. 像상: 모습. 圜환: 하늘. 功공: 일. 斡알: 돌다. 維유: 밧줄, 매다. 隅우: 모퉁이, 귀퉁이. 隈외: 굽이, 낭떠러지. 쯤답: 합하다. 汜사: 지류, 웅덩이. 菟토: 호랑이. 岐기: 갈림길. 閶합: 문짝. 旦단: 밝다.

○邃古수고: 먼 옛날. "수"는 "수邃"와 통함. ○瞢闇몽암: 모호하고 분명치 않음. ○馮翼풍익: 원기로 충만한 상태. ○時시: 이. "시昰"와 통함. ○三삼: 섞이다. "참參"과 통함. ○營度영탁: 둘러 재다. "영"은 두르다. ○何功하공: 얼마나 큰 일. "하"는 얼마나. "공"은 일, 공사. ○斡알: 돌아가는 축. 고대에는 천체가 하나의 축을 중심으로 돌아간다고 여김. ○維유: 축 위에 매인 줄. ○天極천극: 하늘의 지붕덮개. ○加가: 받치다, 지탱하다. "가架"와 통함. ○當당: 있다. ○九天구천: 하늘의 중앙과 팔방八方. ○安안: 어디. ○放방: 놓이다. ○屬속: 잇다. ○隅隈우외: 외지고 굴곡진 곳. ○十二십이: 12진辰. 해와 달이 만나는 지점으로, 1년에 12번 만남. ○出自출자: ~에서 나오다. ○湯谷탕곡: 신화에서 해가 나온다는 곳. ○次于차우: ~에 머물다. ○蒙汜몽사: 신화에서 해가 진다는 곳. ○夜光야광: 달. ○何德하덕: 무엇을 얻다. 불사의 약을 얻은 것을 말함. "덕"은 "득得"과 통함. ○則즉: ~하고. "이而"와 통함. ○育육: 살아나다. ○顧菟고토: 호랑이. ○女岐여기: 신화에 나오는 신 이름. ○伯强백강: 바람의 신. ○惠氣혜기: 차가운 바람. ○角宿각숙: 동방. ○曜靈요령: 태양.

[2]

곤鯀은 홍수를 다스릴 능력이 없는데도, 사람들은 왜 그를 천거했나? 모두 이르길 무엇을 걱정하십니까, 어찌 한번 시켜보지 않습니까? 부엉이와 거북이가 태양을 옮겨준 것인데, 곤이 무슨 성덕이 있었나? 그의 치수는 순조로워 성공하려고 했음에도 하늘은 왜 곤을 벌했나? 오랫동안 우산羽山에 가두고 왜 여러 해 동안 형벌을 내리지 않나? 우禹는 곤의 뱃속에서 나왔다고 하는데 어찌 이럴 수가 있나? 부친의 유업을 계속 이어 마침내 돌아가신 부친께서 못 이

룬 일을 이루었네. 어찌하여 부친의 치수사업을 이었음에도 그 방법
은 달랐나? 홍수의 원천은 엄청나게 깊었을 것인데 이를 어떻게 메
웠나? 각 지역의 땅을 아홉 등급으로 나누었는데 무엇을 근거로 구
분했나? 응룡應龍은 왜 꼬리로 땅에 금을 그었나? 강과 바다는 어떻
게 연결되었나? 곤은 무엇을 했고 우는 무엇을 이루었나? 공공共工
이 크게 노하자 땅은 왜 동남쪽으로 기울어졌나?

不任汨鴻, 師何以尙之? 僉曰何憂, 何不課而行之? 鴟龜曳銜, 鯀何聽焉

응룡應龍이 꼬리로 땅에 금을 그어 강을 만드는 모습.

? 順欲成功, 帝何刑焉? 永遏在羽山, 夫何三年不施? 伯禹腹鯀, 夫何以變化? 纂就前緖, 遂成考功. 何續初繼業, 而厥謀不同? 洪泉極深, 何以塡之? 地方九則, 何以塡之? 應龍何畵? 河海何歷? 鯀何所營? 禹何所成? 康回馮怒, 地何故以東南傾?

○鴻홍: 홍수. "홍洪"과 통함. ○師사: 사람들. ○曳銜예함: 끌고 물음. 신화에 의하면, 부엉이와 거북이가 태양이 지면 밤에 서쪽에서 동쪽으로 옮겼다고 함. ○聽청: 성덕. "聖성"과 통함. ○羽山우산: 신화에 나오는 산 이름. ○施시: 형벌을 내림. ○伯禹백우: 우禹. "백"은 우의 작위. 우는 일찍이 하백夏伯에 봉해졌기 때문에 "백우"라고 한다. ○腹鯀복곤: 『산해경山海經』「해내경海內經」에 의하면, 곤이 우산羽山에서 사망한 후, 그의 시신은 3년 동안 썩지 않았다. 어떤 사람이 그의 배를 갈라 우禹를 얻었다고 한다. ○纂찬: 계속하다. ○就취: 이루다. ○緖서: 일, 사업. ○考고: 돌아가신 부친. ○洪泉홍천: 홍수의 원천. ○九則구칙: 아홉 등급. 우가 치수한 후 전국의 땅을 비옥한 정도에 따라 아홉 등급으로 나누어 세금을 거두는 근거로 삼았다고 함. ○應龍응룡: 신화에 나오는 날 수 있는 용. 우가 홍수를 다스릴 때 응룡이 나타나 꼬리로 땅을 그어서 강을 만들어 물을 바다로 흘러가게 했다고 함. ○康回강회: 공공共工. 『초사장구』는 "강회는 공공의 이름이다康回, 共工名也"라고 했다. ○馮풍: 성하다, 크다. ○東南傾동남경: 『회남자淮南子』「천문훈天文訓」에 따르면, 공공共工이 전욱顓頊과 임금의 자리를 놓고 다투었다. 공공이 화가 나서 부주산不周山을 들이 받자 하늘을 떠받치고 있던 기둥이 부러지고, 땅을 잡아매고 있던 줄이 끊어지면서 하늘이 서북쪽으로 기울어졌다고 했다.

[3]

구주九州는 어떻게 설치되었나? 하천과 계곡은 어떻게 팠나? 동쪽으로 물이 흐르면 차지 않는다는 것을 누가 그 까닭을 알았나? 동서와 남북의 거리는 어느 쪽이 더 기나? 남북은 눈目처럼 좁고 긴데 그 광대함은 얼마나 되나? 곤륜산의 공중정원인 현포縣圃, 그곳

축룡燭龍.

말을 하는 짐승의 모습.

은 어디에 있나? 곤륜산의 가장 높은 구층九層에 있다는 증성增城은 높이가 얼마나 되나? 곤륜산 사방의 문은 누가 출입하나? 서북쪽의 천문을 활짝 열면 어떤 바람이 이곳을 지나가나? 해는 어찌하여 비추지 않는 곳이 있나? 촉룡燭龍은 어디를 비추나? 태양신의 마부 희화羲和가 아직 채찍을 휘두르지 않았는데 약목若木의 꽃은 어찌하여 빛을 내나? 겨울에는 어떤 곳이 따뜻하나? 여름에는 어떤 곳이 춥나? 옥으로 된 나무가 우거진 숲은 어디에 있나? 어디에 말을 하는 짐승이 있나? 뿔이 없는 규룡虯龍이 곰을 짊어지고 노는 곳은 어디 있나? 머리가 아홉 개 달린 수 살모사는 어디에서 재빠르

뱀이 코끼리를 집어삼키는 모습

게 왔다 갔다 하나? 어느 곳이 불사의 땅인가? 장수하는 사람들은 무슨 비결을 갖고 있나? 아홉 개의 곁가지를 가진 덩굴진 부평초와, 모시풀의 꽃은 어디에 있나? 코끼리를 한 입에 삼키는 뱀은 크기가 얼마나 되나? 발가락을 검게 물들이는 흑수黑水와 삼위산三危山은 어디에 있나? 그곳 사람들은 장생불사한다는데 수명은 언제 끝이 나나? 능어鮻魚는 어디에 사나? 사람 잡아먹는 기퇴魊魋는 어느 산에 있나? 예羿는 왜 해를 쏘았나? 해 속의 까마귀는 왜 죽었나?

九州安錯? 川谷何洿? 東流不溢, 孰知其故? 東西南北, 其修孰多? 南北順檣, 其衍幾何? 崑崙縣圃, 其居安在? 增城九重, 其高幾里? 四方之門, 其誰從焉? 西北辟啓, 何氣通焉? 日安不到? 燭龍何照? 羲和之未揚, 若華何光? 何所多暖? 何所夏寒? 焉有石林? 何獸能言? 焉有虬龍, 負熊以遊? 雄虺九首, 儵忽焉在? 何所不死? 長人何守? 靡萍九衢, 枲華安居? 一蛇呑象, 厥大何如? 黑水玄趾, 三危安在? 延年不死, 壽何所止? 鮻魚何所? 魊堆焉處? 羿焉彈日? 烏焉解羽?

洿오: 파다. 修수: 길다. 橢타: 가늘고 길다. 衍연: 남다. 圃포: 넓다, 크다. 辟벽: 열다. 虺훼: 살무사. 儵숙: 빠르다. 靡미: 나누다. 萍평: 부평초. 衢구: 길, 갈림길. 枲시: 모시풀. 趾지: 발가락. 鯪릉: 능어. 鮫기 새, 이상한 짐승 이름. 堆퇴: 언덕, 쌓이다. 彈필: 쏘다.

○安안: 어디. ○錯조: 두다. "措"와 통함. ○順橢순타: 눈처럼 가늘고 김. 원이뒤의 『천문소증天問疏證』이 설명했다. "『방언이』에는 '눈이 아름다운 것을 순이라 한다'고 했다. 그 모습이 좁고 긴 것을 말한다『方言二』: 美目謂之順. 正言其狀狹而長." ○衍연: 원의는 "남다"는 의미. 이곳에서는 광대함을 의미. ○縣圃현포: 신화 속 곤륜산 정상에 있는 공중정원. ○增城증성: 신화에 나오는 지명. 곤륜산에 있다고 함. ○九重구중: 구층九層. 아주 높음을 의미. ○從종: 출입하다. ○辟啓벽계: 활짝 열어놓음. ○燭龍촉룡: 신화에 나오는 신. ○羲和희화: 태양신의 수레를 끄는 사람. ○揚양: 채찍질하다. ○若華약화: 약목若木의 꽃. 약목은 해가 지는 곳에 자란다는 큰 나무 이름. ○石林석림: 옥림玉林. 곤륜산에 옥석으로 된 나무숲이 있다고 함. ○儵忽숙홀: 순식간, 아주 빠름. ○長人장인: 장수하는 사람들. ○靡萍미평: 널리 퍼진 부평초. ○九衢구구: 아홉 갈래의 가지. ○黑水흑수: 신화에 나오는 강 이름. 곤륜산에 있다고 함. ○玄趾현지: 발가락을 검게 물들임. ○三危삼위: 신화에 나오는 산 이름. ○延年연년: 수명이 늘어남. ○鯪魚능어: 신화에 나오는 물고기 이름. 사람의 머리와 손에 물고기의 몸을 하고 있다고 함. ○鮫堆기퇴: 신화에 나오는 새 이름. 닭의 몸에, 쥐의 발을 하고, 호랑이 발톱을 가지고 있다고 함. ○羿예: 요임금 때 활을 잘 쏜 사람이름. ○解羽해우: 깃털이 빠짐. 죽은 것을 의미.

[4]

우가 힘을 다해 치수사업을 완성하자, 하늘에서 내려와 천지사방을 살폈네. 어찌하여 저 도산씨塗山氏의 딸을 만나 태상台桑에서 정을 통했나? 남녀가 짝을 이루는 것은 후사를 잇기 위해서네. 좋아하는 것이 달랐는데도 왜 한때의 즐거움을 충족시키고자 했나? 계啓는 익益의 제위를 찬탈해 임금이 되려다 갑자기 재앙을 만났네. 계는 어려움에 빠지고도 어떻게 구금된 상태에서 빠져나올 수 있었

나? 화살이 계를 저주하는 둥근 가죽 과녁에 집중되었음에도 계는
상처를 입지 않았네. 백익이 계를 저주하는 가죽 과녁을 만들었음
에도 대우大禹는 왜 신령들을 내려 보내 계를 지켜주었나? 계는 여
자 노예를 죽여 천신께 바쳐, "구변九辯"과 "구가九歌"를 얻어 비를
기원하고자 했네. 어찌하여 이렇게 정성스런 아들이 어머니를 죽여,
그 시신을 갈기갈기 나누어 온 땅에 널리게 했나? 천제는 예를 내
려 보내, 하나라 백성들의 우환을 없애고자 했네. 어찌하여 예는 하
백河伯을 쏘아 저 낙수洛水의 여신을 아내로 맞이하려고 했나? 활을
바짝 당겨 활깍지에 끼우고 큰 멧돼지를 쏘네. 어찌하여 예가 올린
제사고기가 그렇게 기름졌음에도 천제는 기뻐하지 않았나? 예의 신
하 한착寒浞은 순호純狐(예의 아내)를 취하고 싶어 예의 음탕한 아내
와 함께 계략을 꾸몄네. 어찌하여 예는 가죽과녁을 뚫을만한 힘을
갖고도 그들의 계략에 넘어가 사라졌나?

禹之力獻功, 降省下土四方. 焉得彼塗山女, 而通之於台桑? 閔妃匹合,
厥身是繼. 胡維嗜不同味, 而快朝飽? 啓代益作后, 卒然離孼. 何啓惟憂,
而能拘是達? 皆歸射鞫, 而無害厥躬, 何后益作革, 而禹播降? 啓棘賓商,
"九辯"·"九歌". 何勤子屠母, 而死分竟地? 帝降夷羿, 革孼夏民; 胡射夫河
伯, 而妻彼雒嬪? 馮珧利決, 封豨是射, 何獻蒸肉之膏, 而后帝不若? 浞娶
純狐, 眩妻爰謀. 何羿之射革, 而交吞揆之?

省성: 살피다. 태台: 별, 기르다. 閔민: 걱정하다, 근심하다. 胡호: 왜. 嗜기: 좋
아하다. 孼얼: 무너지다. 雒락: 강 이름. 珧요: 대합조개의 자개로 장식한 활
이름. 豨희: 돼지. 浞착: 젖다. 眩현: 아찔하다, 어둡다. 爰원: 이에. 吞탄: 삼키
다. 揆규: 꾀, 계책.

예羿가 하백河伯을 쏘고 낙수洛水의 여인을 아내로 맞이하는 모습.

○獻功헌공: 일에 몸을 헌신함. ○塗山도산: 나라 이름. 전설에 의하면 우禹가 치수하는 도중 도산씨塗山氏의 딸을 아내로 맞이 했다고 함. ○台桑태상: 지명. 정확한 위치는 알려져 있지 않음. ○閔妃匹合민비필합: 남녀가 짝을 이룸. 네 글자 모두 혼인하거나 짝을 이룬다는 의미. "민"은 "혼婚"과 통함. "비"는 짝을 맞춤. "필"은 "짝." "합"은 남녀가 합해짐. ○維유: 어조사. ○快쾌: 만족함. ○朝飽조포: 한때의 쾌락. 고대에 "배부름"은 성욕이 만족된 상태를 나타냄. "조"는 "조朝"와 통함. ○啓계: 우임금의 아들. ○益익: 우禹 임금의 신하. 우임금은 죽기 전에 익에게 제위를 물려주었다. 그러나 우의 아들 계가 익의 제위를 찬탈한다. 이에 익이 계를 공격하자, 계는 익을 살해해버린다. ○卒然졸연: 갑자기. "졸"은 "졸猝"과 통함. ○離擊이얼: 해를 당함. ○惟유: 당하다. "罹리"와 통함. ○拘是達구시달: 구금된 상태에서 빠져나옴. "달"은 원의가 통하다. 이곳에서는 달아나다는 의미. ○射鞠사국: 가죽으로 만든 둥근 모양의 과녁. 이 과녁은 계啓를 상징함. 익은 자신의 제위를 찬탈한 계를 저주하기 위해 이 과녁을 만들어 쏘았다고 함. ○播降파강: 퍼뜨려 내려 보냄. ○棘극: 찔러 죽임. "극殛"과 통함. ○賓빈: 부인. 이곳에서는 여자 노예를 의미. ○商상: 천제. "제帝"가 잘못 전해진 글자. ○九辯·九歌구변·구가: 모두 음악 이름. 전설에 따르면 하나라의 계가 천제에게서 훔쳐왔다고 함. ○屠母도모: 어머니를 잡아 죽임. 전설에 의하면, 계의 모친 도산씨塗山氏는 돌이 되었는데, 이 돌이 깨지면서 계가 나왔다고 한다. 이 때문에 어머니를 죽인 것이라고 했다. ○死사: 시신. "시尸"와 통함. ○竟地경지: 도처에. "경境"과 통함. ○夷羿이예: 예羿. ○革孼혁얼: 우환을 없앰. ○河伯하백: 황하의 수신水神. ○雒嬪낙빈: 낙수洛水의 여신女神. "낙"은 "낙洛"과 통함. ○馮珧풍조: 활을 바짝 당김. "풍"은 가득차다. "조"는 원의는 조개 이름이나 이곳에서는 조개장식이 된 활을 의미. ○利이: 걸다, 끼우다. ○決결: 활깍지. "결玦"과 통함. ○封豨봉희: 큰 멧돼지. "봉"은 크다. ○烝肉증육: 제사고기. "증"은 "증烝"과 통함. ○后帝후제: 천제. ○若약: 좋아하다. ○浞착: 한착寒浞을 말함. 유궁국有窮國 군주의 재상을 지냈다고 함. ○純狐순호: 유궁국有窮國 군주 예羿의 아내. ○眩妻현처: 음탕한 아내. 순호純狐를 의미. ○爰謀원모: 함께 도모함. 한착寒浞과 함께 남편 예를 도모한 것을 의미. "원"은 함께. ○射革사혁: 활을 쏘아 가죽을 뚫음. 전설에 의하면 일곱 겹의 짐승 가죽을 뚫을 수 있었다고 함. ○交교: 결탁하다. ○吞揆탄규: 소멸되다, 사라지다.

[5]

예는 서쪽의 곤륜산에 있는 궁석窮石으로 가고자 이 험준한 곳을
어떻게 넘었나? 누런 곰으로 변한 예를 무사巫師는 왜 살려주었나?
예와 곤은 같이 검은 벼를 심었건만 잡초만 얻었네. 두 사람이 함께
심었건만 어찌하여 곤의 죄는 그리도 많았나? 흰 무지개 깃털 옷에
조개 장신구를 한 항아嫦娥는 어찌하여 아름다운 옷을 입고 있나?

비렴飛廉이 바람을 일으키고 거북이가 산을 지고 기어가는 모습.

소강少康이 사냥개를 풀어 과요過澆를 잡는 장면.

어찌하여 예는 불사약을 얻고도 제대로 숨기지 못했나? 자연의 법
칙은 거스를 수 없으니 태양 속의 황려黃鸝도 슬피 울다 죽었네. 이
렇게 큰 새가 왜 우나? 그 몸은 어떻게 없어지나? 풍뎅이가 울면 비
가 오는데 어떻게 비를 내리게 할 수 있나? 새와 사슴이 합쳐진 몸
을 한, 바람의 신 비렴飛廉은 어떻게 호응하나? 바다거북은 산을 지
고 사지를 움직이는데 어떻게 안정되게 산을 지탱할 수 있나? 과요
過澆(한착의 아들)는 육지에서도 배를 움직였다는데 어떻데 배를 움직

일 수 있었나? 과요는 형수의 집에 와서 형수에게 무엇을 요구했나? 어찌하여 소강少康은 사냥개를 풀어 그의 머리를 물어뜯게 했나? 여기女岐(과요의 형수)는 과요의 바지를 기워주고, 방에 함께 있었다네. 소강은 어찌 그 머리를 잘못 베어 여기가 직접 화를 입었나? 과요는 어떻게 갑옷을 만들 생각을 했고 또 튼튼하고 두터운 갑옷을 만들 수 있었나? 과요는 짐심국斟尋國의 전선을 뒤집었다는데 어떤 계책으로 승리했나?

阻窮西征, 巖何越焉? 化爲黃熊, 巫何活焉? 咸播秬黍, 莆雚是營. 何由幷投, 而鯀疾修盈? 白蜺嬰茀, 胡爲此堂? 安得夫良藥, 不能固臧? 天式從橫, 陽離爰死. 大鳥何鳴? 夫焉喪厥體? 萍號起雨, 何以興之? 撰體協脅, 鹿何膺之? 鼇戴山抃, 何以安之? 釋舟陵行, 何以遷之? 惟澆在戶, 何求於嫂? 何少康逐犬, 而顚隕厥首? 女岐縫裳, 而館同爰止. 何顚易厥首, 而親以逢殆? 湯謀易旅, 何以厚之? 覆舟斟尋, 何道取之?

巖암: 가파르다. 秬거: 찰기장. 莆보: 서초, 부들. 雚관: 왕골풀. 蜺예: 무지개. 茀불: 풀이 우거지다. 脅협: 옆구리. 鼇오: 자라, 큰 바다거북. 抃변: 치다, 때리다. 澆요: 물을 대다. 殆태: 위태하다. 斟짐: 술을 따르다, 짐작하다.

○阻조: 가다. "조徂"와 통함. ○窮궁: 궁석窮石. 곤륜산에 있음. ○化爲黃熊화위용웅: 『좌전左傳』에는 곤鯀이 누런 곰黃熊으로 변한 것으로 나와 있지만 앞의 문장들을 보면 줄곧 예羿의 신화가 언급되고 있다. 따라서 누런 곰으로 변한 것은 예라고 해야 문맥상 맞다. 예가 이렇게 바뀐 것에 대해 예수셴葉舒憲은 『영웅과 태양』에서 다음과 같이 설명했다: "예의 신화가 변형된 것은 인류학에서 말하는 '의식성의 신분세탁'을 상징한다. 실질적으로는 속세에 물들고 죄를 범한, 즉 더럽고 불결한 예의 '상징성'이 지워지고, 이 의식을 주재한 신무에 의해 '부활'한 것은 확연히 새롭고 깨끗한 예이다羿的變形情節正是人類學上所說的'儀式性改變身份'的象徵表現, 其實質是讓來自塵世的·犯有罪過的卽汚穢不潔的羿'象徵性'地死去, 而由主持這儀式的神巫所'復活'了的則是煥然

一新的·潔淨的兒." ○秬黍거서: 검은 벼. "거"는 검다. ○莆藋보관: 부들과 왕골풀. 이곳에서는 보잘 것 없는 풀을 의미. ○投杼: 씨앗을 심음.『초사장구』는 "씨앗을 심는 것이다投種"라고 했다. ○營영: 얻다. ○疾질: 죄. ○修盈수영: 길고 가득 참. 죄가 많음을 의미. "수"는 길다. ○白蜺백예: 흰 무지개 깃털 옷. ○嬰영: 조개로 만든 목걸이. ○弗불: 여인들의 머리장식. "불髴"과 통함. ○堂당: 성하다. ○良葯양약: 좋은 약. 이곳에서는 불사약을 의미. ○臧장: 숨기다. "藏장"과 통함. ○天式천식: 자연의 법칙. ○從橫종횡: 거스를 수 없음. ○離리: 황려黃鸝. 신화에 나오는 신조神鳥. "려鸝"와 통함. ○爰원: 슬프다.『방언方言』권12에는 "'원'은 '슬프다'는 의미다爰, 哀也"라고 했다. ○蚌평: 풍뎅이金龜子. 곤충이름. "평蚌"과 통함. ○撰찬: 가지다. ○體協脅체협협: 허리 위는 새이고, 허리 아래는 사슴의 몸을 함. 바람의 신 비렴飛廉이 새와 사슴이 합해진 모습을 한 것을 의미. "協협"은 합하다. "脅협"은 옆구리. ○鹿녹: 사슴의 몸을 한 바람의 신 비렴飛廉을 가리킴. ○膺응: 호응하다. ○戴대: 지다. ○抃변: 원의는 "때리다"이나 이곳에서는 움직이는 것을 말함. ○陵릉: 육지, 땅. ○澆요: 한착寒浞의 아들 과요過澆. 힘이 무척 셌다고 함. 하나라의 상相을 살해했으나 상의 아들 소상少康에게 살해됨. ○소강少康: 하나라 상相의 아들. 과요를 죽이고 하나라를 다시 일으켜 세움. ○逐犬축견: 사냥개를 풀다. ○女岐여기: 과요의 형수. ○館同관동: 같은 방. "동관同館"과 같은 말. ○爰원: 함께. ○顚易전역: 바꿔 벰. 잘못 베었다는 의미. ○湯탕: "요澆"가 잘못 전해진 글자. 따라서 이곳에서는 "과요"를 의미. ○易역: 만들다. ○旅려: 갑옷. ○斟尋짐심: 하나라의 동성 제후국. 지금의 허난 성 궁현鞏縣 서남쪽.

[6]

하나라 걸桀은 몽산蒙山을 치고 무엇을 얻었나? 말희妺嬉는 어떤 죄를 저질렀나? 탕湯은 왜 그녀를 먼 곳으로 유배를 보냈나? 순의 모친은 집에 있었건만 그 부친은 어찌하여 혼자였나? 요임금은 순의 모친 요씨姚氏에게 알리지 않고, 어떻게 두 딸을 순에게 시집보냈나? 백성들이 처음 생겼을 때를 누가 헤아리고 알았나? 10층의 옥 누대 누가 만들었나? 여와女媧는 임금이 되어 어떻게 그 높은 누대를 올라갔나? 여와 자신의 형체는 누가 만들었나? 순은 동생 상象

인류를 만든 여신 여와女媧.

을 따랐는데 상은 시종 순을 해치려 했네. 순은 왜 개똥으로 목욕하
고도 해를 입지 않았나? 오나라는 오랫동안 나라를 지켜 남악산南
嶽山 일대에 정착했네. 누가 이를 내다봤는가? 두 명의 어진 인재를
얻었기 때문인가? 이윤은 제사 때 고니와 옥 기름을 올려 천제께서
음미하시도록 했네. 그가 걸을 돕고 일을 도모했는데 걸은 왜 결국
패망했나? 천제께서 내려와 백성들을 살피시니 인간세상에서 이윤
을 만났네. 명조鳴條에서 걸을 유배 보내니 백성들은 왜 크게 기뻐

이윤伊尹이 천제에게 고니와 옥기름을 올리는 모습.

했나?

桀伐蒙山, 何所得焉? 妹嬉何肆? 湯何殛焉? 舜閔在家, 父何以鱞? 堯不姚告, 二女何親? 厥萌在初, 何所億焉? 璜臺十成, 誰所極焉? 登立爲帝, 孰道尙之? 女媧有體, 孰制匠之? 舜服厥弟, 終然爲害; 何肆犬豕, 而厥身不危敗? 吳獲迄古, 南嶽是止. 孰期夫斯, 得兩男子? 緣鵠飾玉, 后帝是饗. 何承謀夏桀, 終以滅喪? 帝乃降觀, 下逢伊摯. 何條放致罰, 而黎服大說?

妹말: 여자의 자字. 嬉희: 즐거워하다, 장난치다. 肆사: 방자하다. 殛극: 죽이다, 사형에 처하다. 鱞환: 홀아비. 璜황: 서옥瑞玉. 饗향: 잔치하다. 향음주하다. 黎려: 많다.

○蒙山몽산: 나라 이름. ○妹嬉말희: 하나라 걸의 후비. ○肆사: 죄. ○殛극:
원의는 죽이다. 이곳에서는 멀리 유배를 보내는 의미. "極극"과 통함. ○閔민:
"母모"가 잘못 전해진 글자. 따라서 이곳에서는 "어머니"라는 의미. ○姚요: 순
의 모친 요씨姚氏. ○二女이녀: 요임금의 두 딸. 아황娥皇과 여영女英을 말함.
○萌맹: 백성. "民민"과 통함. ○億억: 헤아리다. "億臆"과 통함. ○璜臺황대: 옥
으로 만든 누대. ○成성: 층層. ○極극: 다하다. 이곳에서는 완성하다의 의미.
○帝제: 여와女媧. ○尙상: 오르다. ○女媧여와: 여신女神. ○肆犬豕사견시:
개똥으로 목욕함. 이 이야기는 『열녀전列女傳』「유우이비有虞二妃」에 보인다.
순의 부친 고수瞽瞍와 계모 그리고 동생 상象은 순에게 술을 사오게 하고 그
술을 순에게 먹여 죽이기로 계획한다. 순의 두 비 아황娥皇과 여영女英은 순
에게 약 한 봉지를 주며 개똥을 넣고 섞어 목욕하게 한다. 다음날 순은 술을
마시고도 취하지 않아 죽음을 모면했다고 한다. "豕시"는 "屎시"와 발음이 같음.
"屎시"는 똥. ○迄古흘고: 오랫동안. ○南嶽남악: 산 이름. 지금의 강소성江蘇
省 단양현丹陽縣의 형산衡山. ○斯사: 헤아리다. ○夫斯부사: 이, 이것. ○兩
男子양남자: 두 남자. 즉, 태백太伯과 중옹仲雍을 말함. 두 사람은 고공단보古
公亶父의 장자와 차자임. 고공단보가 셋째 아들에게 왕위를 물려주려 하자 이
들은 강남으로 은거했다. 오몇 땅 사람들이 태백을 군주로 추대했고, 태백이
사망하자 중옹이 뒤를 이어 군주가 되었다. ○緣鵠연곡: 잘 장식된 고니. "연"
은 장식하다. ○玉膏옥고: 옥 기름. ○承謀승모: 돕고 계획함. "승"은 "丞증"과
통함. "승"은 돕다. ○伊摯이지: 이윤伊尹을 말함. 이름이 지摯임. ○條조: 명
조鳴條. 탕임금이 명조에서 하나라 걸을 무찔렀다고 함. ○致罰치벌: 벌을 줌.
○黎服여복: 많은 백성. "복"은 "民민"의 잘못된 표기.

[7]

　9층 옥 누대에 살던 간적簡狄에게 제곡帝嚳은 왜 구애했나? 제비
가 간적에게 알을 보냈는데 그녀는 어떻게 아이를 낳았나? 왕해王亥
는 부친 계季의 큰 덕을 이어 부친처럼 선량했네. 어찌하여 유역有易
에서 죽고 목부와 소·양마저 잃어버렸나? 왕해는 유역에서 방패를
들고 춤을 추며 왜 유역씨有易氏의 여인을 꾀었는가? 풍만한 가슴에

물가의 뽕나무에서 이윤을 얻는 장면.

촉촉한 피부는 어찌 이리도 아름다웠나? 유역의 저 방목하는 사람은 어떻게 두 사람이 간통하는 것을 목격했나? 침대를 덮쳤으나 왕해는 먼저 달아났으니 어떻게 목숨을 지킬 수 있었나? 항恒(왕해의 동생)은 부친 계의 큰 덕을 이어받아 어떻게 수레를 끄는 소를 얻었나? 그는 작위와 봉록을 내려주길 바래서 가놓고 왜 돌아올 수 없었나? 상갑미上甲微(왕해의 아들)가 선조들의 자취를 따르자 유역씨들은 불안해했네. 어찌하여 부엉이는 대추나무에 모이고 상갑미는 어머니에게 나쁜 짓을 하려 했나? 왕해의 동생 항恒은 유역씨의 여인과 간통해 그의 형을 해쳤네. 속임수를 쓰고 술책만 부리는 사람은 왜 후대에 크게 번창하나? 성탕成湯은 동쪽으로 순시하다가 유신국有莘國까지 이르렀네. 어찌하여 저 보잘 것 없는 신하를 원하다가 아름다운 비를 얻었나? 이수伊水 물가의 속이 빈 뽕나무에서 갓 태어난 저 어린아이를 주웠네. 유신씨有莘氏는 왜 그를 미워하여 딸의 몸종으로 보냈나? 하나라의 걸은 성탕을 물로 둘러싸인 감옥에 수감했다가 석방했는데 대체 무슨 죄를 저질렀나? 성탕은 본시 걸을 칠 마음이 없었건만 누가 그에게 걸을 치라고 자극했나?

簡狄在臺, 嚳何宜? 玄鳥致貽, 女何喜? 該秉季德, 厥父是臧. 胡終弊於有扈, 牧夫牛羊? 干協時舞, 何以懷之? 平脅曼膚, 何以肥之? 有扈牧豎, 云何而逢? 擊牀先出, 其命何從? 恒秉季德, 焉得夫朴牛? 何往營班祿, 不但還來? 昏微遵迹, 有狄不寧. 何繁鳥萃棘, 負子肆情? 眩弟并淫, 危害厥兄. 何變化而作詐, 後嗣而逢長? 成湯東巡, 有莘爰極. 何乞彼小臣, 而吉妃是得? 水濱之木, 得彼小子. 夫何惡之, 媵有莘之婦? 湯出重泉, 夫何辠尤? 不勝心伐帝, 夫誰使挑之?

狄적: 북방 오랑캐, 악공. 譽곡: 고대 중국의 제왕 이름. 臧장: 착하다, 선하다. 嬖폐: 넘어지다. 扈호: 뒤따르다, 시중들다. 干간: 방패. 豎수: 아이. 棘극: 대추나무. 莘신: 많다, 족도리풀. 爰원: 발어사. 乞걸: 구하다. 媵잉: 보내다, 몸종. 辜죄: 허물. 勝승: 감내하다, 견디다. 挑도: 돋우다.

○簡狄간적: 유융씨有娀氏의 미녀. 제곡帝嚳의 후비로, 설契을 낳았다고 함. ○臺대: 유융씨有娀氏가 9층 누대를 지어 간적簡狄과 그의 여동생을 거주하게 했다고 함. ○宜의: 짝. "의儀"와 통함. 이곳에서는 동사로 쓰여 짝을 구한다는 의미. ○玄鳥현조: 제비. ○致貽치이: 보내다. 두 글자 모두 보내다는 의미. 『사기』「은본기殷本紀」에는 제비가 알을 떨어뜨리자 간적이 이를 삼키고 임신하여 설契을 낳았다고 했다. "설"은 상나라의 시조. ○喜희: 기쁨. 이곳에서는 아이를 가진 것을 의미. ○該해: 왕해王亥. 은나라의 먼 조상이자 설契의 6대손. "해亥"와 통함. ○季계: 왕해의 부친 왕명王冥. 하나라의 수리 책임자로 일하다 물에 빠져 죽었다 함. ○蔽폐: 죽다. "폐斃"와 통함. ○有扈유호: 유역有易이 되어야 함. 유역은 신화에 나오는 나라 이름. 금문金文의 "역易"과 "호扈"가 비슷한 모양인 것에서 오는 착오. ○牧夫牛羊목부우양: 목부와 소·양을 잃은 것을 말함. 전설에 의하면, 왕해는 소와 양을 몰고 유역국有易國으로 가서 방목하며 살았다고 함. 그런데 그곳에서 음란한 짓을 하여 유역국의 군주 면심綿臣에게 살해당했다고 함. ○時舞시무: 고대의 규모가 큰 무무武舞. ○懷회: 꾀어냄. ○平脇평협: 가슴이 풍만함. ○曼膚만부: 촉촉한 피부. ○牧竪목수: 방목하는 사람. ○擊牀격상: 침대를 덮침. 방목하는 사람이 두 사람이 간통하는 곳을 덮친 것을 의미. ○恒항: 왕항王恒. 왕해의 동생. ○朴牛박우: 수레를 끄는 소. ○營영: 구하다. ○班반: 나누어줌. ○但단: 장량푸姜亮夫는 『중정굴원부교주重訂屈原賦校注』에서 "능能"의 잘못된 표기로 보았음. ○昏微혼미: 상갑미上甲微. 왕해의 아들. ○有狄유적: 유역有易. 고대 중국어에서는 "적"과 "역"은 동음자로 서로 통함. ○繁鳥번조: 부엉이. ○負부: "부婦"와 통함. 이곳에서는 어머니의 의미. ○子子: 왕항의 아들 상갑미. ○眩弟현제: "현"은 "胲해"의 잘못된 글자. "해"는 "해亥"의 가차자. 따라서 "현제"는 "해제亥弟"가 됨. "해제亥弟"는 왕해의 동생 왕항王恒을 의미. ○作詐작사: 술책을 부림. ○後嗣후사: 후대. ○逢長봉장: 크게 번창함. "봉"은 크다. ○成湯성탕: 은나라의 개국 임금. ○有莘유신: 나라 이름. 지금의 허난 성 천류陳留. ○極극: 이르다. ○吉妃길비: 아름답고 착한 비妃. ○小子소자: 어린아이. 이윤伊尹을 말함. 이윤의 모친은 이수伊水 가에서 살았다. 그녀가 임신했을 때 꿈에 신이 나타나 그녀에게 "돌절구에서 물이 나오면 동쪽으로 도망가라. 절대 뒤돌아보아서는 안 된다"라고 일러주었다. 다음날 정말 돌절구에서 물이 나오자 그녀는 동쪽으로 달렸다. 10리 정도 갔을 때 뒤돌아보니 동네는 이미 물바다가 되어 있었고, 자신은 속이 빈 뽕나무로 변해 있었다. 시간이 흘러 유신국有莘國의 한 아가씨

가 뽕나무를 캐다가 속이 빈 뽕나무에서 한 영아를 발견했다. 그녀는 아이를 임금에게 바쳤다. 임금은 요리사로 명해 아이를 키웠다. 아이의 모친이 이수가에 살았기 때문에 이 아이를 이윤伊尹이라고 불렀다. ○탕출중천湯出重泉: 탕이 물로 둘러싸인 감옥에서 석방되어 나옴. "중천"은 하나라 때 물로 둘러싼 감옥 이름. ○皐尤죄우: 죄罪.

[8]

 갑자일 아침에 군사를 모아 경쟁적으로 맹세했으니, 제후들은 어떻게 무왕武王과 약속한 날을 지킬 수 있었나? 장사들은 매처럼 무리지어 날아갔으니 누가 그들을 모이게 했나? 무왕은 주왕의 시체를 매섭게 쏘려했지만 주공周公은 찬성하지 않았네. 어찌하여 주공

육장이 된 매백梅伯과 미치광이처럼 행세한 기자箕子.

은 친히 전쟁을 지휘하여 주나라의 국운을 세웠음에도 탄식했나?
하늘이 은나라에 천하를 주었는데 그 제위를 왜 바꾸나? 은나라가
흥하고 망함은 누구의 죄인가? 서로 다투어 무기를 사용하니 전쟁
은 어떻게 행해지나? 말머리를 나란히 하고 나아가 양쪽 날개를 치
니 어떻게 이를 통솔하나? 주 소왕昭王은 크게 군사를 이끌고 순시
하다 남쪽의 땅에 이르렀네. 그는 무엇을 탐했나? 저 꿩과 토끼만
만났다네. 주 목왕穆王은 큰 포부가 있었지만 어찌하여 천하를 주유
했나? 천하를 널리 돌며 무엇을 찾았나? 요사한 부부는 왜 물건을
끌고 팔면서 저자거리에서 소리쳤나? 주 유왕幽王은 누구를 죽이려
했나? 그는 어떻게 포사褒姒를 얻었나? 천명은 일정하지 않고 변하
는데 상벌에는 어떤 규칙이 있나? 제 환공은 제후들과 아홉 번 만
났지만 결국은 피살되었네. 저 은나라의 주왕을 누가 미혹시키고 어
리석게 만들었나? 그는 왜 군주를 돕는 충신들을 미워하고 아첨과
비방을 일삼는 소인배들을 임용했나? 비간比干이 어떻게 거슬렸기
에 모질게 억압받고 살해되었나? 뇌개雷開는 어떻게 그를 따랐기에
관직을 받고 상을 받았나? 왜 성인들은 덕이 같음에도 살아가는 방
식은 이토록 다르나? 매백梅伯은 곧은 말을 하다 육장(인체를 소금에
절이는 형벌)이 되었고 기자箕子는 난을 피해 미치광이처럼 행동했네.

會鼂爭盟, 何踐吾期? 蒼鳥羣飛, 孰使萃之? 列擊紂躬, 叔旦不嘉. 何親
揆發, 定周之命以咨嗟? 授殷天下, 其位安施? 及成乃亡, 其罪伊何? 爭遣
伐器, 何以行之? 幷驅擊翼, 何以將之? 昭后成遊, 南土爰底. 厥利惟何? 逢
彼白雉. 穆王巧梅, 夫何爲周流? 環理天下, 夫何索求? 妖夫曳衒, 何號于
市? 周幽誰誅? 焉得夫褒姒? 天命反側, 何罰何佑? 齊桓九會, 卒然身殺.
彼王紂之躬, 孰使亂惑? 何惡輔弼, 讒諂是服? 比干何逆, 而抑沈之? 雷開

何順, 而賜封之? 何聖人之一德, 卒其異方? 梅伯受醢, 箕子詳狂.

揆규: 헤아리다. 咨자: 탄식하다. 嗟차: 탄식하다. 底저: 이르다. 衒현: 돌아다 니며 팔다. 號호: 큰소리로 울다. 襃포: 넓다, 크다. 姒사: 동서, 언니. 讒참: 참 소하다. 諂첨: 알랑거리다. 醢해: 젓갈, 육장.

○會鼄회조: 모인 날. 무왕武王이 주紂를 토벌하기 위해 군사들을 모은 날을 말함. "조"는 아침. ○吾期오기: 무왕이 정한 날. "오"는 무왕을 말함. ○蒼鳥창 조: 매. 이곳에서는 무왕을 따라 주를 토벌한 병사들이 매처럼 용맹함을 의 미. ○列열: 매섭다, 사납다. "려厲"와 통함. ○叔旦숙단: 주공周公. 성은 희씨 姬氏이고 이름은 단旦. . 무왕의 동생이기 때문에 "숙단"이라고 함. ○揆發규 발: 전쟁을 일으키고 지휘함. ○施시: 바뀌다. "이移"와 통함. ○伊이: 어조사. ○遣견: 사용하다. ○伐器벌기: 무기. ○昭后소후: 주 소왕昭王. 서주西周의 제4대 군주. ○成遊성유: 크게 군사를 이끌고 순시함. "성"은 "성盛"과 통함. ○ 南土남토: 남쪽. 초나라를 의미. ○利이: 탐하다. ○白雉백치: 토끼와 꿩. "백" 은 "토兎"가 되어야 함. "백"은 "토"자의 아래 부분이 사라진 글자. ○穆王목왕: 서주西周의 제5대 군주. ○巧梅교매: 웅대한 포부. "우모訏謨"의 동음가차자. ○環理환리: 주유함. ○妖夫요부: 요사스런 사람. 주 왕실에 불길한 사람들을 말함. ○曳衒예현: 물건을 끌고 다니며 팖. ○周幽주유: 주 유왕幽王. 주나라 의 마지막 군주. ○襃姒포사: 주 유왕의 왕후. ○反側반측: 일정하지 않음. ○ 齊桓제환: 제나라 환공桓公. ○九會구회: 제후들과 여러 번 회맹함. "구"는 많 음을 의미. ○卒然졸연: 결국, 끝내. ○王紂왕주: 은나라의 주왕紂王. ○服복: 임용하다. ○比干비간: 주왕의 숙부. 주왕에게 간언하다 배가 갈라 심장이 도 려내지는 형벌을 받았다고 함. ○抑沈억침: 박해받아 죽임을 당함. ○雷開뇌 개: 주왕의 간사한 신하. ○梅伯매백: 주왕의 제후로, 직언을 올리다 주왕에게 살해당함. ○受醢수해: 육장이 되는 벌을 받음. ○箕子기자: 주왕의 숙부로, 주왕에게 간언했으나 받아들여지지 않자 거짓으로 미친 척하며 다른 사람의 노예가 됨. ○詳狂상상: 거짓으로~인체 하다. "양佯"과 통함.

후직后稷은 제곡帝嚳의 장자인데 제곡은 왜 그를 해치려 했나? 차가운 얼음 위에 그를 버리니 새가 왜 그의 몸을 따뜻하게 해주었나? 후직은 어떻게 화살을 겨드랑이까지 바짝 당겼으며 또 전쟁을 지휘할 수 있었나? 천제는 그가 태어나자 크게 놀라며 불안해했는데 왜 그를 오래 번성하게 했나? 주 문왕文王은 통곡하며 상을 치르고, 여

문왕文王이 소를 잡는 일을 한 강태공姜太公을 알아보는 장면.

전혀 채찍을 잡고 소와 양을 방목했네. 누가 그에게 기산岐山의 지신을 모신 사당을 헐게 하고, 천명을 받아 은나라를 차지하게 했나? 고공단보古公亶父가 보물을 가지고 기산의 남쪽으로 옮기니 백성들은 어찌하여 따랐나? 은나라 주왕은 달기妲己에 미혹되었으니 어찌 간언을 올릴 수 있었으리? 주왕 수受(주왕의 이름)가 문왕의 친 아들을 삶아 만든 육장을 문왕에게 마시도록 내리자 문왕은 하늘에 고했네. 어찌 주왕이 직접 하늘의 벌을 받아 은나라의 국운을 되돌 수 없었나? 강태공姜太公은 가게에서 소를 잡는 일을 했는데 문왕은 어떻게 그를 알아봤나? 칼을 휘두르며 고기 자르는 소리에 문왕은 왜 좋아했나? 무왕 발發(무왕의 이름)은 주왕의 목을 베고도 왜 걱정했나? 문왕의 위패를 싣고 교전했는데, 그는 왜 이리도 급했나?

稷維元子, 帝何竺之? 投之於冰上, 鳥何燠之? 何馮弓挾矢, 殊能將之? 旣驚帝切激, 何逢長之? 伯昌號衰, 秉鞭作牧. 何令徹彼岐社, 命有殷國? 遷藏就岐, 何能依? 殷有惑婦, 何所譏? 受賜玆醢, 西伯上告, 何親就上帝罰, 殷之命以不救? 師望在肆, 昌何識? 鼓刀揚聲, 后何喜? 武發殺殷, 何所悒? 載尸集戰, 何所急?

竺축: 대나무, 나라 이름. 燠욱: 따뜻하다, 덥다. 逢봉: 크다. 衰최: 상복喪服. 岐기: 산 이름. 社사: 지신을 제사지내는 곳. 醢해: 젓갈. 悒읍: 근심하다.

○稷직: 주나라의 시조인 후직后稷. ○維유: ~이다. ○元子원자: 장자. ○帝제: 제곡帝嚳. ○竺축: 죽이다. "독毒"과 통함. ○馮弓풍궁: 활을 바짝 당김. "풍"은 가득 차다. ○挾矢협시: 화살을 낌. 겨드랑이까지 화살을 당긴 것을 의미. ○殊수: 또. ○切激절격: 매우 강렬함. ○逢長봉장: 오랫동안 번성함. "봉"은 크다. 번성해진다는 의미. ○伯昌백창: 주 문왕文王. 성은 희씨姬氏이고 이름은 창昌. 은나라 때 옹주백雍州伯으로 있었다. 옹주는 서쪽에 있었으므로

그를 서백창西伯昌이라고도 한다. ○號호: 울부짖다. "호嚎"와 통함. ○衰최: 상복. 상복을 입고 장례를 치름을 의미. "최縗"와 통함. ○徹철: 헐다. ○岐기: 지명. 지금의 산시 성 치산岐山 동북쪽. ○藏장: 보물. ○惑婦혹부: 군주를 미혹하는 여인. 주왕紂王의 총비인 달기妲己를 말함. ○譏기: 간언하다. ○受수: 주왕의 이름. ○玆醢자해: 주 문왕의 아들을 육장으로 만듦. 주왕은 문왕의 아들 백읍고伯邑考를 육장으로 만들어 문왕에게 마시도록 했다고 함. "자玆"는 "자子"의 가차자. ○就취: 받다, 당하다. ○師望사망: 여상呂尙. 호는 태공망太公望. 주 문왕과 무왕 때 태사太師로 있었기에 "사망"으로 부름. ○肆사: 가게. 여망呂望은 발탁되기 전 소를 잡는 일을 했다고 함. ○昌창: 주 문왕. 성은 희씨姬氏이고, 이름이 창昌임. ○武發무발: 주 무왕. 성이 희씨姬氏이고 이름은 발發임. ○殷은: 주왕. ○尸시: 위패. ○集戰집전: 교전하다.

[10]

측백나무 숲에 주왕의 시신을 고삐로 건 것은 무슨 까닭인가? 주왕을 쳐서 하늘과 땅을 감동시키려 했건만 무왕은 무엇이 두려웠나? 하늘은 은나라 사람에게 천명을 내리면서 무엇을 경계하도록 했나? 주왕 수가 천하를 다스리다 또 어떻게 주나라에 대체되었나? 이윤은 처음에 탕의 보잘 것 없는 신하였다가 나중에 성탕成湯을 보필했네. 어떻게 마침내 탕임금의 재상이 되고, 사후에 존경받아 탕임금과 같이 제사를 받았나? 혁혁한 공을 세운 합려闔廬는 오나라 왕 수몽壽夢의 손자인데 어려서 떠돌이 신세였네. 어떻게 장성해서는 용맹을 떨쳐 천하에 큰 이름을 남길 수 있었나? 팽조彭祖가 꿩국을 끓이자 상제는 왜 맛보려 했나? 하늘로부터 받은 수명이 길었건만 왜 슬퍼했나? 공백화共伯和가 국정을 주관했건만 여왕厲王은 왜 대노했나? 벌과 나방 같은 보잘 것 없는 목숨들, 의지는 왜 이리도 굳센가? 고사리를 따는 여인이 놀라자 신록은 왜 지켜주었나? 북쪽

주왕紂王의 시신이 측백나무에 걸린 모습.

으로 소용돌이치는 물가에 와서 멈추고 왜 기뻐했나? 형인 진秦 경
공景公의 사나운 개를 동생 침鍼은 왜 가지려 했나? 100량의 수레를
개와 바꾸려다 결국 작위와 봉록 모두 잃었네.

伯林雉經, 維其何故? 何感天抑地, 夫誰畏懼? 皇天集命, 惟何戒之? 受
禮天下, 又使至代之. 初湯臣摯, 後玆承輔. 何卒官湯, 尊食宗緒? 勳闔夢生
, 少離散亡, 何壯武厲, 能流厥嚴? 彭鏗斟雉, 帝何饗? 受壽永多, 夫何久長
? 中央共牧, 后何怒? 蜂蛾微命, 力何固? 驚女采薇, 鹿何祐? 北至回水,
萃何喜? 兄有噬犬, 弟何欲? 易之以百兩, 卒無祿.

雉치: 꿩, 담. 厲려: 갈다. 饗향: 마시다. 蛾아: 나방. 薇미: 고사리. 噬서: 씹다.

○伯林백림: 측백나무 숲. "백"은 "백柏"으로 의심됨. 주왕이 지은 궁전인 "녹
대鹿臺"에는 소나무와 측백나무가 울창하게 우거진 숲이 있었다고 함. ○雉치:
소의 코에 거는 고삐. "진紖"과 통함. ○經경: 걸다. ○維其何故유기하고: 원래
는 "기유하고其維何故"임. "유"는 ~이다. ○集命집명: 하늘이 천명을 한 사람
에게 모아줌. 천명을 내려준다는 의미. ○禮예: 다스리다. "리理"와 통함. ○至
代지대: 주대周代. 주나라를 의미. "지"는 "주周"와 통함. ○摯지: 이윤伊尹. 이
름이 지摯였음. ○後玆후자: 이후에. "자"는 "이"의 의미. ○承승: 맡다. ○輔보:
임금을 보좌하는 신하. ○官湯관탕: 탕임금의 관리가 됨. 재상이 된 것을 의
미. ○食식: 제사를 받음. ○宗緒종서: 종묘. ○勳훈: 공로가 혁혁함. ○闔합:
오나라의 군주 합려闔廬. ○夢몽: 합려의 조부 수몽壽夢. ○生생: 손자. "성姓"
과 통함. ○離리: 당하다. ○散亡산망: 각지를 떠돌며 피해다님. ○武厲무려:
용맹함. ○嚴엄: 큰 명성. "장莊"이 되어야 함, 한나라 명제明帝의 이름을 피하
기 위해 바꾼 글자. ○彭鏗팽갱: 팽조彭祖. 800세까지 장수했다는 신화 속의
사람. ○斟雉짐치: 꿩고기 국을 끓임. "짐"은 어우러지다. ○久長구장: 오랫동
안 슬퍼함. "장"은 "창悵"의 잘못된 표기. ○中央중앙: 주나라. ○共共: 공백화
共伯和. 인의를 잘 행해 제후들로부터 칭송을 받았다고 함. 주 여왕厲王이 무
도해지자 백성들이 난을 일으켰다. 여왕은 달아나고 제후들은 그와 국가의 일
을 상의했다고 함. ○后何怒후하노: 여왕厲王이 체彘 땅에서 사망했을 때 주
나라는 큰 가뭄이 들었다. 점을 쳐보니 여왕이 심술을 부려서 야기되었다는
점괘가 나왔다. 이에 주공周公과 소공召公이 여왕의 태자를 선왕宣王으로 추

대했다고 한다. "후"는 주 여왕厲王을 의미. ○蜂蛾봉아: 벌과 나방. 주나라의 폭정에 반기를 든 백성들을 의미. ○鹿何祐녹하우:『주옥집珠玉集』「감응感應」편은『열사전列士傳』을 인용하여 "백이 형제가 절식한 지 칠일 째 되던 날 하늘이 백록을 보내 그들에게 젖을 먹여주었다伯夷兄弟逡絶食, 七日, 天遣白鹿乳之"라고 했다. ○回水회수: 소용돌이치는 물. ○萃췌: 이르다. 멈추다. ○兄형: 진秦나라 경공景公을 말함. ○噬犬서견: 사람을 무는 사나운 개. ○弟제: 진秦 경공景公의 동생 침鍼을 말함. 兩양: 수레를 세는 단위. "량輛"과 통함.

[11]

 날 저무니 천둥과 번개가 내리치는데, 돌아가면 될 것을 무엇 때문에 이리도 걱정하나? 나라의 위엄을 지킬 수도 없는데 상제에게 무엇을 구하리? 동굴에 숨어 살면서 무엇을 말하리? 초나라 임금은 전공을 쌓길 좋아해 군사를 일으키니 나라가 어찌 오래 갈 수 있으리? 잘못을 깨달아 고쳐도 내가 또 무슨 말을 더 하리? 오나라 왕 합려는 우리 초나라와의 전쟁에서 줄곧 승리했네. 투백비鬪伯比와 운국鄖國 군주의 딸은 어떻게 지신의 사당을 지나 능묘 안에서 사통했나? 그들은 이렇게 음탕했건만, 명재상 자문子文을 낳았네. 도오都敖(초 문왕의 아들)는 제위에 오래 있지 못할 것이라고 했건만, 윗사람을 죽이고 왕이 된 웅운熊惲(도오의 동생으로 형인 도오를 죽이고 제위에 오름)은 어찌 충직하다고 널리 알려지나?

 薄暮雷電, 歸何憂? 厥嚴不奉, 帝何求? 伏匿穴處, 爰何云? 荊勳作師, 夫何長? 悟過改更, 我又何言? 吳光爭國, 久余是勝. 何環穿自閭社, 以及丘陵? 是淫是蕩, 爰出子文. 吾告堵敖以不長, 何試上自予, 忠名彌彰?

匿닉: 숨기다. 穴혈: 동굴. 環환: 돌다. 敖오: 멋대로 놀다.

○薄暮박모: 저녁 무렵. ○穴處혈처: 산의 동굴에 삶. ○荊형: 초나라의 또 다른 이름. ○勳훈: 공훈. 이곳에서는 공훈을 쌓는 것을 좋아한다는 의미. ○作師작사: 군사를 일으킴. ○吳光오광: 오나라의 임금 합려闔廬. 이름이 광光임. ○環穿閭社, 以及丘陵환천여사, 이급구릉: 사당을 지나 묘로 들어감. 남녀가 몰래 사통했다는 의미. "환천"은 둘러 지나감. "여사"는 두 글자 모두 지신을 제사지내는 사당. "구릉"은 묘, 무덤. 묘의 내부는 크고 인적이 드물어 남녀가 은밀하게 만나는 장소였음. 초나라의 선대 임금 약오若敖는 운국鄖國의 여인에게 장가들어 아들 투백비鬪伯比를 낳았다. 약오가 죽자 투백비는 모친을 따라 운국에서 살았다. 이때 운국 군주의 딸과 사통하여 자문을 낳게 된다. 운부인鄖夫人은 사람을 시켜 자문을 운몽택雲夢澤에 버렸는데, 호랑이가 그에게 젖을 먹여주었다. 운자鄖子가 사냥하다 이를 보고 거둬 키웠다. 자문은 커서 어질고 덕이 있어 초나라의 영윤令尹이 되었다. ○子文자문: 초나라의 명재상으로 초 성왕成王을 보좌함. ○都敖도오: 초 문왕文王의 아들로, 이름은 웅간熊囏. 5년간 제위에 있었으며 동생 성왕成王에게 피살됨. ○試시: 시해하다. "시弑"와 통해. ○自予자여: 자신에게 제위를 줌. 스스로 임금이 됨을 의미. "여"는 주다. ○忠名충명: 초 성왕 웅운熊惲이 형 도오都敖를 죽이고 충직하다는 명성을 얻은 것. ○彌미: 널리.

제4편 | 구장

九章

슬픔과 원망의 노래

「구장九章」은 굴원이 유배를 당한 뒤 수시로 자신의 감회를 적은 9편의 작품집이다. 주희는 『초사집주』에서 "후인들이 모아 구장을 만들고, 한 권으로 합한 것이다. 결코 같은 시기에 나온 것이 아니다後人輯之, 得其九章, 合爲一卷, 非必出於一時之言也"라고 했다. 이로 보면 「구장」은 후인들이 흩어져 있던 굴원의 작품을 하나로 묶어 만든 작품집이라고 할 수 있다.

「구장」의 창작 시기는 현재 학자들마다 여러 가지 의견이 있는데 크게 두 가지 설로 나눌 수 있다. 하나는 「구장」의 모든 작품이 경양왕 때 지어졌다는 설이다. 이 설은 반고班固가 「이소찬서離騷贊序」에서 가장 먼저 제기했고 후에 송나라 사람 홍흥조洪興祖의 『초사보주』, 왕부지王夫之의 『초사통석楚辭通釋』, 탕병정湯炳正의 『초사금주楚辭今注』에서 이 설을 계승했다. 두 번째는 다른 시기에 지어졌다는 설이다. 이 설은 주희가 『초사집주』에서 가장 먼저 제기했다(앞의 인용문). 그 후 청나라 사람 임운명林雲銘의 『초사등楚辭燈』, 장기蔣驥의 『산대각주초사山帶閣注楚辭』가 이 설을 계승했다. 현재 초사 연구자들은 후자의 설을 설득력 있게 받아들이고 있다. 이중 청나라 사람 임운명林雲銘의 설이 참고할 만하다: 「석송惜誦」 「사미인思美人」 「추사抽思」는 회왕 때 지어졌다. 이중 「석송」이 가장 이르고 「사미인」과 「추사」는 한북漢北으로 유배를 당했을 때 지어졌다. 나머지 6편은 경양왕 때 강남으로 유배를 당하면서 지어졌다. 지어진 순서는 「섭강涉江」 「귤송橘頌」 「비회풍悲回風」 「석왕일惜往日」 「영도郢都」 「회사懷沙」일 것이다. 여기서 「귤송」의 경우 「구장」에서 가장 이르게 지어졌다는 설도 있고 그 시기를 판단할 수 없다는 설도 있어 학자들마다 의견의 차이가 있다. 그 나머지 편들에 대해서는 약간의 차이는 있지만 대체적으로 위와 같은 순으로 지어졌을 것이라고 추정하고 있다.

「구장」은 굴원의 생애나 유배를 당했을 때의 심리변화를 이해하는 데 아주 중요한 작품들이다. 이 가운데 영물시詠物詩 「귤송橘頌」을 제외한 나머지 8편은 굴원이 추방당한 내력과 순탄하지 못한 조우를 읊고 있다. 그 정신이나 격조는 「이소」와 일맥상통하나 「이소」보다 훨씬 더 현실적이고 직설적으로 분출되고 있다.

석송惜誦

진심을 밝히며

【해제】

"석송惜誦"은 시의 첫 두 글자로 제목을 삼았다. 구성과 내용이 「이소」와 유사하여 "소이소小離騷"로 불리기도 한다.

이 편은 정치적으로 배척을 받은 원인과 이런 현실을 마주하고 자신의 출로를 걱정하는 모습을 읊고 있다. 시의 내용으로 봤을 때 굴원이 초 회왕懷王의 배척을 받은 이후에 지은 것으로 추정된다.

[1]

재판받는 심정으로 근심을 나타내고 분한 마음으로 진심을 전하네. 내가 하는 말이 충직하지 않다면 저 푸른 하늘을 두고 맹세하리. 다섯 분의 천제에게 공정하게 판단하게 하고, 여섯 신에게 알려 대질할 것이네. 산천의 신들께서 관리가 되어 재판에 참가하고 고요皐陶에게 시비곡직을 가리게 하리.

惜誦以致愍兮, 發憤以抒情. 所作忠而言之兮, 指蒼天以爲正. 令五帝以折中兮, 戒六神與嚮服. 俾山川以備御兮, 命咎繇使聽直.

抒서: 풀다. 愍민: 근심하다. 嚮향: 향하다. 俾비: ~로 하여금 …하게 하다. 御어: 따르다. 繇요: 따르다.

○惜석: 빌리다. "자藉"와 통함. "자"는 빌다. ○誦송: 재판. "송訟"과 통함. "송"은 재판. ○所作소작: 만약 ~이 아니라면. "소비所非"가 되어야 함. "소"는 만약. ○正정: 증명함. "증證"과 통함. ○五帝오제: 신화에 나오는 다섯 방향의 신. 동방의 신 태호太昊, 남방의 신 염제炎帝, 서방의 신 소호少昊, 북방의 신 전욱顓頊, 중앙의 신 황제黃帝를 말함. ○折中절중: 공정하게 판단함. ○戒계 알리다. ○六神육신: 태양·달·별·물·사계절·추위와 더위의 신을 말함. ○與여: ~로써. "이以"와 통함. ○饗服향복: 대질하여 처리함. "향"은 대질하다. ○備御비어: 관리가 되게 함. 이곳에서는 관리의 자격으로 재판에 참여함을 의미. "어"는 원의는 따르다. 이곳에서는 시중드는 관리를 의미. ○咎繇고요: 순임금 때 법을 다스렸던 대신인 고요皋陶를 말함. ○聽直청직: 시비곡직을 듣고 판단함.

[2]

충성을 다해 임금을 섬겼건만, 도리어 배척받아 몹쓸 사람이 되었네. 비위맞추고 아첨하는 것을 몰라 버림받았으니, 명철하신 임금께서 알아주기만 기다리네. 내 말과 행동은 따져볼 수 있고, 내 마음과 모습은 변함이 없네. 임금만큼 신하를 잘 아는 사람 없으니, 가까이서 보면 알 수 있네. 나는 임금을 먼저 생각하고 나를 뒤로 했건만 왜 사람들과 적이 되었나? 임금만 생각하고 다른 것은 생각하지 않았건만, 또 많은 사람들과 원수가 되었네. 나는 한 마음으로 주저 없이 섬겼건만 왜 자신을 지킬 수 없었나? 다른 것은 생각지 않고 임금과 가까워지려 했을 뿐 이것이 또 화를 부를 줄은.

竭忠誠以事君兮, 反離羣以贅肬. 忘儇媚以背衆兮, 待明君其知之. 言與行其可迹兮, 情與貌其不變. 故相臣莫若君兮, 所以證之不遠. 吾誼先君而後身兮, 羌衆人之所仇? 專惟君而無他兮, 又衆兆之所讎. 壹心而不豫兮, 羌不可保也? 疾親君而無他兮, 有招禍之道也.

贅췌: 혹, 군더더기. 肬우: 사마귀, 붓다. 儇현: 총명하다, 날래다. ○相상: 보다. 讎수: 원수.

○離羣이군: 무리들에게 배척당함. ○贅肬췌우: 혹과 사마귀. 불필요함을 의미. ○迹적: 살핌. ○誼의: 마땅히. "의義"와 통함. ○羌강: 어찌. ○惟유: 생각함. ○衆兆중조: 많은 사람들. "조"는 많다. ○疾질: 힘을 다함. ○有유: 또. "우又"와 통함.

[3]

나만큼 임금을 생각하는 충직한 신하 없고, 가난하고 천해지는 것도 따지지 않네. 딴 마음 먹지 않고 임금을 섬기고 미련해서 총애 받는 법도 몰랐네. 충성스러운 것이 무슨 죄라서 벌을 받나? 이 또한 이해가 되지 않네. 무리들과 달리 행동하다 머리가 달아나면 사람들은 비웃네. 잇단 미움과 비방으로 마음은 풀어지지 않고, 기분은 무겁게 가라앉아 울적한데 임금은 또 가려 있어 말할 곳도 없네. 우울하고 답답한 마음은 혼란스럽기만 하고 내 진심을 알아주는 사람도 없네. 본디 하고 싶은 말은 많지만 써도 부칠 곳 없고, 뜻을 올리고자 해도 길이 없네. 물러나 말없이 가만히 있어도 알아주는 사람 없고 조정에 나아가 외쳐도 들어주는 사람 없네. 거듭 혼란스럽고 어지러우니 마음만 답답하고 슬퍼지네.

思君其莫我忠兮, 忽忘身之賤貧. 事君而不貳兮, 迷不知寵之門. 忠何罪以遇罰兮? 亦非余心之所志. 行不羣以巓越兮, 又衆兆之所咍. 紛逢尤以離謗兮, 謇不可釋. 情沈抑而不達兮, 又蔽而莫之白. 心鬱邑余侘傺兮, 又莫察余之中情. 固煩言不可結詒兮, 願陳志而無路. 退靜黙而莫余知兮, 進號呼又莫吾聞. 申侂傺之煩惑兮, 中悶瞀之忳忳.

貳이: 딴 마음. 巓전: 떨어지다. 兆조: 많다. 咍해: 비웃다. 謇건: 발어사. 侂
차: 실의하다. 傺제: 묵다. 詒이: 보내다, 주다. 瞀무: 어둡다, 흐리다. 忳돈: 근
심하다.

○忽忘홀망: 무시하고 잊음. 따지지 않음을 의미. ○志지: 알다. "知지"와 통함.
○顚越전월: 머리가 땅에 떨어짐. 죽는다는 의미. ○衆兆중조: 많은 사람들.
○沈抑침억: 마음이 무겁게 가라앉음. ○白백: 알림. ○鬱邑울읍: 울적하고 답
답함. ○侂傺차제: 실의에 빠져 혼란스러움. ○中情중정: 진심. ○煩言번언: 많
은 말. ○結詒결이: 편지를 통해 보냄. ○申신: 거듭. ○煩惑번혹: 혼란스러움.
○中중: 마음. ○悶瞀민무: 답답하고 혼란스러움. ○忳忳돈돈: 근심하는 모양.

[4]

옛날 꿈에 하늘에 올랐다가 넋이 중도에 길을 잃었네. 여신厲神에
게 점을 치게 하니 여신이 말하네. "뜻은 높으나 도와 줄 사람이 없
소." 결국 위험에 빠져 고립되어 각자의 길을 간단 말이오? 여신이
말하네. "임금은 생각할 수 있어도 의지할 수 없소. 사람의 입은 쇠
도 녹이오. 그대처럼 행동했던 사람들은 모두 화를 당했소. 뜨거운
국에 덴 사람은 나물도 불어 먹는다고 했거늘, 그대는 왜 뜻을 바꾸
지 않소? 사다리를 버리고 하늘에 오르고자 한다면 그대는 옛날과
똑같이 될 것이오. 사람들은 두려워 마음이 떠났으니 그대를 어찌
동료로 보겠소? 같이 임금을 섬기나 길이 다르니 어찌 도와주겠소?

진晉나라의 신생申生은 이름난 효자였지만, 그의 부친은 참언을 믿고 아들을 모질게 대했소. 곤鯀은 타협하지 않는 강직한 성품 때문에 치수사업에 실패했소." 내 예전에 충성을 다하면 원망을 산다는 말을 들었을 때는 너무 과한 말이라 여기고 개의치 않았는데, 아홉 번 팔이 부러져야 의사가 된다고 했거늘 이제야 왜 그런지 알겠네.

昔余夢登天兮, 魂中道而無杭. 吾使厲神占之兮, 曰: "有志極而無旁", 終危獨以離異兮, 曰: "君可思而不可恃. 故衆口其鑠金兮, 初若是而逢殆. 懲於羹者而吹虀兮, 何不變此志也? 欲釋階而登天兮, 猶有曩之態也. 衆駭遽以離心兮, 又何以爲此伴也. 同極而異路兮, 又何以爲此援也. 晉申生之孝子兮, 父信讒而不好. 行婞直而不豫兮, 鯀功用而不就." 吾聞作忠以造怨兮, 忽謂之過言. 九折臂而成醫兮, 吾至今而知其信然.

杭항: 건너다. 鑠삭: 녹이다. 懲징: 혼나다. 羹갱: 국. 虀제: 채친 나물. 階계: 사닥다리. 曩낭: 옛날. 駭해: 놀라다. 遽거: 재빠르다. 援원: 잡다, 당기다. 婞행: 강직하다.

○杭항: 가는 길. "항航"과 통함. ○厲神여신: 죽이고 벌하는 것을 관장하는 신. ○志極지극: 뜻이 높음. ○旁방: 돕다. ○危獨위독: 위험에 빠지고 고립됨. ○離異이이: 각자 떠남. 서로 다른 길을 감을 의미. ○初若是초약시: 처음부터 이렇게 함. ○懲於羹者징어갱자: 뜨거운 국에 데여 혼난 사람. ○駭遽해거: 두려워함. ○同極동극: 함께 다함. 함께 같은 임금을 섬김을 의미. ○申生신생: 진晉 헌공獻公의 적장자. 당시 "효자"로 잘 알려짐. 진 헌공의 총비 여희驪姬가 아버지를 시해하려는 혐의를 씌우자, 진 헌공은 이를 믿고 신생을 죽이려고 했다. 그러나 신생은 해명하지도 도망가지도 않으며 아버지와 나라를 생각해 결국 목매어 자살한다. ○婞直행직: 강직함. ○鯀곤: 신화에 나오는 인물. 우임금의 부친. 치수사업에 실패하자 순임금은 그를 우산羽山으로 쫓아냄. ○功공: 치수사업. ○用而용이: 때문에. ○就취: 성공하다. ○忽홀: 소홀히 함, 개의치 않음. ○信然신연: 확실히 그러함. "신"은 정말로, 확실히.

[5]

위에는 주살을 설치하고 아래는 그물을 쳐놓네. 그물을 치고 임금을 겨냥하니 나는 조정에 몸을 두고 싶어도 그럴 여지가 없네. 떠나기 아쉬워 기회를 찾아봐도 또 다시 죄를 지어 화를 당할까 두렵네. 새처럼 높이 날아 멀리 있고 싶어도 임금은 어디로 달아나느냐고 무고할 것이고, 잘못된 길로 마구 달리고 싶어도 뜻이 굳건해 차마 그러지도 못하네. 등과 가슴이 쪼개지듯 일제히 아파오고, 마음은 울적하고 고통은 온 몸을 휘감네. 목란을 빻고 혜초를 다지고 신초申椒를 찧어 양식으로 삼네. 강리를 심고 국화를 길러 봄에 향기로운 건량으로 삼으리. 내 진심을 임금이 믿지 않을까 두려워 거듭 내 마음 밝음을 설명하네. 이 아름다운 향초를 들고 홀로 은거하며 깊이 생각해 멀리 떠날 것이니.

> 矰弋機而在上兮, 罻羅張而在下. 設張辟以娛君兮, 願側身而無所. 欲僊佪以干傺兮, 恐重患而離尤. 欲高飛而遠集兮, 君罔謂汝何之. 欲橫奔而失路兮, 堅志而不忍. 背膺牉以交痛兮, 心鬱結而紆軫. 擣木蘭以矯蕙兮, 鑿申椒以爲糧. 播江離與滋菊兮, 願春日以爲糗芳. 恐情質之不信兮, 故重著以自明. 矯玆媚以私處兮, 願曾思而遠身.

矰증: 주살. 弋익: 주살. 罻위: 새를 잡는 그물. 僊천: 머뭇거리다. 佪회: 어정거리다. 膺응: 가슴. 牉반: 나누다, 절반. 紆우: 굽다, 두르다, 감돌다. 軫진: 슬퍼하다, 마음아파하다. 擣도: 찧다. 矯교: 들다. 鑿착: 방아 찧고 난 쌀. 播파: 파종하다. 滋자: 심다. 糗구: 건량, 볶은 쌀.

○贈弋증익: 주살. ○機기: 설치하고 발사함. ○罻羅위라: 새를 잡는 그물. ○張辟장벽: 새나 짐승을 잡는 그물. ○娛오: 겨냥함. "우虞"와 통함. ○側身측신: 몸을 둠. "측신厠身"과 같음. ○儃佪천회: 머뭇하며 떠나기 아쉬워 함. ○干際간제: 때를 엿봄. "제"는 기회. "제際"와 통함. ○重患중환: 화를 또 입음. ○離尤이우: 죄를 짓다. ○集집: 이르다. ○罔망: 무고함. ○何之하지: 어디로 가다. ○背膺배응: 등과 가슴. ○交痛교통: 일제히 아파옴. ○紆軫우진: 고통이 온 몸을 휘감음. "우"는 두르다. "진"은 아픔. ○矯교: 문질러 가루로 만듦. ○情質정질: 진심. ○重著중저: 거듭 밝힘. ○茲媚자미: 이 아름다운 것. 앞에서 나온 목란木蘭·혜초蕙草·신초申椒·강리江離 등의 향초와 향목香木을 말함. ○私處사처: 혼자 삶. ○曾思증사: 거듭 생각함. "증"은 "증增"과 통함. ○遠身원신: 멀리 떠나 몸을 숨김.

섭강涉江

장강長江과 상수를 건너며

【해제】

「섭강涉江」은 굴원이 강남으로 유배당한 이후에 지어졌다. 시 앞부분에 나오는 "장강과 상강을 건너네濟乎江湘"라는 구절로 편명을 "섭강"이라고 했다.

이 편은 굴원이 악저鄂渚에서 서포溆浦로 가는 험난한 여정에서 자신의 고독한 심정과 암울한 정치상황에 대한 분노, 자신의 신념이 변치 않을 것이라는 다짐을 표현하고 있다.

[1]

나는 어려서 이 기이한 의상을 좋아했고 늙어서도 그 좋아함은 변치 않았네. 길고 긴 검을 차고, 높고 높은 관을 쓰며, 야광주를 걸치고 아름다운 옥을 맸네. 세상이 혼탁해 나를 알아주는 이 없으니 나는 이제 마음껏 날고 돌아보지 않으리. 청룡이 수레를 몰고 백룡이 곁말이 되어 나는 중화重華(순임금의 이름)와 천제의 정원 요포瑤圃에서 놀리. 곤륜산에 올라 옥 나무의 꽃을 맛보고, 천지와 함께 장수하며 일월과 빛나리. 남쪽에 나를 알아주는 사람이 없음을 슬퍼하며 아침에 장강과 상수를 건너네.

余幼好此奇服兮, 年旣老而不衰. 帶長鋏之陸離兮, 冠切雲之崔嵬, 被明月兮珮寶璐. 世溷濁而莫余知兮, 吾方高馳而不顧. 駕靑虯兮驂白螭, 吾與重華遊兮瑤之圃. 登崑崙兮食玉英, 與天地兮同壽, 與日月兮同光. 哀南夷之莫吾知兮, 旦余濟乎江湘.

鋏협: 장검. 崔최: 높다. 嵬외: 높다. 璐로: 아름다운 옥. 溷혼: 어지럽다. 圃포: 밭.

○陸離육리: 긴 모양. ○切雲절운: 아주 높은 모자. ○崔嵬최외: 높이 솟은 모양. ○明月명월: 야광주夜光珠. 진주 이름. ○方방: ~하려고 함. ○靑虯청규: 뿔이 있는 청룡. ○白螭백리: 뿔이 없는 흰 용. ○重華중화: 순임금의 이름. ○瑤之圃요지포: 요포瑤圃. 곤륜산에 있다는 천제의 정원. ○江湘강상: 장강長江과 상수湘水.

청룡과 백룡을 몰고 순임금에게 나아가는 모습.

[2]

악저鄂渚에 올라 돌아보니 가을과 겨울의 여풍이 여전히 차가움을 탄식하네. 말을 산기슭에서 노닐게 하고 수레를 큰 숲에 세워두네. 작은 배를 타고 원수를 거슬러 올라가며 사공들과 함께 노를 들어 물결을 가르네. 배는 곧장 나아가지 않고 서서히 움직이다, 소용돌이치는 곳에 멈춰 움직이지 않네. 아침에 왕저枉渚를 출발하여 저녁에 진양辰陽에서 하룻밤 머무네. 실로 내 마음 바르고 곧다면 멀고 외진 곳에 있더라도 무엇이 아프리!

乘鄂渚而反顧兮, 欸秋冬之緒風. 步余馬兮山皐, 邸余車兮方林. 乘舲船余上沅兮, 齊吳榜以擊汰. 船容與而不進兮, 淹回水而疑滯. 朝發枉陼兮, 夕宿辰陽. 苟余心其端直兮, 雖僻遠之何傷!

乘승: 오르다. 鄂악: 땅 이름. 欸애: 한숨 쉬다. 緒서: 나머지, 잔여. 邸저: 이르다, 다다르다. 舲령: 창이 있는 작은 배. 榜방: 배를 젓다. 淹엄: 머무르다. 陼저: 삼각주, 물가.

○鄂渚악저: 지명. 지금의 허베이 성 우창武昌 일대. ○緒風서풍: 여풍餘風. ○方林방림: 큰 숲. "방"은 크다. ○舲船영선: 창이 있는 작은 배. ○齊제: 일제히. 이곳에서는 일제히 노를 드는 것을 의미. ○吳榜오방: 큰 노. ○汰태: 물결. ○容與용여: 서서히 움직임. ○疑滯의체: 정체되어 나아가지 않음. "의"는 "응凝"과 통함. ○枉陼왕저: 지명. 지금의 후난 성 창더常德 남쪽. ○辰陽신양: 지명. 후난 성 천시辰溪 서남쪽.

[3]

　서포漵浦에 들어오니 떠나기 아쉽고 마음은 혼란스러워 어디로 가야 할지. 깊은 숲은 그윽하고 어두운데 원숭이들이 사는 곳이라네. 산은 험하고 높아 해를 가리고 아래는 그윽하고 어두우며 비가 많이 내리네. 싸라기눈이 끝없이 흩날리고 구름은 하늘까지 자욱하게 피어오르네. 내 생애에 즐거움 없이 혼자 이 그윽한 산에 삶을 슬퍼하네. 내 지조를 바꿔 세속의 무리들을 따르지 않고 평생을 가난 속에 근심과 고통으로 지내리.

　入漵浦余僤佪兮, 迷不知吾所如. 深林杳以冥冥兮, 乃猨狖之所居. 山峻高以蔽日兮, 下幽晦以多雨. 霰雪紛其無垠兮, 雲霏霏而承宇. 哀吾生之無樂兮, 幽獨處乎山中. 吾不能變心而從俗兮, 固將愁苦而終窮.

漵서: 물가, 포구. 如여: 가다. 猨원: 원숭이. 狖유: 검은 원숭이. 霰산: 싸라기눈. 垠은: 끝, 땅 끝. 霏비: 연기가 오르는 모양.

○漵浦서포: 지명. 지금의 후난 성 쉬푸漵浦 서쪽. ○僤佪천회: 머뭇거리며 떠나기 아쉬워함. ○杳묘: 깊숙함. 冥冥명명: 어두운 모양. ○猨狖원유: 원숭이. ○霰雪산설: 싸라기눈. ○霏霏비비: 구름이 크게 피어오르는 모양. ○承宇승우: 하늘까지 닿음. "승"은 이어지다. "우"는 하늘. ○終窮종궁: 끝까지 가난함. 평생을 가난 속에 지낸다는 의미.

[4]

접여接輿는 머리 깎아 미친 척했고, 상호桑扈는 세상에 분노해 벌
거벗고 다녔다지. 충성스럽다고 중용되는 것은 아니며 어질다고 쓰
이는 것은 아니더라. 오자서는 화를 당했고 비간은 육장이 되었네.
전대에도 이랬거늘 내 어찌 지금 사람을 원망하리? 나는 흔들림이
없이 바른 길을 갈 것이며 어둠에 어둠이 와도 이 속에서 평생을 보
내리.

接輿髡首兮, 桑扈臝行. 忠不必用兮, 賢不必以. 伍子逢殃兮, 比干葅醢.
與前世而皆然兮, 吾又何怨乎今之人? 余將董道而不豫兮, 固將重昏而終身.

輿여: 수레. 髡곤: 머리를 깎다. 臝라: 벌거벗다. 董동: 굳다, 견고하다.

○接輿접여: 초나라의 은사隱士. 미친 척하며 세상을 피해 살았다고 함. ○髡
首곤수: 머리를 깎음. ○桑扈상호: 고대의 은사隱士. ○臝行나행: 벌거벗고 다
님. "나"는 "나裸"와 통함. ○以이: 등용됨. ○伍子오자: 오나라의 대부를 지냈
던 오자서伍子胥. 오왕 합려를 도와 초나라를 침. 합려의 뒤를 이은 부차夫差
에게 월越나라를 칠 것을 간언했으나 받아들여지지 않았다. 후에 태재太宰
백비伯嚭의 모함을 받아 자살함. ○董道동도: 정도正道. ○重昏중혼: 어둡고
어두움. 겹겹의 어두움.

[5]

마무리: 난새와 봉황은 날마다 멀리 날아가고, 제비와 까마귀들
은 전당과 제단에 깃드네. 화초와 백목련은 초목이 무성한 숲에서

말라 죽는구나. 비린내와 누런내 나는 것은 모두 중용되고 향기로
운 것은 가까이 다가가지도 못하네. 음양이 자리를 바꾸었으니 때
가 맞지 않네. 충정을 품고도 뜻을 잃어 방황하니 나는 홀연히 떠나
가리.

亂曰: 鸞鳥鳳皇, 日以遠兮. 燕雀烏鵲, 巢堂壇兮. 露申辛夷, 死林薄兮.
腥臊幷御, 芳不得薄兮. 陰陽易位, 時不當兮. 懷信佗傺, 忽乎吾將行兮.

난鸞: 난새새이름. 腥성: 비린내 나다. 臊조: 누런내 나다. 佗차: 실의하다. 傺
제: 묵다.

○亂난: 악곡의 마지막 장. 마지막에 전편의 내용을 정리하는 역할을 함. ○鸞
鳥난조: 신화에 나오는 신조神鳥. ○鳳皇봉황: 봉황鳳凰. ○燕雀연작: 제비.
○烏鵲오작: 까마귀. ○堂壇당단: 전당과 제단. ○露申노신: 신초申椒. 신申
땅에서 나는 화초花椒. 장량푸姜亮夫의 『중정굴원부교주重訂屈原賦校註』는
"청나라 사람 대진이 이르길 '신초다. 모습이 관의 앞뒤에 늘어뜨린 구슬 같다
고 해서 붙인 이름이다'戴震云: '卽申椒, 狀若繁露, 故名'"라고 했다. ○辛夷신
이: 백목련. ○林薄임박: 초목이 무성한 숲. ○御어: 등용됨. ○薄박: 다가감.
○不當부당: 맞지 않음. ○懷信회신: 충정을 품음.

애영哀郢

영도郢都를 그리며

【해제】

「애영哀郢」은 경양왕頃襄王 때 9년 동안 강남으로 유배당한 뒤에
고향이자 수도인 영도郢都를 그리워하며 지은 작품이다.

이 편은 죄가 없는데도 유배를 당한 심정과 9년 동안 고향으로

돌아가지 못한 슬픔을 그리고 있는데, 임금을 원망하고 나라를 걱정하는 마음이 잘 나타나 있다.

[1]

천명은 늘 변하는 것이건만 관리들은 어찌하여 놀라고 허둥대나? 가족과 작별하고 임금을 떠나 이제 춘삼월에 동쪽을 떠돌 것이네.

皇天之不純命兮, 何百姓之震愆? 民離散而相失兮, 方仲春而東遷.

震진: 놀라다. 愆건: 잘못하다, 어그러지다. 遷천: 떠나다.

○純순: 일정함. ○百姓백성: 귀족과 관리들. ○震愆진건: 놀라 허둥댐. ○民민: 사람. 이곳에서는 굴원 자신을 의미. ○離散이산: 가족들을 떠남. ○相失상실: 임금과 헤어짐. ○仲春중춘: 음력 2월.

[2]

고향 떠나 먼 곳으로 가니 장강과 하수夏水를 따라 떠도네. 도성의 문을 나서니 마음이 아프고 갑일甲日의 아침에 나는 장도에 올랐네. 영도郢都를 출발해 고향 떠나니 마음은 어수선하고 어디로 가야 할지. 사람들 일제히 노를 저으니 배는 천천히 나아가고 더 이상 임금님을 뵐 수 없다는 생각에 슬퍼지네. 높다란 가래나무를 보니 절로 한숨이 나오고 눈물은 싸라기눈처럼 흐르네. 하수를 지나 서쪽으로 가다 돌아보니 용문龍門은 더 이상 보이질 않네. 슬프고 분한 마음에 가슴은 저며 오고, 저 멀리 아득히 발 디딜 곳은 어디일까. 바람과 파도를 따라 물길 흐르는 대로 이리저리 떠돌며 나그네 되었네. 세차게 넘실대는 파도를 타고 홀연히 새처럼 어디로 가는 건지. 마음에 묶인 매듭은 풀기 어렵고 복잡한 심사는 거두기 어려워라.

　去故鄕而就遠兮, 遵江夏以流亡. 出國門而軫懷兮, 甲之鼂吾以行. 發郢都而去閭兮, 荒忽其焉極. 楫齊揚以容與兮, 哀見君而不再得. 望長楸而太息兮, 涕淫淫其若霰. 過夏首而西浮兮, 顧龍門而不見. 心嬋媛而傷懷兮, 眇不知其所蹠. 順風波以從流兮, 焉洋洋而爲客. 淩陽侯之氾濫兮, 忽翶翔之焉薄. 心絓結而不解兮, 思蹇産而不釋.

郢영: 땅 이름. 閭려: 이문里門, 마을의 문. 楸추: 개오동나무, 가래나무. 霰산: 싸라기눈. 蹠척: 밟다, 나아가다. 淩릉: 타다. 氾범: 넘치다. 絓괘: 걸다. 蹇건: 애쓰다, 고생하다.

○江夏강하: 장강과 하수夏水. ○國門국문: 도성의 문. ○軫懷진회: 마음이 아픔. ○甲之鼂갑지조: 갑일甲日의 아침. ○郢都영도: 초나라의 수도. 지금의 호북성 강릉현江陵縣 기남성紀南城. ○閭려: 고향. ○荒忽황홀: 마음이 어수선함. "황홀恍惚"과 같음. ○齊揚제양: 일제히 듦. ○淫淫음음: 눈물이 많은 모양. ○夏首하수: 하수夏水가 장강에서 나누어지는 곳. 이곳에서는 하수를 의미. ○龍門용문: 영도郢都의 동쪽 성문. ○嬋媛선원: 원의는 가쁜 숨을 몰아쉬다. 이곳에서는 슬프고 분한 마음을 의미. ○眇묘: 아득함. "묘渺"와 통함. ○焉언: 이에. ○洋洋양양: 이리저리 떠다니는 모양. ○陽侯양후: 파도의 신. 전설에 의하면, 능양국陵陽國의 제후가 물에 빠져 죽자, 그의 영혼이 큰 파도가 되어 수시로 오가는 배를 전복시켰다고 함. ○氾濫범람: 강물이 넘실대는 모양. ○翶翔고상: 비상함. ○薄박: 다가가다. ○絓結괘결: 매듭을 지음. 이곳

에서는 마음에 맺힌 응어리를 의미. ○蹇産건산: 복잡하게 얽힘.

[3]

　배를 저어 아래로 내려오니, 장강을 떠나 동정호洞庭湖에 왔네. 대
대로 살던 곳 떠나 지금 정처 없이 떠돌다 동쪽으로 왔네. 어찌하여
영혼은 돌아가려 하나? 잠시라도 돌아갈 생각하지 않은 적 있었던
가? 하포夏浦를 떠나니 서쪽 고향 생각나고 영도가 나날이 멀어지는
것 슬프네. 큰 제방에 올라 멀리 바라보며 잠시나마 시름을 풀어보
네. 이 고장 사람들 즐겁고 평안한 것 보니 슬퍼지고 강가의 순박한
전통에 비통해지네. 사납게 출렁이는 파도에 어디로 가야할지 저 아
득한 남쪽을 건널까? 일찍이 영도의 궁전이 폐허가 될 줄 누가 알았
으며 영도의 동문이 황량해질 줄 누가 생각이나 했으리?

　將運舟而下浮兮, 上洞庭而下江. 去終古之所居兮, 今逍遙而來東. 羌靈
魂之欲歸兮? 何須臾而忘反? 背夏浦而西思兮, 哀故都之日遠. 登大墳以遠
望兮, 聊以舒吾憂心. 哀州土之平樂兮, 悲江介之遺風. 當陵陽之焉至兮, 淼
南渡之焉如? 曾不知夏之爲丘兮, 孰兩東門之可蕪?

墳분: 둑, 제방. 舒서: 펴다. 介개: 가, 변두리. 遺유: 전하다. 當당: 대하다. 淼
묘: 아득하다. 蕪무: 거칠어지다.

○上상: 들어옴. ○下하: 나감. ○終古종고: 오랫동안. ○羌강: 어찌. ○須臾수
유: 잠시라도. ○夏浦하포: 지명. 지금의 한커우漢口. ○西思서사: 서쪽의 고
향을 생각함. ○州土주토: 고장, 마을. ○平樂평락: 평안하고 즐거움. ○江介강

개: 강가. ○遺風유풍: 대대로 전해오는 좋은 풍습. ○陵陽능양: 크게 넘실대는 파도. "능양凌揚"과 통함. "능양"은 파도가 솟구치는 날림. 파도가 매우 심하게 침을 형용. ○夏하: 큼. "하廈"와 통함. 이곳에서는 영도郢都의 궁전을 의미. ○丘구: 언덕. 폐허가 되었음을 의미. ○兩東門양동문: 영도郢都의 동쪽 관문에 있는 두 성문.

[4]

마음은 오랫동안 편치 않고 근심과 시름은 계속 이어지네. 영도로 가는 길 멀고 아득하고 장강과 하수는 건널 수도 없네. 시간은 믿기지 않게 빨리 가고, 지금까지 9년이나 돌아가지 못했네. 답답하고 울적한 마음은 뚫리지 않고 넋을 잃고 방황하며 슬픔을 삼키네. 사람들 겉으로 부드러운 자태로 환심을 사나 실제로는 연약해 의지하기 어렵네. 충신은 나라를 위해 정성을 다하고 소인배들은 끊임없이 질투하며 길을 막네. 요임금과 순임금의 고상한 덕행, 멀리 멀리 빛나 하늘과 가깝네. 많은 소인배들 비방과 질시를 일삼으며 요임금은 인자하지 않고 순임금은 불효했다는 그릇된 죄명을 씌우네. 충직하고 덕이 있는 이를 미워하고 저 말 잘하고 아첨에 능한 사람을 좋아하네. 소인배들은 잰걸음으로 나날이 나아가고 충신은 갈수록 멀어지고 소원해지네.

心不怡之長久兮, 憂與愁其相接. 惟郢路之遼遠兮, 江與夏之不可涉. 忽若不信兮, 至今九年而不復. 慘鬱鬱而不通兮, 蹇侘傺而含慼. 外承歡之汋約兮, 諶荏弱而難持. 忠湛湛而願進兮, 妬被離而鄣之. 堯舜之抗行兮, 瞭杳杳而薄天. 衆讒人之嫉妬兮, 被以不慈之僞名. 憎慍倫之修美兮, 好夫人之忼慨. 衆踥蹀而日進兮, 美超遠而逾邁.

怡이: 기쁘다. 慼척: 근심하다, 슬퍼하다. 汋작: 푸다, 퍼내다. 諶심: 실로, 참으로. 荏임: 부드러운 모양. 湛담: 맑다, 즐기다. 鄣장: 막다. 瞭료: 밝다. 憎증: 미워하다. 慍온: 성내다. 惀론: 생각하다. 忼강: 강개하다. 蹀첩: 오가는 모양. 蹀접: 잔걸음으로 걷는 모양. 邁매: 멀리 가다.

○蹇건: 발어사. ○承歡승환: 다른 사람들의 환심을 삼. ○汋約작약: 자태가 부드럽고 아름다운 모양. "작약綽約"과 같음. ○荏弱임약: 연약함. ○湛湛담담: 너그럽고 듬직한 모양. ○願進원진: 기꺼이 힘을 다함. ○被離피리: 많고 어지러운 모양. "피리披離"와 통함. ○抗行항행: 고상한 덕행. "항"은 "항亢"과 통함. ○薄박: 가깝다. ○不慈부자: 자식들에게 어질지 않음. 요임금은 아들 단주丹朱가 어질지 않다고 여겨 제위를 순에게 물려주었다. 순임금은 아들 상균商均이 불초하다고 여겨 제위를 우禹에게 물려주었다. 후에 종법관념을 가진 사람들은 이를 빌미로 요와 순이 자신의 아들을 자애롭게 대하지 않았다고 여겼다. ○慍惀온론: 충성스런 모양. ○夫부: 저. ○忼慨강개: 말 잘하고 쉽게 격분하는 사람. 소인배들을 의미. "강개慷慨"와 통함. ○蹀蹀첩접: 잔걸음으로 걷는 모양. ○超遠초원: 멀어짐. "초"는 멀다. ○逾邁유매: 갈수록 소원해짐.

초사

[5]

마무리: 눈을 크게 뜨고 천천히 둘러보네. 언제쯤 한 번만이라도 돌아갈 수 있을까? 새는 날아서 고향으로 돌아오고 여우는 죽으면 고향의 언덕으로 머리를 돌리건만. 정말 죄가 없는데 쫓겨났으니 한 시라도 고향 땅을 잊을 수 없네.

亂曰: 曼余目以流觀兮, 冀壹反之何時? 鳥飛反故鄕兮, 狐死必首丘. 信非吾罪而棄逐兮, 何日夜而忘之.

戛만: 길게 끌다. 冀기: 바라다. 信신: 실로.

○戛만: 원의는 길다. 이곳에서는 눈을 조금씩 크게 뜨는 것을 형용.

추사抽思
그리움에 사무쳐

【해제】

「추사抽思」는 굴원이 초 회왕 때 한북漢北으로 유배당할 무렵의
작품이다. 대략 유배를 당한 두 번째 해 여름에 지어진 것으로 추정
된다. "추사"라는 말은 시 중에 나오는 "소가少歌"의 첫 번째 구절인
"여미인추사與美人抽思"에서 나온 것이다. "추사"는 울적한 마음을
뽑아낸다는 의미다.

이 편은 조정에 돌아가 꿈을 펼쳐 보고픈 강렬한 염원을 보여주
면서 임금과 고향에 대한 그리움과 약속을 잘 어기는 임금을 원망
하는 내용을 담고 있다. 이 편에서는 다른 편에서 볼 수 없었던 소
가少歌·창倡·난亂 같은 형식이 있어 『초사』에서 상당히 독특한 작
품이라고 할 수 있다.

[1]

답답하고 근심스러워 홀로 탄식하니 마음은 더욱 아파오네. 실타

래처럼 엉킨 마음은 풀리지 않고, 밤은 오늘따라 왜 이리 긴지. 가을바람에 흔들리는 초목에 슬프건만 어찌 북극성조차 이렇게 움직이나! 쉽게 자주 화를 내는 임금을 생각하니 마음은 비통하고 아파오네. 얼른 일어서서 마음껏 달려 보고 싶지만 백성들의 고통을 보고 멈추었네. 하찮은 마음을 글에 담아 두 손에 받쳐 미인에게 올리네.

心鬱鬱之憂思兮, 獨永歎乎增傷. 思蹇産之不釋兮, 曼遭夜之方長. 悲秋風之動容兮, 何回極之浮浮. 數惟蓀之多怒兮, 傷余心之慢慢. 願搖起而橫奔兮, 覽民尤以自鎭. 結微情以陳辭兮, 矯以遺夫美人.

遭조: 당하다. 數삭: 자주. 蓀손: 창포. 慢우: 근심하다, 슬퍼하다. 矯교: 들다.

○蹇産건산: 복잡하게 얽힘. ○動容동용: 흔들리다. "용"은 "용搈"과 같음. ○回極회극: 북극성. ○浮浮부부: 일정하지 않게 움직이는 모양. ○惟유: 생각하다. ○蓀손: 향초 이름. 이곳에서는 임금을 의미. ○慢慢우우: 비통한 모양. ○搖起요기: 재빨리 일어남. ○民尤민우: 백성들의 고난. ○鎭진: 그만둠.

[2]

그 옛날 임금님께서는 저와 약속하시며 저녁 무렵에 혼례를 올리자고 했습니다. 어찌하여 중도에 마음을 바꾸신 것도 모자라 다른 마음을 가지십니까? 임금님께서는 저에게 당신의 아름다움을 뽐내시고 또 저에게 당신의 뛰어나심을 보여주셨습니다. 저와의 약속을 지키지 않으시고 어찌하여 이유 없이 저에게 화를 내십니까? 저는 임금님께서 한가하실 때 진심을 아뢰고 싶었지만 두려운 마음에 감히 그러지 못했습니다. 머뭇거리면서도 임금님을 뵙길 바라나 마음은 두근두근 떨리고 두렵습니다. 이런 상황을 들어 글을 올려도 임금님께서는 귀머거리인양 듣지 않습니다. 실로 강직한 사람은 아첨할 줄 모르니 사람들 과연 저를 골칫거리로 봅니다.

昔君與我誠言兮, 曰黃昏以爲期. 羌中道而回畔兮, 反旣有此他志? 憍吾以其美好兮, 覽余以其修姱. 與余言而不信兮, 蓋爲余而造怒? 願承閒而自察兮, 心震悼而不敢. 悲夷猶而冀進兮, 心怛傷之憺憺. 玆歷情以陳辭兮, 蓀詳聾而不聞. 固切人之不媚兮, 衆果以我爲患.

畔반: 배반하다. 憍교: 교만하다, 거만하다. 怛달: 두렵다. 憺담: 평안하다, 움직이다. 聾롱: 귀머거리.

○誠言성언: 약속한 말. "성언成言"이 되어야 함. ○황혼黃昏: 고대에는 저녁 무렵에 혼례를 올렸음. ○期기: 혼인할 시간. 이 부분은 군신의 만남을 남녀의 혼인에 비유한 것임. ○回畔회반: 배반함. 생각을 바꾸는 것을 의미. "반叛"와 통함. ○憍교: 자랑함. ○覽람: 과시함. ○蓋개: 왜, 어찌. "합盍"과 통함. ○造怒조로: 구실을 만들어 화를 냄. ○承閒승한: 여유가 있는 틈을 타서. ○察찰: 설명함. ○震悼진도: 떨리고 두려움. ○夷猶이유: 머뭇거림. ○憺憺담담: 두려워 마음이 불안한 모양. ○玆歷情자력정: 이런 상황을 듦. 원래는 "역자정歷玆情"임. "역"은 들다, 열거하다. "자정"은 이런 상황. ○詳상: 짐짓~인체함. "양佯"과 통함. ○切人절인: 강직한 사람. ○果과: 과연.

[3]

처음에 분명하게 말씀을 올렸건만 어찌하여 지금까지 잊고 계십니까? 제가 왜 유독 저 충직한 말을 올리는 것을 좋아하겠습니까? 그것은 폐하의 큰 덕을 더욱 빛나게 하기 위함입니다. 바라건대 폐하께서는 세 분의 임금을 본보기로 삼으시고, 저는 팽함을 모범으로 삼겠습니다. 이르지 못할 곳이 어디에 있겠습니까? 그래서 명성은 멀리까지 떨쳐야 손상되지 않습니다. 선행은 밖에서 오는 것이 아니며 명성은 거짓으로 만들어서는 안 됩니다. 누가 베풀지도 않고 보상을 받을 수 있겠습니까? 누가 심지도 않고 수확을 말할 수 있겠습니까?

初吾所陳之耿著兮, 豈至今其庸亡? 何獨樂斯之謇謇兮? 願蓀美之可完. 望三五以爲像兮, 指彭咸以爲儀. 夫何極而不至兮? 故遠聞而難虧. 善不由外來兮, 名不可以虛作. 孰無施而有報兮, 孰不實而有穫?

───────

耿경: 환하다, 명백하다. 庸용: 쓰다, ~로써. 謇건: 떠듬거리다, 곧다. 穫확: 거두다.

○耿著경저: 분명하게 드러냄. ○庸용: 바로. ○亡망: 잊다. "망忘"과 통함. ○謇謇건건: 충직한 모양. ○完완: "광光"이 되어야 함. 임금의 치세를 빛내는 의미. ○三五삼오: 삼왕三王이 되어야 함. "오"는 "왕王"이 잘못 전해진 것. 삼왕은 우임금·탕임금·주 문왕을 말함. ○彭咸팽함: 은나라의 어진 대부. ○儀의: 모범. ○極극: 가고자 하는 목적지. ○聞문: 명성.

[4]

소가少歌: 임금님께 마음 깊은 곳의 근심을 전하고 싶어도, 아침부터 저녁까지 알아주는 사람이 없네. 임금님은 당신의 아름다움만 자랑하시고 나의 말은 비웃고 들으려 하지 않네.

少歌曰: 與美人抽怨兮, 幷日夜而無正. 憍吾以其美好兮, 敖朕辭而不聽.

────────

抽추: 뽑다, 싹트다. 憍교: 거만하다.

○少歌소가: 고대 음악 악장의 명칭. 앞의 내용을 간략하게 마무리하는 역할을 함. "소가小歌" 내지 "단가短歌"라고도 함. ○抽怨추원: 마음에 답답하게 맺혀있던 근심을 끌어냄. "추"는 끌어내다. ○幷日夜병일야: 밤낮으로. ○無正무정: 시비를 판단함. ○敖오: 업신여김. "오傲"와 통함. ○朕짐: 나의.

[5]

창唱: 새 한 마리가 남쪽에서 날아와 한수漢水의 북쪽에 깃드네. 새는 이다지도 곱고 아름다운데 무리를 떠나 홀로 이 낯선 땅에 있네. 이미 혼자여서 무리와 어울릴 수 없고 또 곁에는 좋은 중매쟁이도 없네. 길은 멀어 사람들에게 나날이 잊혀가고 하소연하려 해도 대상이 없네. 북산北山을 바라보니 눈물이 흐르고 흐르는 강물 앞에서 탄식하네. 초여름의 짧은 밤을 생각해보니 어찌하여 하루 밤이 1년처럼 길까? 영도로 가는 길 멀고도 아득한데, 나의 넋은 하루 밤에 몇 번이나 오가네. 길이 굽은 지 곧은 지도 모르고 달과 별을 방향삼아 남쪽으로 가네. 곧장 가고 싶어도 길을 모르고 넋만이 오가는 길을 아네. 내 영혼은 이렇게 충직한데 사람들의 마음은 왜 내 마음과 다를까? 중매쟁이는 나약하고 소통할 줄 몰라 나의 행동거지를 모른다네.

강물 앞에서 북산北山을 바라보며 눈물을 흘리는 모습.

倡曰: 有鳥自南兮, 來集漢北. 好娉佳麗兮, 牉獨處此異域. 旣惸獨而不羣兮, 又無良媒在其側. 道卓遠而日忘兮, 願自申而不得. 望北山而流涕兮, 臨流水而太息.. 望孟夏之短夜兮, 何晦明之若歲? 惟郢路之遼遠兮, 魂一夕而九逝. 曾不知路之曲直兮, 南指月與列星. 願徑逝而未得兮, 魂識路之營營. 何靈魂之信直兮, 人之心不與吾心同? 理弱而媒不通兮, 尙不知余之從容.

娉과: 아름답다. 牉반: 나누다. 惸경: 외로운 몸. 申신: 말하다.

○倡창: 고대 음악 악장의 한 형식. 또 다른 내용이 시작됨을 알리는 역할을 함. "창唱"과 같음. ○漢北한북: 한수漢水 이북 지역. 지금의 허베이 성 상판襄樊 일대. ○好娉佳麗호과가려: 네 글자 모두 "아름답다"는 의미. 자질이 뛰어남을 의미. ○卓탁: 멀다. "탁逴"과 통함. ○北山북산: 초나라의 수도 영도郢都에서 북쪽으로 10리 떨어진 곳에 있는 기산紀山. 이곳에서는 고향을 의미. ○望망: 생각함. ○孟夏맹하: 초여름. ○晦明회명: 밤부터 아침까지. 이곳에서는 하루 밤을 의미. ○營營영영: 바삐 오가는 모양. ○從容종용: 행동거지.

[6]

마무리: 길게 이어진 물가를 흐르는 급류는 한수를 거슬러 올라가네. 얼른 머리를 돌려 남쪽으로 가서 잠시 마음을 달래보네. 괴석들 우뚝 솟아 고향으로 돌아가고픈 내 마음을 가로 막네. 머뭇머뭇 망설이며 천천히 길을 가네. 배회하고 떠돌다 북고北姑에서 하룻밤을 지내네. 억울하고 괴로워라, 이렇게 정처 없이 떠돎이. 근심에 탄식하고 괴롭게 노래하니 영혼은 저 먼 고향을 생각하네. 길은 멀고 사는 곳은 외져 중재해줄 사람도 없네. 노래를 지어 뜻을 말해 잠시

나마 자신을 초탈하고자 하네. 근심스러운 마음은 가시지 않으니 누구에게 이 말을 할 수 있으려나?

亂曰: 長瀨湍流, 溯江潭兮. 狂顧南行, 聊以娛心兮. 軫石崴嵬, 蹇吾願兮. 超回志度, 行隱進兮. 低個夷猶, 宿北姑兮. 煩寃瞀容, 實沛徂兮. 愁歎苦神, 靈遙思兮. 路遠處幽, 又無行媒兮. 道思作頌, 聊以自救兮. 憂心不遂, 斯言誰告兮.

瀨뢰: 여울, 급류. 湍단: 여울, 급류. 潭담: 연못, 물가. 崴외: 높다. 瞀무: 어둡다, 어리석다. 沛패: 넘어지다, 자빠지다.

○江강: 한수漢水를 의미. 지금의 허베이 성의 서북쪽에서 동남쪽으로 흘러 장강長江으로 들어감. ○狂顧광고: 빠르게 머리를 돌림. ○軫石진석: 괴석怪石. "진"은 굽다. 돌의 모양이 기이함을 의미. ○崴嵬외외: 돌의 높낮이가 일정하지 않는 모양. ○蹇건: 멈춤. ○超回초회: 배회함. "지회遲回"가 잘못된 글자. ○志度지도: 머뭇거림. "치탁跱躅"과 통함. ○隱進은진: 천천히 나아감. ○夷猶이유: 망설임. ○北姑북고: 지명. 정확한 위치는 분명치 않으나 대략 한북漢北 일대로 추정됨. ○煩寃번원: 답답하고 억울함. ○瞀容무용: 마음이 심란하고 불안함. "무용瞀傛"이 되어야 함. "용용傛傛"은 불안하다. ○實실: 이렇게. "식寔"과 통함. ○沛徂패조: 영락하여 떠돌아다님. ○苦神고신: 괴롭게 읊조림. "신"은 "신呻"과 통함. ○行媒행매: 중재함. ○道思도사: 뜻을 말함. ○作頌작송: 노래를 지음. ○自救자구: 자신을 초월함. ○遂수: 다함. ○誰告수고: "고수告誰"가 도치된 형태.

회사懷沙
강물로 돌아가리

【해제】

「회사懷沙」는 굴원이 강에 뛰어들어 자살하기 한 달 전에 쓴 유작이다. "회사"에서 "회"는 "돌아가다"는 의미. "사"는 "물"의 의미. 따라서 "회사"는 "물로 돌아가는 것", 즉 강에 빠져 죽는 것을 의미한다.

이 편은 굴원이 강에 몸을 던지려는 생각을 암시하고 있는데, 작자의 삶에 대한 초연함, 마음과 죽음을 편안히 받아들이는 마음이 진한 감동을 준다.

[1]

따사로운 초여름, 무성한 초목들. 오래도록 슬픈 마음을 안고 서둘러 남쪽으로 가네. 바라만 봐도 아득하고 너무 고요해 적막 속에 있네. 쌓여온 울적한 마음은 온몸을 고통스럽게 감싸고, 우환을 만나 오랫동안 곤경에 처했네. 내 마음과 뜻을 살피고 따져보면, 억울하고 굴욕스런 마음에 억눌려 있다네.

滔滔孟夏兮, 草木莽莽. 傷懷永哀兮, 汨徂南土. 眴兮杳杳, 孔靜幽黙. 鬱結紆軫兮, 離慜而長鞠. 撫情效志兮, 冤屈而自抑.

○汨율: 빠르다. 莽망: 우거지다. 眴현: 눈을 깜빡이다. ○孔공: 매우. 慜민: 근심하다. 鞠국: 곤궁하다. 效효: 본받다.

○滔滔도도: 따사로운 모양. ○莽莽망망: 무성한 모양. ○眴현: 원의는 눈을 깜빡이다. 이곳에서는 바라보는 의미. ○紆軫우진: 고통스럽게 감쌈. "우"는 감

싸다. "진"은 극렬한 고통. ○懇悶민: 근심, 걱정. "민민愍"과 통함. ○長鞠장국: 오랫동안 곤궁함. ○撫무: 생각함. "안按"과 통함. ○効효: 따져봄. "교校"와 통함.

[2]

 네모가 둥글게 깎여도 변치 않는 도리를 버리지 않겠네. 원래의 신념을 바꾼다면 군자들에게 버림을 받으리. 규칙을 잘 기억해 분명하게 일을 해야지, 옛날의 법도를 고쳐서는 안 되네. 인품이 돈후하고 바르다면 훌륭한 분들이 찬미하리. 장인 수倕가 도끼를 들지 않았다면 누가 굽은 나무를 곧게 할 수 있음을 알았겠나? 검은 무늬를 외진 곳에 두면 눈먼 장님은 무늬가 없다고 하네. 이루離婁가 실눈을 하고 살짝 봐도 눈먼 장님은 그의 눈이 밝지 않다고 여기네. 흰 것을 바꿔 검다고 여기고 위의 것을 뒤집어 아래 것이라고 여기네. 봉황은 새장에 갇혀 있고 닭과 오리들은 하늘을 날며 춤추네. 옥석이 함께 섞여 있고 한 가지 잣대로만 재려하네. 저 소인배들 천박하고 완고하니 내 고원한 마음을 어찌 알리?

 刓方以爲圜兮, 常度未替. 易初本迪兮, 君子所鄙. 章畫志墨兮, 前圖未改. 內厚質正兮, 大人所盛. 巧倕不斲兮, 孰察其撥正? 玄文處幽兮, 矇瞍謂之不章; 離婁微睇兮, 瞽以爲無明. 變白以爲黑兮, 倒上以爲下. 鳳皇在笯兮, 鷄鶩翔舞. 同糅玉石兮, 一槪而相量. 夫惟薰人鄙固兮, 羌不知余之所臧?

 刓완: 깎다. 圜환: 둥글다. 迪적: 도덕, 길. 倕수: 요堯 임금 때의 장인匠人 이

새장에 갇힌 봉황과 밖에서 즐겁게 노니는 닭과 오리의 모습.

름. 斲착: 깎다. 撥발: 휘다. 矇몽: 눈이 어둡다. 瞍수: 소경. 婁루: 별 이름, 성기다. 睇제: 흘끗 보다. 笯노: 새장.

○本迪본적: 원래의 신념. ○章畫장화: 분명하게 도모함. "장"은 "창彰"과 통함. "화"는 꾀하다. ○志지: 기억함. ○墨묵: 법도. ○圖도: 법도. ○質질: 자질. ○撥正발: 굽은 나무를 바르게 폄. "발"은 굽다. ○矇瞍몽수: 장님. ○章장: 문채文彩. ○離婁이루: 인명. 상고시기 시력이 아주 좋았다고 하는 사람. ○槪개: 평목平木. 이곳에서는 잣대나 기준의 의미.

[3]

내 일찍이 무거운 것 지고 많은 것을 실었다가 어려움에 빠져 건너지 못했네. 아름다운 옥을 품고 보석을 갖고 있어도 곤경에 처해 누구에게 보여야 할지 몰랐네. 마을의 개가 떼 지어 짖는 것은 진귀한 것을 괴이하게 여겨서네. 뛰어난 인재를 비방하고 걸출한 사람을 의심하는 것은 본시 용속한 무리가 하는 짓이네. 겉은 소박하고 속은 어눌해서 사람들은 나의 뛰어난 자질을 모르네. 좋은 재목과 거친 재목을 함께 쌓아두니 내 재능을 알아주는 사람이 없네. 인과 의를 쌓고, 공손하고 너그럽게 자신을 가꾸었네. 중화(순임금의 이름)는 만날 수 없으니 누가 나의 행동거지를 알아줄까? 예로부터 어진 신하와 영민한 군주는 같은 때에 나지 않았으니, 그것이 왜 그런지 어찌 알겠는가? 먼 옛날의 탕임금과 우임금은 너무 오래되어 흠모할 수 없네. 한스럽고 분한 마음을 가라앉히고 뜻을 굳건히 해보리. 화를 당해도 내 생각을 바꾸지 않을 것이니, 내 뜻이 후인들에게 본보기가 되길 바라네. 길을 달려 북쪽에 머물려 하니 날은 어둑어둑 저물고 있네. 시름을 풀고 슬픔을 즐기니 이제 이 생명 마지막 순간 까지 왔네.

任重載盛兮, 陷滯而不濟. 懷瑾握瑜兮, 窮不知所示. 邑犬之羣吠兮, 吠所 怪也. 非俊疑傑兮, 固庸態也. 文質疏內兮, 衆不知余之異采. 材朴委積兮, 莫知余之所有. 重仁襲義兮, 謹厚以爲豊. 重華不可遭兮, 孰知余之從容? 古固有不幷兮, 豈知其何故? 湯禹久遠兮, 邈而不可慕. 懲連改忿兮, 抑心 而自强. 離慜而不遷兮, 願志之有像. 進路北次兮, 日昧昧其將暮. 舒憂娛哀 兮, 限之以大故.

瑾근: 아름다운 옥. 瑜유: 아름다운 옥. 吠폐: 개가 짖다. 遭악: 만나다. 忿분: 성내다, 원망하다.

○任重임중: 무거운 것을 짐. ○文質문질: 겉과 속. ○疏소: 소탈함. ○內내: 말이 어눌함. "訥눌"과 통함. ○材朴재박: 좋은 재목과 거친 재목. ○委積위적: 쌓아둠. ○重華중화: 순임금의 이름. ○從容종용: 행동거지. ○不幷불병: 영민 한 군주와 어진 신하는 같은 시기에 나타나지 않음. ○懲連징연: 한스런 마음 을 가라앉힘. "징"은 멈추다. "연"은 "위달違"가 되어야 함. "위達"는 "위悼"와 통 함. "위悼"는 한스럽다. ○改忿개분: 분한 마음을 고쳐먹음. ○遷천: 바꿈. ○ 次차: 머물다. ○昧昧매매: 어두워지는 모양. ○限한: 막바지에 다다름. ○大 故대고: 죽음.

---

[4]

마무리: 넓고 넓은 원수와 상수, 제각기 나뉘어 세차게 흐르네. 기나긴 길은 가려 그윽하고 길은 저 만치 멀고 아득하네. 끝없는 아 픔과 슬픔, 나를 오래 탄식하게 만드네. 세상은 혼탁해 알아주는 이

없고 사람의 마음은 알길 없어 말하기 어렵네. 좋은 자질과 뜻을 갖고 있어도 혼자여서 봐주는 사람 없고. 백락伯樂은 죽고 없으니 누가 천리마를 알아볼까? 사람들의 목숨, 생사가 정해져 있네. 마음을 정하고 뜻을 넓혔으니 내 무엇이 두려우리? 죽는 줄 알면서도 물러나지 않을 것이며 목숨이 아까워 뜻을 버리지도 않으리. 성현들께 분명하게 고하노니, 나는 그대들을 나의 본보기로 삼으리.

亂曰: 浩浩沅湘, 分流汨兮. 修路幽蔽, 道遠忽兮. 曾傷爰哀, 永歎喟兮. 世溷濁莫吾知, 人心不可謂兮. 懷質抱情, 獨無匹兮. 伯樂既沒, 驥焉程兮? 萬民之生, 各有所錯兮. 定心廣志, 余何畏懼兮? 知死不可讓, 願勿愛兮. 明告君子, 吾將以爲類兮.

汨율: 빠르다. 喟위: 한숨 쉬다. 驥기: 천리마, 인재. 類류: 착하다, 좋다.

○曾증: 더해짐. "增증"과 통함. ○爰원: 그치지 않음. ○伯樂백락: 춘추시기 말을 잘 감별한 사람. ○程정: 헤아림. ○錯착: 정해짐. "措조"와 통함. ○愛애: 애석함. ○類유: 모범, 본보기.

사미인思美人

임을 그리며

【해제】

「사미인思美人」은 경양왕 초기 굴원이 유배를 당해 강남으로 가던 도중에 지은 작품이다. 첫 구절에 나오는 "사미인"을 제목으로 삼았다. 이곳에서 "미인"은 경양왕을 가리킨다.

이 편은 임금을 그리워하는 마음과 이런 그리움을 임금에게 알릴 수 없음을 슬퍼하는 내용이다.

[1]

미인이 그리워 눈물을 훔치고 멍하니 바라보네. 중매쟁이의 소식은 끊기고 길은 막혔으니 할 말을 어디로 보내야 할지. 충언을 올렸다 많은 누명을 받아 빠지고 정체되어 나가지 못했네. 날마다 진심을 알리고 싶었지만 마음은 무겁고 답답해 나타내지 못했네. 저 뜬구름에게 내 말을 보내고 싶어도 풍륭豊隆(구름의 신)은 전해주지 않네. 큰 기러기에게 보내달라고 하고 싶어도, 어이하여 높이 빨리 날아 마주치기 어려운가? 고신高辛은 얼마나 신령스러운가, 제비를 만나 알을 보냈네. 절개를 바꾸어 세속을 따르고 싶으나 처음에 다짐했던 생각을 바꾸고 뜻을 굽히기 부끄럽네. 혼자 화를 입은 지 여러 해, 분한 마음은 왜 아직도 가시지 않나? 차라리 늙을 때까지 화禍를 삭일지언정 내 어찌 절개를 바꿀 수 있으리!

思美人兮, 攬涕而竚眙. 媒絶路阻兮, 言不可結而詒. 蹇蹇之煩寃兮, 陷滯而不發. 申旦以舒中情兮, 志沈菀而莫達. 願寄言於浮雲兮, 遇豊隆而不將. 因歸鳥而致辭兮, 羌宿高而難當? 高辛之靈盛兮, 遭玄鳥而致詒. 欲變節以從俗兮, 媿易初而屈志. 獨歷年而離愍兮, 羌馮心猶未化? 寧隱閔而壽考兮, 何變易之可爲!

攬람: 잡다, 따다. 竚저: 眙치: 눈여겨보다. 詒이: 보내다. 菀울: 울적하다, 우거지다. 媿괴: 부끄럽다. 馮풍: 성내다.

○攬涕남체: 눈물을 닦음. ○結而詒결이이: 편지를 봉해 부침. ○蹇蹇건건: 충언을 올림. ○煩寃번원: 억울함이 많음. "번"은 "繁번"과 통함. "繁번"은 많다. ○申旦신단: 날마다. "단"은 되풀이하다. ○將장: 전해줌. ○因인: 기탁함. ○歸鳥귀조: 큰 기러기. ○宿숙: "숙"은 "신迅"이 되어야 함. "신"은 빠르다. ○當당: 만나다. ○高辛고신: 제곡帝嚳의 칭호. ○玄鳥현조: 제비. ○致詒치이: 보냄. 알을 보낸 것을 말함. ○馮心풍심: 분한 마음. "풍"은 분하다. ○隱閔은민: 근심을 숨김. 이곳에서는 근심을 참는 것을 의미. "민"은 근심. ○壽考수고: 나이가 많이 듦.

[2]

앞의 길이 순탄치 않아도 길을 바꾸지 않으리. 수레가 뒤집어지고 말이 넘어져도 이 길을 바라보며 가리. 천리마에게 굴레를 씌워 수레를 다시 끌게 하고, 조보造父에게 나를 위해 말을 몰게 하리. 다 그치지 않고 서서히 나아가며 잠시 시간을 보내며 때를 기다리네. 파총산嶓冢山 서쪽 굽이를 가리키며 저녁 무렵에 그곳에서 만날 것을 기약하네.

知前轍之不遂兮, 未改此度. 車旣覆而馬顚兮, 蹇獨懷此異路. 勒騏驥而更駕兮, 造父爲我操之. 遷逡次而勿驅兮, 聊假日以須時. 指嶓冢之西隈兮, 與纁黃以爲期.

轍철: 바퀴자국. 遂수: 이르다, 미치다. 勒륵: 굴레, 재갈. 騏기: 천리마. 父보:

천리마가 수레를 끌고 조보造父가 수레를 모는 모습.

자字: 남자에 대한 미칭. 遂준: 뒷걸음질 치다. 嶓파: 산 이름. 冢총: 무덤, 언덕. 隈외: 굽이. 纁훈: 옅은 적색, 분홍빛.

○前轍전철: 앞쪽의 길. ○遂수: 순탄함. ○蹇건: 발어사. ○騏驥기기: 천리마. ○造父조보: 주 목왕穆王 때 말을 잘 몰았던 사람. ○遷천: 나아감. ○逡次준차: 서성거리는 모양. ○假日가일: 시간을 빌림. ○嶓冢파총: 산 이름. 지금의 간쑤 성 톈수이天水와 리현禮縣 사이에 있음. ○與여: 세다. 이곳에서는 계획하다의 의미. ○纁黃훈황: 지는 해의 여광餘光. 이곳에서는 황혼의 의미. "훈"은 "훈曛"과 통함. "훈曛"은 석양빛.

[3]

　봄이 오니 새로운 해가 시작되고 해는 유유히 떠오르네. 나는 가슴을 활짝 열어 한껏 즐기고 장강과 하수를 따라가며 근심을 풀리. 숲 속의 향기로운 백지를 따고 길게 이어진 모래톱의 숙망을 캐네. 성현들과 같은 시기에 태어나지 않음이 애석하니 나는 누구와 이 향초들을 감상하나? 무리 진 마디풀과 보잘 것 없는 풀을 따서 좌우로 차보네. 온 몸을 감싸며 무성하게 찼지만 결국 시들고 죽어버려야 하네. 잠시 소일하며 근심을 잊고 남쪽 사람들의 독특한 의상을 보네. 속으로 은근히 기뻐 저 분한 마음을 떨쳐버리고 더 이상 기다리지 않네. 향기와 악취가 함께 섞여 있어도 어찌하여 향기로운 꽃은 그 속에서 절로 나오는가? 진한 향기는 멀리까지 퍼지고 안으로 가득 차면 밖으로 퍼져나가네. 뜻과 자질을 정말로 지킬 수 있다면 외진 곳에 살아도 명성은 널리 알려지리.

　開春發歲兮, 白日出之悠悠. 吾將蕩志而愉樂兮, 遵江夏以娛憂. 攬大薄之芳茝兮, 搴長洲之宿莽. 惜吾不及古人兮, 吾誰與玩此芳草? 解萹薄與雜榮兮, 備以爲交佩. 佩繽紛以繚轉兮, 遂萎絶而離異. 吾且儃佪以娛憂兮, 觀南人之變態. 竊快在中心兮, 揚厥憑而不竢. 芳與澤其雜糅兮, 羌芳華自中出? 紛郁郁其遠蒸兮, 滿內而外揚. 情與質信可保兮, 羌居蔽而聞章.

蕩탕: 넓다. 搴건: 빼내다, 뽑다. 薍편: 마디풀. 繽빈: 성한 모양. 繚료: 감기다.
竢사: 기다리다. 聞문: 이름.

○蕩志탕지: 마음을 넓게 폄. ○薄박: 초목이 무성한 곳. ○解해: 따다. ○薍
薄편박: 무리지어 핀 마디풀. ○交佩교패: 좌우로 참. ○繽粉빈분: 무성함. ○
繚轉요전: 감쌈. ○萎絶위절: 말라 죽음. ○離異이이: 버림. ○變態변태: 독특
한 의상. ○竊快절쾌: 은근히 기뻐함. ○揚양: 버림. ○憑빙: 분함. ○澤택: 악
취. ○郁郁욱욱: 향기가 진함. ○蒸증: 나아감. ○居蔽거폐: 외진 곳에 삶.

[4]

　벽려에게 중매를 서달라고 하고 싶으나 발을 들어 나무에 올라가
는 것이 두렵고. 연꽃에게 중매를 서달라고 하고 싶지만 옷을 걷고
물에 들어가자니 발이 젖을까 두렵네. 나는 높은 나무에 오르는 것
을 좋아하지 않고 물에 들어가는 것도 할 수 없네. 본디 나의 몸은
이런 것에 익숙지 않아 머뭇거리며 주저하네. 예전의 계획을 널리
펼쳐보고자 나는 이런 뜻을 바꾸지 않을 것이네. 외진 곳에 살 운명
이라 곧 끝날 목숨이지만, 태양이 아직 지기 전에 혼자 외로이 남쪽
으로 가서 팽함의 이야기를 생각해보리.

　令薜荔以爲理兮, 憚擧趾而緣木. 因芙蓉而爲媒兮, 憚褰裳而濡足. 登高
吾不說兮, 入下吾不能. 固朕形之不服兮, 然容與而狐疑. 廣遂前畫兮, 未改

此度也. 命則處幽吾將罷兮, 願及白日之未暮. 獨煢煢而南行兮, 思彭咸之
故也.

━━━━

憚탄: 꺼리다, 떨게 하다. 趾지: 발. 濡유: 젖다. 朕짐: 나. 畫화: 꾀하다. 罷파:
끝나다. 煢경: 외롭다, 근심하다.

○理이: 중매쟁이. ○緣木연목: 나무를 오름. ○蹇裳건상: 옷을 걷음. "건"은
"건褰"과 통함. ○說열: 기뻐함. ○服복: 익숙함. ○容與용여: 망설임. ○廣遂
광수: 널리 펼침. ○前畫전화: 예전의 계획. "화"는 명사로 쓰여 도모 내지 계
획의 의미. ○故고: 이야기.

석왕일惜往日
지난날을 소중히 여기며

【해제】

「석왕일惜往日」은 굴원이 죽기 전에 지은 시로 알려져 있다. 지어
진 시기는 굴원이 강에 몸을 던진 시점에서 그리 멀지 않다. 첫 구절
에 나오는 "석왕일"을 제목으로 삼았다.

이 편은 한때 회왕의 신임을 받아 공을 세우고 법도를 세운 것을
회상하고 자신이 모함을 받아 폄적당해 억울함을 하소연할 길 없는
처지를 담고 있다.

[1]

　지난날 한때 신임을 받아 왕명을 받들어 세상을 밝게 한 것을 소
중히 여기네. 선왕의 공업을 이어 백성들을 비추고 법도를 밝혀 꺼
리고 의심나는 일을 처리했네. 나라는 부강하고 법은 기강이 섰으
며, 임금은 곧은 신하에게 국정을 맡겨 늘 즐거워했네. 비밀리에 추
진하는 일은 마음에 담아두고, 잘못해도 문책당하지 않았네. 내 마
음 순수하고 충직해 기밀을 누설하지 않으니 아첨하는 자들의 질시
를 받았네. 임금은 신하에게 화를 내고 시비를 분명하게 가리지 않
네. 저들은 임금의 눈과 귀를 흐리고 사실을 꾸며 왜곡하고 일을 그
르치며 임금을 속였네. 사실을 따져 검증하지 않고 신하를 멀리 쫓
아내고 생각지도 않네. 모함과 아첨을 일삼는 자들의 혼탁한 말을
믿고 대노하며 나를 질책하네.

　惜往日之曾信兮, 受命詔以昭時. 奉先功以照下兮, 明法度之嫌疑. 國富
强而法立兮, 屬貞臣而日娭. 秘密事之載心兮, 雖過失猶弗治. 心純厖而不
泄兮, 遭讒人而嫉之. 君含怒而待臣兮, 不清澈其然否. 蔽晦君之聰明兮, 虛
惑誤又以欺. 弗參驗以考實兮, 遠遷臣而弗思. 信讒諛之溷濁兮, 盛氣志而
過之.

혹오: 꾸며내고 왜곡해 그르침. 모두 아첨을 일삼는 사람들이 하는 행위. ○參驗참험: 헤아리고 검정함. ○考實고실: 사실을 따짐. ○盛氣志성기지: 크게 화를 냄. "성"은 심하다. "기지"는 화를 냄. ○過과: 탓함.

[2]

　신하는 올바르고 죄가 없는데 어찌 모함을 받고 질책을 받나? 진심으로 믿음을 지키는 빛과 그림자에 부끄러워 몸을 깊은 곳에 숨겨 피하고자 하네. 원수와 상수의 깊은 물에 다가가 이를 참고 강물에 뛰어들면, 결국 이 몸은 죽고 이름도 사라지겠지만 소인배들에게 가려진 임금님이 깨닫지 못할 것이 애석하네. 임금이 무도하고 잘 살피지 않아 향기로운 풀을 연못의 외진 곳에 묻히게 했네. 어디에서 마음을 나타내 충정을 말하리? 조용히 죽을지언정 구차하게 살지 않으리. 그저 임금님이 소인배들에 가려지고 막혀 올바른 신하들에게는 길이 없네.

　何貞臣之無罪兮, 被離謗而見尤? 慙光景之誠信兮, 身幽隱而備之. 臨沅湘之玄淵兮, 遂自忍而沈流. 卒沒身而絶名兮, 惜壅君之不昭. 君無度而弗察兮, 使芳草爲藪幽, 焉舒情而抽信兮? 恬死亡而不聊. 獨鄣壅而蔽隱兮, 使貞臣爲無由.

慙참: 부끄럽다. 壅옹: 막다, 막히다. 藪수: 늪, 덤불. 抽추: 뽑다. 恬념: 편안하다, 조용하다. 由유: 따르다, 행하다.

○被피: "反反"의 잘못된 글자. 따라서 이곳에서는 "도리어"의 의미. ○見현: 당

원수沅水와 상수湘水의 강물에 뛰어들 것을 생각하는 굴원의 모습.

함. ○景경: 그림자. "영影"과 통함. ○誠信성신: 진심으로 믿음을 지킴. ○備비: "피避"로 의심됨. "비"와 "피"의 발음이 유사한 것에서 온 착오. ○玄淵현연: 심연. ○雍君옹군: 소인배들에 의해 가려진 임금. ○藪幽수유: 연못의 외진 곳. ○抽信추신: 충정을 보임. "추"는 뽑다. ○聊료: 구차하게 삶. ○無由무유: 나아갈 길이 없음.

[3]

　들기로 백리해百里奚는 노예 출신이고, 이윤은 주방에서 요리하던 사람이었으며, 여망呂望은 조가朝歌에서 소를 잡았고, 영척甯戚은 노래를 부르며 소를 먹였다지. 이들이 탕임금·주 무왕·제 환공·진 목공을 만나지 못했더라면, 세상에 누가 그들을 알아주었겠나? 오나라 임금 부차는 참언을 믿고 시비를 분별하지 못했고, 오자서가 죽자 오나라는 멸망했네. 개자추는 충성을 다했으나 나무를 안고 서서 타죽었고, 진晉 문공文公은 그의 공을 깨닫고 찾았다네. 개산介山을 그의 봉지로 삼아 사람들의 출입을 금지하여, 그의 한량없는 큰 덕에 보답했네. 옛 친구와 함께 평생 고난을 넘긴 것 생각해 하얀 상복을 입고 통곡했네. 어떤 이는 충직하고 진실해서 절개를 지켜 죽고, 어떤 이는 임금을 기만하는데도 의심 받지 않네. 사실을 자세히 살피고 따지지 않으며 모함이나 하는 소인배들의 근거 없는 말을 믿네. 향기와 악취가 한 곳에 섞여 있건만 누가 날마다 이를 가려낼 수 있으리? 어찌하여 향기로운 풀은 일찍 죽나? 약한 서리 내릴 때 경계하지 않았기 때문이네. 실로 임금의 귀와 눈 밝지 못해 가려지고 막혀 있으니, 모함하고 아첨하는 자들만 날로 득세하네.

　聞百里之爲虜兮, 伊尹烹於庖廚. 呂望屠於朝歌, 甯戚歌而飯牛. 不逢湯

武與桓繆兮, 世孰云而知之? 吳信讒而弗味兮, 子胥死而後憂. 介子忠而立
枯兮, 文君寤而追求. 封介山而爲之禁兮, 報大德之優游. 思久故之親身兮,
因縞素而哭之. 或忠信而死節兮, 或訑謾而不疑. 弗省察而按實兮, 聽讒人
之虛辭. 芳與澤其雜糅兮, 孰申旦而別之? 何芳草之早殀兮? 微霜降而不
戒. 諒聰不明而蔽壅兮, 使讒諛而日得.

虜로: 포로, 종, 하인. 伊이: 저, 그. 尹윤: 다스리다. 庖포: 부엌. 繆무: 묶다,
얽다. 讒참: 모함하다. 縞호: 명주. 訑타: 속이다. 謾만: 속이다, 헐뜯다. 糅유:
섞다. 諛유: 아첨하다.

○百里백리: 춘추시기 우虞나라의 대부 백리해百里奚. 백리해는 진晉나라가
우나라를 멸하자 포로가 된다. 진 헌공獻公이 그를 딸의 몸종으로 삼아 진秦
나라로 보낸다. 그는 진나라에서 도망치다 초나라의 국경 수비대에게 체포된
다. 진秦 목공穆公이 백리해의 재능을 듣고 양 가죽 다섯 장으로 그의 죄 값
을 지불하고 다시 진나라로 데려와 국정을 맡김. ○伊尹이윤: 상나라의 어진
재상. 노예출신으로 요리를 잘해 탕임금의 중용을 받음. 후에 탕을 도와 하나
라를 멸함. ○庖廚포주: 주방. ○呂望여망: 여상呂尙. 강태공으로 잘 알려짐.
은나라의 수도 조가朝歌에서 소를 잡는 일을 하다가 주 문왕에게 중용됨. ○
甯戚영척: 위衛나라 사람으로 제나라의 도성에서 소를 먹이고 노래를 부르다
가 제 환공의 주의를 끌어 대부로 등용됨. ○湯武탕무: 탕임금과 주 무왕. ○
桓繆환무: 제 환공과 진 목공. "무"는 "목穆"과 통함. ○吳오: 오나라의 임금
부차를 말함. ○弗味불미: 어둡다. "불매拂昧"와 통함. "불昧"은 어둡다. ○子
胥자서: 오나라의 대신 오자서伍子胥. ○憂우: 훗날에 망국의 우환을 남김.
나라가 망한 것을 의미. ○介子개자: 춘추시기 진晉나라 사람. 진나라 공자 중
이重耳를 추종했다가 19년 동안 다른 나라를 떠돈다. 중이는 임금이 되자 그
를 따랐던 사람들에게 상을 내렸으나 개자추는 잊고 빠뜨려버렸다. 개자추는
모친의 바람을 따라 면상綿上의 산에 은거했다. 나중에 진 문공은 그의 공적
이 생각나 사람을 보내 찾았다. 그에게 다시 조정으로 돌아올 것을 권했지만
그는 가지 않았다. 진 문공은 산에 불을 질러 그를 나오게 하려고 했다. 개자
추는 끝까지 산에서 나오지 않다가 결국 나무를 안고 타죽었다. ○立枯입고:
나무를 안고 서서 불에 타 죽음. ○介山개산: 개자추가 은거했던 면산綿山. ○
大德대덕: 큰 덕. 중이가 제나라와 초나라를 떠돌 때 양식이 부족하자 개자추
는 자신의 넓적다리 살을 잘라 중이에게 먹였다고 함. ○優游우유: 넓고 큰 모

양. ○久故구고: 옛 친구. ○親身친신 직접 몸소 어려움을 겪음. ○縞素호소: 하얀 옷. 상복의 의미. ○訑謾타만: 기만함. ○申旦신단: 날마다. ○聰不明총불명: 잘 듣고 잘 보지 못함. 원래는 "불총명不聰明"임. ○讒諛참유: 모함하고 아첨함.

[4]

예로부터 사람들은 어질고 재능 있는 이를 질시해 혜초와 두약은 찰 수 없다고 했네. 미인의 그윽한 향기를 질투하고 모모嫫母 같은 추녀나 하는 작태를 아름답다고 여기네. 서시西施 같은 아름다운 얼굴이라도, 아첨하고 시샘하는 사람들이 들어와 대신하네. 마음을 나타내 내 결백을 말했으나 뜻밖에도 죄를 얻네. 진실과 억울함은 갈수록 분명하게 드러날 것이네, 하늘에 밝게 늘어선 별들처럼. 준마를 타고 거침없이 내달리고자 하나 말을 모는 고삐와 재갈을 준비하지 않고, 대나무로 만든 뗏목을 타고 물 위를 가고자 하나 배를 젓는 노를 준비하지 않네. 법도를 어기고 나라를 마음대로 다스리는 것은 이런 것과 다를 바 없네. 차라리 홀연히 죽어 강물 따라 내려갈지언정 다시는 화를 입지 않으리. 말을 다하지 않고 강물에 뛰어든다면 소인배들에게 가려진 임금이 내 진심을 알아주지 않는 것이 애석하네.

自前世之嫉賢兮, 謂蕙若其不可佩. 妬佳冶之芬芳兮, 嫫母姣而自好. 雖有西施之美容兮, 讒妬入以自代. 願陳情以白行兮, 得罪過之不意. 情冤見之日明兮, 如列宿之錯置. 乘騏驥而馳騁兮, 無轡銜而自載. 乘氾泭以下流兮, 無舟楫而自備. 背法度而心治兮, 辟與此其無異. 寧溘死而流亡兮, 恐禍殃之有再. 不畢辭而赴淵兮, 惜壅君之不識.

冶야: 요염하다. 嫫모: 예쁘다. 姣교: 예쁘다. 氾범: 떠다니다. 泭부: 뗏목. 溘합: 갑자기. 畢필: 다하다.

○蕙若혜약: 혜초蕙草와 두약杜若. 모두 향초 이름. ○佳冶가야: 아름다움. 이곳에서는 미인을 의미. ○嫫母모모: 전설에 나오는 추녀 이름. ○姣교: 원의는 아름답다. 이곳에서는 아름다워지려고 꾸미는 것. ○西施서시: 춘추시기 월越나라의 미인. ○白行백행: 자신이 한 것을 말함. ○不意불의: 뜻밖에도. ○見現: 드러남. "현現"과 통함. ○열수열수: 뭇별. ○錯置착치: 늘어섬. ○載재: 준비함. ○氾泭범부: 뗏목. ○心治심치: 마음가는대로 다스림. 나라를 마음대로 다스리는 의미. ○辟벽: 비유함. "비譬"와 통함.

귤송橘頌
귤을 찬미하는 노래

【해제】

「귤송橘頌」은 「구장九章」에서 가장 짧은 작품이다. 내용과 형식으로 봤을 때 굴원의 초기 작품으로 추정된다. "귤송"은 "귤을 찬미함"의 의미다. 귤은 남쪽에 있던 초나라의 특산물이었다.

이 편은 "뿌리가 깊고 튼튼한" 귤의 특징을 이용하여 귤을 찬미하고 있을 뿐만 아니라 자신이 추구한 이상과 인물에 귤과 같은 자질을 갖추기를 바라고 있다. 문학사적으로 최초의 영물시詠物詩로 평가받고 있다.

[1]

하늘과 땅에서 가장 아름다운 나무, 귤로 와서 이 땅에 적응했네. 천명을 받아 다른 곳에 가지 않고, 남국에서 자랐네. 뿌리는 깊고 튼튼해 옮기기 어렵고, 더욱이 곧은 심지까지 가졌네. 녹색의 잎에 하얀 꽃, 무성한 것이 사람을 즐겁게 하고. 겹친 가지의 날카로운 가시, 둥근 열매가 알차게 맺혔네. 파랑과 노랑이 섞이고 색깔은 찬란하네. 붉은 껍질에 하얀 속살, 도의를 품은 것 같네. 무성하고 잘 다듬어져 아름답고 추하지 않네.

后皇嘉樹, 橘徠服兮. 受命不遷, 生南國兮. 深固難徙, 更壹志兮. 綠葉素榮, 紛其可喜兮. 曾枝剡棘, 圓果摶兮. 青黃雜糅, 文章爛兮. 精色內白, 類任道兮. 紛縕宜修, 姱而不醜兮.

后후: 지신地神. 皇황: 황천. 徠래: 오다. 剡섬: 날카롭다. 棘극: 가시. 爛란: 화미하다. 縕온: 풍부하다. 姱과: 아름답다.

○后皇후황: 하늘과 땅. "후"는 땅의 존칭. "황"은 하늘의 존칭. ○服복: 익숙함. ○壹志일지: 한결 같은 심지. ○曾증: 겹겹이. ○摶박: 둥글다. "단團"과 통함. ○文章문장: 문채文彩. ○精色정색: 붉은 색. 껍질이 붉음을 의미. "정"은 "천縉"과 통함. "천"은 붉은 비단. ○類류: 유사함. ○任道임도: 도의를 품음. ○紛縕분온: 무성한 모양. ○宜修의수: 아름답게 잘 꾸며져 있음.

귤나무와 오래도록 친구가 되길 바라는 굴원의 모습.

[2]

어린 그대의 기개를 찬미하노니 남들과 다른 곳이 있네. 홀로 서며 옮겨가지 않았으니 어찌 기뻐하지 않으리? 깊고 튼튼해 옮기기 어렵고 마음은 넓어 다른 것을 구하지 않네. 세상에 홀로 깨어 뜻대로 하며 시류를 따르지 않으며, 욕심을 절제하고 자신을 조심해 끝내 과실을 범하지 않네. 덕을 가지고 사사로움이 없으니 천지와 하나가 되네. 바라건대 세월과 함께 흘러도 오랫동안 그대와 친구로 있고 싶네. 아름다우면서 방탕하지 않고 굳세면서 일관되네. 나이는 어려도 어른과 스승이 될 수 있네. 품행이 백이伯夷와 비견되니 나는 그대를 본보기로 삼으리.

嗟爾幼志, 有以異兮. 獨立不遷, 豈不可喜兮. 深固難徒, 廓其無求兮. 蘇世獨立, 橫而不流兮. 閉心自愼, 不終失過兮. 秉德無私, 參天地兮. 願歲并謝, 與長友兮. 淑離不淫, 梗其有理兮. 年歲雖少, 可師長兮. 行比伯夷, 置以爲像兮.

嗟차: 감탄하다. 廓곽: 크다. 蘇소: 깨어나다. 參참: 나란히 하다. 謝사: 물러나다. 置치: 두다.

○謝사: 가다. ○淑離숙리: 아름다운 모양. "육리陸離"와 통함. ○梗경: 굳셈. ○伯夷백이: 은나라 말의 어진 선비.

비회풍悲回風

회오리바람에 슬퍼하며

【해제】

「비회풍悲回風」은 굴원이 강에 몸을 던지기 1년 전 쯤의 가을에 지어진 작품이다. 첫 구절인 "비회풍"을 제목으로 삼았다. "회풍"은 회오리바람을 뜻한다.

이 편은 쓸쓸한 가을 경치를 그리며 작가의 고민과 번민을 담고 있다. 또한 작품 속에 쌍성첩운雙聲疊韻의 단어들을 많이 사용해 시의 운율미가 상당히 뛰어나다. 중국 현대의 학자 첸중수錢鍾書는 『관추편管錐編』에서 이 편을 「섭강」「상부인」과 더불어 "모두 후대의 시문들이 경물을 그리는 길을 열었으니, 선진 시기에는 오로지 이 한 편만 있다皆開後世詩文寫景之法門, 先秦絶無僅有"라고 평했다.

[1]

회오리바람에 흔들리는 혜초를 보니 슬퍼지고, 마음은 답답하고 아프기만 하네. 이 보잘 것 없는 것은 생명을 시들게 하고 보이지 않는 바람은 소리만 나네. 왜 팽함이 그리워질까? 그처럼 뜻이 곧아 변치 않길 바라는 마음 때문이네. 마음을 수없이 바꾼들 어찌 가릴 수 있으리? 거짓과 위선이 어찌 오래갈 수 있으리? 새와 짐승들은 울음으로 무리를 부르고 잡초는 무성해지면 향기가 나지 않는다네. 물고기는 비늘을 잘 이어 남과 다름을 과시하고 교룡은 깊은 연못

에 있어도 무늬를 감춘다네. 씀바귀와 냉이는 같은 곳에서 자랄 수
없고 난초와 백지는 외진 곳에서 홀로 향기를 내네. 좋은 사람만이
영원히 아름답고 몇 세대를 지나도 자신을 훌륭하다고 여긴다네. 고
원한 뜻은 이룰 날이 있고 자유롭게 떠다니는 뜬 구름이 부럽네. 굳
세고 고원한 뜻이 의심을 받으니 남몰래 시를 지어 마음을 나타내네.

悲回風之搖蕙兮, 心冤結而內傷. 物有微而隕性兮, 聲有隱而先倡. 夫何
彭咸之造思兮? 曁志介而不忘. 萬變其情豈可蓋兮? 孰虛偽之可長? 鳥獸
鳴以號羣兮, 草苴比而不芳. 魚葺鱗以自別兮, 蛟龍隱其文章. 故荼薺不同
畝兮, 蘭茝幽而獨芳. 惟佳人之永都兮, 更統世而自貺. 眇遠志之所及兮, 憐
浮雲之相羊. 介眇志之所惑兮, 竊賦詩之所明.

隕운: 떨어지다. 曁기: 미치다, 다다르다. 苴저: 풀숲. 葺즙: 지붕을 이다, 덮
다. 荼도: 씀바귀, 쓰다. 薺제: 냉이. 畝무: 이랑. 貺황: 주다, 하사하다. 竊절:
몰래.

○回風회풍: 회오리바람. ○冤結원결: 답답하고 울적함. ○隕性운성: 생명을
시들게 함. ○隱은: 원의는 숨다. 이곳에서는 보이지 않음을 의미. ○倡창: 노
래함. "창唱"과 통함. ○造思조사: 그리워함. ○曁기: 바라다. "기冀"와 통함. ○
不忘불망: 소홀하지 않음. 이곳에서는 뜻을 바꾸지 않겠다는 의미. "망"은 소
홀히 하다. ○草苴초저: 두 글자 모두 "풀"의 의미. 이곳에서는 잡초의 의미. ○
比비: 무성함. ○永都영도: 영원히 아름다움. ○統世통세: 세대. ○貺황: 원의
는 하사하다. 이곳에서는 "황皇"과 통함. "황皇"은 훌륭하다. ○眇묘: 아득함.
"묘渺"와 통함. ○憐련: 사랑함. ○相羊상양: 자유롭게 배회함. "상양徜徉"과
통함.

[2]

좋은 사람만이 남다른 포부가 있어 두약과 화초를 따서 자신에게
두네. 몇 번이나 흐느끼고 탄식했던가. 홀로 은거하며 번민했다네.
끝없이 눈물을 흘리며 비통해하고 근심걱정에 새벽까지 잠들지 못
하네. 긴 밤을 지내며 이 슬픔을 없애려 해도 가시질 않네. 일어나
서 천천히 주위를 돌아보고 잠시 소일하며 근심을 풀어보네. 가련하
게 탄식하니 마음이 아프고, 숨이 막힐 듯한 답답함은 가시지 않네.
근심을 빙 둘러 띠로 만들고 시름과 고통을 엮어 내의로 만드네. 약
목若木을 꺾어 해를 가리고 회오리바람을 따라 가고 싶네. 눈앞의
사물은 모호하여 보이지 않고 마음은 끓는 물처럼 뛰어오르네. 패
옥과 옷고름을 어루만져 마음을 진정시키고 비통하고 망연자실한
마음을 안고 나아가네. 산이 무너지듯 세월은 빠르게 지나가고 때
는 점점 다가오네. 번풀과 두형은 메말라 마디가 떨어지고 향기는
이미 다해 무성하지 않네. 임금을 그리는 마음은 다스릴 수 없건만
이 말이 거짓임으로 판명될 것을 생각하니 서글퍼지네. 차라리 홀
연히 죽어 강물 따라 내려갈지언정 이 끝없는 근심은 참을 수 없네.
외로운 사람은 노래하며 눈물을 닦고 쫓겨난 사람은 나와서 돌아가
지 못하네. 누가 이를 생각하면 마음 아파하지 않으리? 팽함의 명성
을 이제야 알겠네.

惟佳人之獨懷兮, 折若椒以自處. 曾歔欷之嗟嗟兮, 獨隱伏而思慮.
涕泣交而悽悽兮, 思不眠以至曙. 終長夜之曼曼兮, 掩此哀而不去. 寤從容以周
流兮, 聊逍遙以自恃. 傷太息之愍憐兮, 氣於邑而不可止. 糺思心以爲纕兮,
編愁苦以爲膺. 折若木以蔽光兮, 隨飄風之所仍. 存髣髴而不見兮, 心踊躍

구
장
―
189

其若湯. 撫珮衼以案志兮, 超惘惘而遂行. 歲忽忽其若頹兮, 時亦冉冉而將至. 蘋蘅槁而節離兮, 芳以歇而不比. 憐思心之不可懲兮, 證此言之不可聊. 寧逝死而流亡兮, 不忍爲此之常愁. 孤子吟而抆淚兮, 放子出而不還. 孰能思而不隱兮? 昭彭咸之所聞.

惟유: 오로지. 曾증: 거듭하다. 歔허: 흐느끼다. 欷희: 흐느끼다. 曙서: 새벽. 懋민: 근심하다. 糺규: 꼬다, 드리다. 纕양: 허리띠, 끈. 膺응: 가슴. 飄표: 회오리바람. 髣방: 비슷하다. 髴불: 비슷하다. 惘망: 멍하다. 忽물: 빠른 모양. 蘋번: 번풀. 번초蘋草. 蘅형: 족두리풀. 두형杜蘅. 節절: 나무 가지의 마디. 抆문: 닦다. 聞문: 명성.

○獨懷독회: 남다른 포부. ○若椒약초: 두약杜若과 화초花椒. 모두 향초 이름. ○嗟嗟차차: 끝없이 탄식하는 모양. ○淒淒처처: 비통한 모양. ○曼曼만만: 긴 모양. "만만漫漫"과 같음. ○從容종용: 배회함. ○愍憐민련: 가련함. ○於邑오읍: 답답함. "울읍鬱悒"과 같음. ○膺응: 원의는 가슴. 이곳에서는 가슴에 대는 내의를 의미. ○若木약목: 신화 속의 해가 지는 곳에 있다는 큰 나무. ○飄風표풍: 회오리바람. ○仍잉: 따르다. ○存존: 존재. 눈앞에 보이는 것을 의미. ○髣髴방불: 모호함. ○踊躍용약: 뛰어오름. ○案志안지: 마음을 억제함. "안"은 누르다. ○超초: 슬픔. "초怊"와 통함. ○惘惘망망: 망연자실한 모양. ○頹퇴: 산이 무너짐. ○忽忽물물: 빠른 모양. ○冉冉염염: 점점. 節離절리: 나뭇가지가 떨어짐. ○以이: 이미. "이已"와 통함. ○歇헐: 다함. ○懲징: 다스림. ○聊료: 의지함, 믿음. ○隱은: 아픔. ○昭소: 알다.

[3]

나지막한 바위산에 올라 멀리 바라보니 길은 아득하고 적막하네. 그림자도 소리도 없는 곳에 들어오니 듣지도 보지도 생각하지도 못하네. 근심은 가슴에 맺혀 풀리지 않고 슬픔은 마음을 에워싸 걷히

지 않네. 마음은 속박을 받아 벗어나지 못하고 답답한 기운은 몸을
감싸고 맺혀있네. 우주는 아득하여 끝이 없고 천지는 광활하여 어
울릴 수 없네. 소리는 미약하나 서로 느낄 수 있고 사물은 순수하나
할 수 있는 것이 없네. 길은 아득하여 헤아릴 수 없고 근심은 한량
없이 이어져 가늠할 수 없네. 마음은 걱정스러워 늘 슬프고 하늘을
마음껏 날아도 즐겁지 않네. 큰 파도를 타고 바람 따라 노닐며 팽함
이 살던 곳에 몸을 맡기네.

登石巒以遠望兮, 路眇眇之黙黙. 入景響之無應兮, 聞省想而不可得. 愁
鬱鬱之無決兮, 居戚戚而不可解. 心鞿羈而不形兮, 氣繚轉而自縮. 穆眇眇
之無垠兮, 莽芒芒之無儀. 聲有隱而相感兮, 物有純而不可爲. 藐蔓蔓之不
可量兮, 縹綿綿之不可紆. 愁悄悄之常悲兮, 翩冥冥之不可娛. 凌大波而流風
兮, 託彭咸之所居.

구
장
―
191

巒만: 둥글고 낮은 산. 戚척: 슬퍼하다. 鞿기: 재갈, 고삐. 羈기: 굴레, 재갈. 繚
료: 감기다, 얽기다. 締체: 맺다, 연결하다. 藐막: 아득하다. 縹표: 휘날리다,
나부끼다. 綿면: 이어지다, 뻗치다. 紆우: 굽다. 悄초: 근심하다. 翩편: 빨리 날
다. 冥명: 아득하다, 그윽하다. 凌릉: 타다.

○石巒석만: 돌로 된 낮은 산. ○景響경향: 그림자와 소리. "경"은 "영影"과 통
함. ○無決무결: 풀리지 않음. ○居거: "사思"로 의심됨. "사"는 근심. ○戚戚척
척: 슬픈 모양. ○鞿羈기기: 원의는 재갈과 굴레. 이곳에서는 속박을 받음을
의미. ○形형: "개開"가 잘못된 글자. "개"는 속박에서 벗어나는 의미. ○穆목:
맑고 그윽함. ○芒芒망망: 아득히 이어진 모양. "망망茫茫"과 같음. ○莽망: 광
활함. ○儀의: 짝, 배필. 이곳에서는 동사로 쓰여 "짝이 되다"의미. ○蔓蔓만
만: 끝없는 모양. "만만漫漫"과 통함. ○綿綿면면: 길게 이어진 모양. ○紆우:
헤아림. "우虞"와 통함. ○悄悄초초: 근심스런 모양. ○冥冥명명: 높이 날다. ○
流風유풍: 바람을 따라 노님. "유풍遊風"과 통함.

[4]

　높은 산의 깎아지는 절벽에 올라 무지개의 가장 높은 곳에 있네.
푸른 하늘을 차지하고 무지개를 부리는데, 어느덧 하늘을 어루만지
고 있네. 알알이 맺힌 짙은 이슬을 마시고 떨어져 응결된 서리를 들
이키네. 풍혈산風穴山에 기대어 쉬다가 갑자기 깨니 무엇을 해야 할
지. 곤륜산에 올라 운무를 내려보고 민산岷山을 등지고 장강을 자
세히 살펴보네. 콸콸 세차게 흐르는 물에 놀라고 철썩 하는 세찬 파
도 소리를 듣네. 수면은 광활하여 끝이 없고 저 멀리서 넋을 잃은
듯 정신이 없네. 출렁대는 파도는 어디에서 오는지 모르고 구불구
불 끝없이 흘러가는 물은 어디에서 끝날까? 파도가 위 아래로 넘실
거리고 좌우의 파도가 강가에서 흔들거리네. 강물은 앞뒤로 솟구쳐
흐르고 물이 오르고 내리는 때가 분명하네. 여름의 뜨거운 열기가
계속 이어지는 것을 보고 가을에는 강을 뒤덮는 연무를 보네. 겨울
에 서리와 눈이 내리는 것을 슬퍼하고 봄에는 조수가 서로 부딪치는
소리를 듣네. 세월을 빌려 천지간을 오가고 노란가시나무로 만든 채
찍을 쓰네. 개자추가 은거했던 곳을 찾아보고 백이가 숨어살던 자
취를 둘러보리. 선현들 생각에 차마 떠날 수 없고 마음 깊이 새겨두
고 잊지 않으리.

　上高巖之峭岸兮, 處雌蜺之標顚. 據靑冥而攄虹兮, 遙儵忽而捫天. 吸湛
露之浮源兮, 漱凝霜之雰雰. 依風穴以自息兮, 忽傾寤以嬋媛. 馮崑崙以瞰
霧兮, 隱岷山以淸江. 憚涌湍之磕磕兮, 聽波聲之洶洶. 紛容容之無經兮, 罔
芒芒之無紀. 軋洋洋之無從兮, 馳委移之焉止. 漂翻翻其上下兮, 翼遙遙其
左右. 氾潏潏其前後兮, 伴張弛之信期. 觀炎氣之相仍兮, 窺煙液之所積.

초사
—
192

悲霜雪之俱下兮, 聽潮水之相擊. 借光景以往來兮, 施黃棘之枉策. 求介子之所存兮, 見伯夷之放迹. 心調度而弗去兮, 刻著志之無適.

峭초: 가파르다. 雌자: 암컷. 蜺예: 무지개. 標표: 높은 나뭇가지, 끝. 攄터: 펴다. 捫문: 어루만지다. 漱수: 양치질하다. 雰분: 기운. 岷민: 산 이름. 磕개: 돌 부딪치는 소리. 洶흉: 물살이 세차다. 軋알: 삐걱거리다. 漂표: 떠돌다. 潏율: 물이 흐르는 모양. 枉왕: 굽다.

○雌霓자예: 안쪽이 붉고 바깥쪽이 보라색을 띠며 색채가 옅은 무지개. ○標顚표전: 꼭대기. ○青冥청명: 푸른 하늘. ○攄虹터홍: 무지개를 펼침. ○儵忽숙홀: 어느덧. ○湛담: 진함. ○浮原부원: "부부浮浮"로 의심됨. "부부"는 이슬이 진한 모양. ○漱수: "삭欶"의 가차자. "삭"은 빨아들이다. ○雰雰분분: 눈이 어지럽게 내리는 모양. "분분紛紛"과 같음. ○風穴풍혈: 신화에 나오는 산 이름. 곤륜산에 있으며, 북쪽의 차가운 바람의 근원지로 알려짐. ○傾寤경오: 깨어남. "경"은 깨다. ○嬋媛선원: 원의는 숨을 몰아쉬다. 이곳에서는 당황하여 어찌해야할 바를 모르는 의미. ○馮풍: 오름. ○隱은: 기댐. ○岷山민산: 산 이름. 민강岷江의 발원지. ○淸江청강: 강을 자세히 봄. ○涌湍용단: 물이 세차게 흐름. ○磕磕개개: 물과 돌이 부딪치는 소리. ○洶洶흉흉: 파도칠 때 나는 소리. ○容容용용: 강물이 넓고 큰 모양. "용용溶溶"과 통함. ○無經무경: 남북의 경계가 없음. 이곳에서는 끝이 없음을 의미. "무경위無經緯"의 줄임말. ○罔망: 멍함. "망惘"과 통함. ○芒芒망망: 아득히 이어진 모양. "망망茫茫"과 같음. ○紀기: 갈피. ○軋알: 버팀. 이곳에서는 파도들이 서로 부딪치는 것을 의미. ○洋洋양양: 수세가 큰 모양. ○從종: 시작. ○委移위이: 강물이 구불구불 끝없이 이어져 있는 모양. "위이逶迤"와 통함. ○漂표: 물에 떠서 떠다님. ○翻翻번번: 물이 가볍게 넘실대는 모양. "편편翩翩"과 통함. ○翼익: 두 날개. 이곳에서는 좌우의 파도를 의미. ○遙遙요요: 흔들거리는 모양. "요요搖搖"와 통함. ○氾潏潏범휼휼: 물이 솟구쳐 흐르는 모양. ○伴반: 구별함. "판判"과 통함. ○張弛장이: 팽팽함과 느슨함. 이곳에서는 강물이 불어나고 빠지는 것을 의미. ○信期신기: 시간이 분명함. 이곳에서는 강물이 불어나고 빠지는 시간이 분명함을 의미. ○炎氣염기: 땅에서 올라오는 뜨거운 열기. ○相仍상잉: 계속 이어짐. ○煙液연액: 가을에 수면 위에 자욱하게 끼는 연무. ○光景광경: 세월. "경"은 "영影"과 통함. ○施시: 사용함. ○黃棘황극: 노란가시나무. 신화에 나오는 나무이름. 가시를 가지고 있다함. ○所存소존: 은거한 곳. ○放迹방적: 숨어살던 자취. ○調度조도: 생각함. ○刻著각저: 명심함. ○志지: 마음. ○無適무적: 잊지 않음.

[5]

　마무리: 옛날에 꿈꾼 것을 이루지 못한 것 원망스럽고 앞날의 위급함이 걱정되네. 장강과 회수淮水를 떠다니며 바다로 들어가 오자서의 뒤를 따르는 것이 내 뜻이리. 황하의 모래톱을 바라보며 신도적申徒狄의 고상한 절개를 슬퍼하네. 몇 번이나 간언해도 듣지 않으니 무거운 돌을 안고 강에 뛰어든들 무슨 의미가 있으리? 마음의 응어리는 사라지지 않고 복잡하게 얽힌 심사는 풀리지 않네.

　曰: 吾怨往昔之所冀兮, 悼來者之愀愀. 浮江淮而入海兮, 從子胥而自適. 望大河之洲渚兮, 悲申徒之抗迹. 驟諫君而不聽兮, 重任石之何益? 心絓結而不解兮, 思蹇産而不釋.

悼도: 슬퍼하다. 愀척: 두려워하다, 근심하다. 抗항: 높다. 絓괘: 걸다.

○왈왈: "난왈亂曰"의 줄임말. "난"은 단락을 마무리하는 역할을 함. ○愀愀척척: 다급한 모양. ○江淮강회: 장강長江과 회수淮水. ○子胥자서: 오자서伍子胥. 오자서가 자살하자 오나라 왕 부차夫差는 그의 시신을 강에 던져버렸는데, 이때 그의 시신은 말이 달리듯 바다를 향해 떠내려갔다고 함. ○自適자적: 자신의 뜻을 따름. ○大河대하: 황하黃河. ○洲渚주저: 물 가운데에 있는 모래톱. 큰 것을 "주"라 하고, 작은 것을 "저"라고 함. ○申徒신도: 신도적申徒狄. 은나라 말의 어진 선비. 은나라 주왕에게 여러 차례 간언했으나 받아들여지지 않자 돌을 안고 강물에 뛰어들어 자살했다. ○抗迹항적: 고상한 절개. "항"은 고상함. "항亢"과 통함. ○任임: 안다. ○絓結괘결: 마음속에 맺힌 응어리. ○蹇産건산: 이리저리 복잡하게 얽혀 있음.

황하를 바라보며 신도적申徒狄의 절개를 생각하는 굴원의 모습.

제5편 | 원유

遠遊

멀리 떠돌며

「원유遠遊」는 혼탁한 세상에 절망한 굴원이 하늘로 가서 신령을 만나 노닐며 자신의 몸을 가꾸고 세속을 초탈하고자 하는 마음을 읊고 있다.

이 편의 작가는 왕일王逸이 굴원이 지었다고 한 이래로 명대까지 별 다른 의견이 없다가 청나라 사람 호준원胡濬源이 『초사신주구확楚辭新注求確』에서 "한나라 사람이 지었다漢人所作"라고 주장하면서 작가 문제를 둘러싸고 이견이 나타나기 시작했다. 굴원의 작품이 아니라고 주장하는 학자들은 작품 속의 "신선사상"과 "출세사상"이 굴원의 생각과 맞지 않는다고 주장했다. 그러나 현재 대다수의 학자들은 이 편을 굴원의 작품으로 간주하고 있다. 이 책 역시 이를 따랐다.

「원유」가 지어진 시기에 대해서도 여러 가지 의견이 있다. 왕일과 주희는 유배를 당했을 지어졌다고 여겼고, 왕부지는 회왕 때, 임운명은 강남에 있을 때 지어졌다고 했다. 현대의 초사 연구자인 장량푸蔣亮夫는 굴원의 만년에 지어진 것이라고 했다.

「원유」의 창작동기와 그 의의를 왕일은 『초사장구』에서 다음과 같이 기록했다.

"「원유」는 굴원이 지었다. 굴원은 바르고 곧게 행동했으나 사람들은 그를 받아주지 않았다. 위로는 아첨하는 자들에게 참소당하고 아래로는 속된 사람들에게 어려움을 겪었다. 산과 물가를 돌아다녀도 하소연 할 곳이 없었다. 이에 만물의 근본을 깊이 생각하고 수양으로 마음을 고요하게 비워 세상을 구제하고자 했다. 마음속에서 떨쳐 일어나는 생각을 아름답게 빛나는 문장으로 구상하고 기발한 생각으로 서술했다. 자신이 신선이 되어 다른 신령들과 함께 어울려 놀고, 하늘과 땅 사이를 두루 돌며 가지 않는 곳이 없었다. 그러면서도 자신의 고국 초나라를 걱정하고 옛 친구나 이웃들을 그리워했다. 참으로 그의 충성과 신의는 돈독하고 인의는 두터웠다. 그래서 군자들이 그의 지조를 중히 여기고 그의 글, 즉 「원유」를 보배스럽게 여기는 것이다."

「遠遊」者, 屈原之所作也. 屈原履方直之行, 不容於世, 上爲讒佞所譖毀, 下爲俗人所困極, 章皇山澤, 無所告訴, 乃深惟元一, 修執恬漠, 思欲濟世, 則意中憒然, 文采鋪發, 遙鍛妙思, 託配仙人, 與俱遊戱, 周歷天地, 無所不到. 然猶念懷楚國, 思慕舊故, 忠信之篤, 仁義之厚也. 是以君子珍重其志, 而瑋其辭焉

「원유」는 내용상 두 부분으로 나눌 수 있다. 첫 번째 부분은 하늘을 돌아보며 혼탁한 세속을 떠난 후에 느꼈던 즐거움을 읊고 있다. 두 번째 부분은 "중왈重日"에서 시작하며, 양생을 통해 자신의 몸을 가꾸어 나가려는 생각을 보여주고 있다.

문학사적으로 한대 사마상여司馬相如의 「대인부大人賦」와 유선시遊仙詩의 형성에 큰 영향을 주었다.

세속에서 곤경에 빠진 것을 슬퍼하고, 사뿐히 날아올라 먼 곳을
돌고 싶네. 자질이 부족해 신선이 될 인연이 아니니 어찌 선거仙車를

세태를 슬퍼하며 멀리 떠나는 모습.

타고 하늘에 올라 노닐 수 있으리? 혼탁한 세상 만나 더럽혀져 혼자 우울해하니 누구와 이야기 나눌까? 밤에는 근심걱정에 잠들지 못하는데 영혼만이 외로이 새벽까지 지새네.

悲時俗之迫阨兮, 願輕擧而遠遊. 質菲薄而無因兮, 焉託乘而上浮? 遭沈濁而汙穢兮, 獨鬱結其誰語. 夜耿耿而不寐兮, 魂煢煢而至曙.

迫박: 닥치다, 궁색하다. 阨액: 좁다, 막히다. 汙오: 더럽다. 穢예: 더럽다, 거칠다. 耿경: 마음이 편치 않다. 煢경: 외롭다. 曙서: 새벽.

○迫阨박액: 곤경에 빠짐. ○質菲薄질비박: 자질이 부족함. ○因인: 인연. ○耿耿경경: 근심걱정으로 불안해함. ○煢煢 경경: 외롭고 의지할 곳이 없음.

[2]

천지의 무궁함을 생각하고 인생의 많은 어려움을 슬퍼하네. 옛 사람들을 나는 따를 수 없고 장래에 올 사람들도 나는 알 수 없네. 이리저리 걸으면서 깊이 생각해보니 슬프고 실의하여 초심을 어기네. 마음은 종잡을 수 없어 의지할 곳 없고, 내심의 시름은 나날이 더해가네. 내 영혼 홀연히 가버리고 돌아오지 않으면 육체는 메말라 혼자 남겠지. 내심을 잘 살펴 나의 지조를 바르게 하고 천지의 올바른 기운이 어디에서 나오는지 찾아보리.

惟天地之無窮兮, 哀人生之長勤. 往者余弗及兮, 來者吾不聞. 步徙倚而遙思兮, 怊惝怳而乖懷. 意荒忽而流蕩兮, 心愁悽而增悲. 神儵忽而不反兮,形枯槁而獨留, 內惟省以端操兮, 求正氣之所由.

惟유: 생각하다. 怊초: 슬프다, 섭섭하다. 惝창: 멍하다, 놀라다, 실망하다. 怳
황: 멍하다, 자실한 모양. 乖괴: 어기다. 儵숙: 빠르다. 槁고: 마르다. 操조: 잡
다, 쥐다.

○長勤장근: 많은 어려움. ○徙倚사의: 배회함. ○怊惝怳초창황: 슬프고 실의
에 빠짐. ○乖懷괴회: 초심을 어김. "회"는 마음. ○荒忽황홀: 마음이 어지러
움. "황홀恍惚"과 같음. ○流蕩유탕: 의지할 곳이 없음. ○儵忽숙홀: 홀연히.
○枯槁고고: 마름. ○惟省유성: 생각하고 살핌. ○端操단조: 지조를 바르게
함. ○所由소유: 나오는 곳.

[3]

동요하지 않으며 비우고 조용해야 평안해지고, 가벼이 보고 아무
것도 하지 않아야 절로 도를 얻을 수 있네. 적송자는 아무것도 없는
고요 속에 있었다는데 나는 그가 남긴 가르침을 잇고 싶네. 나는 진
인眞人의 아름다운 덕을 귀히 여기고 고인들이 신선이 된 것 부러워
하네. 그들과 신선이 되어 보이지 않고 명성은 널리 알려져 오래 이
어지질 바라네. 부열傳說이 사후에 별을 타고 하늘로 올라간 것이
기이하고 한중韓衆이 득도해 신선이 된 것을 부러워하네. 그들의 육
신은 고요히 있다가 점점 멀어져 사람들을 떠나 숨어버렸다네. 기운
의 변화를 따라 높이 날아 하늘에 오르니 그 빠름이 천신이 내달리
자 귀신들이 놀라 이상하게 여기는 것 같네. 이때 멀리서 바라보니
마치 신령이 번쩍이며 오가고 있는 듯하네. 속세를 초월하고 먼지를

씻고 끝까지 고향으로 돌아가지 않으리. 하찮은 무리들을 떠나니 더 이상 두려움이 없어지고 세상 사람들 내가 어디로 갔는지 알지 못하네.

漢虛靜以恬愉兮, 澹無爲而自得. 聞赤松之淸塵兮, 願承風乎遺則. 貴眞人之休德兮, 美往世之登仙. 與化去而不見兮, 名聲著而日延. 奇傅說之託星辰兮, 羨韓衆之得一. 形穆穆以浸遠兮, 離人羣而遁逸. 因氣變而遂曾擧兮, 忽神奔而鬼怪. 時髣髴以遙見兮, 精皎皎以往來. 絶氛埃而淑尤兮, 終不反其故都. 免衆患而不懼兮, 世莫知其所如.

漢막: 움직이지 않음. 恬념: 편안하다, 고요하다. 澹담: 담박하다, 조용하다. 休휴: 좋다, 훌륭하다. 浸침: 점점. 託탁: 붙다. 髣방: 비슷하다. 髴불: 비슷하다. 皎교: 희다, 밝다. 埃애: 먼지.

○虛靜허정: 아무것도 하지 않고 조용한 상태. ○恬愉염유: 편안하고 즐거움. ○赤松적송: 적송자赤松子. 전설에 나오는 선인. ○淸塵청진: 아무 것도 없는 절대 고요의 경지. ○承風승풍: 가르침을 이음. ○眞人진인: 선인仙人. 도가에서 득도한 사람을 일컫는 말. ○登仙등선: 신선이 됨. ○化去화거: 신선으로 변함. 도가에서는 도를 닦는 사람이 죽으면 형체는 남고 혼백은 흩어져 신선이 된다고 함. ○傅說부열: 은나라 고종高宗 무정武丁 때의 어진 재상. 전설에 의하면 그가 죽자 그의 정신은 별을 타고 하늘로 올라갔다고 함. ○辰星신성: 별자리 이름. ○韓衆한중: 한종韓終. 전설에 나오는 선인. ○得一득일: 득도함. ○穆穆목목: 조용히 있음. ○遁逸둔일: 세상을 피해 숨음. ○曾擧증거: 높이 날다. "증"은 "증增"과 통함. ○怪괴: 놀라고 이상하게 여김. ○髣髴방불: 마치 ~인 것 같음. ○皎皎교교: 밝은 모양. ○氛埃분애: 먼지. 이곳에서는 세속의 의미. ○淑尤숙우: 때를 씻음. "숙"은 "척滌"과 통함. ○免면: 벗어남.

[4]

    세월이 계속 이어짐이 두렵고 찬란한 태양은 서쪽으로 가네. 가는 서리가 내리면 사라지겠지만 향초들이 가장 먼저 시드는 것 슬프네. 잠시 이리저리 돌아보며 마음을 풀어보고 이제까지 해를 지나오며 이룬 것 하나 없네. 누가 나와 이 향초들을 감상할 수 있어 새벽까지 바람 맞으며 마음을 풀어볼까? 고양씨高陽氏는 멀리 떨어져 있으니, 내 장차 어떻게 본받으리?

    恐夫時之代序兮, 耀靈曄而西征. 微霜降而下淪兮, 悼芳草之先零. 聊仿佯而逍遙兮, 永歷年而無成. 誰可與玩斯遺芳兮, 晨向風而舒情? 高陽邈以遠兮, 余將焉所程?

曄엽: 빛나다. 征정: 가다. 淪윤: 잠기다, 빠지다. 仿방: 헤매다. 佯양: 헤매다. 邈막: 멀다. 程정: 법, 법도.

○耀靈요령: 태양. ○零령: 떨어짐. ○仿佯방양: 이리저리 돌아다님. ○歷年역년: 여러 해. ○高陽고양: 전욱顓頊. 초나라 사람들이 숭배한 태양신. ○程정: 본받음.

[5]

    다시 노래함: 봄이 가니 가을 오고 시간은 멈추지 않는데 어찌하여 이 옛집에 오랫동안 머무는가? 황제 헌원씨軒轅氏는 올라가서 잡을 수 없으니 나는 왕자 교喬를 따라 놀리라. 천지의 여섯 가지 기운

을 먹고 맑은 이슬을 마시며 정양正陽의 기운을 들이키고 아침의 운하雲霞를 머금네. 맑은 정신을 지키고 정기를 받아들여 추하고 더러운 기운을 물리치네. 남풍을 타고 이리저리 돌며 남소南巢에 이르러 잠깐 쉬네. 왕자 교를 보고 나는 정중하게 인사하고 그에게 어떻게 정기를 모으고 기운을 조절하는지 묻네.

重曰: 春秋忽其不淹兮, 奚久留此故居? 軒轅不可攀援兮, 吾將從王喬而娛戲. 餐六氣而飮沆瀣兮, 漱正陽而含朝霞. 保神明之淸澄兮, 精氣入而麤穢除. 順凱風以從遊兮, 至南巢而壹息. 見王子而宿之兮, 審壹氣之和德.

淹엄: 오래되다, 머무르다. 奚해: 어찌. 軒헌: 처마, 가옥. 轅원: 끌채. 援원: 잡다. 戲희: 놀다. 沆항: 넓다, 괴어 잇는 물. 瀣해: 이슬. 澄징: 맑다. 麤추: 거칠다. 凱개: 온화하다.

○重중: 악장이 되풀이 되는 것을 의미. ○軒轅헌원: 고대 제왕인 황제黃帝의 이름. 헌원의 언덕에 거주했기 때문에 "헌원"이라고 한다. 판천阪泉에서 염제炎帝를 이기고, 탁록涿鹿에서 치우蚩尤를 물리쳐 천자로 추대됨. ○王喬왕교: 왕자교王子喬. 전설에 나오는 선인. ○六氣육기: 천지사시의 기운. ○沆瀣항해: 이슬. ○漱수: 빨아들임. "嗽"의 가차자. ○正陽정양: 육기六氣의 하나. 빛의 기운. ○朝霞조하: 육기六氣의 하나로, 아침의 운하雲霞. 물의 기운과 빛의 기운을 동시에 머금음. ○淸澄청징: 맑다. ○順순: 타다. ○凱風개풍: 남풍. ○南巢남소: 남쪽의 먼 곳에 있는 나라 이름. ○宿숙: 정중하게 인사함. "肅肅" 통함. ○審심: 묻다. ○壹氣일기: 순수한 정기를 모음. 도가에서 말하는 수련법의 일종. ○和德화덕: 기운을 조절함. 도가에서 말하는 수련법의 일종.

[6]

그가 말하길, 도는 마음으로 깨닫는 것이어서 말로 전해드릴 수 없습니다. 그것은 작아서 더 이상 나눌 수 없고 커서 끝이 없습니다. 선생님의 영혼을 어지럽히지 마십시오. 그러시면 그것은 자연스럽게 이루어질 것입니다. 정기를 모으고 마음을 집중하면 하루 밤에도 깨달음을 얻을 수 있습니다. 마음을 비우고 사물을 대하시며 먼저 사물을 접하려는 생각을 가지시면 안 됩니다. 만물은 자연스럽게 성장하는 것입니다. 이것이 도를 깨달아 신선이 되는 길입니다.

日: 道可受兮, 不可傳. 其小無內兮, 其大無垠. 無滑而魂兮, 彼將自然. 壹氣孔神兮, 於中夜存. 虛以待之兮, 無爲之先. 庶類以成兮, 此德之門.

垠은: 끝. 孔공: 매우, 심히. 庶서: 많다.

○受수: 마음으로 깨침. ○內내: 나눔. ○無무: ~하지마라. ○滑활: 어지럽힘. ○而이: 그대. ○壹氣일기: 기운을 모음. ○孔神공신: 마음을 집중함. "공"은 크다. ○中夜중야: 한밤중. ○庶物서물: 만물.

[7]

지극히 귀한 말을 듣고 이제 떠나고자 서둘러 길을 나서네. 날아다니는 선인을 따라 단구丹丘에 와서 신선들이 사는 불사의 땅에 머무네. 아침에 탕곡湯谷에서 머리를 감고 저녁에 구양九陽에서 몸을 말리네. 비곡飛谷의 샘물을 마시고 아름다운 옥돌의 정화를 안아보네. 안색은 옥처럼 반짝거리고 아름다워지며 정신은 순수하고 강인해지네. 육체는 사라져 연약해지며 정신은 그윽해지고 얽매임이 없어지네. 남국의 기온이 따뜻함을 찬미하고 계수나무가 겨울에도 푸름을 좋아하네. 산은 스산하여 짐승이 없고 들판은 적막하여 사람이 없네. 나는 영혼을 싣고 운하雲霞를 오르고 뜬 구름에 감싸여 하늘로 올라가네.

聞至貴而遂徂兮, 忽乎吾將行. 仍羽人於丹丘兮, 留不死之舊鄕. 朝濯髮於湯谷兮, 夕晞余身兮九陽. 吸飛泉之微液兮, 懷琬琰之華英. 玉色頩以脕顔兮, 精醇粹而始壯. 質銷鑠以汋約兮, 神要眇以淫放. 嘉南州之炎德兮, 麗桂樹之冬榮. 山蕭條而無獸兮, 野寂漠其無人. 載營魄而登霞兮, 掩浮雲而上征.

晞희: 말리다. 琬완: 아름다운 옥. 琰염: 아름다운 옥. 頩병: 옥색. 脕만: 흠치르르하다, 윤이 나다, 예쁘다. 醇순: 순일하다, 변치 않다. 粹수: 순수하다. 鑠삭: 녹이다, 태우다. 汋작: 따르다, 퍼내다. 條조: 가지.

○仍잉: 따름. ○羽人우인: 날수 있는 선인. ○丹丘단구: 신화에 나오는 신선들이 산다는 곳. ○九陽구양: 해가 나오는 곳인 양곡暘谷에는 부상수扶桑樹라는 나무가 있다. 이 나무의 위쪽 가지에는 태양이 하나 있고, 아래쪽 가지에는 아홉 개의 태양이 있다. 이 열 개의 태양이 하루씩 돌아가며 뜬다고 함. ○飛泉비천: 비곡飛谷. 곤륜산 서남쪽에 있다는 산골짜기 이름. ○琬琰완염: 아름다운 옥 이름. ○華英화영: 옥 나무의 꽃. ○頩병: 윤기가 흐름. ○脕만: 아름다움. ○質질: 형체. ○鎖鑠쇄삭: 없어짐. ○汋約작약: 부드럽고 연약함. ○要眇요묘: 심원한 모양. ○淫放음방: 얽매임이 없음. ○嘉가: 찬미함. ○南州남주: 남쪽. 초나라를 의미. ○炎德염덕: 기온이 온화함. ○麗려: 찬미함. ○蕭條소조: 스산함. ○營魄영백: 혼백. ○掩엄: 가림, 덮임.

[8]

　천궁의 문지기에게 문을 열라 하니 천문을 밀고 나를 보네. 풍륭豊隆을 불러 길을 안내하게 하고 태미성太微星이 있는 곳을 묻네. 구천에 올라 천제의 궁궐로 들어가고 순시旬始에 와서 청도淸都를 둘러보네. 아침에 태의太儀(천제의 궁궐)를 출발하여, 저녁에 어미려산於微閭山에 도착했네. 나는 수많은 수레를 모아놓고 차분하고 편안하게 열을 맞춰 나아가네. 여덟 마리 용을 몰아 구불구불 길을 가니 꽂혀진 운기는 바람에 펄럭이고, 무지개 그려진 채색 깃발을 세우니 알록달록한 오색 눈부시고 찬란하네. 크고 힘찬 중앙의 말은 고개를 쳐들었다 숙이고 몸을 굽힌 곁말은 거침없이 내달리며, 수레와 말은 서로 엉겨 어지럽고 끝없이 줄지어 함께 나아가네. 나는 고삐를 잡고 채찍을 바로 하며 구망句芒(동방의 신)을 지나가네. 동쪽의 태호太皞를 지나 오른쪽으로 도니, 앞에서 비렴이 길을 여네. 밝은 태양은 아직 빛을 발하지 않고, 천지天池를 넘어 바로 지나가네. 풍백風伯이 나를 위해 앞에서 길을 열며 하늘의 먼지를 맑고 깨끗이 치워주네. 봉황의 날개는 운기雲旗에 닿아 있고 서황西皇에서 욕수蓐收(서방의 신)를 만나네. 혜성을 따서 깃발로 삼고 북두칠성을 들어 지휘하는 깃발로 삼네. 오색찬란하게 위 아래로 펄럭거리고 어지러이 날리는 구름 속을 물 흐르듯 떠다니네. 날은 벌써 어두워지고 사방은 몽롱하니, 현무玄武(북방의 신)를 불러 바짝 따라오게 하네. 뒤로는 문창文昌(별자리 이름)이 시종들을 이끌고, 여러 신들을 안배해 수레를 나란히 하고 나아가네.

　命天閽其開關兮, 排閶闔而望予. 召豊隆使先導兮, 問大微之所居. 集重

陽入帝宮兮, 造旬始而觀淸都. 朝發軔於太儀兮, 夕始臨乎於微閭. 屯余車
之萬乘兮, 紛溶與而幷馳. 駕八龍之婉婉兮, 載雲旗之逶蛇. 建雄虹之采旄
兮, 五色雜而炫燿. 服偃蹇以低昂兮, 驂連蜷以驕驁. 騎膠葛以雜亂兮, 斑漫
衍而方行. 撰余轡而正策兮, 吾將過乎句芒. 歷太皓以右轉兮, 前飛廉以啓
路. 陽杲杲其未光兮, 凌天地以徑度. 風伯爲余先驅兮, 氛埃辟而淸凉. 鳳皇
翼其承旂兮, 遇蓐收乎西皇. 擥彗星以爲旍兮, 擧斗柄以爲麾. 叛陸離其上
下兮, 遊驚霧之流波. 時曖曃其曭莽兮, 召玄武而奔屬. 後文昌使掌行兮, 選
署衆神以幷轂.

閶闔: 문지기. 閶창: 천문天門 闔합: 문짝, 문을 닫다. 集집: 머물다. 軔인: 쐐
기나무. 溶용: 한가한 모양. 逶위: 구불구불 가다. 旄모: 깃대장식. 蜷권: 굽
다. 驁오: 말이 거칠게 굴다. 皓호: 희다, 깨끗하다. 杲고: 밝다. 旂기: 깃발. 蓐
욕: 요, 깔개. 旍정: 깃발. 曖애: 흐릿하다. 曃태: 어둡다, 희미하다. 曭당: 흐릿
하다, 밝지 않음. 屬속: 붙다, 부착하다. 轂곡: 바퀴통.

○天閶천혼: 천제의 문지기. ○開關개관: 문빗장을 염. ○排배: 밀다. ○閶闔
창합: 천문天門. ○豊隆풍륭: 신화에 나오는 번개와 구름의 신. ○大微대미:
태미성太微星. 별자리 이름. ○重陽중양: 하늘. ○造조: 이르다. ○旬始순시:
별자리 이름. ○淸都청도: 천제가 사는 궁궐. ○發軔발인: 출발함. ○太儀태
의: 천제의 궁정. ○於微閭어미려: 산 이름. 의무려산醫巫閭山이라고도 함. ○
屯둔: 모으다. ○溶與용여: 차분하고 편안함. "용여容與"와 같음. ○婉婉완완:
구불구불하게 나아가는 모양. ○逶蛇위사: 깃발이 바람에 펄럭이는 모양. ○
雄霓웅예: 수무지개. 고대 중국에는 무지개에 암수의 구별이 있었음. 색깔이
선명하고 화려한 것이 수무지개이고, 색깔이 옅은 것을 암무지개라고 했음. ○
服복: 고대에는 하나의 수레를 네 마리의 말이 끌었는데 이중 가운데 두 마리
말을 "복"이라고 함. ○偃蹇언건: 말이 크고 힘이 셈. ○驂참: 고대에는 하나의
수레를 네 마리의 말이 끌었는데 이중 바깥쪽 두 마리 말을 "참"이라고 함. ○
連蜷연권: 굽은 모양. ○驕驁교오: 거침없이 내달림. ○騎기: 수레와 말. ○膠
葛교갈: 엉겨 붙어 있는 모양. ○斑반: 나열함. "반班"과 통함. ○漫衍만연: 끝
없이 이어진 모양. ○方行방행: 함께 나아감. ○撰찬: 쥐다. ○正策정책: 채찍
을 바르게 정돈함. 곧 출발하려고 함을 의미함. "정"은 바르게 하다. ○句芒구

망: 동방의 신. 『산해경』「해외동경海外東經」에는 "동방의 신 구망은 사람의 얼굴에 새의 몸을 하고, 용 두 마리를 탄다東方句芒, 鳥身人面, 乘兩龍"라고 했다. ○太皥태호: 동방의 천제天帝. ○飛廉비렴: 바람의 신. ○杲杲고고: 밝은 모양. ○天池천지: 천지天池. 태양이 동쪽에서 목욕하는 곳인 함지咸池를 의미. ○度탁: 건넘. ○風伯풍백: 바람의 신. ○雾埃분애: 먼지. ○辟벽: 치우다. ○蓐收욕수: 서방의 신. 『산해경』「해외동경」에는 "동방의 신 욕수는 왼쪽 귀에 뱀이 있으며, 용 두 마리를 탄다西方蓐收, 左耳有蛇, 乘兩龍"라고 했다. ○西皇서황: 서방의 천제. ○斗柄두병: 북두칠성의 다섯, 여섯, 일곱 번째 별. 국자 손잡이같이 생겼다하여 붙인 이름. ○叛반: 빛이 밝은 모양. "반斑"과 통함. ○陸離육리: 색채가 찬란한 모양. ○驚霧경무: 구름이 어지러이 움직임. ○流波유파: 물이 흐름. ○曖曃애태: 어둡고 분명하지 않은 모양. ○曠莽당망: 어두워 흐릿한 모양. ○玄武현무: 북방의 신. 물고기와 뱀이 합해진 모습을 하고 있다고 함. ○掌行장행: 수행원들을 인솔함. ○文昌문창: 별자리 이름. ○署서: 배치함. ○幷轂병곡: 수레가 나란히 감. "곡"은 원의는 바퀴통. 이곳에서는 수레를 의미.

[9]

　길은 멀고 아득하여 나는 천천히 수레를 멈추고 높은 곳으로 성큼 나아가네. 왼쪽에는 우사雨師(비의 신)에게 직접 시위하게 하고, 오른쪽에는 뇌공雷公(번개의 신)에게 호송하게 하네. 속세 떠나 돌아갈 것 잊고 마음껏 높이 날아 멀리 가고 싶네. 속으로 좋아하며 아름답다고 여기니 잠시 노닐며 마음껏 즐겨보리. 청운을 지나 사방을 마음껏 떠돌다 홀연히 고향 땅을 내려 보네. 마부는 그리워하고 나는 슬퍼하며 곁의 말은 고개를 돌리며 가려 하지 않네. 그리운 고향 친구들 생각 나 길게 한숨 쉬니 눈물이 쏟아지네. 차분하게 먼 곳으로 날아 떠도는 것으로 잠시나마 마음을 억누르며 위안으로 삼으리.

　路曼曼其修遠兮, 徐弭節而高厲. 左雨師使徑侍兮, 右雷公以爲衛. 欲度世以忘歸兮, 意恣睢以担撟. 內欣欣而自美兮, 聊媮娛以自樂. 涉靑雲以汎

비의 신 우사雨師와 번개의 신 뇌공雷公의 호위를 받는 모습.

濫游兮, 忽臨睨夫舊鄉. 僕夫懷余心悲兮, 邊馬顧而不行. 思舊故以想像兮, 長太息而掩涕. 氾容與而遐擧兮, 聊抑志而自弭.

弭: 그치다, 중지하다. 恣자: 방자하다. 睢휴: 헐뜯다, 비방하다. 担단: 떨치다. 撟교: 들다. 遐하: 멀다.

○弭節미절: 수레를 멈춤. ○高厲고려: 높은 곳으로 나아감. "고매高邁"로 의심됨. "고매"는 높은 곳으로 성큼 나아가는 의미. ○雨師우사: 비의 신. ○雷公뇌공: 번개의 신. ○度世탁세: 세상을 초월해 신선이 됨. ○恣睢자휴: 구속받지 않고 마음대로 함. ○担撟단교: 높이 날아 멀리 떠남. "게교揭驕"라고도 함. ○氾濫游범람유: 사방에서 자유자재로 노님. ○臨睨임예: 내려 봄. ○想像상상: 보고 싶음. ○氾범: 떠돌다. ○容與용여: 차분함. ○遐擧하거: 멀리 떠남. ○自弭자미: 자신을 위로함.

[10]

염제炎帝에게 곧장 달려가고자 나는 구의산九嶷山으로 가네. 넓고 끝없는 세상 밖을 둘러보니 망망대해를 떠다니는 것 같네. 축융이 수레를 돌리라고 권하고 나는 난새에게 복비宓妃를 맞으라고 전하네. "함지咸池"와 "승운承雲"을 연주하고, 아황娥皇과 여영女英이 "구소九韶"를 올리네. 상수의 신이 거문고를 연주하고 해약海若과 하백이 함께 춤을 추네. 흑룡과 망상罔象이 함께 나와 노는데, 꿈틀거리고 구불구불하게 가는 모습 너무도 유연하네. 채색 무지개가 살며시 겹겹이 감싸니 난새는 힘차게 날아올라 비상하네. 음악은 성대하고 끝없이 이어지니 나는 또 저 먼 곳을 떠돌러 가네.

순임금의 두 딸인 아황娥皇과 여영女英, 상수湘水의 신, 바다의 신 해약海若, 황하의 신
하백河伯, 흑룡과 노니는 모습.

指炎神而直馳兮, 吾將往乎南疑. 覽方外之荒忽, 沛罔象而自浮. 祝融戒
而還衡兮, 騰告鸞鳥迎宓妃. 張"咸池"奏"承雲"兮, 二女御"九韶"歌. 使湘靈
鼓瑟兮, 令海若舞馮夷. 玄螭蟲象并出進兮, 形蟉虬而逶蛇. 雌蜺便娟以增
撓兮, 鸞鳥軒翥而翔飛. 音樂博衍無終極兮, 焉乃逝以俳佪.

━━━━━

沛패: 흐르다. 騰등: 전하다. 宓복: 성姓. 韶소: 순舜 임금의 음악 이름. 蟉료:
머리를 흔들다, 꿈틀거리다. 逶위: 구불구불 가다. 蜺예: 무지개. 娟연: 예쁘
다. 撓요: 어지럽다. 翥저: 날아오르다.

○炎帝염제: 남방의 신. ○南疑남의: 구의산九嶷山. ○方外방외: 세상 밖. ○
荒忽황홀: 넓고 끝없음. ○罔象망상: 원의는 물귀신. 이곳에서는 망망대해의
의미. ○祝融축융: 제곡帝嚳 때 불을 관장한 관리. 후에 불의 신으로 추대됨.
○戒계: 권하다. ○還衡환형: 수레를 돌림. "형"은 수레 끌채 위의 횡목橫木.
이곳에서는 수레를 의미. ○騰告등고: 알림. ○宓妃복비: 낙수洛水의 여신. ○
張장: 연주함. ○咸池함지: 요임금 때의 음악. ○承雲승운: 황제黃帝 때의 음
악. ○二女이녀: 요임금의 두 딸 아황娥皇과 여영女英. ○九韶구소: 순임금 때
의 음악. ○湘靈상령: 상수湘水의 신. ○海若해약: 바다의 신. ○馮夷풍이: 황
하의 신 하백河伯. ○玄螭현리: 뿔이 없는 흑룡. ○蟲象충상: 물에 산다는 귀
신. 망상罔象을 말함. ○蟉虬유규: 꿈틀거리며 가는 모양. ○逶蛇위사: 구불구
불하게 가는 모양. ○便娟편연: 가볍고 아름다움. ○撓요: 감쌈. "요繞"와 통
함. ○軒翥헌저: 높이 나는 모양. ○博衍박연: 성대하게 이어짐. ○焉언: 이에.

[11]

고삐를 풀고 말을 빨리 달려 저 멀고 끝없는 북방의 추운 곳에 이
르네. 빠른 바람을 추월해 맑은 기운의 원류에 오고, 전욱顓頊을 따
라 겹겹이 쌓인 빙설까지 왔네. 현명玄冥이 간 구불구불한 길을 지
나 천지간에 올라 돌아보고, 검영黔嬴을 불러 나를 위해 먼저 가서

길을 놓게 하네. 나는 사방의 가장 먼 곳을 오가고, 천지 사방을 주유하네. 위로는 열결列缺이 있는 곳에 이르러 큰 바다를 내려다보네. 아래는 깊고 아득해 대지가 보이지 않고 위는 광활하여 하늘이 보이지 않네. 너무 빨라 보려 해도 볼 수 없고 너무 모호해 들으려 해도 들을 수 없네. 모든 것을 초월하고 아무 것도 하지 않으면 참되고 고요해질 것이니, 나는 태초의 세계와 이웃이 되리.

舒幷節以馳騖兮, 邈絶垠乎寒門. 軼迅風於淸源兮, 從顓頊乎增冰. 歷玄冥以邪徑兮, 乘間維以反顧. 召黔嬴而見之兮, 爲余先乎平路. 經營四荒兮, 周流六漠. 上至列缺兮, 降望大壑. 下崢嶸而無地兮, 上廖廓而無天. 視儵忽而無見兮, 聽惝怳而無聞. 超無爲以至淸兮, 與泰初而爲鄰.

邈탁: 멀다, 아득하다. 垠은: 끝. 軼일: 앞지르다. 顓전: 착하다, 선하다. 頊욱: 삼가다. 黔검: 검다. 嬴영: 가득 차다. 崢쟁: 가파르다. 嶸영: 가파르다. 廖료: 공허하다. 廓곽: 크다. 惝창: 멍하다, 놀라는 모양. 怳황: 멍하다, 자실한 모양.

○幷節병절: 같이 묶어두었던 고삐. ○寒門한문: 신화에 나오는 북극의 문. ○淸源청원: 북해北海. 북극에 나오는 차가운 바람의 원류라고 함. ○顓頊전욱: 북방의 천제. ○增증: 겹겹의. ○玄冥현명: 북방의 신. ○邪徑사경: 구불구불한 길. ○間維간유: 천지. ○黔嬴검영: 조화造化의 신. ○經營경영: 왕래함. ○四荒사황: 사방에서 가장 먼 곳. ○六漠육막: 원의는 동쪽·서쪽·남쪽·북쪽과 위쪽과 아래쪽. 이곳에서는 천지사방을 의미. ○列缺열결: 번개. ○大壑대학: 바다. ○崢嶸쟁영: 심원한 모양. ○廖廓료곽: 광활한 모양. ○儵忽숙홀: 빠른 모양. ○惝怳창황: 모호해 분명치 않음. ○泰初태초: 천지가 만들어지기 전의 세상.

조화의 신 검영黔嬴을 불러 길을 놓게 하는 모습.

제6편 | 복거

卜居

점을 쳐 진로를 물음

"복ト"은 점을 쳐 묻는 것이다. "거居"는 거주하다는 의미다. 따라서 "복거"
는 점을 쳐서 자신의 처세 내지 진로를 묻는 것을 말한다.

이 편의 창작동기를 왕일은 『초사장구』에서 다음과 같이 기록하고 있다.

"「복거」는 굴원이 지었다. 굴원은 곧고 바른 성품을 가지고도 질시를 받았
다. 그는 아첨하는 신하들이 임금을 그릇된 길로 가게 하고 임금이 부귀한
자들에게 가려져 있음을 생각했다. 자신은 충직한데도 버려진 것에 의혹
이 들고 뭘 해야 할지 몰랐다. 이에 태복의 집에 가서 점을 쳐 신명들에게
물어보았다. (…) 그래서 「복거」라고 했다."

「卜居」者, 屈原之所作也. 屈原履忠貞之性, 而見嫉妒, 念讒佞之臣, 承君順非, 而蒙富貴, 己執忠直, 而身放棄,
心迷意惑, 不知所爲. 乃往至太卜之家, 稽問神明(…)故曰「卜居」

「복거」는 역대로 작가 문제가 있었다. 왕일은 굴원이 지었다고 했으나 청나
라 사람 최술崔述은 위작이라고 주장했다. 나중에 중국의 궈모뤄郭末若·유
궈언遊國恩·루칸陸侃 같은 근·현대의 초사 연구자들이 이 "위작설"에 찬성
하여 문학사에서 「복거」는 굴원의 작품에서 배제되었다. 후에 천지잔陳子展
이 『초사직해楚辭直解』에서 "위작설"의 논지를 하나하나 반박함으로써 「복
거」는 다시 굴원의 작품으로 인정받았다. 이 책 역시 굴원의 작품으로 보
고 수록했다.

이 편은 10여 개의 문제를 점을 치는 형식을 빌려 어두운 현실에 대한 분노
와 이런 세태를 멀리하려는 각오를 밝히고 있다.

[1]

굴원은 추방당해 삼 년 동안 임금을 만나지 못했다. 지혜를 다하고 충성을 바쳤으나 모함을 일삼는 무리에게 가려지고 막혔다. 심사가 복잡하고 어지러워 어떻게 해야 할지 몰랐다. 이에 태복太卜 정첨윤鄭詹尹을 찾아가 말했다. "저에게 의심이 되는 것이 있습니다. 선생님께서 풀어주십시오." 이에 첨윤은 시초蓍草(점을 보는데 쓰는 풀)를 바르게 놓고 거북 등껍질의 먼지를 닦고 말했다. "선생께서 저에게 어떤 가르침을 내려주시겠습니까?"

屈原既放三年, 不得復見. 竭知盡忠, 而蔽障於讒. 心煩慮亂, 不知所從. 往見太卜鄭詹尹曰: "余有所疑, 願因先生決之." 詹尹乃端策拂龜, 曰: "吾將何以教之"

放방: 추방하다, 쫓아내다. 竭갈: 다하다. 詹첨: 이르다, 도달하다. 策책: 대쪽, 점대. 拂불: 떨다, 닦다.

○太卜태복: 관직이름. 점을 치는 관리들의 우두머리에 해당. ○鄭詹尹정첨윤: 태복太卜의 이름. ○策책: 점을 칠 때 쓰는 시초蓍草.

[2]

굴원이 말했다. "저는 정성스럽게 마음을 다하며 소박하고 충직해야 합니까? 아니면 가는 사람은 보내고 오는 사람을 위로하며 이렇게 일생을 보내야 합니까? 저는 잡초를 뽑으며, 열심히 밭을 갈아야 합니까? 아니면 고관대작들에게 유세하며 명성을 귀히 여겨야 합니까? 저는 바른 말을 숨기지 않고 간언하여 몸을 위태롭게 해야 합니까? 아니면 세속을 따라 부귀영화를 추구하며 구차하게 삶을 도모해야 합니까? 저는 높이 날아 멀리 가서 순수한 마음을 지켜야 합니까? 아니면 늘 머뭇하며 조심스러워하고 제대로 말도 못하고 억지로 웃는 얼굴로 여인네나 섬겨야 하겠습니까? 청렴하고 정직하게 자신을 깨끗하게 해야 합니까? 아니면 남들 앞에서 몸을 굽히고 눈치나 보며 교묘한 말이나 하고, 기름이나 삶은 소가죽처럼 부드럽고 번지르르한 태도로 사람들의 뜻에 맞게 응대해야 합니까? 저는 천리마처럼 머리를 쳐들어야 합니까? 아니면 물 위를 떠다니는 오리처럼 물결 따라 위 아래로 움직이며 구차하게 몸을 지켜야 합니까? 저는 천리마와 함께 나아가야 합니까? 아니면 하찮은 말들의 자취를 따라야 합니까? 저는 백조와 함께 날개를 겨루며 날아야 합니까? 아니면 닭이나 오리들과 함께 먹을 것이나 다투어야 합니까? 이런 것들은 어느 것이 길하고 어느 것이 흉합니까? 할 수 있는 것은 무엇이고, 할 수 없는 것은 또 무엇입니까? 세상이 혼탁해 시비가 분명치 않습니다. 매미의 날개를 무겁다고 여기고, 천균千鈞(3만 근)의 물건을 가볍다 여깁니다. 웅장한 소리의 황종黃鍾은 훼손되어 버려지고, 돌솥은 우레가 내리치듯 두드립니다. 아첨하는 무리들 득세하고 어진 사람들은 아무런 명성이 없습니다. 아아, 아무것도 말하지 않는다면 누가 저의 청렴과 충정을 알아주겠습니까?"

屈原曰: "吾寧悃悃款款, 朴以忠乎? 將送往勞來, 斯無窮乎? 寧誅鋤草茅, 以力耕乎? 將游大人, 以成名乎? 寧正言不諱, 以危身乎? 將從俗富貴,以媮生乎? 寧超然高擧, 以保眞乎? 將哫訾栗斯, 喔咿儒兒, 以事婦人乎? 寧廉潔正直, 以自清乎? 將突梯滑稽, 如脂如韋, 以潔楹乎? 寧昂昂若千里之駒乎? 將氾氾若水中之鳧乎, 與波上下, 偸以全吾軀乎? 寧與騏驥亢軛乎? 將隨駑馬之迹乎? 寧與黃鵠比翼乎? 將與雞鶩爭食乎? 此孰吉孰凶? 何去何從? 世溷濁而不清, 蟬翼爲重, 千鈞爲輕. 黃鐘毀棄, 瓦釜雷鳴. 讒人高張, 賢士無名. 吁嗟默默兮, 誰知吾之廉貞?"

悃곤: 정성. 款관: 성의. 鋤서: 호미. 諱휘: 꺼리다, 피하다. 哫족: 아첨하다. 訾자: 헐뜯다. 栗율: 공손하다, 떨다. 喔악: 억지로 웃다. 咿의: 탄식하다, 대답하다. 突돌: 내밀다, 불룩하게 나오다. 楹영: 기둥. 駒구: 말. 氾범: 떠다니다, 넘치다. 鳧부: 오리. 亢항: 목, 오르다. 軛액: 멍에. 鶩목: 오리.

○寧영: ~해야 한다. ○悃悃곤곤: 정성스럽게 마음을 다하는 모양. ○款款관관: 성의를 다하는 모양. ○送往송왕: 가는 사람을 보냄. ○勞來노래: 오는 사람을 위로함. ○無窮무궁: 끝없이 반복함. ○草茅초모: 잡초. ○媮生유생: 구차하게 삶을 도모함. "偸유"와 통함. ○哫訾족자: 나아가고 싶으나 나아가지 못하는 모양. "趑趄자저"와 통함. ○栗斯율사: 조심하고 두려워하는 모양. ○喔咿악의: 제대로 말을 하지 못하는 모양. ○儒兒유아: 억지로 웃는 모양. ○突梯돌제: 자신의 주관 없이 사람들의 눈치를 보며 처세함. ○滑稽활계: 언변에 능함. ○韋위: 원의는 삶은 소가죽. 이곳에서는 반지르르함을 의미. ○潔楹결영: 사람의 뜻에 맞게 응대함. "결"은 "絜혈"과 통함. "혈"은 헤아리다. "영"은 원의는 기둥. 이곳에서는 집에서 손님을 응대하는 것의 의미. ○昂昂앙앙: 머리를 들고 허리를 꼿꼿이 펴는 모양. ○氾氾범범: 이리저리 떠다니는 모양. ○亢軛항액: 함께 달림. "항"은 "頏항"과 통함. "頏항"은 짝. ○駑馬노마: 하찮은 말. ○黃鵠황곡: 백조. ○千鈞천균: 3만 근斤. 1균은 30근. 아주 무거운 무게를 의미. ○黃鍾황종: 중국 고대 음악 중 12율律의 하나. 소리가 가장 크고 웅장함. ○吁嗟우차: 탄식하는 소리.

[3]

첨윤이 시초를 내려놓고 사양하며 말했다. "한 자의 길이도 짧을 때가 있고, 한 치의 길이도 길 때가 있습니다. 사물은 그 나름의 부족한 것도 있고 지혜로운 이도 잘 알지 못하는 것이 있습니다. 점괘도 헤아리지 못하는 것이 있고 신명들도 통하지 않는 것이 있습니다. 선생께서는 마음에 품고 있는 뜻을 행하시오. 거북점과 시초로는 실로 이런 일을 헤아릴 길이 없습니다."

詹尹乃釋策而謝, 曰: "夫尺有所短, 寸有所長, 物有所不足, 智有所不明, 數有所不逮, 神有所不通. 用君之心, 行君之意, 龜策誠不能知事."

謝사: 사양하다. 尺척: 자. 寸촌: 마디. 逮체: 미치다.

○數수: 괘수卦數. ○誠성: 진실로.

제7편 | 어부

漢父

어부와의 대화

「어부漁父」는 굴원이 3인칭의 관점에서 쓴 작품으로, 「어부사漁父辭」로도 알려져 있다. 어부와의 대화를 통해 시류에 영합하지 않으려는 굴원의 굳은 지조와 죽음을 두려워하지 않는 정신을 엿볼 수 있다.

이 편은 「복거卜居」처럼 몇몇 초사 연구자들이 위작설을 제기했으나 현재 많은 연구자가 굴원이 지은 것으로 보고 있다.

창작 시기는 내용을 봤을 때 기원전 296년 경양왕이 굴원을 삼려대부 직에서 파면하고 원수와 상수 지역으로 유배를 보낸 시점에서 기원전 283년 굴원이 수도 영도로 돌아온 시기 사이에 지어진 것으로 추정된다.

[1]

 굴원은 추방당한 후로 강가를 노닐고 못가에서 거닐며 노래를 불렀다. 안색은 초췌했고 모습은 수척했다. 어부가 그를 보고 물었다. "삼려대부가 아니십니까? 어찌 이런 곳까지 오시게 되셨습니까?" 굴원이 말했다. "세상은 혼탁하고 나 혼자 깨끗합니다. 사람들은 취해 있고 나 혼자 깨어 있습니다. 그래서 이렇게 쫓겨났습니다." 어부가 말했다. "성인은 사물에 얽매이지 않아 세상에 따라 변할 수 있습니다. 사람들이 혼탁하다면 어찌 진흙을 휘저어 물결을 일으키지 않습니까? 사람들이 취해 있다면 어찌 술지게미를 먹고 묽은 술을 마시지 않습니까? 어찌 깊이 생각하고 고상하게 행동하시어 자신을 쫓겨나게 하십니까?" 굴원이 말했다. "내가 듣기에 막 머리를 감은 사람은 반드시 모자 위의 먼지를 떨고, 막 목욕을 한 사람은 반드시 옷의 먼지를 떨어낸다고 합니다. 어찌 깨끗한 몸에 사물의 더러움을 받게 할 수 있습니까? 그럴 바에는 내 차라리 상강湘江의 물에 뛰어들어 물고기 배 속에 묻히겠습니다. 어찌 고결한 몸에 세속의 먼지를 묻힐 수 있겠습니까?"

 屈原既放, 游於江潭, 行吟澤畔, 顏色憔悴, 形容枯槁. 漁夫見而問之曰: "子非三閭大夫與? 何故至於斯?" 屈原曰: "擧世皆濁我獨淸, 衆人皆醉我獨醒, 是以見放." 漁夫曰: "聖人不凝滯於物, 而能與世推移. 世人皆濁, 何不淈其泥而揚其波? 衆人皆醉, 何不餔其糟而歠其醨? 何故深思高擧, 自令放爲?" 屈原曰: "吾聞之, 新沐者必彈冠, 新浴者必振衣. 安能以身之察察, 受物之汶汶者乎? 寧赴湘流, 葬於江魚之腹中. 安能以皓皓之白, 而蒙世俗之塵埃乎?"

子자: 그대. 與여: 의문사. 凝응: 엉기다. 淈굴: 흐리게 하다, 어지럽게 하다. 餔
포: 먹다. 糟조: 지게미. 歠철: 마시다. 釃시: 묽은 술. 汶문: 치욕. 皓호: 깨끗
하다. 蒙몽: 입히다.

○江潭강담: 강가. ○行吟행음: 거닐며 노래함. ○澤畔택반: 못가. ○三閭大夫
삼려대부: 초나라의 관직이름. ○見현: 당함. ○凝滯응체: 엉기고 막힘. 속박된
다는 의미. ○淈굴: 휘저어 혼탁하게 함. ○爲위: 어조사. ○察察찰찰: 깨끗한
모양. ○汶汶문문: 더러운 모양. ○皓皓호호: 깨끗한 모양.

[2]

　어부는 굴원의 말을 듣고 살짝 미소를 짓고 노를 저어 가면서 노
래를 불렀다. "창랑滄浪의 물이 맑으면 내 갓끈을 씻을 수 있고, 창
랑의 물이 더러우면 내 발을 씻을 수 있네." 어부는 결국 멀리 가버
리고 굴원과 더 이상 말하지 않았다.

　漁夫莞爾而笑, 鼓枻而去, 歌曰: "滄浪之水清兮, 可以濯吾纓. 滄浪之水
濁兮, 可以濯吾足." 遂去, 不復與言.

莞완: 웃다. 枻예: 노, 배의 키. 濯탁: 씻다. 纓영: 갓끈.

○莞爾완이: 미소를 짓는 모양. ○鼓枻고예: 노를 저음. ○滄浪창랑: 강 이름.
한수漢水의 지류. 지금의 허베이 성 경내를 지남.

제8편 | 대초

大招

회왕懷王의 혼을 부름

"대초大招"는 혼을 크게 부른다는 의미다. 기원전 296년 초 회왕懷王이 진秦나라에서 병사하자, 진나라는 그의 시신을 초나라로 송환해주었다. 「대초」는 바로 굴원이 초 회왕의 시신이 초나라로 돌아올 때 그의 망혼을 부르기 위해 지었다. 시는 사방의 무서움과 집의 포근함으로 초 회왕의 망혼이 돌아오길 외치고 있다.

이 편의 작가에 대해 왕일은 『초사장구』에서 "「대초」는 굴원이 지은 것이다. 경차라고 말하는 사람도 있어, 누가 지었는지 분명하게 말할 수 없다「大招」者, 屈原之所作也. 或曰景差, 疑不能明也"라고 하여 의문의 여지를 남겨두었다. 현대의 초사 연구자들은 이 편의 사상과 내용이 굴원의 다른 작품과 일치한다는 점을 들어 굴원의 작품으로 보고 있다. 이 책도 이를 따랐다.

「대초」는 내용과 형식적으로 후에 이어지는 송옥宋玉의 「초혼招魂」에 큰 영향을 주었다. 내용적으로는 작품의 마지막에 "좋은 정치"를 하길 바라는 염원을 담고 있어 무술적인 성격을 지닌 초혼의식에 새로운 사상성을 불어넣었다는 평가를 받는다. 형식적으로 4언을 사용하고, 「이소」와 기타 초사 작품에 쓰인 "혜兮"와 달리 "지只"를 어기사로 쓰고 있는 점이 독특하다.

[1]

  겨울 가고 봄이 오니 햇살은 맑기도 하고, 봄기운이 힘차게 솟아
오르니 만물은 분주해지네. 그윽한 곳의 얼음 녹아 마구 흘러내리
니 혼백은 달아날 곳이 없네. 혼백이여 돌아오시오, 먼 곳을 떠돌지
마시오. 혼백이여 돌아오시오, 동쪽이든 서쪽이든, 남쪽이든 북쪽
이든 어디든지 가지 마시오! 동쪽에는 큰 바다가 있어, 물이 깊고

초
사
—
228

동해에서 용들이 유영하는 모습.

호랑이·승냥이·옹용鯛鱅·단호短狐·독사가 돌아다니는 모습.

돼지머리에 산발을 하고 긴 갈퀴와 톱니 같은 이빨을 한 괴물.

빨라 사람을 익사시킬 수 있소. 뿔이 없는 용들이 물살을 따라 위
아래로 유영하오. 늘 자욱한 안개와 비에 잠겨 있고, 바다와 하늘은
하얗게 이어져 있소. 혼이시여 동쪽으로 가지 마시오. 탕곡湯谷은
적막해서 머무를 수 없소! 혼이시여 남쪽으로 가지 마시오! 남쪽에
는 뜨거운 불이 천 리나 이어지고 큰 독사들이 구불구불 기어 다닌
다오. 산림은 험준하고 막혀 있어 호랑이와 승냥이들이 돌아다닌다
오. 소의 몸에 돼지소리를 내는 옹용鯒鱅과 사람에게 모래를 쏘는
단호短狐가 있고, 머리를 치켜들고 노려보는 큰 독사도 있다오. 혼이
시여 남쪽으로 가지 마시오, 물여우가 그대의 몸을 해칠 것이오! 혼
이시여 서쪽으로 가지 마시오! 서쪽에는 사막이 있어 끝도 없이 길

게 이어져 있소. 그곳의 괴물은 돼지머리에 세워진 눈을 하고, 산발한 머리카락이 어깨까지 걸쳐 있다오. 긴 갈퀴와 톱니 같은 이빨을 하고, 억지로 웃음을 지어 흉포함을 드러낸다오. 혼이시여 서쪽으로 가지 마시오. 해로움이 많아 몸을 다치게 만드오. 혼이시여 북쪽으로 가지 마시오! 북쪽에는 차가운 산들이 있고, 촉룡燭龍은 온몸이 붉다고 하오. 대수代水는 건널 수 없고 그 깊이를 헤아릴 수 없소. 하늘에는 흰 눈이 하얗게 날리고 땅은 차가워 얼어붙는다오. 혼이

북쪽의 얼어붙은 땅.

시어 가지 마시오. 저 먼 북쪽의 땅 전체가 이러하오!

靑春受謝, 白日昭只. 春氣奮發, 萬物遽只. 冥淩浹行, 魂無逃只. 魂魄歸徠, 無遠遙只. 魂乎歸徠, 無東無西, 無南無北只! 東有大海, 溺水浟浟只. 螭龍幷流, 上下悠悠只. 霧雨淫淫, 白皓膠只. 魂乎無東, 湯谷寂寥只! 魂乎無南! 南有炎火千里, 蝮蛇蜒只. 山林險隘, 虎豹蜿只. 鰅鱅短狐, 王虺騫只. 魂乎無南, 蛷傷躬只! 魂乎無西! 西方流沙, 漭洋洋只. 豕首縱目, 被髮鬤只. 長爪踞牙, 誒笑狂只. 魂乎無西, 多害傷只! 魂乎無北! 北有寒山, 逴龍赩只. 代水不可涉, 深不可測只. 天白顥顥, 寒凝凝只. 魂乎無往, 盈北極只!

遽거: 분주하다. 淩릉: 타다. 浹협: 두루 미치다. 溺익: 물에 빠지다. 잠기다. 浟유: 물 흐르는 모양. 螭리: 교룡. 膠교: 붙다, 끈끈하다. 蝮복: 살무사, 독사. 蜒정: 구불구불 기다. 蜿완: 굼틀거리다. 鰅옹: 동자개, 물여우. 鱅용: 전어鐩魚, 괴어怪魚의 이름. 虺훼: 살무사, 독사. 騫건: 들다. 蛷역: 물여우. 漭망: 넓다. 豕시: 돼지. 鬤양: 머리가 엉키다. 踞거: 웅크리다. 誒희: 억지로. 逴탁: 멀다. 赩혁: 붉다. 顥호: 희다.

○靑春청춘: 봄. ○受謝수사: 봄이 오고 겨울이 감. "사"는 물러가다. ○只지: 어조사. ○冥淩명릉: 그윽한 곳의 얼음. "릉"은 "릉淩"과 통함. "릉"은 얼음. ○浹行협행: 물이 넘쳐 도처로 흘러감. ○溺水익수: 사람을 익사시키는 강물. ○浟浟유유: 물이 세차게 흐름. ○幷流병류: 물의 흐름과 어울림. ○悠悠유유: 유영하는 모양. ○淫淫음음: 끝없이 이어진 모양. ○膠교: 붙어 있음. ○湯谷탕곡: 양곡暘谷. 신화에서 해가 나온다는 곳. ○蝮蛇복사: 큰 독사의 일종. ○鰅鱅옹용: 신화에 나오는 괴어怪魚. 소의 몸에 돼지소리를 냈다고 함. ○短狐단호: 전설에 나오는 동물. 물에서 모래를 머금고 사람이나 사람의 그림자를 쏘아 죽게 만든다고 함. ○王虺왕훼: 큰 독사. "왕"은 크다. ○流沙유사: 사막. ○漭洋洋망양양: 넓고 끝이 없는 모양. ○縱目종목: 눈이 세로로 세워져 있음. ○被피: 걸치다. "피披"와 통함. ○髮鬤발양: 머리를 산발한 모양. ○踞거: 톱. "거鋸"와 통함. ○誒笑희소: 억지로 웃음. ○逴龍탁용: 촉룡燭龍. 신화에 나오는 세상을 환하게 비출 수 있는 용. ○代水대수: 강 이름. ○顥顥호호: 하얀 모양. ○凝凝응응: 물이 얼음으로 언 모양. ○盈영: 전체.

[2]

　혼이시어 돌아오시오! 이곳은 한적하고 조용하오. 초나라에서 마음껏 노닐며 편안하고 안정되게 지내시오. 즐거운 뜻을 갖고 바램을 실현하면 마음이 흐뭇해질 것이오. 평생 동안 늘 즐거우실 것이며 해가 갈수록 수명은 늘 것이오. 혼이시어 돌아오시오! 그 즐거움은 말로 다할 수 없소.

　魂魄歸倈, 閑以靜只. 自恣荊楚, 安以定只. 逞志究欲, 心意安只. 窮身永樂, 年壽延只. 魂乎歸倈, 樂不可言只!

恣자: 마음대로 하다. 방자하다. 逞영: 즐겁다.

○以이: ~하고. "而而"와 통함. ○荊楚형초: 초나라. "형"은 초나라가 형산荊山에서 건국했기 때문에 초나라의 또 다른 명칭으로 쓰임. ○逞志영지: 마음을 즐겁게 함. ○窮身궁신: 평생.

[3]

　오곡을 창고에 높이 쌓아두고, 고미菰米로 맛있는 밥을 지을 수 있다오. 솥에는 잘 익은 고기가 가득하고, 양념을 넣어 더욱 먹음직스럽다오. 살이 오른 왜가리·비둘기·거위를, 승냥이 고기죽과 어우러지게 했소. 혼이시어 돌아오시오, 마음껏 맛보시오! 신선한 큰 거북과 먹음직스런 닭을, 초나라의 유장乳漿과 어우러지게 했소. 저린

돼지고기와 말린 개고기에, 양하蘘荷를 잘게 썰어 넣었다오. 신맛 나는 오나라의 쑥으로 만든 죽은, 맛이 진하지도 너무 담백하지도 않다오. 혼이시어 돌아오시오, 마음껏 골라보시오! 재두루미를 굽고 들오리를 찌고, 메추리를 삶아 올린다오. 붕어를 지지고 참새를 국으로 만들어, 얼른 먹으면 개운한 맛이 일품이라오. 혼이시여 돌아오시오, 좋은 음식을 먼저 드시오! 네 동이에 익힌 술 모두 익어, 목구멍에 넘길 때 쓰지 않다오. 맑고 향기 좋은 술은 차갑게 마시는 것이 제격이고, 독한 술은 머리를 아프게 할 수 있으니 마시지 마시오. 오나라의 단술은 흰 누룩으로 숙성하고, 초나라에서 거른 술과 섞였소. 혼이시여 돌아오시오, 두려워하거나 경계하지 마시오.

초
사
—
234

五穀六仞, 設菰粱只. 鼎臑盈望, 和致芳只. 內鶬鴿鵠, 味豺羹只. 魂乎歸徠, 恣所嘗只! 鮮蠵甘雞, 和楚酪只. 醢豚苦狗, 膾苴蓴只. 吳酸蒿蔞, 不沾薄只. 魂兮歸徠, 恣所擇只! 炙鴰烝鳬, 煔鶉陳只. 煎鰿臛雀, 遽爽存只. 魂乎歸徠, 麗以先只! 四酎幷孰, 不澀嗌只. 清馨凍飲, 不歠役只. 吳醴白蘗, 和楚瀝只. 魂乎歸徠, 不遽惕只!

仞인: 길길이 단위, 재다. 菰고: 풀 이름. 臑노: 삶다. 鶬창: 왜가리. 鴿합: 비둘기. 鵠곡: 고니. 豺시: 승냥이. 羹갱: 국. 蠵휴: 바다거북. 酪낙: 타락, 죽. 醢해: 젓갈. 豚돈: 돼지. 膾회: 잘게 저미다, 회치다. 苴저: 풀 이름. 蓴순: 순채. 蒿호: 쑥. 蔞루: 쑥. 炙자: 굽다. 鴰괄: 재두루미. 煔점: 태우다, 데치다. 鶉순: 메추라기. 鰿적: 붕어. 臛학: 고깃국. 遽거: 재빠르게. 酎주: 술을 빚다. 澀삽: 떫다. 嗌익: 목구멍. 歠철: 마시다. 醴례: 단술. 蘗얼: 누룩. 瀝력: 거르다, 방울져 떨어지는 술. 惕척: 두려워하다.

○六仞육인: 42척尺 내지 48척. 1인은 7척 내지 8척. ○菰粱고양: 고미菰米. 수초의 일종. 잎은 자리를 만드는데 쓰이고, 열매와 어린 싹은 식용함. ○盈望

영망: 솥의 바깥쪽 쪽까지 가득함. "망"은 가, 테두리. ○和화: 넣음. ○致치: 구함. ○內내: 살점. "내胒"와 통함. ○味미: 맛이 어우러짐. ○苦狗고구: 말린 개고기. "고"는 "고枯"와 통함. ○苴蓴저순: 양하蘘荷. 수초 이름. 여름과 가을에 흰 꽃이 핌. 뿌리는 생강 같이 생겨 약으로도 복용할 수 있음. ○蒿蔞호루: 쑥. ○沾첨: 맛이 진함. ○爽存상존: 입안에 상큼한 맛이 전해옴. ○麗려: 좋은 음식. ○四酎사주: 네 동이의 빚은 술. ○淸馨청형: 맑고 향기 좋은 술. ○役역: 강렬하다. 도수가 높은 술을 의미. "열烈"과 통함. ○白糵백얼: 백곡白曲. 흰 누룩. ○遽惕거척: 경계하고 두려워함.

[4]

대代나라·진秦나라·정鄭나라·위衛나라의 음악이 있어 피리를 불어 연주하오. 복희씨가 지었다는 "가변駕辯"도 있고, 초나라의 노래인 "노상勞商"도 있소. 함께 "양아揚阿"를 부르면, 조나라의 퉁소가 먼저 연주하오. 혼이시여 돌아오시오, 거문고 공상空桑을 조율해 주시오. 16명의 무녀가 이어가며 춤을 추고, 가락에 맞춰 시를 읊조리오. 종을 치고 석경을 두드리며 악공은 일사분란하게 움직이오. 네 나라의 음악이 기세를 다투니 음악의 변화가 실로 그지없다오. 혼이시여 돌아오시오, 노래가 다 준비되었으니 듣기에 충분할 것이오! 붉은 입술과 하얀 치아의 여인들 곱고도 아름답다오. 하나같이 어질고 정숙함을 좋아하며 예의도 밝고 고상하다오. 풍만한 피부와 가느다란 기골에, 상냥하여 즐겁게 해준다오. 혼이시여 돌아오시오, 편안하게 쉬시오! 아름다운 눈에 잘 어울리는 미소, 가늘고 긴 예쁜 눈썹을 하고 있다오. 수려하고 고상하며 홍조 띤 얼굴은 여리기도 하오. 혼이시여 돌아오시오, 조용하고 편안하게 지내시오! 몸은 늘씬하고 우아하며 곱고 아름답다오. 도타운 두 뺨과 뒤로 향한 귀에,

살짝 굽은 눈썹은 반달 같다오. 마음은 넓고 자태는 고와, 그 아름답고 고상함이 더 잘 드러나오. 가는 허리에 가냘픈 목은 허리를 묶는 띠와 같소. 혼이시여 돌아오시오, 원망 어린 마음을 풀어줄 것이오! 생각이 빨라 마음을 잘 헤아리고 동작도 민첩하오. 하얀 분을 바르고 짙게 눈썹을 칠하며, 향기로운 기름을 발랐다오. 긴 소매로 얼굴을 살짝 가리면 손님들이 자리를 떠나지 못하오. 혼이시여 돌아오시오, 즐거운 밤을 보내시오. 양쪽의 검은 눈썹은 맞닿아 있고 눈은 예뻐 초롱초롱하오. 보조개 핀 두 뺨에 치아는 예쁘고 웃는 모양은 더할 나위 없이 보기 좋다오. 풍만한 몸매에 가녀린 기골이니 몸은 가볍고 어여쁘오. 혼이시여 돌아오시오, 마음껏 골라보시오.

代秦鄭衛, 鳴竽張只. 伏戱"駕辯", 楚"勞商"只. 謳和"揚阿", 趙簫倡只. 魂乎歸徠, 定空桑只! 二八接舞, 投詩賦只. 叩鍾調磬, 娛人亂只. 四上競氣, 極聲變只. 魂乎歸徠, 聽歌譔只! 朱脣皓齒, 嫭以姱只. 比德好閑, 習以都只. 豊肉微骨, 調以娛只. 魂乎歸徠, 安以舒只! 嫭目宜笑, 娥眉曼只. 容則秀雅, 稚朱顔只. 魂乎歸徠, 靜以安只! 嫭修滂浩, 麗以佳只. 曾頰倚耳, 曲眉規只. 滂心綽態, 姣麗施只. 小腰秀頸, 若鮮卑只. 魂乎歸徠, 思怨移只! 易中利心, 以動作只. 粉白黛黑, 施芳澤只. 長袂拂面, 善留客只. 魂乎歸徠, 以娛昔只! 靑色直眉, 美目媔只. 靨輔奇牙, 宜笑嗎只. 豊肉微骨, 體便娟只. 魂乎歸徠, 恣所便只!

謳구: 노래하다. 倡창: 부르다. 嫭호: 아름답다. 嫭호: 아름답다. 曼만: 끌다, 길다, 아름답다. 稚치: 어리다. 滂방: 비가 퍼붓다. 麗려: 곱다. 頰협: 뺨. 綽작: 몸이 가냘프고 맵시가 있다. 頸경: 목. 黛대: 눈썹먹. 袂몌: 소매. 媔면: 눈매

예쁘다. 靨엽: 보조개. 嗎언: 웃는 모양.

○伏戲복희: 복희씨伏戲氏. 전설에 의하면 거문고를 처음으로 만들었다고 함.
○駕辯가변: 복희씨伏戲氏가 지은 악곡. ○和화: 합창함. ○揚阿양아: 초나라
의 악곡 이름. ○定정: 조율함. ○空桑공상: 거문고 이름. ○二八이팔: 16명. 여
덟 명씩 두 열로 나눔. ○役역: 가락에 맞춤. ○亂난: 일사불란함. ○四上사상:
앞에 나온 네 나라, 즉 대나라·진나라·정나라·위나라. ○競氣경기: 음악의
기세. ○譔선: 갖추다. ○比비: 같음. ○閑한: "한嫺"과 통함. ○習습: 예의에 밝
음. ○都도: 우아함. ○調조: 상냥함. ○宜笑의소: 미소가 어울림. ○娥眉아미:
가늘고 긴 여인의 아름다운 눈썹. ○容則용칙: 용모. "칙"은 모양. ○滂浩방호:
우아함. ○曾頰증협: 도타운 뺨. "증"은 두텁다. ○倚耳의이: 귀가 머리 쪽으로
바짝 붙은 모양. ○規규: 원의는 원圓. 이곳에서는 반원半圓을 의미. ○滂心방
심: 마음이 넓음. ○施시: 드러남. ○鮮卑선비: 허리를 묶는 띠. ○移이: 딴 곳
으로 가다. 이곳에서는 없애준다는 의미. ○易中역중: 생각이 빠름. ○利心이
심: 마음을 잘 헤아림. "이"는 뛰어나다. ○芳澤방택: 향기로운 기름. ○拂불:
가림. "폐蔽"와 통함. ○昔석: 밤. ○靑色청색: 검은색. ○直眉직미: 양쪽 눈썹
이 서로 닿음. "직"은 "값値" 같음. "치"는 만나다. ○靨輔엽보: 보조개 핀 두
뺨. "보"는 두 뺨.

[5]

집은 넓고 크며, 붉은 모래로 장식한 전당은 수려하오. 남쪽에는
곁채와 작은 정원이 있고, 누대의 처마 아래에는 긴 수조가 있다오.
주위의 누각에는 긴 복도가 있고 가축을 기르기도 좋다오. 밖으로
수레를 몰아 노닐고 봄에는 동산에서 사냥을 할 수 있다오. 옥을 넣
은 수레바퀴와 금을 상감한 끌채는 꽃이 빛을 발하듯 아름답다오.
백지·난초·계수나무가 길가에 무성하게 자란다오. 혼이시여 돌아
오시오, 생각한대로 마음껏 해보시오. 공작새가 동산에 가득하고
난새와 봉황도 기르오. 댓닭과 학들이 일제히 새벽을 알리며 추창

화려한 전당과 밖의 각종 새들이 노니는 장면.

鵁鶄도 섞여 있다오. 백조는 돌아가며 노닐고 숙상鷫鷞은 길게 이어져 날아가오. 혼이시어 돌아오시오, 봉황이 비상하고 있음을 보시오.

夏屋廣大, 沙堂秀只. 南房小壇, 觀絶霤只. 曲屋步壛, 宜擾畜只. 騰駕步遊, 獵春囿只. 瓊轂錯衡, 英華假只. 苪蘭桂樹, 鬱彌路只. 魂乎歸徠, 恣志慮只! 孔雀盈園, 畜鸞皇只. 鵾鴻群晨, 雜鶩鵁只. 鴻鵠代游, 曼鷫鷞只. 魂乎歸徠, 鳳皇翔只!

霤류: 낙숫물, 처마. 壛염: 거리, 섬돌. 擾요: 길들이다. 騰등: 타다. 囿유: 동산. 轂곡: 바퀴통. 衡형: 수레의 채 끝에 댄 횡목. 慮려: 생각하다. 鵾곤: 댓닭. 鶩추: 무수리. 鵁교: 왜가리. 鷫숙: 기러기. 鷞상: 새 이름.

○夏하: 큰집. "하厦"와 통함. ○沙堂사당: 붉은 모래로 칠한 전당. "사"는 붉은 모래, 주사朱砂. ○房방: 정실正室 양 옆쪽의 방. ○壇단: 정원. ○觀관: 궁실에서 가장 크고 높은 누대. ○絶霤절류: 처마 아래에 빗물을 받기 위해 설치한 긴 수조. ○曲屋곡옥: 집 주위를 둘러싼 누각. ○步壛보염: 긴 복도. ○騰駕등가: 수레를 탐. ○錯착: 상감함. ○英華영화: 꽃. ○假가: 아름다움. "가嘉"와 통함. ○彌미: 두루, 널리. ○志慮지려: 뜻대로 함. "려"는 꾀하다. ○鶩鵁추교: 물새 이름. 머리에 털이 없고 매섭다고 함. ○鴻鵠홍곡: 백조. ○曼만: 끝없이 이어짐. ○鷫鷞숙상: 물새 이름. 몸은 초록색을 띠며 목이 김.

[6]

피부는 반질해지고 얼굴에는 화색이 돌며 혈기는 왕성해지오. 그대에게 영원히 알맞으니 천수를 지킬 수 있을 것이오. 가족들은 조정에 가득해지고 작위와 봉록은 풍성해질 것이오. 혼이시여 돌아오시오, 집에 계시면 얼마나 편안하시겠소! 길은 천리나 이어지고, 나가면 뒤따르는 거마車馬들이 구름 같이 많다오. 여러 작위의 귀족들, 신명나게 정무를 처리하오. 백성들의 생사와 안위를 잘 살피며 고아와 과부들을 위로하오. 혼이시여 돌아오시오, 정무의 선후를 결정하시오! 마을과 도시를 수많은 길로 잇고 나라는 강해지고 풍요로워 질 것이오. 아름다운 정치가 백성들을 지켜주고 임금의 은택은 널리 알려지오. 위엄을 먼저 세우고 어진 정치를 펴니 정사가 훌륭하고 아름다우며 밝게 빛나오. 혼이시어 돌아오시오, 상벌을 공평하게 시행하시오! 명성은 해와 같아 천하를 비출 것이오. 덕과 명성이 하늘처럼 높으니 천하의 백성들이 잘 다스려질 것이오. 북으로는 유주幽州에 이르고, 남으로는 교지交阯까지 이를 것이오. 서쪽으로는 양장산羊腸山에 다가가고, 동쪽으로는 곧장 바다까지 간다오. 혼이시여 돌아오시오, 어진 인재들을 등용해주시오! 정령政令을 내림에 덕이 있는 이를 등용하고 가혹하고 사나운 정치를 금해주시오. 뛰어난 인재들을 뽑아 조정의 계단을 지키게 하고 무능한 사람들을 벌하고 꾸짖어 주시오. 충직한 신하들이 관직에 있음은 우임금이 백성들을 다스린 것에 가까운 것이오. 어질고 재능 있는 사람이 정사를 돌보면 은택이 백성들에게 두루 미칠 것이오. 혼이시여 돌아오시오, 나라를 다스려주시오! 명성과 위엄은 혁혁하시고 덕행은 밝아 하늘에 비견되오. 삼공三公이 화목하고 공경하며 조당을 오르내리오. 제후들이 모두 알현하러 오면 구경九卿으로 삼으오. 활을 쏘는 목적이 정해지면 임금의 과녁을 설치해주오. 활을 잡고 화살을 드니 서로 예로 양보하오. 혼이시여 돌아오시오, 세 분의 임금을 받드시오.

공경한 관리들과 활을 쏠 때 양보하는 장면.

曼澤怡面, 血氣盛只. 永宜厥身, 保壽命只. 室家盈廷, 爵祿盛只. 魂乎
歸徠, 居室定只! 接徑千里, 出若雲只. 三圭重侯, 聽類神只. 察篤夭隱, 孤
寡存只. 魂乎歸徠, 正始昆只! 田邑千畛, 人阜昌只. 美冒衆流, 德澤章只.
先威後文, 善美明只. 魂乎歸徠, 賞罰當只! 名聲若日, 照四海只. 德譽配
天, 萬民理只. 北至幽陵, 南交阯只. 西薄羊腸, 東窮海只. 魂乎歸徠, 尚賢
士只! 發政獻行, 禁苛暴只. 擧傑壓陛, 誅譏罷只. 直贏在位, 近禹麾只. 豪
傑執政, 流澤施只. 魂乎歸徠, 國家爲只! 雄雄赫赫, 天德明只. 三公穆穆,
登降堂只. 諸侯畢極, 立九卿只. 昭質旣設, 大侯張只. 執弓挾矢, 揖辭讓只.
魂乎歸徠, 尚三王只!

초
사
—
242

圭규: 홀笏. 昆곤: 뒤, 다음. 畛진: 두렁길. 阜부: 커지다. 冒모: 덮다. 阯지:
터, 토대. 苛가: 사납다. 赫혁: 붉다, 빛나다. 揖읍: 사양하다.

○曼澤만택: 윤기가 돌고 반질함. ○接徑접경: 연결된 도로. ○三圭삼규: 공
公·후侯·백伯의 귀족들. "규"는 고대 제후가 조회나 회동할 때 손에 갖는 위
가 둥글고 아래가 모진 길쭉한 옥. ○重侯중후: 자子·남男의 귀족들. ○聽청:
정무를 처리함. ○類神유신: 신神과 같음. ○篤독: 바로잡음. "독督"과 통함.
○夭隱요은: 일찍 죽는 것과 병드는 것. ○存존: 안부를 물음. ○正정: 정함.
○始昆시곤: 선후先後. 정무의 선후를 의미. ○田邑전읍: 농촌과 도시. ○千畛
천진: 수많은 갈래의 길. ○衆流중류: 사람들. ○章장: 드러남. "창彰"과 같음.
○當당: 균형이 있음. ○幽陵유릉: 유주幽州. 중국 고대 행정구역의 하나. ○
交阯교지: 옛 지명. ○薄박: 다가가다. ○羊腸양장: 산 이름. 지금의 산시山西
성 징러靜樂 일대. ○獻行헌행: 덕행이 있는 사람을 등용함. "헌"은 나아가다.
○壓陛압폐: 조정의 계단을 지킴. 능력 있는 사람들이 조정에 가득함을 의미.
"압"은 누르다. ○誅譏주기: 벌하고 꾸짖음. ○罷파: 무능한 사람. "피疲"와 통
함. ○直贏직영: 바르고 곧은 사람. "영"은 "영贏"과 통함. "영贏"은 충만하다.
○禹麾우휘: 우임금이 백성들을 지휘한 것. "휘"는 지휘하다. ○雄雄赫赫웅웅
혁혁: 명성과 위엄이 가득한 모양. ○三公삼공: 군주를 도와 국정을 책임지는
세 명의 최고위 관직. ○穆穆목목: 화목하고 공경함. ○畢極필극: 모두 옴. ○
九卿구경: 삼공三公 아래 아홉 개 부서의 장관들. ○昭質소질: 과녁. "초질招

質"과 통함. "초"와 "질"은 모두 과녁 내지 목표를 의미. ○大侯대후: 천자가 활을 쏘는 과녁. "후"는 천이나 짐승가죽으로 만든 과녁. 천자의 과녁은 곰의 가죽으로 만든 과녁에 하얀 색이었다고 함. ○揖辭讓읍사양: 예로써 사양하다. 세 글자 모두 "사양하다"의 의미. ○三王삼왕: 하나라의 우禹 임금·상나라의 탕湯 임금·주나라의 문왕文王을 말함.

「구변九辯」은 송옥宋玉의 작품이다. 이 편은 송옥이 초나라 유왕幽王 때, 즉 그의 나이 60세가 넘었을 무렵의 가을날에 감흥이 일어 지난날을 회상하며 지었다고 한다. 따라서 작가가 만년에 지은 자전적인 시라고 할 수 있다. "구변"은 "구가九歌"처럼 옛 악곡 이름인데, 송옥이 이를 빌려 새로운 형태의 시를 쓴 것이다. 명나라 사람 왕부지王夫之는 이에 대해 『초사통석楚辭通釋』에서 다음과 같이 말했다.

"'변'은 '편'과 같다. '일결'을 '일편'이라고 한다. 이 역시 하나라 계의 「구변」의 이름을 본받아 옛 형식을 새로운 체제로 이었는데, 악기로 연주할 수 있다. 그 가사가 격정적이고 자유분방하며 힘차서 『시경』과 다르니 초나라의 소리다."

辯, 猶遍也, 一闋謂之一遍. 蓋亦效夏啓『九辯』之名, 紹古體爲新裁, 可以被之管弦, 其辭激宕淋漓, 異於風雅, 蓋楚聲也

때문에 "구변"은 "구결" 내지 "구편"과 같다. 이는 "구변"이 여러 개의 악장이 결합되어 이루어진 곡이라는 것을 말한다.

「구변」은 총 255개의 구로 되어 있고 글자 수는 1500여 자로, 초사에서 「이소」 다음으로 길다. 내용은 소인배들이 나라를 망치는 암울한 현실과 뜻을 이루지 못한 선비들의 비참한 생활을 그리면서 재능을 가지고 있으면서 뜻을 이루지 못하고 만년에 어느 것 하나 이루어 놓은 것이 없는 분한 마음을 읊고 있다.

이 편은 내용과 형식에서 「이소」의 영향을 받았으며, 「이소」의 뒤를 잇는 초사 문학의 걸작으로 평가받고 있다.

슬퍼라, 가을 기운이여! 스산해라, 초목들 흔들리며 떨어지고 시
듦이. 처량해라, 먼 길을 가고 산을 오르고 강물에 와서 사람을 보
내고 돌아가듯이. 광활해라, 하늘은 높고 기운이 맑은 것이. 고요해
라, 고인 물 빠져 맑아진 물처럼. 비통하게 거듭 탄식하니 가을의 한
기 엄습해오네. 실의에 빠져 슬퍼하며 옛 것 버리고 새 것 찾으며,
길이 순탄치 않아 빈사貧士는 자리를 잃고 마음이 편치 않네. 타향
에서 나그네 되어 적적해도 친구가 없고, 남몰래 슬퍼하며 자신을
불쌍히 여기네. 제비는 가볍게 날개 짓하며 고향으로 돌아가고 매미
는 소리 없이 고요히 있네. 기러기들 끼룩끼룩 남쪽으로 날아가고
곤계鵾鷄는 찍찍 슬피 짖네. 홀로 새벽까지 잠들지 못하고 귀뚜라미
밤새도록 뛰어다님을 슬퍼하네. 시간은 계속 흘러 중년을 지났건만
오랜 객지생활에 이룬 것 하나 없네.

　　悲哉, 秋之爲氣也! 蕭瑟兮草木搖落而變衰. 憭慄兮若在遠行, 登山臨水
兮送將歸. 泬寥兮天高而氣淸, 寂寥兮收潦而水淸. 憯悽增欷兮薄寒之中人.
愴怳懭悢兮去故而就新, 坎廩兮貧士失職而志不平. 廓落兮羈旅而無友生,
惆悵兮而私自憐. 燕翩翩其辭歸兮, 蟬寂寞而無聲. 雁癕癕而南遊兮, 鵾鷄
啁哳而悲鳴. 獨申旦而不寐兮, 哀蟋蟀之宵征. 時亹亹而過中兮, 蹇淹留而無
成.

먼 길을 가고 사람을 보내듯 처량해하는 모습.

하다, 서러워하다. 坎감: 험하다, 험난하다. 廩름: 곳집. 廓곽: 텅 비다. 惆추: 슬퍼하다. 翩편: 빨리 날다. 癰옹: 악창. 喗조: 시끄럽게 떠들다, 새나 짐승이 우는 소리. 鵾곤: 댓닭. 哳찰: 새가 지저귀는 소리. 蟋실: 귀뚜라미. 蟀솔: 귀뚜라미. 亹미: 힘쓰다.

○蕭瑟소슬: 초목들이 바람에 흔들리며 나는 소리. ○憭栗요률: 처량함. ○沆瀁혈요: 광활한 모양. ○寂寥적요: 고요한 모양. ○收潦수료: 고인 물이 빠짐. ○憯凄참처: 비통함. ○薄寒박한: 살짝 추운 기운. ○中人중인: 사람에 엄습함. "중"은 맞히다. ○愴悅창열: 실의에 빠짐. ○懭悢광량: 뜻대로 되지 않아 슬퍼함. ○坎廩감름: 순탄치 않음. "감름坎懍"이라고도 함. ○廓落곽락: 공허하고 적막함. ○羇旅기려: 타향에서 나그네가 됨. "여"는 나그네. ○翩翩편편: 가볍고 빠르게 나는 모양. ○癰癰옹옹: 기러기가 우는 소리. ○鵾鷄곤계: 새의 일종. 학과 같이 생겼고 황백색의 깃털을 가지고 있다함. ○喗哳조찰: 시끄럽게 지저기는 소리. ○申旦신단: 날이 밝음. ○宵征소정: 밤에 뛰어 노님. ○亹亹미미: 멈추지 않고 나아가는 모양. ○蹇건: 발어사. "건謇"과 통함. ○淹留엄류: 오래 머무름.

[2]

쓸쓸히 혼자 있으니 슬프고 고달파, 아름다운 사람은 마음이 편치 않네. 정든 고향 떠나 객지를 떠돌고 의지할 곳 없으니 지금 어디로 갈 수 있을까? 그댈 그리는 마음은 한결 같은데 몰라주시니 어찌하나? 원망과 그리움은 쌓여가고 답답하고 괴로운 마음에 침식조차 폐하네. 한 번이라도 뵈어 내 뜻 전했으면 하건만 그대의 마음 나와 다르네. 수레 몰고 떠났다 다시 왔으나 그댈 보질 못해 마음이 너무 아프네. 수레난간에 기대 탄식하니 눈물은 줄줄 흘러 수레 앞턱 가로나무를 적시네. 분하고 억울해 죽고 싶어도 그렇게 하지 못하니 마음은 혼란스럽기만 하네. 언제까지 이렇게 남몰래 자신을 불쌍히 여겨야 하나? 곧고 진심 어린 마음은 가쁘게 뛰고 있네.

悲憂窮戚兮獨處廓, 有美一人兮心不繹. 去鄕離家兮徠遠客, 超逍遙兮今焉薄. 專思君兮不可化, 君不知兮可奈何? 蓄怨兮積思, 心煩憺兮忘食事. 願一見兮道余意, 君之心兮與余異. 車旣駕兮揭而歸, 不得見兮心傷悲. 倚結軨兮長太息, 涕潺湲兮下霑軾. 忼慨絶兮不得, 中瞀亂兮迷惑. 私自憐兮何極? 心怦怦兮諒直.

戚척: 재촉하다. 廓곽: 비다. 繹역: 풀다. 徠래: 오다. 憺담: 근심하다. 揭걸: 가다. 軨령: 사냥수레, 차상의 밑바닥에 대는 격자형의 틀. 潺잔: 눈물이 흐르는 모양. 湲원: 물 흐르다. 霑점: 젖다, 적시다. 忼강: 강개하다. 瞀무: 어둡다, 흐리다. 怦평: 조급하다, 성실하다. 諒량: 믿다, 진실 되다.

○窮戚궁척: 고달픔. ○超逍遙초소요: 먼 곳을 떠돎. 이곳에서는 의지할 곳이 없음을 의미. "초"는 멀다. ○薄박: 이르다. ○化화: 바꿈. ○煩憺번담: 어지럽고 걱정스러움. ○結軨결령: 수레난간. ○瞀亂무난: 혼란스러움. ○怦怦평평: 마음이 급한 모양. ○諒直양직: 진실 되고 곧음.

[3]

하늘이 사시를 균등하게 나누셨으니, 이 차가운 가을을 남몰래 슬퍼하네. 하얀 서리 이미 갖은 풀에 내리고 오동나무와 가래나무는 빨리도 떨어지는구나. 대낮의 밝은 해가 떠나가니 길고 긴 밤이 어지네. 젊었을 때의 향기롭고 무성함을 보내니 병들고 곤경에 처한 이 몸은 슬프고 처량해지네. 가을은 하얀 서리로 먼저 일깨워 주었건만 겨울은 또 차가운 서리까지 더해주네. 초여름의 무성함을 거두어가니 만물은 구덩이 속으로 깊이 숨네. 잎은 마르고 시들어 색

달을 보며 탄식하다 날이 밝는 모습.

채가 없고 가지는 어지럽게 얽혀있네. 색채는 무성한 시절 지나 이제 곧 시들겠고, 가지는 메말라 누렇게 변하네. 스산한 줄기에 사람은 슬프고 훼손된 겉모습에 피가 맺힌 듯 아프네. 어지러이 떨어지는 것을 생각하니 좋은 때를 만나지 못한 것이 한스럽네. 채찍 두고 고삐를 잡아 잠시 멀리 돌며 근심을 풀어 볼까나. 세월은 빨리 가서 또 한 해가 가고 내 수명 이제 얼마 남지 않은 것 두렵네. 내 생에 때를 만나지 못하고 이 혼란한 세상 살아가는 것이 마음 아프네. 마음 비우고 홀로 난간에 기대니, 서당西堂에서 귀뚜라미 울음소리 들리네. 걱정되고 두려워 마음은 어수선한데 어찌 이렇게도 근심스러울까? 밝은 달 보며 길게 한숨만 내쉬고 별빛 아래를 거닐다보니 날이 밝네.

皇天平分四時兮, 竊獨悲此凜秋. 白露旣下百草兮, 奄離披此梧楸. 去白日之昭昭兮, 襲長夜之悠悠. 離芳藹之方壯兮, 余萎約而悲愁. 秋旣先戒以白露兮, 冬又申之以嚴霜. 收恢台之孟夏兮, 然欲傺而沉藏. 葉菸邑而無色兮, 枝煩挐而交橫. 顔淫溢而將罷兮, 柯仿佛而萎黃. 萷櫹椮之可哀兮, 形銷鑠而瘀傷. 惟其紛糅而將落兮, 恨其失時而無當. 攬騑轡而下節兮, 聊逍遙以相伴. 歲忽忽而遒盡兮, 恐余壽之弗將. 悼余生之不時兮, 逢此世之俇攘. 澹容與而獨倚兮, 蟋蟀鳴此西堂. 心怵惕而震蕩兮, 何所憂之多方? 卬明月而太息兮, 步列星而極明.

凜름: 차다. 奄엄: 문득, 갑자기. 楸추: 가래나무. 藹애: 무성하다. 萎위: 마르다, 병들다. 申신: 거듭하다. 恢회: 넓다. 台태: 나. 欲감: 구멍, 함정. 傺제: 묵다. 菸어: 시들다. 挐나: 뒤섞다, 혼합하다. 溢일: 지나치다. 柯가: 나무줄기. 萷소: 잎이나 가지가 떨어진 줄기. 櫹숙: 무성하다. 椮삼: 밋밋하다. 鑠삭: 녹

이다. 瘀어: 어혈. 糅유: 섞다. 騑비: 곁말. 佯양: 헤매다. 遒주: 다가서다. 俇광: 허둥지둥하다. 攘양: 물리치다. 澹담: 담박하다. 怵출: 두려워하다. 惕척: 두려워하다. 卬앙: 우러러보다.

○離披이피: 떨어지고 나누어짐. 이곳에서는 나뭇잎이 떨어지는 것을 의미. ○萎約위약: 병들고 곤경에 처함. "약"은 고생하다. ○申신: 거듭함. ○恢台회태: 넓고 큰 모양. 만물이 무성함을 의미. ○然연: 바로. "내乃"의 의미. ○欿際감제: 구덩이 안에 머무름. "감"은 "갱坑"과 통함. "제"는 머물다. ○菸邑어읍: 마르고 시듦. ○煩拏번나: 어지럽게 뒤섞임. ○交橫교횡: 어지러이 엉켜 있음. ○顔안: 색채. 나뭇잎의 색채를 말함. ○淫溢음일: 두 글자 모두 지나침·과함의 의미. 이곳에서는 무성함을 의미. ○罷파: 지침. 나무가 시듦을 의미. "피疲"와 통함. ○仿佛방불: 색깔이 바래서 선명하지 않음. ○欑慘소삼: 스산함. "소삼 蕭森"과 같음. ○鎖鑠쇄삭: 원의는 녹다. 이곳에서는 나무가 훼손됨을 의미. ○瘀傷어상: 피가 맺힌 듯 아픔. ○惟유: 생각함. ○紛糅분유: 많고 어지러움. ○下節하절: 채찍을 내려둠. ○相伴상양: 둘러봄. "상양徜徉"과 같음. ○將장: 길다. ○俇攘광양: 혼란한 모양. ○容與용여: 한가로운 모양. ○蟋蟀실솔: 귀뚜라미. ○震蕩진탕: 마음이 어수선한 모양. ○步列星보열성: 뭇 별들 아래에서 거닒. ○極明극명: 날이 밝음. "극"은 이르다.

[4]

　남몰래 슬퍼하네. 겹겹이 핀 혜초 꽃, 큰 궁전에 무성했음을. 어찌하여 포개진 꽃에는 열매가 맺히지 않고, 비바람 따라 이리저리 날리나? 그대만이 이 혜초를 찬다고 여겼건만 어찌하여 여러 꽃과 같이 대하는가? 신묘한 계책이 올라가지 않음이 애통하니 그대를 떠나 멀리 날아가네. 마음은 비통하고 처량하니 한 번만이라도 만나 내 마음을 밝혔으면. 죄가 없는데 쫓겨난 것 괴롭고, 답답하고 비통한 마음에 아픔만 더해가네. 그대를 생각함에 어찌 근심걱정하지 않겠냐만 그대의 문이 아홉 겹이라네. 사나운 개가 사람을 향해 으르렁거리고, 성문과 다리는 닫혀 있어 지나갈 수 없네. 하늘에서 가을비가 추적추적 하염없이 내리니 대지는 언제 마르려나? 외로이 이 황폐한 연못을 지키고 뜬 구름 보며 길게 한숨만 내쉬네.

　竊悲夫蕙華之曾敷兮, 紛旖旎乎都房. 何曾華之無實兮, 從風雨而飛颺? 以爲君獨服此蕙兮, 羌無以異於衆芳? 閔奇思之不通兮, 將去君而高翔. 心閔憐之慘悽兮, 願一見而有明. 重無怨而生離兮, 中結軫而增傷. 豈不鬱陶而思君兮? 君之門以九重. 猛犬狺狺而迎吠兮, 關梁閉而不通. 皇天淫溢而秋霖兮, 后土何時而得漮? 塊獨守此無澤兮, 仰浮雲而永歎.

曾증: 거듭하다. 敷부: 펴다, 퍼지다. 旖의: 깃발이 펄럭거리는 모양. 旎니 깃발이 펄럭거리는 모양. 颺양: 날리다. ○閔민: 마음 아파하다. 軫진: 아파하다. 陶도: 근심하다. 狺은: 으르렁거리다. 吠폐: 개가 짖다. 霖림: 장마. 漮건: 마르다.

○蕙華혜화: 혜초의 꽃. ○曾敷증부: 겹겹이 핌. "증"은 거듭하다. "층層"과 통함. "부"는 피다. ○旖旎의니: 무성한 모양. ○都房도방: 크고 아름다운 궁전. "도"는 크다. ○羌강: 어찌하여. ○奇思기사: 뛰어난 생각. ○閔憐민연: 비통함. ○重중: 마음이 착착함. ○無怨무원: 원망 받을 일을 하지 않음. 잘못을 한 적이 없음을 의미. ○生離생리: 억지로 떠남. "생"은 억지로. ○結軫결진: 답답하고 슬픔. ○鬱陶울도: 근심 걱정이 쌓여 있는 모양. ○九重구중: 천자에게로 가는 아홉 개의 문. ○狺狺은은: 으르렁거리는 소리. ○關梁관량: 성문과 다리. "관"은 원의는 문빗장. 이곳에서는 성문의 의미. ○淫溢음일: 지나치다. 이곳에서는 비가 오랫동안 내림을 의미. ○后土후토: 땅에 대한 존칭. ○塊괴: 고독함. ○無澤무택: 황폐한 연못. "무"는 "무蕪"와 통함.

[5]

세속에 물든 목장木匠들은 왜 법도를 어기고 규칙을 바꾸는가? 준마를 싫어해 타지 않고, 우둔한 말을 몰며 길을 가네. 지금 세상에 어찌 준마가 없으리? 정말이지 말을 잘 부리는 사람이 없네. 고삐 쥐는 이가 말을 잘 모는 사람이 아니면, 천리마는 몸부림치고 날뛰며 멀리 가버리네. 오리와 기러기는 기장과 수초를 먹고, 봉황은 높이 비상하며 멀리 날아가네. 둥근 구멍이 네모난 장부를 만나면, 나는 맞지 않아 들어가지 않음을 안다네. 새들은 올라가 머물 곳이 있다지만, 봉황은 머물 곳을 찾지 못해 조급해하네. 입을 다물고 가만히 있으려고 했지만 일찍이 그대의 큰 총애를 받았네. 강태공이 90세에 입신출세한 것은 실로 성군을 만나지 못했기 때문이라네. 준마는 어디로 돌아가는가? 봉황은 어디에 깃드는가? 세상은 혼미하고 옛 풍속은 바뀌어, 지금 말을 보는 사람들은 살찐 말만 고르네. 준마는 숨어 모습을 드러내지 않고 봉황은 높이 날며 내려오지 않네. 금수도 은혜에 고마워하는 법을 알건만 어진 신하가 어찌 조정에 있지 않음을 말하나? 준마는 빨리 나아가 몰아주길 바라지 않고 봉황도 먹이를 탐해 아무 것이나 먹지 않는다네. 그대가 잘 살피지 못해 멀리 버린 것이니 충성을 다하고자 한들 어찌 할 수 있으리. 조용히 있으면서 그대 생각을 접고자 하나 처음에 입었든 큰 은혜를 잊지 못하네. 슬프고 걱정스런 마음은 사람을 아프게 하고 이치미는 분노와 답답함은 언제쯤 끝이 나려나!

何時俗之工巧兮, 背繩墨而改錯? 却騏驥而不乘兮, 策駑駘而取路. 當世豈無騏驥兮? 誠莫之能善御. 見執轡者非其人兮, 故駒跳而遠去. 鳧雁皆

오리와 기러기가 기장과 수초를 먹고 봉황이 멀리 날아가는 모습.

噯夫粱藻兮, 鳳愈飄翔而高擧. 圖鑿而方柄兮, 吾固知其鉏鋙而難入. 衆鳥
皆有所登栖兮, 鳳獨遑遑而無所集. 願銜枚而無言兮, 嘗被君之渥洽. 太公
九十乃顯榮兮, 誠未遇其匹合. 謂騏驥兮安歸? 謂鳳皇兮安栖? 變古易俗
兮世衰, 今之相者兮擧肥. 騏驥伏匿而不見兮, 鳳皇高飛而不下. 鳥獸猶知

懷德兮, 何云賢士之不處? 驥不驟進而求服兮, 鳳亦不貪餧而妄食. 君棄遠

而不察兮, 雖願忠其焉得? 欲寂漠而絶端兮, 竊不敢忘初之厚德. 獨悲愁其

傷人兮, 馮鬱鬱其何極!

_____

駑노: 둔하다, 무디다. 駘태: 둔한 말. 轡비: 고삐. 踢국: 말이 서서 몸부림치
다. 鳧부: 오리. 唼삽: 쪼아 먹다. 粱양: 기장. 藻조: 수초. 圜환: 둥글다. 鑿
조: 구멍. 柄예: 장부, 촉꽂이. 鉏서: 호미, 김매다, 죽이다. 鋙어: 어긋나다. 遑
황: 바쁘다. 枚매: 줄기. 渥악: 두텁다. 洽흡: 윤택하다. 匿닉: 숨다. 驟취: 빠르
다. 餧위: 먹이다.

○時俗시속: 세속. ○工巧공교: 장인들. 이곳에서는 목장木匠을 의미. ○繩墨
승묵: 법도. ○錯착: 조치. "措措"와 통함. ○策책: 채찍질함. 말을 모는 의미.
○粱藻양조: 기장과 수초. ○圜鑿환착: 둥근 구멍. "환"은 "圓圓"과 같음. ○方
柄방예: 네모난 장부. ○鉏鋙서어: 서로 어긋나 맞지 않음. "齟齬저어"와 같음.
○遑遑황황: 급해하는 모양. ○銜枚함매: 병사들이 행군할 때 소리 나는 것을
방지하기 위해 젓가락 같은 것을 입에 물었다고 함. 이곳에서는 입을 다무는
의미. ○渥洽악흡: 두터운 은혜. ○太公공: 강태공. ○匹合필합: 자신을 알
아주는 임금. ○相者상자: 말을 보는 사람들. "상"은 보다. ○伏匿복익: 숨음.
○懷德회덕: 은혜에 고마워하고 잊지 않음. ○不處불처: 조정에 있지 않음. ○
求服구복: 몰아주길 바람. "복"은 몰다. ○絶端절단: 생각을 끊임. 임금을 생
각하지 않겠다는 의미. ○馮풍: 대노함. ○極극: 끝남.

[6]

  서리와 이슬 함께 내리니 애처로워, 속으로 풀을 시들게 하려는
서리와 이슬의 뜻대로 되지 않길 바라네. 싸라기눈과 눈이 섞여 어
지러이 내리니, 명운이 다 되었음을 알겠네. 요행스런 마음 갖고 기
다리나, 초목이 무성한 곳에서 야초와 함께 죽을 것이라네. 곧장 달

려가 하소연하려 해도 길이 막혀 갈 수 없네. 길 따라 수레를 몰고 가고 싶어도 어디로 가야할 지 모르겠네. 중도에 갈피를 잡지 못해 『시경』을 읊조리며 마음을 추슬러 보네. 성품이 우둔하고 견문이 좁아 실로 느긋하고 여유롭게 일하지 못한다네. 신포서申包胥(초나라의 대부 이름)의 큰 용기를 몰래 찬미하나 시대가 그때와 다른 것이 두렵네. 어찌하여 세속에 물든 목장들은 법도를 없애고 규칙을 바꾸나? 나만 밝고 곧아 세속에 물들지 않고 전대 성현들이 남긴 가르침을 흠모하네. 혼탁한 세상에 출세하여 부귀영화 누리는 것, 내가 좋아하는 것이 아니네. 의로움이 없이 이름만 있으니 차라리 궁벽하게 살면서 고고한 절개 지키리. 배부르고자 비굴하게 행동하지 않고 따뜻하고자 구차하게 굴지 않으리. 시인들이 남긴 가르침을 몰래 흠모하고 보잘 것 없는 밥에 뜻을 두리. 보잘 것 없는 옷에 끝없는 고행의 길은, 가없이 이어진 무성한 숲과 같네. 겨울 이겨낼 가죽 옷 없으니 봄날의 햇살을 보지 못하고 어느 순간 죽을까 두렵네.

霜露慘凄而交下兮, 心尙幸其弗濟. 霰雪雰糅其增加兮, 乃知遭命之將至. 願徼幸而有待兮, 泊莽莽與野草同死. 願自直而徑往兮, 路壅絶而不通. 欲循道而平驅兮, 又未知其所從. 然中路而迷惑兮, 自壓桉而學誦. 性愚陋以褊淺兮, 信未達乎從容. 竊美申包胥之氣盛兮, 恐時世之不固. 何時俗之工巧兮, 滅規矩而改鑿? 獨耿介而不隨兮, 願慕先聖之遺教. 處濁世而顯榮兮, 非余心之所樂. 與其無義而有名兮, 寧窮處而守高. 食不媮而爲飽兮, 衣不苟而爲溫. 竊慕詩人之遺風兮, 願託志乎素餐. 蹇充倔而無端兮, 泊莽莽而無垠. 無衣裘以御冬兮, 恐溘死不得見乎陽春.

凄처: 쓸쓸하다. 幸행: 바라다. 霰산: 싸라기눈. 霧분: 비나 눈이 내리는 모양, 어지럽다. 徽요: 구하다, 순행하다. 洎박: 얇다. 莽망: 우거지다. 壅옹: 막다. 壓압: 누르다. 桉안: 유칼립투스나무. 褊편: 좁다. 媮유: 구차하다. 倔굴: 고집 세다. 溘합: 갑자기.

○弗濟불제: 성공하지 못함. 이곳에서는 서리와 이슬이 초목들을 시들게 하는 일이 이루어지지 않음을 의미. ○遭命조명: 만날 운명. ○徼幸徼幸: 요행히. "요행僥倖"과 같음. ○洎박: 초목이 무성하게 자란 곳. "박薄"과 통함. "박薄"은 나무가 무성한 숲. ○莽莽망망: 초목이 무성하게 우거진 모양. ○自直자직: 자신의 억울함을 하소연함. ○壓桉압안: 억누름. 이곳에서는 마음을 억눌러 안정시킨다는 의미. "안"은 "안按"과 통함. "안按"은 억누르다. ○學誦학송: 배워 암송함. 이곳에서는『시경』을 읊조리는 것을 의미. ○愚陋우루: 어리석고 미천함. ○褊淺편천: 마음이나 견문이 좁고 얕음. ○從容종용: 느긋하고 여유로움. ○신포서申包胥: 초나라의 대부. 기원전 506년 겨울, 오나라가 초나라를 공격해 수도 영도를 함락했다. 초 소왕昭王은 수隨나라로 피신했다. 신포서가 구원병을 청하러 진秦나라에 갔다. 그는 조정의 벽에 기대고 아무 것도 먹지 않고 7일 밤낮으로 울었다. 진 애공哀公이 그의 정성에 감동해 구원병을 출정시켜 초나라를 구했다고 한다. ○氣盛기성: 큰 용기. ○固고: "동同"이 잘못 전해진 것. ○規矩규구: 법도. ○改鑿개착: "개착改錯"이 되어야 함. "개착改錯"은 조치를 바꿈. "착"은 "조措"와 통함. ○耿介경개: 밝고 곧음. ○蹇건: 발어사. "건謇"과 같음. ○充倔충굴: 원의는 테두리가 없는 짧은 옷. 이곳에서는 남루한 옷을 의미. "祝裾충굴"과 같음. ○無端무단: 끝이 없음.

[7]

늦가을의 긴 밤을 생각하니 마음은 복잡하게 얽혀 괴롭기만 하고, 나이는 저 멀리 흐르는 물처럼 나날이 많아지니 슬픈 마음에 비통해지네. 사계절은 돌아 한 해가 또 저물고 음양은 함께 할 수 없네. 해는 서쪽으로 지려하고 밝은 달은 일그러지며 사라지려 하네. 한 해가 또 이렇게 갑작스럽게 다하니 늙어갈수록 자꾸 게을러지네. 설마 하는 마음을 갖고 기뻐해보나 희망이 없음을 슬퍼하네. 비통하고 처량한 마음에 길게 탄식하고 거듭 흐느끼네. 세월은 끝없이 하루하루 흘러가는데 늙으니 적적하고 몸 둘 곳 없네. 나라의 일 열심히 하여 큰 공을 쌓아야 하나 이곳에서 오랫동안 머뭇거리고 있네.

靚杪秋之遙夜兮, 心繚悷而有哀. 春秋逴逴而日高兮, 然惆悵而自悲. 四時遞來而卒歲兮, 陰陽不可與儷偕. 白日晼晚其將入兮, 明月鎖鑠而減毁. 歲忽忽而遒盡兮, 老冉冉而愈馳. 心搖悅而日幸兮, 然惄悵而無冀. 中憯惻而悽愴兮, 長太息而增欷. 年洋洋以日往兮, 老嶚廓而無處. 事亹亹而覬進兮, 蹇淹留而躊躇.

靚정: 정숙하다, 고요하다. 杪초: 나무 끝. 繚료: 감기다, 얽히다. 悷려: 서러워하다, 슬퍼하다. 逴탁: 멀다, 아득하다. 遞체: 번갈아, 교대로. 儷려: 나란히 하다, 짝. 偕해: 함께 있다. 晼원: 해가 지다. 冉염: 나아가다. 弛이: 늦추다. 惄초: 슬프다. 憯참: 슬퍼하다, 비통해하다. 惻측: 슬퍼하다. 嶚교: 골짜기가 깊은 모양, 쓸쓸하다. 亹미: 힘쓰다. 覬기: 바라다. 淹엄: 오래되다, 머무르다. 躊주: 머뭇거리다. 躇저: 머뭇거리다.

○靚정: 원의는 정숙하다. 이곳에서는 생각하다의 의미. "靜靖"과 통함. "靜靖"은 생각하다. ○杪秋초추: 늦가을. ○繚悷요려: 얽어맴. ○儷偕여해: 함께 있음. ○晼晚원만: 해가 서쪽으로 짐. ○鎖鑠쇄삭: 일그러짐. ○搖悅요열: 기뻐함. "요"는 "요嗂"와 통함. "요嗂"는 즐겁다. ○幸행: 요행스런 마음. ○憯惻참측: 침통함. ○悽愴처창: 처량하고 슬픔. ○嶚廓교곽: 공허한 모양 "廖廓요곽"과 통함. ○亹亹미미: 열심히 노력하는 모양. ○覬進기진: 공을 쌓길 바람. "기"는 바라다. "진"은 나라를 위해 공功을 올리는 의미. ○淹留엄류: 오래 머무름. ○躊躇주저: 머뭇거림.

[8]

뭉게뭉게 피어나는 뜬 구름은 어찌 저 밝은 달을 그리도 빨리 가리나? 곧은 충정을 드러내고 싶었건만 해를 가려 어둡게 만드니 그러지 못하네. 밝은 해가 환하게 운행하길 바라나 그윽한 구름에 가려 있네. 자신의 역량을 헤아리지 않고 충성을 다했으나 누군가의 근거 없는 비방으로 해를 당했네. 요임금과 순임금의 고매한 행동, 분명하고 높아 하늘에 닿았네. 어찌하여 비방을 일삼는 이들은 질시하며, 어질지 못하다는 죄명을 씌우나? 저 해와 달은 밝게 비추기도 하지만 어두워지기도 하고 흠집도 생긴다네. 하물며 한 나라의 일에도 처리해야 일은 많고 복잡한 법이라네. 연 잎으로 만든 속적삼이 예쁘지만 지나치게 헐렁하면 묶을 수 없다네. 아름다움을 자랑하고 힘을 뽐내며, 좌우의 측근들만 믿으며 올곧다고 여기네. 잘 표현하지 않는 충직한 신하들을 미워하고 저 겉으로만 격앙하는 소인배들을 좋아하네. 종종걸음으로 가는 저 소인배들은 나날이 총애받고, 어진 이들은 멀리 떠나 점점 소원해지네. 농부가 밭을 갈지 않고 거드름을 피우면 논과 밭은 황폐해지겠지. 시간을 끌며 국사를 처리하면 사사로운 폐단이 많아지니, 훗날 국가의 존망을 걱정해야 된다네. 세상 사람들 이리저리 휩쓸려 다니며 과시하니, 상벌이 어찌 이리도 분명치 않는가! 지금 거울을 보며 자신을 다듬어야 훗날 숨어서 때를 기다릴 수 있으리. 저 유성에게 내 말을 전하려 해도 어찌하여 이리도 빨라 만나기 어려운가? 결국 이 뜬구름이 밝은 달을 가리니 아래 땅은 빛이 없는 어둠에 있네.

何泛濫之浮雲兮, 焱癰蔽此明月? 忠昭昭而願見兮, 然霠曀而莫達. 願皓日之顯行兮, 雲蒙蒙而蔽之. 竊不自聊而願忠兮, 或黙點而汚之. 堯舜之抗行兮, 瞭冥冥而薄天. 何險巇之嫉妒兮, 被以不慈之僞名? 彼日月之照明兮, 尙黯黮而有瑕. 何況一國之事兮, 亦多端而膠加. 被荷裯之晏晏兮, 然潢洋而不可帶. 旣驕美而伐武兮, 負左右之耿介. 憎慍惀之修美兮, 好夫人之慷慨. 衆踥蹀而日進兮, 美超遠而逾邁. 農夫輟耕而容與兮, 恐田野之蕪穢. 事綿綿而多私兮, 竊悼後之危敗. 世雷同而炫曜兮, 何毀譽之昧昧! 今修飾而窺鏡兮, 後尙可以竄藏. 願寄言夫流星兮, 羌倏忽而難當? 卒壅蔽此浮雲兮, 下暗漠而無光.

焱표: 개가 달리는 모양, 빨리 떠나가는 모양. 壅옹: 막다. 霠음: 흐리다. 曀에: 음산하다, 구름이 끼다. 聊료: 헤아리다. 黙담: 때가 끼다. 抗항: 높다. 瞭료: 밝다. 險험: 나쁘다. 巇희: 험준하다. 黯암: 어둡다. 黮담: 검다. 膠교: 어그러지다. 裯도: 속적삼. 潢황: 깊다. 慍온: 성내다. 惀론: 생각하다. 踥첩: 오가는 모양. 蹀접: 잔걸음으로 걷는 모양. 輟철: 그치다. 竄찬: 숨다, 달아나다. 倏숙: 빨리 달리다. 當당: 만나다.

○泛濫범람: 구름이 뭉게뭉게 피어나는 모습. ○見현: 드러냄. ○霠曀음에: 구름이 해를 가려 흐리고 어두워짐. ○蒙蒙몽몽: 그윽하고 분명치 않은 모양. ○黙點담점: 원의는 때와 흠집. 이곳에서는 비방을 받음을 의미. "점"은 "점玷"과 통함. ○汚오: 욕보임. ○冥冥명명: 아득한 모양. ○薄天박천: 하늘에 가까움. ○險巇험희: 나쁘고 사악함. ○黯黮암담: 어두움. ○多端다단: 항목이 많음. 처리해야 할 것이 많다는 의미. "단"은 항목. ○膠加교가: 이리저리 얽혀 두서가 없음. "교"는 어그러지다. ○晏晏안안: 예쁘고 산뜻한 모양. ○潢洋황양: 원의는 물이 깊고 넓음. 이곳에서는 옷이 느슨해서 몸에 맞지 않음을 의미. ○驕美교미: 자신의 아름다움을 뽐냄. ○伐武벌무: 자신의 힘을 자랑함. "벌"은 자랑하다. ○負부: 의지함. ○慍惀온론: 충직하나 말로 잘 표현해내지 못하는 모양. ○修美수미: 아름다움. 이곳에서는 충직한 신하를 의미. ○夫人부인: 저 사람들. 소인배들을 의미. ○慷慨강개: 의기가 북받쳐 원통하고 슬퍼함. 이곳에서는 소인배들이 겉으로만 격양된 모습을 지어내는 것을 의미. ○踥蹀첩접: 잔걸음으로 걷는 모양. ○超遠초원: 멀어짐. "초"는 멀어지다. ○逾邁유매: 점점 소원해짐. ○容與용여: 거드름을 피우는 모양. ○綿綿면면: 길게 이어지

는 모양. ○炫曜炫曜현요현요: 과시함. ○毁譽훼예: 비방과 칭찬. ○昧昧매매: 어두워 불분명함. 시비를 분명하게 가리지 못함을 의미. ○修飾수식: 얼굴을 꾸밈. 정치를 쇄신하는 의미가 있음. ○竄藏찬장: 숨음. 이곳에서는 숨어서 때를 기다린다는 의미. ○流星유성: 고대에는 존귀한 사자使者를 의미. 이곳에서는 사신使臣의 의미가 함축되어 있음. ○羌강: 어찌하여. ○倏忽숙홀: 아주 빠른 모양. ○暗漠암막: 어두움.

[9]

　요임금과 순임금은 어질고 능력 있는 이들을 기용했기에, 베개를 높이고 편안하게 잤다네. 하는 일이 옳다고 믿었기에 세상에 원망하는 사람이 없었으니, 어찌 놀라고 두려워했으리? 준마 타고 거침없이 달렸으니 채찍이 어찌 강해야 했으리? 실로 성곽은 의지할 수 없고, 아무리 두꺼운 갑옷도 무슨 소용 있으리? 조심하며 어렵게 나아가도 끝을 볼 수 없고 답답하고 어지러운 마음에 근심스럽고 곤궁해졌네. 천지간의 인생 이렇듯 빨리 가는데, 공은 이루어지지 않으니 힘을 바칠 수 없네. 가라 앉아 묻혀 드러나고 싶지 않지만 천하에 이름을 널리 알리고 싶네. 복잡하고 미묘한 세상에 때를 못 만나 정말로 어리석게도 자신을 힘들게 하네. 아득한 들판은 끝이 없고 훨훨 높이 날아올라 어디로 갈까? 나라에는 준마가 있어도 탈 줄 모르고 어찌 그리도 급히 다른 것을 찾는가? 영척이 수레 아래에서 슬픈 노래 부르자 환공은 듣고 그를 알아봤네. 말을 잘 알아본 백락이 없으니 지금 누가 이를 잘 알아볼까? 슬퍼 눈물을 흘리면서 깊이 생각해보니 마음을 쏟아야만 어진 이를 찾을 수 있네. 있는 힘을 다해 충성을 다하고자 했으나 충신을 시기하고 국정을 어지

주작朱雀·창용蒼龍·뇌사雷師·비렴飛廉이 호위하며 길을 여는 모습.

럽히는 이들에게 막히네. 그저 불초한 이 몸을 멀리 다른 곳으로 가게 한다면 구름 속에서 이리저리 떠돌겠네. 뭉쳐 덩어리진 정기를 타고 모여 있는 신들을 따라가리. 이리저리 움직이는 흰 무지개를 타고, 반짝반짝 빛나는 여러 별들을 지나가리. 왼쪽에는 주작이 훨훨 날며 춤을 추고 오른쪽에는 창용蒼龍이 구불구불 기어가네. 뇌사가 뒤에서 따르며 천둥소리를 내고, 비렴이 앞서 가며 길을 여네. 앞에서는 가벼운 침대수레가 딸랑딸랑 방울소리를 내고, 뒤에서는 짐수레가 덜컹덜컹 소리를 내네. 구름깃발은 바람 따라 펄럭이고, 수행하려고 모인 수레들은 빠르게 달리네. 한결 같은 내 마음과 뜻 바뀌지 않을 것이니, 좋은 본보기가 되어 널리 알려지길 바랄 뿐이네. 하늘의 큰 덕에 힘입어 우리 임금님께서 무탈하시길.

堯舜皆有所擧任兮, 故高枕而自適. 諒無怨於天下兮, 心焉取此怳惕? 乘騏驥之瀏瀏兮, 馭安用夫强策? 諒城郭之不足恃兮, 雖重介之何益? 遭翼翼而無終兮, 忳惛惛而愁約. 生天地之若過兮, 功不成而無效. 願沈滯而不見兮, 尙欲布名乎天下. 然潢洋而不遇兮, 直怐愁而自苦. 莽洋洋而無極兮, 忽翶翔之焉薄? 國有驥而不知乘兮, 焉皇皇而更索? 寧戚謳於車下兮, 桓公聞而知之. 無伯樂之善相兮, 今誰使乎譽之? 罔流涕以聊慮兮, 惟著意而得之. 紛純純之願忠兮, 妒被離而障之. 願賜不肖之軀而別離兮, 放遊志乎雲中. 乘精氣之兮, 騖諸神之湛湛. 驂白霓之習習, 歷群靈之豐豐. 左朱雀之茇茇, 右蒼龍之躣躣. 屬雷師之闐闐兮, 通飛廉之衙衙. 前輕輬之鏘鏘兮, 後輜乘之從從. 載雲旗之委蛇兮, 扈屯騎之容容. 計專專之不可化兮, 願遂推而爲臧. 賴皇天之厚德兮, 還及君之無恙.

怵출: 두렵다. 惕척: 놀라다. 瀏유: 물이 맑고 깊다. 馭어: 말을 부리다. 郭곽: 성곽. 遭전: 머뭇거리다, 돌다. 忳돈: 근심하다. 惽혼: 정신이 흐릿하다, 어지럽다. 約약: 고생하다. 恂구: 어리석다, 우직하다. 愁무: 어리석다. 翶고: 날다. 軀구: 몸. 搏단: 뭉치다, 엉기다. 鶩무: 달리다, 질주하다. 湛담: 즐기다. 茇발: 풀뿌리. 躍구: 꿈틀꿈틀 가다. 屬속: 붙다. 闐전: 성하다, 북치는 소리. 衙아: 걸어가다. 輬량: 와거臥車. 鏘장: 금옥소리. 輜치: 짐수레. 扈호: 뒤따르다. 屯둔: 진 치다. 賴뢰: 힙입다. 恙양: 근심, 병.

○擧任거임: 선발하고 임용함. ○適적: 편안함. ○怵惕출척: 놀라고 두려워함. ○瀏瀏류류: 원의는 물이 흐르는 모양. 이곳에는 수레가 물처럼 막힘이 없이 순조롭게 가는 의미. ○重介중개: 두꺼운 갑옷. "개"는 갑옷. ○遭전: 원의는 머뭇거리다. 이곳에서는 나아가기 어려움을 의미. ○翼翼익익: 조심스러운 모양. ○惽惽혼혼: 정신이 혼미한 모양. "혼혼惛惛"과 같음. ○愁約수약: 근심스럽고 곤궁함. "약"은 고생하다. ○沈滯침체: 가라앉아 묻힘. ○布名포명: 이름을 떨침. ○潢洋황양: 원의는 물이 깊고 넓다. 이곳에서는 세상사가 복잡함을 의미. ○恂愁구무: 어리석음. ○皇皇황황: 조급함. "遑遑황황"과 통함. ○訾예: "자訾"가 되어야 함. "자"는 헤아리다. ○罔망: 슬픔. "망惘"과 통함. ○聊思요사: 깊이 생각함. ○著意저의: 마음을 쏟음. ○紛분: 매우, 대단히. ○純純순순: 성실하고 진지한 모양. ○被離피리: 어지러운 모양. 이곳에서는 "피리披離"와 통함. ○搏搏단단: 모여서 덩어리진 모양. ○湛湛담담: 함께 모여 있는 모양. ○鶩무: 원의는 달리다. 이곳에서는 따라 가는 의미. ○驂참: 원의는 곁말. 이곳에서는 타다는 의미. ○習習습습: 날아 움직이는 모양. ○群靈군령: 여러 신들. 이곳에서는 별의 신들을 의미. ○豐豐풍풍: 많은 모양. ○朱雀주작: 신화에 나오는 신조神鳥. ○茇茇발발: 훨훨 나는 모양. ○蒼龍창룡: 신룡神龍. ○躍躍구구: 구불구불 길을 가는 모양. ○雷師뇌사: 번개의 신. ○闐闐전전: 원의는 북치는 소리. 이곳에서는 번개가 치는 소리. ○通통: "도道"가 되어야 함. 길을 연다는 의미. ○飛廉비렴: 바람의 신. ○衙衙아아: 걸어가는 모양. ○輕輬경량: 가벼운 침대수레. ○鏘鏘장장: 수레 방울 소리. ○輜乘치승: 짐수레. ○從從종종: 수레 방울 소리. ○委蛇위사: 깃발이 바람에 펄럭이는 모양. ○屯騎둔기: 수레가 모임. ○容容용용: 날아오름. 아주 빨리 달리는 의미. ○計계: 마음. ○專專전전: 한결 같음.

招魂

경양왕의 혼을 부름

"초혼招魂"은 혼을 부른다는 의미. 「초혼」은 송옥宋玉이 초나라 경양왕頃襄王의 혼을 부르기 위해 지었다.

이 편의 작가에 대해 역대로 두 가지 설이 있다. 첫째는 왕일의 『초사장구』에서 송옥이 지었다고 한 것이다. 이 설은 명대 이전까지 별다른 의견 없이 문인들에게 받아들여져 왔다. 둘째는 『사기』 「굴원열전屈原列傳」의 "나는 「이소」「천문」「초혼」「애영」을 읽고, 그의 뜻을 슬퍼했다余讀「離騷」「天問」「招魂」「哀郢」, 悲其志"라는 부분을 들어, 굴원이 지었다고 한 것이다. 이 설은 명나라 말기의 황문환黃文煥이 제기한 이후로 줄곧 학자들 사이에 설득력 있게 받아들여져 왔다. 현재는 후녠이胡念貽와 판샤오룽潘嘯龍의 고증으로 송옥의 작품으로 보고 있는 추세다. 이 책도 송옥의 작품으로 보았다.

이 편은 "서사序辭" "초사招辭" "난사亂辭" 세 부분으로 구성되어 있다. 서사는 송옥이 천제에게 경양왕의 혼을 부를 수 있게 해달라고 청하는 부분이다. 초사는 동서남북의 각종 위험한 요소들을 말해 혼이 외지로 떠돌지 못하게 하고, 궁전·여인·음악·음식·놀이를 말해 경양왕의 혼을 고향으로 돌아 올 수 있게 해달라는 내용들이다. 난사는 지난 날 경양왕과 함께 사냥했던 곳을 회상하며 쓸쓸한 경치에 마음을 아파하는 부분이다.

문학사적으로 이 편은 굴원의 「대초」를 잇고 있으며, 궁실·음식·음악·오락 등의 섬세한 묘사는 한부漢賦의 형성에 큰 영향을 주었다.

[1]

저는 어려서 생각이 분명하고 청렴했으며 몸소 당당하게 의리를
행했습니다. 이 훌륭한 덕을 지켜나가고자 했으나 세속에 연루되어
더럽혀졌습니다. 하늘께서 저의 이 훌륭한 덕을 헤아려주시지 않아
오랫동안 해를 입고 괴로운 나날들을 보내게 되었습니다. 상제가 무
양巫陽에게 일렀습니다. "아래에 내가 돕고자 하는 사람이 있소. 혼
백이 떠나려고 하니 그대가 점을 쳐 그에게 혼백을 불러주시오." 무
양이 대답했습니다. "점을 보시려면 꿈을 풀어주는 관리를 찾으십
시오. 상제의 명을 받들기 어렵습니다. 점을 쳐서 혼백을 부르신다
면 점을 다본 후에 그의 목숨은 이미 끝나 있을 것이니, 혼을 불러
온들 다시 쓸 수 없을 것입니다."

朕幼淸以廉潔兮, 身服義而未沫. 主此盛德兮, 牽於俗而蕪穢. 上無所考
此盛德兮, 長離殃而愁苦. 帝告巫陽曰: "有人在下, 我欲輔之. 魂魄離散,
汝筮予之." 巫陽對曰: "掌夢. 上帝命其難從. 若必筮予之, 恐後之謝, 不能
復用."

服복: 행하다. 沫매: 어둑어둑하다. 穢예: 더럽다. 筮서: 점을 치다. 予여: 주
다.

○主주: 지킴. ○離리: 걸리다. "리罹"와 통함. ○巫陽무양: 신화에 나오는 무사
巫師. 이름이 양陽임. ○여여: 주다. 이곳에서는 혼백을 불러 주는 것을 말함.
○掌夢장몽: 꿈을 풀어주는 관리. ○謝사: 세상을 떠남.

초
사
—
268

[2]

　무양이 이에 땅으로 내려와 혼을 부르며 말했다. 혼이시여 돌아오시오! 그대는 어찌하여 늘 붙어 있던 몸을 떠나, 사방을 떠도시오? 그대의 낙원을 떠난다면 저 불길한 일들을 만날 것이오.

　巫陽焉乃下招曰: 魂兮歸來! 去君之恒幹, 何爲四方些? 舍君之樂處, 而離彼不祥些.

恒항: 늘, 언제나. 幹간: 몸. 些사: 어조사.

○焉乃언내: 이에. ○恒幹항간: 혼백이 늘 붙어 있는 몸. ○離리: 당하다.

[3]

　혼이시여 돌아오시오, 동쪽은 몸을 맡길 수 없소! 1000인仞이나 되는 거인이 혼백만 찾아다니오. 열 개의 해가 한꺼번에 나와 쇠를 흐르게 하고 돌을 가루로 만드오. 저들은 이런 무더운 날씨에 익숙하오. 혼께서 가시면 분명히 녹아버릴 것이오. 돌아오시오, 몸을 맡길 수 없소!

　魂兮歸來, 東方不可以託些! 長人千仞, 惟魂是索些. 十日代出, 流金鑠石些. 彼皆習之, 魂往必釋些. 歸來兮, 不可以託些!

仞인: 길(길이 단위), 재다. 索색: 찾다. 鑠삭: 녹이다. 釋석: 녹다.

1000인仞이나 되는 거인이 혼백을 찾는 모습.

○長人장인: 거인. ○代대: "병幷"자가 잘못된 글자로 의심됨. "병"은 모두.

[4]

혼이시여 돌아오시오, 남쪽은 머무를 수 없소! 이마에 문신을 하고 이빨이 검은 사람들이 인육을 잘라 제사를 지내고, 그 뼈로 육장을 만드오. 독사들이 우글거리고 큰 여우들이 먹이를 찾으러 천리나 돌아다닌다오. 아홉 개의 머리를 가진 수 살모사가, 빠르게 오가며 사람을 잡아먹고 그 마음을 보양한다오. 돌아오시오, 오래 머물러서는 안 되오!

魂兮歸來, 南方不可以止些! 雕題黑齒, 得人肉以祀, 以其骨爲醢些. 蝮蛇蓁蓁, 封狐千里些. 雄虺九首, 往來倏忽, 吞人以益其心些. 歸來兮, 不可以久淫些!

題제: 이마. 醢해: 젓갈, 인체를 소금에 절이는 형벌. 蝮복: 독사, 큰 뱀. 蓁진: 우거지다, 무성하다. 封봉: 크다. 虺훼: 살무사. 倏숙: 빠르다. 淫음: 오래되다.

○雕題조제: 이마에 문신을 함. ○蓁蓁진진: 우글거리는 모양. ○封狐봉호: 큰 여우. "봉"은 크다. ○倏忽숙홀: 아주 빠른 모양. ○益其心익기심: 심장을 보양함. ○淫음: 머무름.

---

[5]

혼이시여 돌아오시오, 서쪽은 더 무서워서 천리나 되는 사막이 있소! 뇌연雷淵에 말려 들어가면 몸이 조각나니 머물러서는 안 되오. 요행히 벗어나도 밖은 광활하고 끝이 없는 불모의 땅이라오. 코

이마에 문신을 하고 이빨이 검은 사람, 독사, 큰 여우, 아홉 개의 머리를 가진 살모사가
돌아다니는 모습.

끼리만큼 큰 붉은 개미도 있고, 호로병만큼 굵은 검은 말벌도 있다
오. 곡식이 자라지 않아 무성한 골풀을 먹는다오. 그곳의 모래는 사
람의 살을 썩게 하고, 물을 마시고 싶어도 찾을 수 없다오. 이리저
리 돌아봐도 의지할 곳 없고, 넓고 커서 끝이 없다오. 돌아오시오,
화를 당할까 두렵소!

魂兮歸來, 西方之害, 流沙千里些! 旋入雷淵, 靡散而不可止些. 幸而得
脫, 其外曠宇些. 赤蟻若象, 玄蜂若壺些. 五穀不生, 叢菅是食些. 其土爛
人, 求水無所得些. 彷徉無所倚, 廣大無所極些. 歸來兮, 恐自遺賊些!

靡미: 짓무르다. 曠광: 공허하다. 蟻의: 개미. 菅관: 골풀. 爛란: 문드러지다.
彷방: 거닐다. 徉양: 노닐다.

○旋入선입: 돌며 들어감. ○雷淵뇌연: 신화에 나오는 깊은 연못 이름. ○靡散
미산: 몸이 짓물러져 조각남. ○曠宇광우: 광활한 평원. ○彷徉방양: 돌아다
님. ○遺賊유적: 해를 줌. "유"는 주다. "적"은 해로움.

코끼리만큼 큰 개미와 호로병처럼 굵은 말벌의 모습.

[6]

혼이시여 돌아오시오, 북쪽은 머무를 수 없소! 겹겹의 두꺼운 얼음이 높이 솟아 있고, 천리나 눈이 날린다오. 돌아오시오, 오래 머물 수 없소!

魂兮歸來, 北方不可以止些! 增冰峨峨, 飛雪千里些. 歸來兮, 不可以久些!

———

增증: 거듭하다. 峨아: 높다.

○峨峨아아: 높이 솟은 모양.

[7]

혼이시여 돌아오시오, 그대는 하늘에 올라가지 마시오! 호랑이와 표범이 아홉 개의 천문을 지키고 지상의 사람들을 잡아먹으오. 머리가 아홉 개 달린 사람은 단번에 9000그루의 나무를 뽑아버린다오. 승냥이와 늑대가 눈을 세운 채 무리 지어 어슬렁거리며 오가오. 사람을 매달고 장난치고서 깊은 연못으로 던져버리오. 이들이 상제에게 알려야 그대는 영면할 수 있소. 돌아오시오, 그곳에 가면 생명이 위험해질까 두렵소.

魂兮歸來, 君無上天些! 虎豹九關, 啄害下人些. 一夫九首, 拔木九千些.

호랑이와 표범이 천문을 지키고, 머리 아홉 달린 사람이 나무를 뽑고,
승냥이와 늑대가 사람을 매다는 모습.

豺狼從目, 往來侁侁些. 懸人以嬉, 投之深淵些. 致命於帝, 然後得瞑些. 歸來, 往恐危身些!

豹표: 표범. 啄탁: 쪼다. 拔발: 빼다. 豺시: 승냥이. 從종: 세로. 侁신: 많다. 致치: 전하다. 瞑명: 눈을 감다.

○九關구관: "구"는 "糾규"와 통함. "규"는 감독하다. 따라서 이곳에서는 천문을 지킨다는 의미. ○從目종목: 눈이 세로로 세워져 있음. "종"은 "縱종"과 통함. ○侁侁신신: 많은 모양. ○致命치명: 보고함.

[8]

혼이시여 돌아오시오, 그대는 저 어두운 저승으로 내려가지 마시오! 저승의 마왕이 관문을 지키고 머리의 뿔은 날카로워 섬뜩하오. 등살은 두껍고 손톱에는 피가 뚝뚝 떨어지며 사람을 보면 얼른 쫓아온다오. 눈은 세 개에 호랑이 머리를 하고 몸뚱이는 소 같다오. 이들은 모두 사람들을 맛좋은 음식으로 여기오. 돌아오시오, 화를 당할까 두렵소!

魂兮歸來, 君無下此幽都些! 土伯九約, 其角觺觺些. 敦朓血拇, 逐人駓駓些. 參目虎首, 其身若牛些. 此皆甘人. 歸來, 恐自遺災些!

觺의: 뿔이 뾰족한 모양. 敦돈: 도탑다. 朓매: 등심, 등골뼈에 붙은 살. 拇무: 엄지손가락. 駓비: 달리는 모양. 參삼: 셋.

날카로운 뿔과 두꺼운 등의 저승 마왕과 눈이 세 개에
호랑이 머리를 하고 소의 몸뚱이를 한 괴수의 모습.

○幽都유도: 저승. ○土伯토백: 저승의 마왕. ○九約구약: "구"는 "규糾"와 통
함. "규"는 감독하다. "약"은 "월鉞"과 통함. "월"은 칼. 따라서 "구약"은 칼을 감
독하는 의미. 앞서 나온 관문을 감독하는 의미의 "구관九關"과 같은 개념으로
볼 수 있음. ○齾齾의의: 뿔이 뾰족한 모양. ○駓駓비비: 빨리 달리는 모양.
○參目삼목: 눈에 세 개. "삼"은 "삼三"과 같음. ○甘人감인: 사람을 맛좋게 여
김.

[9]

　혼이시여 돌아오시오, 영도의 남문으로 들어오시오. 영험한 박수
무당이 그대의 혼을 부르려고 뒤로 가면서 길을 인도하오. 진秦나라
의 대바구니에 제나라의 실을 묶고 정나라의 씌우개로 덮었소. 혼
을 부르는 도구를 준비하여 길게 목 놓아 혼을 부르오. 혼이시여 돌
아오시오, 옛날 살던 곳으로 돌아오시오.

　魂兮歸來, 入修門些. 工祝招君, 背行先些. 秦篝齊縷, 鄭綿絡些. 招具
該備, 永嘯呼些. 魂兮歸來, 反故居些.

工공: 교묘하다. 祝축: 신을 섬기는 것을 업으로 하는 사람, 박수무당. 篝구:
배롱. 縷루: 실, 명주. 綿면: 이어지다, 두르다. 絡락: 명주. 該해: 갖추다. 嘯소:
읊조리다, 울부짖다.

○修門수문: 초나라의 수도 영도郢都의 남문. ○工祝공축: 영험한 박수무당.
○綿絡면락: 원의는 풀솜, 명주솜. 이곳에서는 풀솜이 들어간 씌우개를 말함.
○該備해비: 갖추다. ○反반: 돌아오다. "반返"과 통함.

[10]

　천지사방에는 사람을 해치는 사악한 것들이 많소. 그대의 영정을
침실에 두니, 고요하고 여유로우며 편안하오. 높은 전당과 깊은 정
원, 층층 방마다 난간이라오. 여러 층의 누대와 그 위에 세워진 각
각의 방은 높은 산과 마주하고 있다오. 방의 문에는 붉은 그물 문양

이 촘촘히 이어지고 문양 안에는 네모난 문양을 이어지게 새겼다오. 겨울에는 깊고 넓은 내실이 있어 따뜻하고 여름에는 외실이 있어 시원하다오. 깊고 얕은 물들이 돌아 흐르고 졸졸 물 흐르는 소리가 그치지 않는다오. 햇살과 바람은 혜초를 흔들고 한 곳에 모인 난초들은 짙은 향기를 뿜어내오.

天地四方, 多賊姦些. 像設君室, 靜閑安些. 高堂邃宇, 檻層軒些. 層臺累榭, 臨高山些. 網戶朱綴, 刻方連些. 冬有突廈, 夏室寒些. 川谷徑復, 流潺湲些. 光風轉蕙, 泛崇蘭些.

像상: 형상. 邃수: 깊다. 軒헌: 집. 累루: 포개다, 층. 榭사: 정자, 사당. 綴철: 연잇다. 突요: 깊다, 어두침침한 곳. 廈하: 큰 집. 湲원: 물 흐르다. 崇숭: 모이다.

○賊姦적간: 사람을 해치는 사악한 것. ○檻함: 난간. ○層臺층대: 여러 층으로 된 누대. ○榭사: 누대 위에 지은 방. ○網戶망호: 그물모양의 문양이 들어간 방문. "호"는 문. ○朱綴주철: 붉은 색의 문양을 연이음. ○方連방연: 이어지는 네모난 문양. ○突廈요하: 깊은 곳의 내실. ○寒한: 시원함. ○川谷천곡: 얕고 깊은 물. "천"은 얕은 물. "곡"은 깊은 물. ○徑復경복: "경"은 "왕往"자가 잘못 전해진 글자. 따라서 "왕복往復"은 물이 순환한다는 의미. ○潺湲잔원: 물이 졸졸 흐르는 소리. ○光風광풍: 비가 오고 날이 개인 뒤에 불어오는 미풍. ○轉전: 흔들다.

[11]

대청을 지나 내실로 오면 붉은 천장에 바닥에는 시원한 대자리가 깔려 있다오. 평평하게 간 돌을 쌓아 만든 방은 물총새 꼬리의 긴

털로 장식했고 옥고리에는 옷을 걸 수 있소. 물총새 깃털로 만든 이불에 진주가 박혀 있어 함께 찬란하게 빛난다오. 가볍고 부드러운 고운 비단이 벽을 가려주고 비단휘장이 침상에 걸려 있다오. 알록달록한 띠에 아름다운 비단과 명주에는 아름다운 옥과 반쪽 난 벽옥이 매여 있다오.

經堂入奧, 朱塵筵些. 砥室翠翹, 掛曲瓊些. 翡翠珠被, 爛齊光些. 蒻阿拂壁, 羅幬張些. 纂組綺縞, 結琦璜些.

奧오: 속, 아랫목. 筵연: 대자리. 砥지: 평평하다, 갈다. 翹교: 꼬리의 긴 깃털. 爛란: 빛나다. 蒻약: 부들. 阿아: 미려하다. 幬주: 휘장. 纂찬: 붉은 끈. 組조: 끈. 綺기: 비단, 무늬가 놓인 비단. 縞호: 명주, 희다. 琦기: 옥 이름. 璜황: 서옥瑞玉, 벽옥璧玉을 두 쪽 낸 모양의 것.

○朱塵주진: 붉은 천장. "진"은 "승진承塵"의 줄임말로, "천장"의 의미. 翠翹취교: 물총새 꼬리의 긴 털. ○曲瓊곡경: 옥고리. ○翡翠비취: 물총새. 수컷을 "비"라 하고, 암컷을 "취"라고 함. 깃털이 매우 아름답다고 함. ○齊제: 함께. ○蒻阿약아: 부드럽고 가벼운 고운 비단. "약"은 부드럽다. "약弱"과 통함. "아"는 가볍고 고운 비단. "세증細繒"의 의미. ○拂불: 가림. "폐蔽와 통함. ○張장: 펼쳐짐. ○纂組찬조: 모두 띠 이름. "찬"은 붉은 띠. "조"는 넓고 얇은 하얀 띠. ○綺縞기호: 모두 면직물 이름. "기"는 무늬가 들어간 비단. "호"는 명주. ○琦기: 아름다운 옥 이름. ○璜황: 가운데에 구멍이 있는 옥을 벽옥璧玉이라고 하는데, 이 벽옥의 절반 모양의 옥을 말함.

[12]

침실은 정말 볼만해서 진귀하고 기이한 물건이 많으오. 기름에 난초 넣어 만든 초가 밝게 타오르고 아리따운 여인들이 준비되어

열여섯 명의 미녀들이 시중을 들고 있는 모습.

있다오. 두 줄로 늘어선 열여섯 명의 여인들이 밤새도록 시중들며
밤마다 돌아가며 교대해주오. 그녀들은 북쪽 귀후鬼侯의 아리따운
여인처럼 재능도 많고 출중하다오. 성대한 머리 모양은 제각기 다르
고 온 후궁에 가득하오. 용모와 자태가 하나같이 뛰어나서 정말이

지 세상에 둘도 없다오. 유순한 얼굴에 심지는 곧고 애틋한 정을 갖고 있다오. 아름다운 용모에 뛰어난 자태, 고요하고 깊은 방에 가득하오. 가늘고 긴 눈썹에 굴러가는 어여쁜 눈동자는 광채가 나온다오. 얼굴은 화사하고 피부는 매끄러우며, 은근히 정감 어린 눈길을 보낸다오. 궁궐 밖 누대나 큰 장막에서도 그대를 편안히 모신다오.

　　室中之觀, 多珍怪些. 蘭膏明燭, 華容備些. 二八侍宿, 射遞代些. 九侯淑女, 多迅衆些. 盛鬋不同制, 實滿宮些. 容態好比, 順彌代些. 弱顏固植, 謇其有意些. 媠容修態, 絙洞房些. 蛾眉曼睩, 目騰光些. 靡顏膩理, 遺視矊些. 離榭修幕, 侍君之閑些.

膏고: 기름. 鬋전: 여자의 귀밑머리가 늘어진 모양. 彌미: 그치다. 謇건: 발어사. 絙환: 끈목. 曼만: 길다, 아름답다. 睩록: 보는 모양, 삼가보다. 騰등: 나타나다. 靡미: 화사하다. 膩니: 미끄럽다, 살찌다. 矊면: 정을 품고 보는 모양. 榭사: 정자, 사당.

○蘭膏난고: 향료를 넣어 만든 기름. 양초를 만들 때 쓰임. ○華容화용: 아리따운 얼굴. 미인들을 말함. ○二八이팔: 16명. 한 열에 8명씩에 두 열로 늘어섬을 의미. ○侍宿시숙: 밤을 새며 시중듦. ○射사: 밤. "석夕"과 통함. ○九侯구후: 북쪽 귀방鬼方 부락의 추장 鬼侯귀후를 말함. "구"는 "귀鬼"의 또 다른 글자. ○迅衆신중: 출중함. "신"은 "초超"가 잘못된 글자. "초超"는 "초超"와 발음이 같아 서로 통용됨. "초超"는 뛰어남을 의미. ○盛鬋성전: 귀밑머리 장식이 성대함. ○制제: 모양, 스타일. ○好比호비: 모두 뛰어남. "비"는 모두. ○順순: 정말로. "순洵"과 통함. ○彌代미대: 세상에 둘도 없음. "미"는 끝나다. ○固植고식: 곧은 심지. "식"은 "지志"와 통함. ○謇건: 발어사. ○絙환: 원의는 끈목. 이곳에서는 가득 차는 의미. "선亙"과 통함. ○洞房동방: 그윽하고 싶은 침실. ○蛾眉아미: 가늘고 굽은 여인의 눈썹. ○曼睩만록: 눈동자의 움직이는 것이 어여쁨. "록"은 눈동자가 움직임. ○騰光등광: 빛을 발함. ○靡顏미안: 화사한 얼굴. ○膩理니리: 매끄러운 피부. ○遺視유시: 눈길을 보냄. ○矊면: 정을 품고 보는 모양. ○離榭이사: 밖에 나가서 머무는 누대. ○修幕수막: 큰 장막.

[13]

　물총새 깃털로 만든 휘장으로 고당高堂을 꾸몄다오. 주사로 칠한 붉은 벽과 격판에, 기둥에는 검은 옥이 들어가 있다오. 고개를 들면 잘 조각된 서까래가 보이고 용과 뱀이 그려져 있소. 고당에 앉아 난간에 기대면 아래로는 구불구불한 연못이라오. 연꽃이 피기 시작하며 꽃잎이 알록달록해 아름답기 그지없다오. 보랏빛 줄기의 순채純茱가 물결 따라 가볍게 살랑거린다오. 기이한 무늬의 표범가죽 옷을 입은 시종들, 경사진 비탈길에서 시위한다오. 봉거篷車(덮개가 있는 수레)와 와거臥車(누울 수 있는 수레)가 모두 도착하니, 보병과 기병이 양쪽으로 도열하오. 문 앞에는 난초가 무성하게 심어져 있고 귀한 나무들로 울타리가 쳐져 있다오. 혼이시여 돌아오시오, 어찌 먼 곳에서 헤매고 계시오?

　翡帷翠帳, 飾高堂些. 紅壁沙版, 玄玉梁些. 仰觀刻桷, 畵龍蛇些. 坐堂伏檻, 臨曲池些. 芙蓉始發, 雜芰荷些. 紫莖屛風, 文緣波些. 文異豹飾, 侍陂陀些. 軒輬旣低, 步騎羅些. 蘭薄戶樹, 瓊木籬些. 魂兮歸來, 何遠爲些?

翡비: 물총새. 帷유: 휘장. 帳장: 휘장. 版판: 널빤지. 桷각: 서까래. 芰기: 세발 마름. 文문: 무늬. 緣연: 따르다. 陂피: 비탈. 陀타: 비탈지다. 軒헌: 지붕이 있는 수레. 輬량: 와거臥車. 低저: 이르다. 籬리: 울타리.

○沙版사판: 주사朱砂로 칠한 격판. ○伏檻복함: 난간에 기댐. ○芰기: 초나라 방언으로는 "연잎"의 의미. ○屛風병풍: 순채純茱. 수련水蓮과의 여러해살이 풀. 줄기는 희고 잎은 보라색을 띰. 잎은 부드러워 국이나 음식으로 만들어 먹을 수 있다고 함. ○文緣波문연파: 순채의 무늬가 파도를 따라 살랑거리는 것을 말함. "문"은 무늬. "연"은 따르다. ○文異문이: 기이한 무늬. ○豹飾표식:

표범가죽으로 장식한 옷. 고대 위병衛兵들이 입었던 옷. ○陂陀피타: 경사진 비탈길. ○軒輬헌량: 지붕이 있는 수레와 누울 수 있는 수레. ○戶樹호수: 문 앞에 심음. "수"는 동사로 쓰여, "심다"는 의미. ○瓊木경목: 귀한 나무.

[14]

일가의 가족들 모두 모여 갖은 음식들을 준비했다오. 쌀·기장·일찍 익은 보리에 황량黃粱(차지지 않고 메진 조)까지 섞었다오. 아주 쓰고 짜면서 시며 또 맵고 달게 했다오. 살찐 소다리의 힘줄을 맛나게 삶았다오. 시고 쓴 맛을 잘 조화시킨 오吳 땅의 죽도 올린다오. 찐 자라와 구운 새끼 양에는 달콤한 사탕수수 즙을 뿌렸다오. 식초를 넣고 찐 고니에 삶은 꿩, 튀긴 큰 기러기와 왜가리도 있다오. 절인 닭에 거북 국은 맛이 강해 입맛을 돋우오. 기름에 튀긴 꽈배기와 꿀을 바른 경단에 유과도 있다오. 꿀을 넣은 좋은 술을 깃털이 조각된 술잔에 가득 따라준다오. 찌꺼기를 제거하고 차갑게 마시면 술맛은 순수하고 시원하다오. 화려한 주연에 이미 차려놨으니 좋은 술들을 맛보시오. 옛날 살던 집으로 돌아오시오, 사람들이 해를 끼치지 않고 존경할 것이오.

室家遂宗, 食多方些. 稻粢穱麥, 挐黃粱些. 大苦鹹酸, 辛甘行些. 肥牛之腱, 臑若芳些. 和酸若苦, 陳吳羹些. 胹鼈炮羔, 有柘漿些. 鵠酸臇鳧, 煎鴻鶬些. 露鷄臛蠵, 厲而不爽些. 粔籹蜜餌, 有餦餭些. 瑤漿蜜勺, 實羽觴些. 挫糟凍飲, 酎淸涼些. 華酌旣陳, 有瓊漿些. 歸來反故室, 敬而無妨些.

일가친척이 모여 맛있는 음식을 먹으며 즐기는 모습.

遂수: 다하다, 마치다. 粱자: 기장. 稻착: 올벼, 일찍 익는 벼. 挐나: 뒤섞다, 혼합하다. 鹹함: 짜다. 腱건: 힘줄 밑동, 힘줄. 臑노: 삶다. 羹갱: 국. 胹이: 삶다. 鱉별: 자라. 炮포: 통째로 굽다. 羔고: 새끼 양. 柘자: 사탕수수. 臇전: 지지다. 鶬창: 왜가리. 臛학: 고깃국. 蠵휴: 바다거북. 厲려: 맹렬하다. 粔거: 중배끼, 유밀과油蜜科의 한 가지. 籹여: 중배끼, 유밀과油蜜科의 한 가지. 餌이: 경단 떡의 일종. 餦장: 산자, 유과. 餭황: 유과, 엿. 勺작: 잔질하다. 挫좌: 꺾다, 누르다. 酎주: 순수하다. 酌작: 따르다.

○宗종: 모이다. "崇숭"과 통함. ○多方다방: 종류가 많음. ○稻麥착맥: 일찍 익은 보리. ○若약: ~와. 柘漿자장: 사탕수수 즙. ○鵠酸곡산: 앞의 문장으로 봤을 때 "산곡酸鵠"이 되어야 함. "산"은 동사로 쓰여, 식초를 넣어 요리한 것을 의미. ○露鷄노계: "로"는 "로鹵"로 의심됨. "로"는 소금에 절이는 의미. ○不爽불상: 망치지 않음. 입맛을 돋우어줌. ○餦餭장황: 유과. ○瑤漿요장: 좋은 술. "요"는 진귀하다. ○蜜勺밀작: 술에 꿀을 따름. "작"은 "작酌"과 통함. ○실實: 가득 따름. ○羽觴우상: 참새 날개의 문양이 들어간 술잔. ○挫糟좌: 술지게미를 제거함. ○酌작: 주연酒宴. ○瓊漿경장: 좋은 술. ○無妨무방: 해를 끼치지 않음. "방"은 害해.

[15]

　좋은 안주와 음식을 물리기 전에 무희들이 시중든다오. 편종編鐘을 치고 북을 두드리며, 새로운 노래를 부르오. "섭강涉江"과 "채릉采菱"을 부르고, "양하揚荷"에 사람들 맞장구친다오. 미인들은 이미 취해 얼굴이 빨갛게 달아오른다오. 애교 어린 눈빛과 은근한 시선은, 겹겹의 물기를 머금은 듯 초롱초롱하오. 꽃이 수놓인 고운 비단옷을 입으니, 단조롭지 않고 보기 좋다오. 귀밑머리는 어깨까지 길게 닿고, 화려하고 번쩍번쩍 광채가 난다오. 두 줄로 늘어선 여섯 명의 무희들 똑같이 차려입고 정나라의 춤을 추오. 옷소매는 대나무

그림자가 교차하듯 현란하게 오가고 박자를 맞추며 물러가오. 우竽와 슬瑟을 요란하게 연주하며, 급하게 북도 쳐댄다오. 온 궁정이 들썩이니 일제히 "격초激楚"를 소리 높여 부르오. 오吳나라와 채蔡나라의 노래를 함께 부르니, 유장한 대려大呂를 연주하오. 섞여 앉은 남녀들, 서로 의식하지 않고 떠들썩하게 즐기오. 허리띠를 풀고 갓끈을 내려놓으니 자리의 순서가 엉망이 되오. 정鄭나라와 위衛나라의 요염한 여인들, 그 사이에 몸을 섞고 제멋대로 군다오. 마지막에 합창하는 "격초"가 가장 멋지다오.

肴羞未通, 女樂羅些. 陳鍾按鼓, 造新歌些. "涉江"·"采菱", 發"揚荷"些. 美人旣醉, 朱顏酡些. 嬉光眇視, 目曾波些. 被文服纖, 麗而不奇些. 長髮曼鬋, 艶陸離些. 二八齊容, 起鄭舞些. 衽若交竿, 撫案下些. 竽瑟狂會, 搷鳴鼓些. 宮庭震驚, 發"激楚"些. 吳歈蔡謳, 奏大呂些. 士女雜坐, 亂而不分些. 放陳組纓, 班其相紛些. 鄭衛妖玩, 來雜陳些. "激楚"之結, 獨秀先些.

肴효: 술안주, 羞수: 맛있는 음식, 음식물. 按안: 어루만지다. 酡타: 불그레해지다. 眇묘: 한쪽 눈을 지극이 감고 자세히 보다. 文문: 무늬. 纖섬: 가늘다. 鬋전: 여자의 귀밑머리가 늘어진 모양. 衽임: 옷깃, 옷섶. 竿간: 장대. 搷전: 치다, 때리다. 歈유: 노래하다. 謳구: 노래하다. 組조: 끈. 纓영: 갓끈.

○通통: 원래는 "철徹"이었음. 한 무제 유철劉徹의 이름을 피하기 위해 바꾼 것. "철"은 물리는 의미. ○陳鐘진종: 편종編鐘을 설치함. 이곳에서는 편종을 친다는 의미. ○按鼓안고: 북을 두드림. "안"은 어루만지다. ○涉江섭강: 초나라의 악곡 이름. ○采菱채릉: 초나라의 악곡 이름. ○發발: 일제히 노래함. ○揚荷양하: 초나라의 악곡 이름. ○目曾波증파: 겹겹의 물기를 머금은 듯한 초롱초롱한 눈. "증"은 "층層"과 통함. ○被文피문: 무늬가 수놓인 옷을 입음. ○服纖복섬: 고운 비단 옷을 입음. "복"은 입다. ○奇기: 단조로움. ○陸離육리: 빛이 나는 모양. ○齊容제용: 같은 장식을 함. ○交竿교간: 대나무 장대가 교차함. 무녀들이 춤을 출 때 옷소매가 서로 교차되는 것을 형용한 말. ○撫案무

안: 박자를 맞춤. "무"는 "안按"과 통함. "안"도 "안按"과 통함. "안按"은 따르다. 박자를 맞춘다는 의미. ○狂會광회: 악기들이 일제히 요란하게 연주됨. ○震驚진경: 진동함. ○激楚격초: 초나라의 악곡 이름. ○大呂대려: 중국 고대 음악에서는 음의 고저에 따라 "십이율十二律"로 나누었는데 "대려"는 그중 두 번째 음계에 속함. ○士女사녀: 남녀. "사"는 남자에 대한 존칭. ○放방: 풀다. ○陳진: 늘어놓음. ○반班: 자리의 순서. ○妖玩요완: 요염한 여인. ○雜陳잡진: 끼어 들어옴.

[16]

조릿대로 만든 산가지와 상아로 만든 장기 알에 육박六簙 놀음도 있다오. 두 사람씩 짝이 되어 말을 함께 나아가며, 물러서지 않고 서로를 바짝 압박하오. 쌍방이 대등하게 말을 세우면 "오백五白이야!" 하고 소리친다오. 진晉 땅에서 만든 금 띠고리, 태양처럼 밝은 빛을 발하오. 종을 치니 종 틀이 흔들리고, 가래나무로 만든 슬瑟을 연주하오. 계속 술을 마시고 즐기며 밤낮으로 빠져 지낼 수 있다오. 난초를 넣어 만든 초는 밝고 금으로 장식된 등은 화려하오. 잘 생각해서 시를 지으려고 난초의 향기를 빌린다오. 사람들 끝까지 어울려 한 마음으로 읊조린다오. 좋은 술 마시며 즐거움 다했으니 조상 신령께서도 즐거워하신다오. 혼이시여 돌아오시오, 옛날 살던 곳으로 돌아오시오!

菎蔽象棋, 有六簙些. 分曹幷進, 遒相迫些. 成梟而牟, 呼五白些. 晉制犀比, 費白日些. 鏗鍾搖簴, 揳梓瑟些. 娛酒不廢, 沉日夜些. 蘭膏明燭, 華鐙錯些. 結撰至思, 蘭芳假些. 人有所極, 同心賦些. 酎飲盡歡, 樂先故些. 魂兮歸來, 反故居些!

육박六簿 놀이를 하고 장기를 두는 모습.

菎곤: 조릿대. "筠菌"과 통함. 풀 이름. 蔽폐: 도박할 때 쓰는 산가지. 簙박: 쌍륙도박의 일종, 도박. 曹조: 무리, 짝. 逎주: 다가가다. 梟효: 올빼미. 牟모: 탐하다, 빼앗다. 犀서: 무소. 鏗갱: 치다. 簴거: 악기를 다는 틀. 揳설: 닦다, 재다. 梓재: 가래나무. 鐙등: 등잔접시, 등유燈油를 담는 그릇. 假가: 빌리다.

○菎蔽곤폐: 조릿대로 만든 산가지(우리나라의 윷과 비슷한 물건). 도박용구의 일종. ○六簙육박: 도박의 일종. 두 사람이 참여하며 여섯 개의 산가지와 12개의 말로 사람당 6개씩을 가지고 승부를 냄. ○分曹분조: 짝을 나눔. "조"는 짝. ○梟효: 원의는 올빼미. 여섯 개의 윷을 던져 나오는 수에 따라 말을 옮긴다. 이때 말이 목적지까지 가면 말을 세워두고, 이를 "효기梟棋"라고 함. ○牟모: 같다. "모侔"와 통함. ○五白오백: 고대에는 대나무 바깥쪽의 껍질 부분을 "청靑"이라 하고, 대나무 안쪽의 하얀 부분을 "백白"이라 했다. 여섯 개의 윷을 던져 하나가 엎어지고 다섯 개가 위로 향할 경우, 대나무 속이 위로 향한 것이 다섯 개가 되기 때문에 "오백"이라고 한다. 한쪽이 윷을 던져 "오백"을 얻어 상대방의 말을 잡으면 사람들은 기뻐서 "오백이야!"라고 소리친다. ○犀比서비: 띠고리. ○費비: 빛남. "비曊"와 통함. ○鏗鍾갱종: 종을 침. ○揳설: 원의는 재다. 이곳에서는 연주하다는 의미. ○錯착: 금으로 장식함. ○結撰결찬: 잘 구상해서 지음. ○至思지사: 생각을 다함. ○先故선고: 조상.

[17]

마무리: 새로운 해가 오고 봄이 되니 나는 서둘러 남쪽으로 가네. 푸르른 네 갈래 잎은 모두 자랐는데 백지는 이제야 싹이 돋네. 수로를 따라 여강廬江을 지나는데 좌측 언덕은 무성한 숲이 길게 이어지고, 소택지를 따라가다 저 광활한 곳을 바라보네. 수레에 매인 검푸른 준마들은 나란히 천승의 수레를 몰고, 높이 매단 횃불의 빛이 널리 퍼지니 검붉은 연기 하늘로 치솟네. 수레를 내달려 도착하니 길잡이가 앞에서 달리고, 능수능란하게 멈추고 서길 반복하며

임금과 사냥하며 활을 쏘아 외뿔소를 쓰러뜨리는 모습.

수레를 오른쪽으로 돌리네. 임금님과 몽택夢澤으로 내달려 선후를 다투며, 임금님은 직접 활을 쏘아 푸른 외뿔소를 넘어뜨리네. 낮이 지나 밤이 이어지며 시간은 조금도 멈추지 않는데, 물가의 난초가 작은 산길을 덮으니 이 길은 묻혀가네. 강물은 맑고 언덕에는 단풍나무가 있는데, 눈을 들어 천리 멀리 보니 봄날의 경치가 마음을 아프게 하네. 혼이시여 돌아오시오, 이 강남이 애처롭소.

亂曰: 獻歲發春兮汨吾南征, 菉蘋齊葉兮白芷生. 路貫廬江兮左長薄, 倚沼畦瀛兮遙望博. 靑驪結駟兮齊千乘, 懸火延起兮玄顏烝. 步及驟處兮誘騁先, 抑騖若通兮引車右還. 與王趨夢兮課後先, 君王親發兮憚靑兕. 朱明承夜兮時不可以淹, 皐蘭被徑兮斯路漸. 湛湛江水兮上有楓, 目極千里兮傷春心. 魂兮歸來, 哀江南.

초혼
—
293

汨율: 빠르다. 獻헌: 올리다, 나아가다. 菉록: 푸르다. 蘋빈: 네가래, 개구리밥. 貫관: 통과하다. 沼소: 늪. 畦휴: 밭두둑. 瀛영: 바다, 못 속, 늪 속. 驪려: 검다. 駟사: 한 수레에 매는 네 마리 말. 乘승: 대수레를 세는 단위. 懸현: 매달다. 延연: 미치다. 烝증: 김 오르다. 驟취: 빠르다, 신속하다. 誘유: 인도하다. 還환: 돌다. 課과: 매기다, 시험하다. 兕시: 외뿔들소. 皐고: 물가, 언덕. 漸점: 잠기다. 湛담: 맑다.

○獻世헌세: 새해가 시작됨. ○長薄장박: 숲이 길게 이어짐. "박"은 초목이 무성한 숲. ○沼畦瀛소휴영: 소택지. 늪과 연못으로 이루어진 지대. ○博박: 광활함. ○靑驪청려: 검푸른 준마. ○懸火현화: 횃불. ○延起연기: 횃불의 빛이 사방에 퍼짐. ○顏안: 하늘색. ○烝증: 화염이 솟구침. ○驟處취처: 수레를 달려 이른 곳. ○誘유: 원의는 인도하다. 이곳에서는 사냥할 때 앞에서 지휘하고 인도하는 사람을 말함. ○抑騖억무: 멈추고 달림. ○若通약통: 자연스럽고 능통함. 말을 제어하는 기술이 뛰어남을 의미. "약"은 자연스럽다. ○夢몽: 몽택夢澤. 호수이름. 지금의 호북성湖北省 경내에 있음. ○憚탄: 쓰러뜨림. "탄殫"과 통함. ○朱明주명: 태양. ○被피: 덮다. ○湛湛담담: 물이 맑은 모양.

제11편 | 석서

惜誓

가는 세월을 아쉬워하며

이 편은 가의賈誼(기원전 220~기원전 168)가 지은 것으로 알려져 있다. 가의의 작품으로는 『사기』와 『한서』에 「조굴원弔屈原」과 「붕조부鵬鳥賦」 두 편이 있다고 기록되어 있다. 그래서인지 왕일은 『초사장구』에서 "가의라고 말하는 사람이 있지만 의문에 여지가 있어 누구라고 분명히 말할 수 없다或曰 賈誼, 而疑不能明"라고 했다. 그러나 송나라 사람 홍흥조洪興祖는 이 편의 내용과 사상이 「조굴원」과 같다고 여겨 가의가 지은 것이라고 판단했다. 이후로 많은 학자가 가의가 지은 것으로 간주하고 있다.

가의는 낙양洛陽 사람으로, 한 문제文帝 초년, 낙양태수 오공吳公의 추천으로 문제의 부름을 받아 대중대부大中大夫를 지냈다. 그는 과감한 정치개혁을 요구하다 권문세가들로부터 갖은 모함을 받았다. 이에 문제는 그를 장사왕태부長沙王太傅로 폄적시켰다. 4년 후, 다시 양회왕태부梁懷王太傅로 자리를 옮겼다. 몇 년 후 양회왕이 말을 타다 떨어져 죽는 일이 일어났다. 가의는 태부의 소임을 다하지 못했다고 자책하며 고통스러워하다 1년 후 세상을 떠났다. 이때 그의 나이 이제 겨우 33세였다.

"석惜"은 "아쉬워하다"의 의미. "서"에 대해서는 여러 가지 학설이 있다. 왕일의 『초사장구』는 "'서'는 '믿다' 내지 '약속하다'의 의미다. 회왕이 자신과 믿음으로 약속을 해놓고 이를 다시 어긴 것을 슬퍼하고 애석해함을 말한다誓者, 信也, 約也. 言衰惜懷王, 與己信約, 而復背之也"라고 했다. 또 쉬런푸徐仁甫는 『초사별해楚辭別解』에서 "'서誓'는 '서逝'의 가차자다. 세월이 흐르는 물처럼 가는 것을 아쉬워한 것이다誓借爲逝, 惜年華如逝水也"라고 했다. 따라서 "석서"는 왕일의 해석에 따르면 "약속을 어긴 것을 아쉬워함"으로 해석될 수 있고, 서림보의 해석에 따르면 "가는 세월을 아쉬워함"으로 해석할 수 있다.

이 편은 한대 문인들이 지은 초사 중에 뒤에 나오는 「초은사招隱士」 다음으로 뛰어나다는 평가를 받을 정도로 문장이 뛰어나다. 내용은 초나라를 떠날 때의 성대한 장면과 의식을 시작으로 혼탁한 세상을 떠나겠다는 작가의 굳은 의지를 보여주고 굴원이 강물에 빠져 죽은 것에 깊은 동정과 애절함을 나타내고 있다.

[1]

몸은 하루가 다르게 늙어가고, 세월은 가고 돌아오지 않네. 하늘
높이 날아올라 뭇 산들 지나니 고향 땅은 나날이 멀어지고, 굽이굽
이 흐르는 강을 내려 보니 사해의 바람과 파도에 옷이 젖네. 북극성
에 올라 잠깐 쉬며 이슬을 마셔 허한 몸을 채우네. 주작朱雀에게 앞
서 날아 길을 인도하게 하고, 태일太一(별자리 이름)의 상아로 만든 수
레를 타네. 청룡은 수레 좌측의 곁말이 되어 구불구불 달리고 백호
는 수레 오른쪽에서 질주하네. 수레에 해와 달의 문양이 들어간 수
레 덮개를 세우고 수레 뒤쪽에 옥녀玉女를 태우네. 어둡고 그윽한 곳
을 종횡무진 내달려 곤륜산의 언덕에서 쉬네. 이렇게 즐거운 것에만
만족하지 않고 신명들과 천천히 노닐고 싶어지네. 적수赤水를 건너
내달리니 오른쪽에 대하大夏의 순박한 풍속이 펼쳐지네. 큰 기러기
살짝 날아오르니 굽이굽이 이어진 산천이 보이고. 다시 날아올라
온 세상을 바라보네. 중국의 사람들을 내려 보고 회오리바람에 몸
을 맡겨 사방을 둘러보네. 소원少原의 들판에 오니 적송자와 왕자
교喬가 모두 곁에 있네. 두 사람 거문고를 들고 현의 소리를 조율하
니 나는 청상淸商 악곡을 타네. 고요해서 절로 즐거워지니 여섯 기
운을 머금고 마음껏 비상해보네. 장생하는 신선이 되느니 내 고향
으로 돌아가는 것만 못하리.

惜余年老而日衰兮, 歲忽忽而不反. 登蒼天而高擧兮, 歷衆山而日遠. 觀
江河之紆曲兮, 離四海之霑濡. 攀北極而一息兮, 吸沆瀣以充虛. 飛朱鳥使
先驅兮, 駕太一之象輿. 蒼龍蚴虬於左驂兮, 白虎騁而爲右騑. 建日月以爲蓋
兮, 載玉女於後車. 馳騖於杳冥之中兮, 休息乎崑崙之墟. 樂窮極而不厭兮,

願從容乎神明. 涉丹水而馳騁兮, 右大夏之遺風. 黃鵠之一擧兮, 知山川之

紆曲. 再擧兮, 睹天地之圜方. 臨中國之衆人兮, 託回飇乎尙羊. 乃至少原之

野兮, 赤松王喬皆在旁. 二子擁瑟而調均兮, 余因稱乎淸商. 澹然而自樂兮,

吸衆氣而翺翔. 念我長生而久仙兮, 不如反余之故鄕.

紆우: 굽다, 감돌다. 霑점: 젖다. 濡유: 젖다. 沆항: 넓다. 瀣해: 이슬기운. 蚴
유: 꿈틀거리다. 虯규: 뿔 없는 용. 騑비: 곁마. 厭염: 만족하다. 圜환: 둥글다.
飇표: 회오리바람. 擁옹: 안다. 稱칭: 일으키다. 澹담: 담박하다. 翺고: 날다.

○高擧고거: 높이 남. ○紆曲우곡: 굽이굽이 돌아 흐르는 모양. ○離리: 당하
다. ○北極북극: 북극성北極星. ○沆瀣항해: 밤에 맺히는 이슬. ○朱鳥주조:
별자리 이름으로 주작朱雀을 말함. 남방에 있는 일곱 별자리의 합칭. ○太一
태일: 별자리 이름. ○象輿상여: 상아로 장식한 수레. ○蚴虯유규: 용이 구불
구불 가는 모양. ○白虎백호: 별 자리 이름. 서방에 있는 일곱 별자리의 합칭.
○玉女옥녀: 별자리 이름. 북방의 일곱 별자리 중의 하나. ○從容종용: 천천히
따라 노님. ○丹水단수: 신화에 나오는 강 이름으로, 곤륜산의 서남쪽에 있음.
적수赤水라고도 함. ○大夏대하: 신화에 나오는 지명. ○黃鵠황곡: 큰 고니.
"황"은 "홍鴻"으로 된 곳도 있음. ○圜方환방: 둥글고 네모남. 천지의 모습을 형
용한 말. ○回飇회표: 회오리바람. ○尙羊상양: 둘러보다, 노닐다. "상양徜徉"
과 통함. ○少原소원: 신화에 나오는 지명. 신선이 사는 곳으로 알려져 있음.
○赤松적송: 적송자赤松子. 신화에 나오는 신선. ○王喬왕교: 신화에 나오는
신선. ○調均조균: 음을 조율함. ○稱칭: 원의는 일으키다. 이곳에서는 연주하
다의 의미. ○淸商청상: 노래 이름. ○澹然담연: 고요하고 편안한 모양. ○衆氣
중기: 여섯 가지 기운. 즉, 달·해·바람·비·어둡고·밝음.

[2]

　때를 놓쳐 숲에 사는 큰 기러기, 솔개와 올빼미들에게 공격당하

고, 물을 떠나 육지에 사는 신룡神龍, 땅강아지와 개미들에게 괴롭

힘 당하네. 큰 기러기와 신룡도 이런데 하물며 어진 이가 난세를 사는 것은! 나이는 점점 들어 하루가 다르게 노쇠해가고 세월은 쉼 없이 돌아가네. 시류에 영합하는 자들은 끝도 없이 아첨하고 사악한 자들은 곧은 것을 굽었다고 하네. 누구는 구차하게 영합하며 나아가고 누구는 은거하며 깊이 숨어사네. 사람을 자세히 보지 않고 헤아리며 서로 다른 잣대로 재려하네. 누구는 시류를 따라 구차하게 영합하고 누구는 용감하게 직언을 올리네. 시비를 살피지 않음에 마음이 아프고 띠풀과 실을 함께 꼬아 줄을 만드네. 지금 세속은 어둡고 흐리며 흑백과 선악이 분명치 않네. 귀한 거북껍질과 아름다운 옥을 산과 연못에 버려두고 자갈을 귀히 여기네. 매백은 여러 차례 간언하다 육장이 되었고 악래惡來는 군주의 뜻에 영합하여 중용되었네. 어진 이들이 지조를 다했음에도 소인배들에게 도리어 해를 입은 것이 슬프네. 비간은 충간하다 심장이 도려내졌고 기자는 머리를 풀어헤치고 미치광이처럼 행세했네. 흐르는 물은 원류를 거스르면 고갈되고 나무는 뿌리를 제거하면 자라지 않는다지. 이 한 몸 중히 여겨 화를 당할 것이 두려운 것이 아니라, 그동안 이룬 공이 없는 것이 마음 아프다네.

黃鵠後時而寄處兮, 鴟梟群而制之. 神龍失水而陸居兮, 爲螻蟻之所裁. 夫黃鵠神龍猶如此兮, 況賢者之逢亂世哉! 壽冉冉而日衰兮, 固儃回而不息. 俗流從而不止兮, 衆枉聚而矯直. 或偸合而苟進兮, 或隱居而深藏. 苦稱量之不審兮, 同權槪而就衡. 或推遂而苟容兮, 或直言之諤諤. 傷誠是之不察兮, 幷紉茅絲以爲索. 方世俗之幽昏兮, 眩白黑之美惡. 放山淵之龜玉兮, 相與貴夫礫石. 梅伯數諫而至醢兮, 來革順志而用國. 悲仁人之盡節兮, 反爲小人之所賊. 比干忠諫而剖心兮, 箕子被髮而佯狂. 水背流而源竭兮, 木去根而不長. 非重軀以慮難兮, 惜傷身之無功.

鴟치: 솔개, 올빼미. 梟효: 올빼미. 螻루: 땅강아지. 裁재: 자르다. 冉염: 나아가다. 儃천: 찬찬하다. 矯교: 속이다. 稱칭: 헤아리다. 權권: 저울, 저울추. 槩개: 평미레, 평목平木. 衡형: 무게를 달다. 逐이: 옮기다. 諤악: 곧은 말을 하다. 索삭: 동아줄, 새끼. 礫력: 자갈. 數삭: 자주. 醢해: 젓갈. 剖부: 쪼개다. 箕기: 키. 佯양: ~한 체하다.

○後時후시: 때를 놓침. ○冉冉염염: 점점. ○儃回천회: 돌다. ○俗流속류: 시류를 따르는 사람들. ○衆枉중왕: 많은 부정직한 사람들. ○矯直교직: 곧은 것을 굽은 것이라 속임. ○稱量칭량: 헤아리다. ○權槩권개: 평미레와 평목. 이곳에서는 두 개의 서로 다른 잣대를 말함. ○推逐추이: 세상의 흐름을 따라 변함. ○苟容구용: 구차하게 영합함. ○諤諤악악: 곧은 말을 하는 모양. ○誠是성시: 진심과 옳음. 이곳에서는 시비를 의미. ○之지: ~와. ○梅伯매백: 은나라 주왕紂王 때의 제후. 주왕에게 간언하다 피살됨. ○來革내혁: 은나라 주왕 때의 중신인 악래惡來를 말함. ○比干비간: 은나라 주왕의 숙부. 간언하다가 심장이 도려내지는 형벌을 받음. ○箕子기자: 은나라 주왕의 숙부. 주왕이 말을 듣지 않자 미치광이처럼 행세했다고 함.

[3]

이제 그만 두리! 높이 비상하는 봉황은 보이지 않고 황량한 들판에 모여 있네. 천지사방을 돌다 큰 덕을 갖춘 사람을 보면 그때서야 내려오리. 저 성인들의 높고 고상한 덕은 어지러운 세상을 떠나 멀리 숨어버렸네. 기린麒麟을 묶어둔다면 개나 양과 무엇이 다르리?

已矣哉! 獨不見夫鸞鳳之高翔兮, 乃集大皇之野. 循四極而回周兮, 見盛德而後下. 彼聖人之神德兮, 遠濁世而自藏. 使麒麟可得羈而係兮, 又何以異乎犬羊?

麒기: 기린, 태평성세에 나타난다는 영수靈獸. 麟린: 기린. 係계: 매다.

○鸞鳳난봉: 봉황. 어진 사람을 의미. ○大皇대황: 신화에 나오는 멀고 황폐한 땅. ○四極사극: 천지사방. ○回周회주: 주유함. ○神德신덕: 높고 고상한 덕.

제12편 | 초은사

招隱士

은거하는 이를 부르며

"초은사招隱士"는 "은거하는 어진 선비들을 불러 모은다"는 의미. 이 편의 작가에 대해 『초사장구』는 다음과 같이 기록하고 있다.

"「초은사」는 회남소산이 지었다. 옛날 회남왕 유안은 인품이 관대하고 고상하며 옛 것을 좋아했으며, 천하의 뛰어나고 훌륭한 선비들을 불러 모았다. 여덟 명의 사람이 그의 덕과 의리를 흠모하여 그의 문하로 들어왔다. 그들은 각자 재능을 발휘하여 글을 쓰고 사부를 지었다. 이를 종류별로 나누어 소산 혹은 대산으로 불렀다. 그것은 『시경』에 「소아」와 「대아」가 있는 것과 같은 이치였다."「招隱士」者, 淮南小山之所作也. 昔淮南王安, 博雅好古, 招懷天下俊偉之士. 自八公之徒, 咸慕其德而歸其仁, 各騁才智, 著作篇章, 分造辭賦, 以類相從, 故或稱小山, 或稱大山, 其義猶 『詩』有「小雅」「大雅」也

이로 보면 이 편의 작가 회남소산淮南小山은 회남왕 유안劉安 문하에서 활동한 문객이었을 것으로 추정된다. 다만 회남소산이 이름인지 호號인지는 현재로서는 알 길이 없다.

왕일은 이 편을 "굴원의 처지를 가련히 여기고 마음 아파하는 작품이다閔傷屈原之作"라고 말하고 있다. 그러나 현대 학자들은 소산의 무리들이 유안이 유능한 선비들을 모으는 것을 돕기 위해 지은 것으로 보고 있다.

이 편은 산 속에 사는 어려움과 무서움을 말하며 은거하는 유능한 선비들이 조정으로 돌아 올 것을 권하고 있다. 이 편은 한대 문인들이 지은 초사 중에 가장 뛰어난 작품으로 평가받고 있다. 왕부지는 『초사통석』에서 "이 작품은 「이소」에 갖다놓을 수 있다. 음절이 촉박하면서 소리가 맑고 격앙되어 있어 초사의 여운을 남기니, 다른 사부 작품들에 비할 바가 아니다其

可以類附「離騷」之後者, 以音節局度, 瀏亮昂激, 紹楚辭之餘韻, 非他詞賦之比"라고 했다.

[1]

그윽한 산의 무성한 계수나무, 굽은 줄기에 가지는 엉켜 있고, 자욱한 산의 안개와 높고 험한 암석, 가파른 암벽 사이로 계곡물은 세차게 흐르네. 원숭이들은 떼 지어 슬피 울고 호랑이와 표범은 포효하며, 계수나무 가지 잡고 올라 한참이나 있네. 왕의 후손은 놀러갔다가 돌아오지 않고 봄이 오니 풀들만 무성하게 자라네.

桂樹叢生兮山之幽, 偃蹇連蜷兮枝相繚. 山氣龍嵸兮石嵯峨, 谿谷嶄巖兮水曾波. 猨狖群嘯兮虎豹嘷, 攀援桂枝兮聊淹留. 王孫遊兮不歸, 春草生兮萋萋.

繚료: 얽히다. 龍롱: 가파르다, 높다. 嵸종: 산이 우뚝한 모양. 嵯차: 우뚝 솟다. 峨아: 산이 높고 험한 모양. 谿계: 시내. 嶄참: 높고 가파른 모양. 猨원: 원숭이. 狖유: 꼬리가 긴 원숭이. 嘯소: 울부짖다. 嘷호: 울부짖다. 淹엄: 오래되다. 萋처: 풀이 무성하게 우거진 모양.

○偃蹇언건: 나무가 굽고 아름다운 모양. ○連蜷연권: 구불구불하며 무성한 모양. ○山氣산기: 운기雲氣. ○龍嵸옹종: 연무가 사방에서 일어나는 모양. ○曾波증파: 겹겹의 물결. 물살이 세참을 의미. ○처처萋萋: 초목이 무성한 모양.

[2]

한 해가 다해가건만 의지할 곳은 없고 털매미는 맴맴 울어대네. 연무는 자욱이 피어오르고 산은 구불구불 이어져 있네. 머물고 싶어도 무섭고 불안해 어찌해야 할지. 걱정되고 혼란스러우며 두렵고 떨리네. 호랑이 승냥이 굴을 지나자니 초목이 무성한 깊은 숲은 사람을 떨리게 만드네. 산은 높고 험준하며 돌은 위태위태하게 솟아 있고, 나뭇가지는 서로 얽히고 나무들은 이리저리 엉켜 있네. 사초莎草는 나무 사이에 있고 번풀은 바람 따라 날리며, 백록과 노루는 뛰다가 서다가를 반복하네. 두 뿔은 뾰족하게 솟아 있고 털은 보드랍고 윤기가 나네. 원숭이들과 곰들은 잃어버린 무리를 그리며 슬피 우네. 계수나무 가지 잡고 올라가 오랫동안 머물고, 호랑이와 승냥이는 싸우고 곰들은 우웅 하고 우니, 금수들은 놀라 짝을 잃네. 왕의 후손이시여 돌아오시오! 산에 오래 머물 수 없소.

歲暮兮不自聊, 蟪蛄鳴兮啾啾. 坱兮軋, 山曲罧, 心淹留兮恫慌忽. 罔兮沕, 憭兮栗, 虎豹穴, 叢薄深林兮人上慄. 嶔岑碕礒兮碅磳磈硊, 樹輪相糾兮林木茷骫. 靑莎雜樹兮薠草靃靡, 白鹿麏麚兮或騰或倚. 狀貌崯崯兮峨峨, 淒淒兮溗溗. 獼猴兮熊羆, 慕類兮以悲. 攀援桂枝兮聊淹留, 虎豹鬪兮熊羆咆, 禽獸駭兮亡其曹. 王孫兮歸來! 山中兮不可以久留.

───────

聊료: 의지하다. 蟪혜: 씽씽매미, 여치. 蛄고: 씽씽매미. 啾추: 시끄러운 소리. 坱앙: 평평하지 않는 모양. 軋알: 삐걱거리다. 罧불: 첩첩하다. 恫통: 두려워하다. 罔망: 근심하다. 沕물: 깊고 어렴풋한 모양. 憭료 떨다. 栗률: 떨다. 嶔금: 높고 험하다. 岑잠: 봉우리, 높다. 碕기: 굽은 물가. 礒의: 돌 모양. 碅균: 돌 위태하다. 磳증: 돌 모양. 磈외: 돌이 많은 모양. 硊위: 돌의 모양. 茷패: 무성하다. 骫위: 굽다. 靃확: 풀이 보드라운 모양. 靡미: 쓰러지다. 麏균: 노루. 麚가: 수사슴. 崯음: 험준하다, 높다. 溗사: 함치르르하다. 獼미: 원숭이. 猴후: 원숭이. 羆비: 큰 곰. 類류: 무리, 떼. 咆포: 으르렁거리다. 駭해: 놀라다. 曹조: 무리, 짝.

○蟪蛄혜고: 털매미. 매밋과에 속한 곤충. 씽씽매미라고도 함. ○坱兮軋앙혜
알: "앙알"은 산에 운무가 자욱하게 끼어 있는 모양. "혜"는 음절을 조절해주는
역할을 함. ○曲崸곡불: 산세가 구불구불한 모양. ○恫慌忽통황홀: 두렵고 불
안해 무엇을 해야 할지 모름. "홀"은 잊다. 무엇을 해야 할지 모름을 의미. ○罔
兮沕망혜물: "망물"은 걱정되고 혼란스러움. "혜"는 음절을 조절해주는 역할을
함. ○嶔岑금잠: 산세가 높고 험함. ○碕礒기의: 산석이 어지러이 쌓여있는 모
양. ○碅磳균증: 산석이 높고 험함. ○磈硊외위: 산석이 높고 험함. ○樹輪수
륜: 나뭇가지. ○筱猘별위: 나뭇가지가 이리저리 마구 엉기어 있는 모양. ○靑
莎청사: 사초莎草. 이 풀의 뿌리를 향부자香附子라고 함. ○蘱草번초: 번풀.
풀 이름. ○靃靡확미: 초목이 바람 따라 가볍게 흔들리는 모양. ○麚麚균가:
노루. ○崟崟음음: 높은 모양. 이곳에서는 사슴의 뿔이 높고 뾰쪽함을 말함.
○峨峨아아: 높은 모양. 이곳에서는 사슴의 뿔이 높고 뾰쪽함을 말함. ○凄凄
처처: 털이 보드랍고 윤기가 남. ○㵱㵱사사: 털이 보드랍고 윤기가 남.

제13편 | 칠간

七諫

임금에게 올리는 노래

「칠간七諫」의 작가는 한 무제武帝 때의 사부辭賦로 유명한 동방삭東方朔이다.

그의 자는 만천曼倩이고, 평원平原 염차厭次 사람이다. 무제 때 태중대부太中大

夫가 되어 직간을 하다가 미움을 샀다.

이 편을 지은 의도에 대해 왕일은 『초사장구』에서 "동방삭은 굴원을 불쌍

히 여겼기에 이 부를 지어 그 뜻을 서술했다. 그래서 이것으로 충직한 신하

들을 드러내고 비뚤어진 조정을 바로잡고자 했다東方朔追憫屈原, 故作此賦, 以述其

志, 所以昭忠信·矯曲朝"라고 했다.

「칠간」은 7편의 시로 이루어져 있으며 굴원의 「구장九章」을 모방해 대언체代

言體 형식으로 지어졌다. 내용은 굴원이 충성을 다했음에도 비방을 받고 쫓

겨나서 결국 강에 목숨을 던지는 것을 읊으면서, 작가 자신도 굴원처럼 회

재불우한 심정과 어진 이를 시기하는 세태를 쓰고 있다.

초방初放
첫 유배를 당해

【해제】

이 편은 굴원이 처음 유배를 당할 때의 암울한 초나라의 현실을
토로하며 죽어서도 세속에 영합하지 않으려는 고상한 절개를 보여
준다.

[1]

굴평屈平(굴원의 이름)은 일국의 수도에서 태어나 오랫동안 낯선 불
모의 땅에 있었네. 말은 어눌하고 도와주는 힘 있는 세력도 없었네.
지혜도 부족하고 재능도 없었고 견문도 좁았네. 나라에 좋은 일을
몇 번 말하다 측근들에게 원망을 받았네. 임금께서 그 이롭고 좋음
을 살피지 않아 끝내 낯선 불모의 땅으로 버림받았네. 속으로 지난
일을 생각해보니, 고칠 것이 없었네. 사람들은 편을 가르고 임금은
점차 미혹되었네. 임금 앞에서 교묘하게 아첨하니 어진 이들은 말
을 하지 못했네. 요·순 같은 성군은 이제 계시지 않으니 누가 충직
한 말을 하리? 산은 높고 험하며 물은 도도하게 흘러가네. 죽을 날
얼마 남지 않아 고라니 사슴과 함께 묻히겠네. 외롭고 쓸쓸한 이 몸
길에서 노숙하네. 온 세상이 이러하니 나는 누구에게 말하나? 큰
기러기와 고니를 배척하고 쫓아내며 솔개와 올빼미를 가까이하고,
귤과 유자나무를 베고 쓴 복숭아나무를 이어 심네. 멋지게 뻗은 좋

은 대나무는 강가에서 기생하네. 그 위에는 가지가 무성해 이슬이
지는 것을 막아주고 아래는 그늘져 시원한 바람을 보내주건만. 우리
가 맞지 않음을 누가 알리 대나무와 측백나무의 마음이 다르듯이.
옛날은 이를 수 없고 미래는 기다릴 수 없네. 아득한 하늘은 어찌
나의 억울함을 풀어주지 않나. 깨닫지 못하는 임금을 남몰래 원망
하네. 나는 죽고 나면 그만이리.

　平生於國兮, 長於原野. 言語訥讟兮, 又無强輔. 淺智褊能兮, 聞見又寡.
數言便事兮, 見怨門下. 王不察其長利兮, 卒見棄乎原野. 伏念思過兮, 無可
改者. 群衆成朋兮, 上浸以惑. 巧佞在前兮, 賢者滅息. 堯舜聖已沒兮, 孰爲
忠直? 高山崔巍兮, 水流湯湯. 死日將至兮, 與麋鹿同坑. 塊兮鞠, 當道宿.
擧世皆然兮, 余將誰告? 斥逐鴻鵠兮, 近習鴟梟. 斬伐橘柚兮, 列樹苦桃. 便
娟之修竹兮, 寄生乎江潭. 上葳蕤而防露兮, 下泠泠而來風. 孰知其不合兮,
若竹柏之異心. 往者不可及兮, 來者不可待. 悠悠蒼天兮, 莫我振理. 竊怨君
之不寤兮, 吾獨死而後已.

訥눌: 말을 더듬다. 讟삽: 말을 더듬다. 褊편: 좁다. 浸침: 점차. 佞녕: 아첨하
다. 崔최: 높다. 巍외: 높다. 麋미: 고라니. 坑갱: 구덩이에 묻다. 塊괴: 외롭다.
鴟치: 솔개. 梟효: 올빼미. 葳위: 초목이 무성한 모양. 蕤유: 드리워지다.

○平평: 굴원의 이름. ○國국: 국도國都. 나라의 수도. ○原野원야: 황량한 들
판. 이곳에서는 외지를 유배를 당한 것을 말함. ○訥讟눌삽: 말을 잘하지 못
함. ○便事편사: 나라에 좋은 일. ○見현: 당하다. ○門下문하: 임금 좌우의
근신들. ○伏念복념: 남몰래 생각함. ○滅息멸식: 숨도 쉬지 못함. 이곳에서
말을 하지 못함을 의미. ○湯湯탕탕: 물이 도도하게 흐르는 모양. ○近習근습:
가까이함. ○便娟편연: 아름답고 훌륭함. ○修竹수죽: 긴 대나무. ○葳蕤위유:
초목이 무성함. ○振理진리: 도리를 설명해줌.

침강沈江

강에 몸을 던지며

【해제】

이 편은 굴원이 멱라강에 몸을 던지기 전의 비분한 심정을 읊고
있다. 옛 사람들의 성패를 들어 초나라의 정치현실에 불만을 토로하
고 임금께서 하루빨리 이성을 찾아 나라를 부흥해주길 바라는 염
원이 담겨있다. 마지막 부분에서는 강에 몸을 던지는 이유와 결심을
보여준다.

[1]

옛날의 흥망성쇠를 생각하며, 아첨하는 자들을 가까이하는 폐단
을 보네. 요임금과 순임금은 영명하며 자애롭고 어지시어 후세에 영
원히 칭송받으셨네. 제나라의 환공은 신하에게 권력을 주면서 나라
를 잃었고, 관중은 충직하여 명성이 널리 알려졌네. 진 헌공은 이희
驪姬에게 빠졌고 신생은 효도를 다했으나 화를 당했네. 서徐나라의
언왕偃王은 인의를 행했건만 초 문왕文王이 위협을 느끼자 서나라는
패망했네. 상나라의 주紂는 사납고 무도하여 제위를 잃었고 주나라
는 여망의 도움을 받았네. 옛 선현들의 법도를 본받아 어진 정치를
펴고 흙을 쌓아 비간의 묘를 조성했네. 어질고 재능 이들이 흠모하
여 귀순하니 날이 갈수록 많아지고 한 마음으로 힘을 다했네. 법을
밝히고 국가의 기강을 세우니 훌륭한 이들은 외진 곳에서도 향기를

내네.

惟往古之得失兮, 覽私微之所傷. 堯舜聖而慈仁兮, 後世稱而弗忘. 齊桓
失於專任兮, 夷吾忠而名彰. 晉獻惑於驪姬兮, 申生孝而被殃. 偃王行其仁
義兮, 荊文寤而徐亡. 紂暴虐以失位兮, 周得佐乎呂望. 修往古以行恩兮, 封
比干之丘壟. 賢俊慕而自附兮, 日浸淫而合同. 明法令而修理兮, 蘭芷幽而
有芳.

────

驪리: 여자 이름. 寤오: 깨닫다. 壟롱: 무덤. 浸침: 점점.

○私微사미: 보잘 것 없는 사람을 편애함. 이곳에서는 아첨하는 간신배들을
편애함을 의미. ○齊桓제환: 제나라의 환공桓公. ○專任전임: 아첨하는 신하
를 임용해 권력을 독점하도록 함. ○夷吾이오: 제 환공의 재상을 지낸 관중管
仲의 이름. ○晉獻진헌: 진晉나라의 헌공獻公. ○驪姬이희: 진 헌공의 총비寵
妃인 여희驪姬를 말함. ○신생申生: 진 헌공의 태자. ○偃王언왕: 주 목왕穆王
때 있었던 서徐나라의 언왕偃王. ○荊文형문: 초나라의 문왕文王. "형"은 초
나라. ○徐亡서망: 서나라가 망함. 초 문왕은 언왕의 서나라가 나날이 강성해
지것에 깨달은 바가 있어 군사를 일으켜 서나라를 멸망시킴. ○呂望여망: 주
나라를 도와 은나라를 멸망시킨 개국공신. ○修수: 본받다. ○丘壟구롱: 분묘.
○浸淫침음: 점점 많아짐. ○蘭芷난지: 난초와 백지白芷. 모두 향초 이름. 이
곳에서는 어진 인사들을 의미.

[2]

사람들 나를 질시해 괴롭고, 기자는 이를 알고 미치광이처럼 행
세했네. 나라의 안위를 돌보지 않고 명예를 탐하니 마음은 답답하
고 슬프기만 하네. 혜초와 백지를 이어 노리개로 삼아, 절인 고기

파는 가게를 지나니 향기가 사라지네. 올바른 신하는 지조와 품행이 바른데도 비방을 받고 배척되네. 세상은 바뀌고 변해 백이는 수양산에서 굶어죽었네. 홀로 청렴해 세상과 타협하지 않으니, 날이 갈수록 숙제叔齊의 명성은 높아가네. 뜬 구름이 몰려와 하늘을 가려 어둡게 하니, 해와 달은 빛이 없어지네. 충신은 곧아 간언하려는데 아첨하고 모함하는 자들이 옆에서 방해하네. 가을의 풀은 풍성하게 열매를 맺으려는데 저녁에 가는 서리 내리네. 차가운 가을바람 만물을 해치고 풀은 떨어지고 자라지 않네. 사람들은 서로 어울려 어진 이를 시기하니, 어질고 재능 있는 이만 쉽게 상처받네. 지략을 품고도 등용되지 못하고 바위산의 동굴에 숨어 지내네. 공을 세운 오자서는 해를 입어 천수를 다하지 못했고 죽어서도 장례를 치르지 못했네. 사람들 시류에 따라 변하고 바람 따라 흔들리는 것이 유행이네. 믿음이 있고 곧은 신하는 물러나 망가지고 위선적이고 술수를 잘 부리는 사람들은 나아가 자리를 차지하네. 나라가 위험에 빠져 후회한들 늦으니 충성을 다한들 무슨 공을 세우리. 선왕의 제도를 없애고 행하지 않으며 개인의 사사로움만 따지고 국가의 일은 생각지 않네. 끝내 지조를 바꾸지 않고 죽음으로 지킬 것이나, 아직 남은 내 수명이 끝나는 것이 애석하네. 나는 쌍배를 타고 아래로 내려가지만 임금께서 깨달으시길 바라네. 충언이 귀에 거슬리는 것이 애통하고, 오자서가 물에 잠긴 것 한스럽네. 온 마음을 다해 아뢰고 싶어도 임금님은 잘 들으려 하지 않네. 인도해도 깨닫지 못하니 말하기도 어렵고, 가로 세로조차 구분하지 못하네. 간신들의 근거 없는 말을 믿으니 나라를 오래 유지할 수 없을 것이라. 선왕의 법도를 없애고 행하지 않으며, 바르고 곧은 규칙들을 어기네. 화를 당해야 깨달을 것이니 가을의 메마른 쑥에 불이 난 것처럼 구제할 길이 없네. 이미 실수하여 구제할 수 없으니 또 무슨 화와 흉을 말하리. 저 아첨하고 비방하는 자들은 편을 가르니 외로이 충성을 다하는 사람들에게 무슨 희망이 있으리. 나날이 조금씩 물들어 가는 것도 모르네, 가을에 갓 돋아난 보잘 것 없는 짐승의 터럭도 모습을 바꿀 줄 알건만. 가벼운 물건을 많이 쌓아도 수레의 축은 무너질 수 있고, 큰 잘못은 작은 잘못들이 쌓여서 나오는 것이라네. 원수와 상수의 흐르는 물에 뛰어들면 물결 따라 동쪽으로 가겠지. 모래와 자갈을 안고 강에 잠기리, 가리고 막힌 임금을 차마 못 보겠네.

苦衆人之妒予兮, 箕子寤而佯狂. 不顧地以貪名兮, 心怫鬱而內傷. 聯蕙芷以爲佩兮, 過鮑肆而失香. 正臣端其操行兮, 反離謗而見攘. 世俗更而變化兮, 伯夷餓於首陽. 獨廉潔而不容兮, 叔齊久而逾明. 浮雲陳而蔽晦兮, 使日月乎無光. 忠臣貞而欲諫兮, 讒諛毁而在旁. 秋草榮其將實兮, 微霜下而夜降. 商風肅而害生兮, 百草育而不長. 衆并諧而妒賢兮, 孤聖特而易傷. 懷計謀而不見用兮, 巖穴處而隱藏. 成功隳而不卒兮, 子胥死而不葬. 世從俗而變化兮, 隨風靡而成行. 信直退而毁敗兮, 虛僞進而得當. 追悔過之無及兮, 豈盡忠而有功. 廢制度而不用兮, 務行私而去公. 終不變而死節兮, 惜年齒之未央. 將方舟而下流兮, 冀幸君之發矇. 痛忠言之逆耳兮, 恨申子之沈江. 願悉心之所聞兮, 遭値君之不聰. 不開寤而難道兮, 不別橫之與縱. 聽姦臣之浮說兮, 絕國家之久長. 減規矩而不用兮, 背繩墨之正方. 離憂患而乃寤兮, 若縱火於秋蓬. 業失之而不救兮, 尙何論乎禍凶? 彼離畔而朋黨兮, 獨行之士其何望? 日漸染而不自知兮, 秋毫微哉而變容. 衆輕積而折軸兮, 原咎雜而累重. 赴沅湘之流漸兮, 恐逐波而復東. 懷沙礫而自沈兮, 不忍見君之蔽壅.

佛불: 답답하다, 울적하다. 鮑포: 절인 어물. 肆사: 가게, 점포. 攘양: 배격하다. 肅숙: 차다. ○諧해: 어울리다. 隳휴: 무너지다. 靡미: 쏠리다. 矇몽: 어둡다, 어리석다. 聞문: 알리다. 值치: 당하다. 蓬봉: 쑥. 軸축: 굴대. 澌시: 다하다. 礫력: 조약돌. 壅옹: 막히다.

○地지: 나라. 초나라를 의미. ○佛鬱불울: 답답하고 울적함. ○鮑肆포사: 절인 고기를 파는 가게. ○伯夷백이: 은나라 말기의 은사. ○首陽수양: 산 이름. 은나라 말기 백이와 숙제가 고사리를 캐먹고 은거했다는 곳. ○叔齊숙제: 은나라 말기의 은사. ○商風상풍: 서풍. 가을바람. ○育육: 어떤 판본에는 "추墜"로 되어 있음. ○無卒무졸: 생애를 좋게 끝내지 못함. "졸"은 끝나다. ○得當득당: 자리를 얻고 맡음. 중용됨을 의미. ○年齒연치: 수명. ○方舟방주: 서로 연결된 두 척의 배. ○發矇발몽: 어리석음에서 나옴. 과오를 깨닫는 의미. ○申子신자: 오자서. 왕이 오자서를 신申 땅에 봉했기 때문에 붙인 이름. ○不聰불총: 잘 듣지 않음. ○開寤개오: 인도하여 깨닫게 함. ○業업: 이미. ○離畔이반: 덕을 떠난 사람들. 간신들을 의미. "반"은 "반叛"과 통함. ○原咎원구: "원"은 "후厚"가 되어야 함. 글자가 비슷한데서 오는 착오. "후구厚咎"는 큰 잘못. ○流澌유시: 흐르는 물. ○不忍불인: 차마~하지 못함.

원세怨世

세상을 원망하며

【해제】

이 편은 굴원이 유배를 당해 강에 몸을 던지기 전 당시 초나라 조정의 무능과 부패를 적나라하게 비판하고 있다. 또 이런 세태에 멀리 떠나고 싶어 하나 이것으로 법을 어기고 명예가 훼손당할까 두려워하는 심리와 목숨을 지키고 싶지만 간신들의 전횡을 용인하지 못하는 마음이 잘 나타나 있다.

세상은 혼탁해 말을 올리기 어렵고 사람들마다 시비를 판단하는
기준이 다르네. 바르고 깨끗한 이들은 모조리 사라지고 혼탁하고
어지러운 자들만 나날이 많아지네. 올빼미들은 이미 떼를 짓고 현
학玄鶴은 날개 짓을 그만두고 떠나가네. 쑥이 들어와 침상에 까는
자리로 쓰이고, 마란馬蘭은 나날이 어지러이 자라네. 세상 사람들
백지와 두형을 버려두고 무엇이 향초인지 모르니 내 어찌할 수 있으
리. 어찌하여 넓고 평탄했던 길이 지금은 거칠고 더러워지고 위험해
졌나. 고양高陽은 이유 없이 해를 당하고 요임금과 순임금도 근거 없
는 말에 비방을 받네. 누가 진실과 거짓을 바로 할 수 있나. 요임금
과 순임금의 여덟 명의 어진 신하라도 할 수 없으리.

世沈淖而難論兮, 俗岭峨而參嵯. 淸冷冷而殲減兮, 溷湛湛而日多. 梟鴉
旣以成群兮, 玄鶴弭翼而屛移. 蓬艾親入御於床第兮, 馬蘭躔踔而日加. 棄捐
葯芷與杜衡兮, 余奈世之不知芳何. 何周道之平易兮, 然蕪穢而險戱. 高陽
無故而委塵兮, 唐虞點灼而毀議. 誰使正其眞是兮, 雖有八師而不可爲.

淖뇨: 빠지다. 岭겸: 산이 작고 높다. 參참: 산이 울멍줄멍하다. 嵯차: 울쑥불
쑥하다. 殲섬: 다 죽이다. 溷혼: 어지럽다. 湛담: 빠지다. 梟효: 올빼미. 鴉효:
올빼미. 弭미: 그치다. 屛병: 물러나다. 蓬봉: 쑥. 艾애: 쑥. 御어: 쓰이다. 第
자: 대자리. 躔침: 일정하지 않는 모양. 踔탁: 절름거리다. 點점: 더럽다.

○沈淖침뇨: 가라앉고 빠짐. 세상이 혼란함을 의미. ○岭峨겸아: 가지런하지
않음. ○參嵯참차: 가지런하지 않음. ○淸冷冷청랭랭: 맑고 고결한 모양. 이곳
에서는 바르고 깨끗한 사람을 의미. ○溷湛湛혼담담: 혼탁하고 어지러운 모
양. 이곳에서는 간신들을 의미. ○鴉梟치효: 올빼미. ○玄鶴현학: 신화에 나오

는 신조神鳥. ○弭翼미익: 날개 짓을 그만둠. ○屛移병이: 떠남. ○蓬艾봉애: 쑥. 이곳에서는 간신들을 의미. ○床第상자: 침대에 까는 대자리. ○馬蘭마란: 풀 이름. 연못가에서 자라고 국화와 비슷하나 보라색을 띠며 독한 냄새를 발산함. 이곳에서는 간신들을 의미. ○蹢躅첨탁: 어지럽게 자라는 모양. ○葯芷약지: 백지白芷. 향초 이름. 이곳에서는 충신들을 의미. ○險戱험희: 위험함. 『초사장구』는 "'험희'는 '기울어 위태하다'는 말과 같다險戱猶言傾危也"라고 했다. ○高陽고양: 전욱顓頊의 호. ○委塵위진: 먼지에 더러워짐. 이곳에서는 무고를 받았음을 의미. ○點灼점작: 원의는 더러워서 뜸을 놓음. 더러우면 씻으면 되는데 뜸을 놓는다는 것은 사실을 너무 과장한다는 의미. 따라서 이곳에서는 근거 없는 말로 사람을 비방함을 의미. 왕일의 『초사장구』는 "'점'은 '더럽히다'는 의미. '작'은 '뜸을 놓다'는 의미. 몸에 병이 생기면, 사람들이 더러워서 뜸을 놓는 것과 같다點, 汚也. 灼, 炙也. 猶身有病, 人點炙之"라고 했다. ○毁議훼의: 비난을 받음. ○眞是진시: 진실과 옳음. ○八師팔사: 요임금과 순임금의 여덟 명의 어진 신하. 즉, 우禹·직稷·설卨·고요皐陶·백이伯夷·수倕·익益·기虁를 말함.

[2]

하늘은 높아서 빛나고 땅은 오래되어서 빛나네. 깨끗한 옷을 입고 세상을 돌며 저 시커먼 자들과는 기필코 다르게 입으리. 서시는 아름다워도 보이지 않고, 모모嫫母는 비틀거리며 걷는데도 매일 임금을 모시네. 계수나무의 좀은 오래 있으면 그만두어야할 바를 모르고, 여뀌의 곤충은 달콤한 풀로 옮겨갈 줄 모르네. 어지럽고 혼탁한 세상에 있으니 지금 어찌 내 뜻을 나타낼 수 있으리? 큰 뜻을 품고도 멀리 가야 하니 이는 실로 사람들이 알 수 있는 것이 아니네. 천리마는 낡은 수레를 끌며 머뭇거리니 백락을 만나야 태도를 바꾼다네. 여망은 곤궁하여 편안하게 살 수 없었으나 주 문왕을 만나 뜻을 펼쳤네. 영척이 소를 먹이며 슬픈 노래 부르자 제 환공은 듣고 중용했네. 객사의 여인이 뽕나무를 따자 공자孔子는 조심하며 모시 듯 지나갔네. 유독 나만 세상과 맞지 않아 때를 만나지 못했으니 마음은 슬프고 걱정되어 혼란스럽기만 하네. 비간의 충직함을 생각하고 진심으로 임금을 섬겼던 오자서를 애도하네. 초나라 사람 화씨和氏가 올린 보옥을 돌로 여긴 것을 슬퍼하네. 여왕厲王과 무왕武王이 잘 살피지 않아 그의 두 발이 모두 잘렸네.

皇天保其高兮, 后土持其久. 服淸白以逍遙兮, 偏與乎玄英異色. 西施媞媞而不得見兮, 嫫母勃屑而日侍. 桂蠹不知所淹留兮, 蓼蟲不知徙乎葵菜. 處湣湣之濁世兮, 今安所達乎吾志? 意有所載而遠逝兮, 固非衆人之所識. 驥躊躇於弊輦兮, 遇孫陽而得代. 呂望窮困而不聊生兮, 遭周文而舒志. 寧戚飯牛而商歌兮, 桓公聞而弗置. 路室女之方桑兮, 孔子過之以自侍. 吾獨乖剌而無當兮, 心悼怵而耄思. 思比干之倂倂兮, 哀子胥之愼事. 悲楚人之和氏兮, 獻寶玉以爲石. 遇厲武之不察兮, 羌兩足以畢斮.

偏편: 치우치다. 媞제: 아름답다. 嫫모: 예쁘다. 蠹두: 좀, 해충. 蓼료: 여뀌. 葵규: 해바라기, 푸성귀. 湣혼: 정해지지 않다. 載재: 가득하다. 輦연: 손수레. 怵출: 두려워하다, 슬퍼하다. 耄모: 혼몽하다. 倂병: 차다, 개탄하다. 羌강: 발어사. 畢필: 모두. 斮착: 베다, 자르다.

○玄英현영: 순흑색. 이곳에서는 간신들을 의미. ○西施서시: 춘추시기 월越나라의 미녀. ○媞媞제제: 아름다운 모양. ○嫫母모모: 추녀 이름. 전설에 의하면, 황제黃帝의 비妃였다고 함. ○勃屑발설: 비틀비틀하며 걸음. ○桂蠹계두: 계수나무에 붙은 좀. 이곳에서는 봉록을 받아먹는 신하를 의미. ○蓼蟲요충: 여뀌 위의 곤충. ○葵菜규채: 달콤한 풀. ○湣湣혼혼: 혼란한 모양. ○弊輦폐련: 낡은 수레. ○孫陽손양: 백락伯樂. 말을 잘 알아본 사람. ○得代득대: 태도를 바꿈. ○聊生요생: 편안하게 삶. ○商歌상가: 슬픈 노래. ○路室노실: 객사客舍. ○方桑방상: 마침 뽕나무를 땀. ○乖剌괴자: 어그러짐. 맞지 않음. ○無當무당: 때를 만나지 못함. ○悼怵도출: 슬프고 두려움. ○耄思모사: 이

런 저런 생각을 다함. ○怦怦병병: 충직한 모양. ○愼事신사: 성심을 다해 임금을 섬긴 일. ○和氏화씨: 초나라 사람 변화卞和를 말함. 변화는 형산荊山에서 가공하지 않은 옥 하나를 발견해 초나라 여왕厲王에게 올렸다. 어떤 사람이 돌이라고 하자 여왕은 노하여 그의 왼발을 잘라버렸다. 후에 무왕武王이 즉위하자 다시 옥을 바쳤다. 무왕은 잘 살피지도 않고 그의 오른발을 잘라버렸다. 변화는 옥을 안고 형산 아래에서 너무나 슬프게 운 나머지 피를 토했다. 성왕成王 때 옥을 가공해보니 정말로 아름다운 옥을 얻게 되었다. ○厲武여무: 초나라의 여왕厲王과 무왕武王.

[3]

    권세를 차지한 소인배들, 충직하고 바른 이들을 무엇으로 보는가? 전대 성현들의 법도를 바꾸고, 은밀히 서로 작당하여 마음대로 하는 것 좋아하네. 모함하고 아첨하는 자를 가까이하고 어진 이를 멀리하니 여추閭娵 같은 미인을 추악하다고 떠벌리네. 측근들을 좋아하고 어진 이를 가리고 멀리하니 누가 옳고 그름을 알리? 끝내 마음의 포부를 다하지 못하고 멀리 버림을 당하니 귀의할 곳이 없네. 내 충정은 한결 같고 분명한데 세상은 어둡고 혼탁해 가려지네. 나이는 이미 반백半百을 지났건만 뜻을 이루지 못하고 곤경에 처해 있네. 높이 날아 먼 곳에 가고자 해도 법을 어겨 몸과 이름이 망가질까 두렵네. 억울하고 답답한 마음은 끝이 없고 내 정신을 해쳐 수명을 짧게 만드네. 하늘의 명은 일정치 않으니 나는 평생 귀의할 곳이 없네. 흐르는 강물에 잠겨 물 따라 떠돌다 멀리나 갔으면. 차라리 강과 바다의 진흙이 될지언정 어찌 이 혼탁한 세상을 오래 볼 수 있으리?

    小人之居勢兮, 視忠正之何若? 改前聖之法度兮, 喜囁嚅而妄作. 親讒諛而疏賢聖兮, 訟謂閭娤爲醜惡. 愉近習而蔽遠兮, 孰知察其黑白? 卒不得效其心容兮, 安眇眇而無所歸薄. 專精爽以自明兮, 晦冥冥而壅蔽. 年旣已過太半兮, 然埳坷而留滯. 欲高飛而遠集兮, 恐離罔而滅敗. 獨冤抑而無極兮, 傷精神而壽夭. 皇天旣不純命, 余生終無所依. 願自沈於江流兮, 絶橫流而徑逝. 寧爲江海之泥塗, 安能久見此濁世?

囁囁섭섭: 소곤거리다. 嚅유: 선웃음 치다. 訟송: 다투다. 娤추: 미녀. 愉유: 즐거워하다. 安안: 이에. 薄박: 도달하다. 爽상: 명백하다. 埳감: 구덩이, 빠지다. 坷가: 평탄하지 않다. 集집: 이르다. 罔망: 법규. 夭요: 일찍 죽다. 塗도: 진흙. 安안: 어찌.

○囁嚅섭유: 몰래 소곤거림 ○閭娤여추: 미인 이름. 『초사보주』는 "위소는 '양왕 위구의 미녀'라고 했다韋昭云: 梁王魏瞿之美女"라고 적는다. ○近習근습: 임금의 좌우 측근. ○蔽遠폐원: 어진 이를 가리고 멀리함. ○心容심용: 마음에 담고 있던 충정. ○安안: 이에. ○眇眇묘묘: 아득한 모양. 이곳에서는 먼 곳으로 떠남을 의미. ○歸薄귀박: 귀의하다, 의탁하다. "박"은 도달하다. ○精爽정상: 충정, 충심. ○晦冥冥회명명: 어두운 모양. 세상이 어지러움을 의미. ○太半태반: 절반. ○埳坷감가: 길을 울퉁불퉁함. 뜻을 이루지 못함을 의미. ○遠集원집: 먼 곳으로 감. "집"은 이르다. ○離罔이망: 법을 어김. ○滅敗멸패: 명성이 사라지고 몸이 해를 입음. ○冤抑원억: 억울하고 답답함. ○絶절: 지나가다.

원사怨思
원망과 그리움에

【해제】

이 편은 「칠간七諫」에서 가장 짧은 작품이다. 이 편은 충직한 이가 응분의 대접을 받지 못하고 임금의 이목을 가리는 간신들이 득세하는 조정의 현실을 개탄하고 있다.

    어진 이는 곤궁해 숨어 살고 청렴하고 충직한 이는 배척되네. 오자서는 간언하다 죽었고 비간은 충성을 다했어도 심장이 도려내졌네. 개자추는 자신의 넓적다리를 잘라 임금을 먹였지만 그의 공은 나날이 잊혀가고 원망만 깊어졌네. 순수한 의도로 한 것을 불순한 의도가 있다고 여기니 가시나무와 대추나무가 모여 숲을 이루는 듯하네. 강리는 외진 골목에 버려지고 질려蒺藜는 동쪽 방에 만연하네. 어진 이는 가려서 드러나지 않고, 모함과 아첨을 일삼는 자들은 서로 치켜세우며 득세하네. 올빼미가 한꺼번에 나와 울어대니 봉황은 높이 날아가네. 한번만이라도 임금님을 뵙고 떠났으면 하나 길은 막혀 통하지 않네.

賢士窮而隱處兮, 廉方正而不容. 子胥諫而靡軀兮, 比干忠而剖心. 子推自割而飤君兮, 德日忘而怨深. 行明白而曰黑兮, 荊棘聚而成林. 江離棄於窮巷兮, 蒺藜蔓乎東廂. 賢者蔽而不見兮, 讒諛進而相朋. 梟鴉幷進而俱鳴兮, 鳳凰飛而高翔. 願壹往而徑逝兮, 道壅絶而不通.

靡미: 없다. 飤사: 먹이다. 蒺질: 납가새. 藜려: 명아주. 梟효: 올빼미. 鴉효: 올빼미.

○靡軀미구: 몸이 없어짐. 살해되었다는 의미. ○子推자추: 개자추介子推. 진晉나라의 현신. ○蒺藜질려: 긴 타원형 모양의 잎에 노란 꽃이 핌. 씨앗은 약

으로도 복용할 수 있음. ○相朋상붕: "붕"은 "명明"이 되어야 함. 서로 치켜세우는 의미.

자비自悲

스스로 슬퍼하며

【해제】

"자비自悲"는 스스로 슬퍼한다는 의미.

본문의 내용상 슬퍼하는 것은 다섯 가지로 요약할 수 있다. 첫째는 임금을 볼 수 없는 것에 대한 슬픔, 둘째는 자신의 운명이 모진 것에 대한 슬픔, 셋째는 고국을 잊지 못하는 슬픔, 넷째는 세상이 암울함 것에 대한 슬픔, 다섯째는 충직한 신하가 뜻을 펴지 못하는 것에 대한 슬픔이다. 이중 첫째와 셋째가 굴원이 느끼는 가장 큰 슬픔이라고 할 수 있다.

[1]

걱정스럽고 괴로운 마음 누구에게 말할까, 혼자 한참을 생각해도 슬픔은 가시지 않네. 돌이켜보니 부끄럽게 행동한 것 없고 뜻은 더욱 굳고 변함없네. 쫓겨난 지 3년이 되었어도 돌아오라는 명령은 없고, 산이 무너지듯 세월은 그렇게 빨리 지나가네. 이 몸 뜻을 이루지 못한 것이 애석하고, 한번만이라도 돌아가 임금님을 뵈었으면.

사람의 일이 이렇게 불행함을 슬퍼하고 천명에 맡기고 천신에 기대네. 몸에 생긴 병 낫지 않고 급한 마음은 끓어오르는 물과 같네. 얼음과 숯은 함께 있을 수 없으니 나는 실로 명이 길지 않음을 알겠네. 혼자 즐거움 없이 고통스럽게 죽는 것이 슬프고, 젊은 나이에 세상 떠나는 것이 애석하네. 내 살던 곳으로 돌아가지 못함이 고통스럽고 내 고향 떠난 것이 한스럽네. 놀란 새와 짐승들은 무리를 떠나 흩어지고 높이 날아 슬피 우네. 여우는 죽으면 고향 언덕으로 머리를 향하는데, 사람이라면 누가 그 진심 어린 마음으로 돌아가지 않으리? 옛 사람들은 소원해져 나날이 잊혀지고 새로운 사람들은 총애 받아 더욱 잘나가네. 누가 몰래 일을 행할 수 없겠으며 누가 대가 없이 은덕을 베풀 수 있으리?

居愁勤其誰告兮, 獨永思而憂悲. 內自省而不慙兮, 操愈堅而不衰. 隱三年而無決兮, 歲忽忽其若頹. 憐余身不足以卒意兮, 冀一見而復歸. 哀人事之不幸兮, 屬天命而委之咸池. 身被疾而不間兮, 心沸熱其若湯. 冰炭不可以相幷兮, 吾固知乎命之不長. 哀獨苦死之無樂兮, 惜予年之未央. 悲不反余之所居兮, 恨離予之故鄉. 鳥獸驚而失群兮, 猶高飛而哀鳴. 狐死必首丘兮, 夫人孰能不反其眞情? 故人疏而日忘兮, 新人近而俞好. 莫能行於杳冥兮, 孰能施於無報?

勤근: 은근하다. 慙참: 부끄러워하다. 決결: 결정하다. 頹퇴: 무너지다. 屬촉: 맡기다. 沸비: 끓다. 湯탕: 끓인 물. 央앙: 다하다. 俞유: 더욱.

○愁勤수근: 걱정스럽고 괴로움. "근"은 어떤 판본에는 "고苦"로 되어 있다. ○無決무결: 정해지지 않음. 조정에 돌아오라는 결정이 없음을 의미. ○卒意졸

의: 생각을 실현함. "졸"은 다하다. ○咸池함지: 천신天神. ○間간: 낮다. 『초사보주』는 "'간'은 '낮다'의 의미다間, 瘳也"라고 했다. ○杳冥묘명: 원의는 어둡다. 이곳에서는 사람들 몰래 일을 행함을 의미.

[2]

　사람들 모두 이런 것 괴로워 회오리바람 타고 멀리 떠나려네. 항산恒山에 올라보니 그들은 보잘 것 없고, 잠시나마 즐겁게 노닐며 근심을 잊어보네. 사실이 아닌 허언을 슬퍼하고 쇠도 녹일 수 있는 사람들의 입에 괴롭네. 고향 지나다 돌아보며 흐느껴 우니 옷이 젖네. 내 모습을 백옥처럼 나타내고 내 마음은 아름다운 옥을 품었네. 사악한 기운이 들어오는 것을 알고 옥 같은 안색은 윤기가 나네. 하늘에는 검은 구름 얼마나 자욱한가, 가는 서리는 하염없이 내리네. 살랑살랑 바람 불어 노니는데 세찬 바람 몰아치네. 저 남쪽의 즐거움을 듣고 가다가 회계산會稽山에 이르러 잠시 쉬네. 한중韓衆을 만나 하루 밤 머무르며, 하늘의 도가 있는 곳을 묻네. 뜬 구름으로 나를 보내주고, 무지개 실어 깃발로 삼네. 청룡을 몰고 달리니 순식간에 저 먼 하늘로 가네. 이렇게 빨리 날아 어디로 가는 것인지, 길은 멀고 아득하건만 어찌 갈 것인지. 사람들 믿기 어려워 괴로우니 그들을 떠나 멀리 가려네. 나지막한 산에 올라 멀리 바라보고 계수나무 겨울에도 푸름을 좋아하네. 이글거리는 하늘의 불을 보고 바다의 파도소리를 듣네. 여덟 개의 밧줄을 당겨 길을 잡고 밤이슬을 마시고 장생하리. 잇단 걱정에 사는 것 즐겁지 않고 가을 초목의 열매를 먹네. 균약菌若에 맺힌 아침 이슬을 마시고 계수나무로 집을 짓네.

귤과 유자나무를 심어 정원으로 삼고, 백목련·화초나무·광나무를
줄지어 심네. 댓닭과 학이 밤에 쓸쓸히 우니, 곧은 믿음을 가진 사
람을 애처롭게 하네.

苦衆人之皆然兮, 乘回風而遠遊. 淩恒山其若陋兮, 聊愉娛以忘憂. 悲虛
言之無實兮, 苦衆口之鑠金. 過故鄉而一顧兮, 泣歔欷而霑衿. 厭白玉以爲面
兮, 懷琬琰以爲心. 邪氣入而感內兮, 施玉色而外淫. 何靑雲之流瀾兮, 微霜
降之蒙蒙. 徐風至而徘徊兮, 疾風過之湯湯. 聞南藩樂而欲往兮, 至會稽而
且止. 見韓衆而宿之兮, 問天道之所在. 借浮雲以送予兮, 載雌霓而爲旌.
駕靑龍以馳騖兮, 斑衍衍之冥冥. 忽容容其安之兮, 超慌忽其焉如? 苦衆人
之難信兮, 願離群而遠擧. 登巒山而遠望兮, 好桂樹之冬榮. 觀天火之炎煬,
聽大壑之波聲. 引八維以自道兮, 含沆瀣以長生. 居不樂以時思兮, 食草木
之秋實. 飮菌若之朝露兮, 構桂木而爲室. 雜橘柚以爲囿兮, 列新夷與椒楨.
鷦鶤孤而夜號兮, 哀居者之誠貞.

淩릉: 오르다. 陋루: 천하다. 愉유: 즐겁다. 鑠삭: 녹이다. 歔허: 흐느끼다. 欷
희: 흐느끼다. 霑점: 젖다. 衿금: 옷깃. 琬완: 아름다운 옥. 琰염: 아름다운 옥.
淫음: 윤택하다. 瀾란: 물결이 일다. 旌정: 깃발. 騖무: 달리다. 巒만: 작고 뾰
족한 산. 煬양: 쬐다. 構구: 짓다. 柚유: 유자나무. 囿유: 동산. 楨정: 광나무.
鷦곤: 댓닭.

○恒山항산: 산 이름. 산시山西 성 북부에 있음. ○厭염: 나타내다, 드러내다.
『초사장구』는 "'염'은 '나타내다'는 의미다厭, 著也"라고 했다. ○外淫외음: 밖
으로 윤기가 남. ○何하: 얼마나. ○流瀾유란: 물결이 일렁거림. 이곳에서는 구
름이 자욱하게 일어나는 모양. ○蒙蒙몽몽: 성한 모양. ○湯湯탕탕: 원의는 물
이 거센 모양. 이곳에서는 바람이 강하게 부는 모양을 의미. ○南藩남번: 남쪽
의 먼 곳. ○會稽회계: 산 이름. 저장 성 중동부에 있음. ○韓衆한중: 신선 이
름. ○雌霓자예: 원의는 무지개 바깥쪽의 색채가 엷은 부분. 이곳에서는 무지
개를 의미. ○斑衍衍반연연: 아주 빠름.『초사장구』는 "아주 빠름을 말한다言

極疾也"라고 했다. ○冥冥명명: 아득한 곳. ○容容용용: 나는 모양. 청나라 사람 왕선겸王先謙의 『한서보주漢書補註』에는 "날아오르는 모습이다飛揚之貌"라고 했다. ○超초: 멀다. ○慌忽황홀: 어렴풋함. ○天火천화: 번개나 기타 원인으로 일어난 큰 불. ○炎煬염양: 불이 이글거리는 모양. ○大壑대학: 바다. ○八維팔유: 여덟 개의 밧줄. 고대 중국인들은 하늘은 우산처럼 위가 둥글어 이를 팔방에서 줄로 묶어 지탱한다고 여겼음. ○道도: 인도하다. "도導"와 통함. ○沆瀣항해: 밤이슬. ○時思시사: 늘 근심함. ○菌若균약: 향초 이름. ○新夷신이: 신이辛夷. 백목련.

애명哀命

운명을 슬퍼하며

【해제】

"애명哀命"은 명운을 슬퍼한다는 의미. 제목은 첫 구절 "애시명지불합혜哀時命之不合兮"에서 유래했다.

본문은 굴원 자신과 시국에 대한 비분한 마음 내지 절망적이고 고통스런 심정을 읊고 있다. 또한 굴원은 이런 고통스런 상황에서도 자신을 더욱 고결하게 하고 시속을 어지럽히는 무리와는 절대 함께 하지 않을 것이라고 다짐한다.

[1]

명운이 맞지 않음을 슬퍼하고, 초나라의 많은 우환을 걱정하네. 속으로 고결한 충정을 품고도 난세를 만나 화를 당했네. 곧은 절개를 갖고 바르게 행하는 이들을 미워하니, 세상은 혼탁하여 시비를 모르네. 어찌하여 임금과 신하는 헤어져야 하나 원수와 상수를 거슬러 올라 떠나가네. 상수로 흐르는 멱라강汨羅江에 몸을 던지고, 추악한 현실을 알았으니 다시는 돌아오지 않으리. 임금을 떠나니 혼란스러워 마음이 아프고 세상을 멀리 떠나 은거하리. 아무도 찾지 않는 거실의 어두운 문에 살고 암석으로 된 동굴에 숨어사네. 물속의 교룡과 짝이 되어 노닐고 신룡과 함께 쉬리. 산은 왜 이리 높고 험준한가, 영혼은 위축되어 기를 펴지 못하네. 연무에 가려 희미하고 그윽한 샘물을 마시니 해는 저 아득히 멀어져가네. 고된 몸을 슬퍼하고 마음은 흐리멍덩해져 의지할 곳 없네. 자초子椒와 자란子蘭이 돌아오지 말라고 한 것 생각하니 혼은 미혹되어 길을 모르네. 내 뜻대로 행하여 잘못이 없다면 없어지고 죽어도 즐거워하리. 초나라의 패망이 얼마 남지 않음이 고통스럽고, 이것이 임금의 잘못인 것이 서글퍼다네. 실로 세상은 혼탁하니 마음은 답답하고 혼란스러워 어디로 가야 할지. 권력에 눈먼 자들이 국사國事를 바르게 한다는 것을 생각하니, 강을 건너 저 멀리 가고 싶네. 관심을 갖고 지켜주는 여수女嬃(굴원의 누이)를 생각하니, 목이 메고 눈물이 줄줄 흐르네. 내 차라리 구차하게 살지 않고 죽음을 택하리, 여수가 몇 번을 말려도 어찌 내 뜻에 미치리. 세차게 흐르는 맑은 물에 놀고, 울멍줄멍한 고산들을 바라보리. 고구高丘의 붉은 언덕을 애통해하며 강에 몸을 던져 돌아오지 않으리.

哀時命之不合兮, 傷楚國之多憂. 內懷情之潔白兮, 遭亂世而離尤. 惡耿介之直行兮, 世溷濁而不知. 何君臣之相失兮, 上沅湘而分離. 測汨羅之湘水兮, 知時固而不反. 傷離散之交亂兮, 遂側身而旣遠. 處玄舍之幽門兮, 穴巖石而窟伏. 從水蛟而爲徒兮, 與神龍乎休息. 何山石之嶄巖兮, 靈魂屈而偃蹇. 含素水而蒙深兮, 日眇眇而旣遠. 哀形體之離解兮, 神罔兩而無舍. 惟椒蘭之不反兮, 魂迷惑而不知路. 願無過之設行兮, 雖滅沒之自樂. 痛楚國之流亡兮, 哀靈修之過到. 固時俗之溷濁兮, 志瞀迷而不知路. 念私門之正匠兮, 遙涉江而遠去. 念女嬃之嬋媛兮, 涕泣流乎於悒. 我決死而不生兮, 雖重追吾何及. 戲疾瀬之素水兮, 望高山之蹇産. 哀高丘之赤岸兮, 遂沒身而不反.

耿경: 곧다. 介개: 절개. 溷혼: 어지럽다. 汨멱: 물 이름. 側측: 엎드리다. 穴혈: 은거하다. 窟굴: 동굴. 嶄참: 높다. 瞀무: 어둡다. 匠장: 가르치다. 嬃수: 누이. 嬋선: 곱다. 媛원: 예쁘다. 悒읍: 근심하다. 瀬뢰: 여울

○時命시명: 명운. ○耿介경개: 곧은 절개. ○測측: 원의는 깊이를 재다. 이곳에서는 물에 몸을 던지는 것을 의미. ○汨羅멱라: 강 이름. 굴원이 몸을 던졌다는 곳. ○時固시고: 때가 사나움. 때가 좋지 않음을 의미. ○交亂교란: 혼란함. ○側身측신: 몸을 엎드림. 이곳에서는 은거하는 의미. ○窟伏굴복: 동굴에 숨다. ○嶄巖참암: 높고 가파름. ○偃蹇언건: 펴지지 않는 모양. ○素水소수: 맑고 깨끗한 물. ○蒙深몽심: 연무에 희미하게 가려져 그윽한 모습. ○離解이해: 몸과 마음이 나누어짐. 몸이 매우 고됨을 의미. ○罔兩망량: 마음이 흐리멍덩해짐. ○無舍무사: 의지할 곳이 없음. ○椒蘭초란: 자초子椒와 자란子蘭. 모두 초나라의 간신. ○設行설행: 자신의 뜻대로 행함. ○流亡유망: 패망함. ○靈修영수: 임금. ○過到과도: 잘못을 초래함. 임금의 잘못으로 국가의 패망을 초래했다는 의미. 『초사보주』는 "'도'는 '이르다'는 의미다到, 至也"라고 했다. ○瞀迷무미: 답답하고 혼란스러움. ○私門사문: 권력을 잡고 있는 사람들. ○正匠정장: 나라의 일을 바르게 함. ○女嬃여수: 굴원의 누이. ○嬋媛선원: 관심을 기울이고 생각함. ○於悒오읍: 목이 매임. ○重追중추: 원의는 다시 추궁하다. 이곳에서는 여러 번 말리고 권함을 의미. "중"은 거듭. ○蹇産건산: 일정하지 않고 구불구불한 모양.

유간謬諫

하고 싶은 말을 올리며

【해 제】

"유謬"는 원의는 마음대로 지껄이는 의미. 이곳에서는 임금에게 하고 싶은 말을 올린다는 의미다. "유간謬諫"에 대해서, 송나라 사람 홍흥조洪興祖의 『초사보주』는 "'마음대로 지껄이는 말'이다. 굴원에 기탁하여 한나라 임금을 풍자하는 것이다若云謬語, 因託屈原以諷漢主也"라고 했다.

이 편은 동방삭 자신의 회재불우懷才不遇한 신세와 밀접한 관련이 있다. 내용은 주로 임금에게 충신과 간신을 구별하고 충직한 인사들을 기용할 것을 간언하고 있다. 또한 작가 개인의 회재불우한 비분한 심정을 읊으면서 동시에 임금의 중용을 받아 나라를 위해 꿈을 펼쳐보고 싶은 마음을 간절히 나타내고 있다.

[1]

임금님의 방탕함을 원망하네, 어찌 이리도 절조가 없으신지. 태산이 해자가 되고 강이 마를 것이 슬프네. 임금께서 한가할 때 뜻을 올리고 싶어도, 노여움을 사 죄를 지을까 두렵네. 충정을 품고도 결국 이렇게 쓸쓸해지니 실의에 빠져 슬퍼하네. 옥과 돌이 같은 상자에 있고 물고기 눈알과 귀한 진주를 함께 꿰어놓네. 하찮은 말과 준마를 구분하지 않고 한 곳에 섞어놓고 천리마를 곁말로 삼고 지친 소로 수레를 끌게 하네. 시간은 계속 흘러 멀어지는데 나이는 자꾸 들어 노쇠해가고, 마음은 걱정되고 답답해서 불안하고 희망이 없네.

怨靈修之浩蕩兮, 夫何執操之不固. 悲太山之爲隍兮, 孰江河之可涸. 願承閑而效志兮, 恐犯忌而干諱. 卒撫情以寂寞兮, 然惆悵而自悲. 玉與石其同匱兮, 貫魚眼與珠璣. 駑駿雜而不分兮, 服罷牛而驂驥. 年滔滔而自遠兮, 壽冉冉而愈衰. 心惔憚而煩冤兮, 蹇超搖而無翼.

隍황: 해자. 涸학: 물이 마르다. 干간: 범하다. 諱휘: 꺼리다. 惆초: 슬프다. 匱궤: 함. 璣기: 구슬. 駑노: 둔하다. 罷파: 고달프다. 驂참: 곁마. 冉염: 나아가다. 惔도: 근심하다. 憚담: 염려하다.

○浩蕩호탕: 방탕함. ○執操집조: 절조를 지킴. ○太山태산: 태산泰山. ○承閑승한: 때를 기다림. ○犯忌범기: 싫어하는 것을 건드림. ○干諱간휘: 꺼리는 것을 건드림. ○撫情무정: 충정을 품음. ○服복: 가운데서 수레를 끎. ○滔滔도도: 가는 모양. ○惔憚도담: 근심스러움. ○煩冤번원: 답답함. ○蹇건: 발어사. ○超搖초요: 마음이 불안한 모양.

[2]

본디 목장木匠들은 시류를 잘 따라 법칙을 없애고 규칙을 바꾸네. 천리마를 물리치고 타지 않으며 하찮고 볼품없는 둔마를 채찍질하며 길을 가네. 어찌 지금 천리마가 없겠는가, 실로 그 옛날 말을 잘 부렸던 왕량王良 같은 사람이 없어서네. 고삐를 쥐는 사람이 말을 잘 다루는 사람이 아니라서, 말은 뛰며 멀리 가버리네. 구멍의 크기를 재지 않고 네모난 장부(두 재목을 이을 때 한쪽 재목의 끝을 다른 한쪽 구멍에 맞추기 위해 가늘게 만든 부분)에 맞추면, 크기가 같지 않을 것이네. 세상의 시비를 따지지 않고 멀리 가고 싶은 것은, 품행과 지조가 사람들과 맞지 않아서라네. 활을 당기지 않고 느슨하게 해둔다면 누가 어디까지 날아갈 것이라고 말하리. 큰 위험과 환난이 없는데 어진 사람은 나라를 위해 죽는다는 것을 어찌 알리? 사람들은 아첨하는 자와 부귀한 사람을 치켜세우고 지조 있고 품행이 바른 사람은 드러내주지 않네. 어질고 뛰어난 이는 가려지고 배척받고 편을 가르는 자들은 서로 결탁해 치켜세우네. 사특한 말로 포장하고 왜곡하며 법도를 바꿔 공정하게 처리하지 않네. 곧은 이는 물러나 숨어버리고 모함하고 아첨하는 이들은 조정에 오르네. 팽함의 고결한 행동을 버리고, 뛰어난 목장 수(倕의 법도를 없애네. 곤로蓳蕗를 삼대麻秆와 섞어 태우고, 쑥으로 만든 화살을 활에 올려 가죽방패에 쏘네. 절룩거리는 나귀를 모는데 채찍도 없다면 목적지까지 어떻게 갈 수 있나? 곧은 바늘로 낚시를 한다면 또 어떻게 물고기를 잡을 수 있나? 백아伯牙가 거문고 줄을 끊은 것은 종자기鍾子期 같은 음을 잘 들어주는 사람이 없었기 때문이라네. 변화卞和가 다듬지 않은 옥돌을 안고 피눈물을 흘렸으니 어찌 좋은 장인을 찾아 다듬으려 했겠는가?

固時俗之工巧兮, 滅規矩而改錯. 卻騏驥而不乘兮, 策駑駘而取路. 當世豈無騏驥兮, 誠無王良之善馭. 見執轡者非其人兮, 故駒跳而遠去. 不量鑿而正枘兮, 恐矩籫之不同. 不論世而高擧兮, 恐操行之不調. 弧弓弛而不張兮, 孰云知其所至. 無傾危之患難兮, 焉知賢士之所死? 俗推佞而進富兮, 節行張而不著. 賢良蔽而不群兮, 朋曹比而黨譽. 邪說飾而多曲兮, 正法弧而不公. 直士隱而避匿兮, 讒諛登乎明堂. 棄彭咸之娛樂兮, 滅巧倕之繩墨.

葛蘔雜於叢蒸兮, 機蓬矢以射革. 駕蹇驢而無策兮, 又何路之能極? 以直鍼

而爲釣兮, 又何魚之能得? 伯牙之絶弦兮, 無鍾子期而聽之. 和抱璞而泣血

兮, 安得良工而剖之?

矩구: 곱자. 駑노: 둔하다. 駘태: 둔마. 馭어: 말을 부리다. 駒구: 망아지, 말.
柄예: 장부. 鑊확: 자尺, 법도. 弧호: 활. 弛이: 늦추다. 佞녕: 아첨하다. 倕수:
옛날 황제黃帝 때의 훌륭한 장인匠人 이름. 茛곤: 풀 이름, 향풀. 蘔로: 감초.
機기: 틀. 蹇건: 절다. 鍼침: 침, 바늘. 璞박: 다듬지 아니한 옥돌. 剖부: 다스
리다.

○王良왕량: 절설에 나오는 말을 잘 부린 사람 이름. ○正柄정예: 네모난 장부
로서 두 재목을 이을 때 한쪽 재목의 끝을 다른 한쪽 구멍에 맞추기 위해 가
늘게 만든 부분. "정"은 네모. ○矩鑊구확: 원의는 법도. 이곳에서는 구멍의 크
기를 의미. ○張장: 활줄을 팽팽하게 잡아당김. ○傾危경위: 큰 위험. ○行張
행장: 품행이 훌륭한 사람. ○朋曹붕조: 편을 가르는 무리들. ○比비: 결탁하
다. ○黨譽당예: 서로 치켜세움. ○弧호: 어기다. 『초사장구』에는 "'호'는 '어긋
나다'는 의미다弧, 戾也」라고 했다. ○明堂명당: 조정. ○彭咸팽함: 은나라 때
의 어진 대부. 임금에 간언했으나 임금이 듣지 않자 강에 뛰어들어 죽었다고
함. ○倕수: 전설에 나오는 솜씨가 뛰어난 장인匠人. ○茛蘔곤로: 향초 이름.
○叢蒸총증: 삼대〔麻稈〕. ○蓬矢봉시: 쑥으로 만든 화살. ○伯牙백아: 춘추시
기 거문고를 잘 탄 사람. ○鍾子期종자기: 춘추시기 거문고 소리를 잘 들었던
사람. ○和화: 초나라 사람 변화卞和.

[3]

같은 소리가 나는 것은 서로 조화롭고, 같은 부류이면 서로 가깝
다네. 나는 새는 그 무리를 부르고 사슴은 짝을 찾아 우네. 궁宮 음

을 치면 궁이 호응하고 각角 음을 타면 각의 소리가 나네. 호랑이가 포효하면 동풍이 몰려오고 용이 날면 크고 밝은 구름이 이네. 음악과 소리가 조화를 이룬 것은 같은 것들이 서로 호응했기 때문이네. 둥근 것과 네모난 것은 모양이 달라서 필연적으로 서로 섞을 수 없네. 열자列子가 외진 곳에 몸을 숨긴 것은 세상에 몸 둘 곳이 없었기 때문이라네. 새들은 줄지어 나는데 봉황만 의탁할 곳 없이 외로이 난다네. 난세에 살면서 뜻을 이루지 못했으니 바위산의 동굴에 몸을 맡기리. 입을 닫고 말하고 싶지 않지만 한때 임금의 큰 은총을 입었네. 걱정스럽고도 분해라, 이 답답함은 언제 가실 런지. 3년 동안 그리움 쌓인 것 생각하니 한 번만이라도 뵈어 진심을 알렸으면 좋으련만. 임금님께 마음껏 말할 수 없으니, 세상에 누가 날 위해 분명하게 말해주리. 병에 걸려 누워있어도 근심은 나날이 깊어가고, 침울한 마음은 떨쳐지지 않네. 함께 세상사를 말할 사람이 없으니 마음조차 막히는 것이 슬프네.

同音者相和兮, 同類者相似. 飛鳥號其群兮, 鹿鳴求其友. 故叩宮而宮應兮, 彈角而角動. 虎嘯而谷風至兮, 龍擧而景雲往. 音聲之相和, 言物類之相感也. 夫方圓之異形兮, 勢不可以相錯. 列子隱身而窮處兮, 世莫可以寄託. 衆鳥皆有行列兮, 鳳獨翔翔而無所薄. 經濁世而不得志兮, 願側身巖穴而自託. 欲闔口而無言兮, 嘗被君之厚德. 獨便悁而懷毒兮, 愁鬱鬱之焉極. 念三年之積思兮, 願壹見而陳詞. 不及君而騁說兮, 世孰可爲明之. 身寢疾而日愁兮, 情沈抑而不揚. 衆人莫可與論道兮, 悲精神之不通.

嘯소: 울부짖다. 景경: 밝다. 側측: 엎드리다. 闔합: 닫다. 悁연: 근심하다. 騁

빙: 내키는 대로 하다. 寢침: 눕다.

○宮궁: 중국 고대 오음五音의 하나. ○角각: 중국 고대 오음五音의 하나. ○谷
風곡풍: 동풍東風. ○景雲경운: 자욱하고 밝은 구름. ○音聲음성: 음악과 소
리. 간단한 발음을 "성"이라 하고, 이 "성"을 구성하여 음악적인 리듬을 만든 것
을 "음"이라고 한다. ○列子열자: 동주東周 때의 은일처사. 이름은 어구御寇임.
○便惆편연: 걱정되고 화남. ○懷毒회독: 원한을 품음.

[4]

마무리: 봉황과 공작새는 나날이 멀리 가고 오리와 거위를 기르
네. 전당과 정원에는 닭과 오리가 가득하고 개구리들은 아름다운
연못에서 놀고 있네. 준마 요뇨要裊는 달아나고 낙타만 타네. 납으
로 만든 무딘 칼을 올려 쓰고 태아太阿 같은 보검은 멀리 버려두네.
검은 영지를 뽑고 토란을 줄지어 심네. 귤과 유자나무는 시들어 말
라가고 쓴 오얏나무만 무성하게 자라네. 작은 단지들은 명당에 오
르고 주나라의 귀한 솥은 심연에 가라앉네. 예로부터 이랬거늘 내
어찌 지금 사람들을 원망하리!

亂曰: 鸞皇孔鳳日以遠兮, 畜鳧駕鵝. 雞鶩滿堂壇兮, 黽蛙遊乎華池.
要裊奔亡兮, 騰駕橐駝. 鉛刀進御兮, 遙棄太阿. 拔搴玄芝兮, 列樹芋荷. 橘柚萎
枯兮, 苦李旖旎. 甗甌登於明堂兮, 周鼎潛乎深淵. 自古而固然兮, 吾又何怨
乎今之人!

────────

畜축: 기르다. 鳧부: 오리. 駕가: 거위. 鵝아: 거위. 鶩목: 집오리. 黽와: 개구
리. 黽맹: 맹꽁이. 裊뇨: 간드러지다. 駝타: 낙타. 鉛연: 납. 搴건: 뽑다. 芋우:

토란. 菱위: 시들다. 枯고: 마르다. 旖의: 성하다. 旎니: 깃발 펄럭이다. 甌변: 자배기, 단지. 甌구: 단지. 潛잠: 가라앉다.

○堂壇당단: 전당과 정원. ○要裊요뇨: 준마 이름. ○橐駝탁타: 낙타. "탁"은 "駱낙"과 같음. ○太阿태아: 보검 이름. 춘추시기 구야자歐冶子와 간장干將이 만들었다고 함. ○芋荷우하: 토란. ○旖旎의니: 가지와 잎이 무성한 모양. ○周鼎주정: 하나라의 우임금이 만들었다는 솥. 주나라에까지 전해짐.

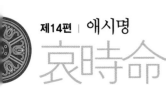

제14편 | 애시명

哀時命

시운을 슬퍼함

이 편은 한 경제景帝 때의 문인 엄기嚴忌가 지었다. 『초사장구』는 이 글의 작자와 쓴 목적을 다음과 같이 기록하고 있다.

"「애시명」은 엄부자가 지었다. 부자는 이름이 기다. 사마상여와 함께 사부를 좋아했고 양 땅을 떠돌아다녔다. 양효왕이 그를 대단히 아꼈다. 엄기는 굴원이 충정한 성품을 타고났으면서도 명군을 만나지 못하고 어두운 세상을 만난 것을 슬퍼했다. 이에 분한 마음을 떨쳐 사를 지었는데, 탄식하며 읊었기 때문에 「애시명」이라고 했다."

「哀時命」者, 嚴夫子之所作也. 夫子名忌, 與司馬相如俱好辭賦, 客遊於梁, 梁孝王甚奇重之, 忌哀屈原受性忠貞, 不遭明君而遇暗世, 斐然作辭, 歎而逃之, 故曰「哀時命」也

『초사장구』는 이 편이 굴원을 애도하기 위해 지은 것이라고 말하고 있는데 현대의 학자들은 굴원을 애도하는 것이 아닌 작가 엄기 자신의 회재불우한 경력 내지 더 나아가 한나라 초기 배척되었던 정직한 인사들의 슬픔을 반영한 것이라고 보고 있다. 탕빙정湯炳正은 『초사금주楚辭今注』에서 "이 편의 주제는 현자가 때를 만나지 못한 아픔과 분함을 나타내는데 있다. 한나라 사람들은 굴원을 애도하는 작품이라 여겨 『초사』에 넣었다. 그러나 「칠간」 등의 작품들과 비교해볼 때, 굴원을 애도하는 흔적은 결코 두드러지지 않는다本篇主旨, 在于抒發賢者不遇于時的感傷憤懣之情. 漢人認爲是傷悼屈原之作, 故編入『楚辭』專書之中. 然與「七諫」等篇相較, 悼屈之迹并不顯著"라고 했는데 참고할 만하다.

1

명운이 옛 성현들만 못한 것 슬프고, 어찌하여 내 인생은 때를 만나지 못하나. 지나간 것은 잡을 수 없고 올 것은 기약할 수 없네. 근심스럽고 한스런 마음은 풀리지 않고 시를 지어 진심을 나타내네. 밤은 밝아 잠이 오지 않고 내심의 고통을 안고 여기까지 왔네. 답답한 마음을 토로할 사람이 없으니 누가 나와 깊은 이야기를 나눌까? 근심걱정으로 얼굴은 초췌해지고 몸에는 기운마저 빠지니, 노년이 점점 가까워지네. 걱정스런 마음으로 궁하게 사니 마음은 쳐져 펴지지 않네. 길은 막혀 통하지 않고 강은 넓은데 다리가 없네. 곤륜산의 현포에 가서, 종산鍾山에 있는 옥나무의 꽃을 따리. 옥나무의 긴 가지를 잡고, 낭풍閬風의 판동산板桐山을 바라보리. 약수弱水는 물살이 빨라 건너기 어렵고 길은 중간에 끊어져 통하지 않네. 분명 파도를 넘어 곧장 지날 수 없고 또 높이 날 수 있는 날개가 없네. 근심 어린 마음 나타낼 길 없어 머뭇머뭇하며 이리저리 돌아보네. 한참을 생각하니 마음은 괴롭고 멍해지며 비통한 마음에 가슴은 더더욱 아파오네. 주저하며 오래 머무니 양식마저 끊어져 매일 굶주리네. 쓸쓸히 그림자를 안고 자신에 의지하니 저 먼 고향 그리워 상념에 잠기네. 사방은 고요하고 친구도 없으니 누구와 이 향초들을 감상할까? 낮의 해는 서쪽으로 지려하는데, 내 수명 이제 얼마 남지 않음이 애석하네. 수레는 망가지고 말은 지치고 서성거리며 가지지 않네. 몸은 이미 혼탁한 세상에 받아들여지지 않으니 나아가야 할지 물러가야 할지 어느 것이 맞는지 모르겠네.

哀時命之不及古人兮, 夫何予生之不遭時. 往者不可扳援兮, 徠者不可與期. 志憾恨而不逞兮, 杼中情而屬詩. 夜炯炯而不寐兮, 懷隱憂而歷玆. 心鬱鬱而無告兮, 衆孰可與深謀? 欷愁悴而委惰兮, 老冉冉而逮之. 居處愁以隱約兮, 志沈抑而不揚. 道壅塞而不通兮, 江河廣而無梁. 願至崑崙之懸圃兮, 采鍾山之玉英. 擥瑤木之檯枝兮, 望閬風之板桐. 弱水汨其爲難兮, 路中斷而不通. 勢不能淩波以徑度兮, 又無羽翼而高翔. 然隱憫而不達兮, 獨徙倚而彷徉. 恨惝罔以永思兮, 心紆軫而增傷. 倚躊躇以淹留兮, 日饑饉而絶糧. 廓抱景而獨倚兮, 超永思乎故鄉. 廓落寂而無友兮, 誰可與玩此遺芳? 白日晼晚其將入兮, 哀余壽之弗將. 車旣弊而馬疲兮, 蹇邅徊而不能行. 身旣不容於濁世兮, 不知進退之宜當.

邅구: 만나다. 扳반: 끌어당기다. 援원: 당기다. 憾감: 근심하다. 逞령: 풀다. 杼서: 펴다. 屬속: 엮다. 炯형: 빛나다. 欷감: 시름겹다, 서운하다. 悴췌: 파리하다. 逮체: 미치다, 이르다. 約약: 고생하다. 梁양: 다리. 擥람: 잡다. 檯담: 처마. 閬낭: 높은 모양. 汨율: 빠르다. 隱은: 근심하다. 憫민: 근심하다. 彷방: 거닐다. 徉양: 노닐다. 惝창: 멍하다. 罔망: 멍하다. 紆우: 두르다. 軫진: 슬퍼하다. 倚의: 맡기다. 饉근: 흉년이 들다. 廓곽: 크다. 晼원: 해가 지다. 晚만: 해저물다. 疲피: 지치다. 邅전: 머뭇거리다. 徊회: 노닐다.

○屬詩속시: 시를 짓다. ○隱憂은우: 마음속의 고통. ○欷愁悴감수췌: 근심으로 얼굴이 파리해짐 "감"과 "수"는 "근심하다"의 의미. ○委惰위타: 기운이 빠짐. ○隱約은약: 곤궁함. ○鍾山종산: 신화에 나오는 산 이름. 곤륜산의 서북쪽에 있다고 함. ○檯枝담지: 긴 가지. "담"은 원의는 처마. 이곳에서는 "覃담"과 통함. "覃담"은 뻗다. ○板桐판동: 신화에 나오는 산 이름. 낭풍閬風의 위에 있다고 함. ○弱水약수: 강 이름. ○隱憫은민: 근심함. "은"은 근심하다. ○徙倚사의: 머뭇거림. ○惝罔창망: 멍한 모양. ○紆軫우진: 비통함. ○抱景포경: 그림자를 안음. 외로움을 나타냄. ○廓落곽락: 적막함. ○將장: 길다. 『초사장구』에는 "'장'은 '길다'의 의미다將, 猶長也"라고 했다. ○宜當의당: 적합하고 맞음.

[2]

   높이 우뚝 솟은 절운관切雲冠 쓰고, 길고 긴 보검을 차고 거침없이 나아가리. 옷은 커서 펼쳐지지 않고 좌측 옷소매는 부상(나무 이름)에 거네. 오른쪽 옷섶으로 부주산을 닦아도, 천지사방을 마음껏 돌아다니기에 부족하네. 위로는 복희씨의 가르침을 따르고, 아래로는 요임금과 순임금의 법도에 맞추네. 절개를 높이고 고결함을 본받으나 뜻은 우임금과 탕임금에는 여전히 미치지 못하네. 어려움에 빠진 것을 알면서도 절개를 바꾸지 않을 것이니, 결국 사악함으로 올바름을 해치지 못한다네. 세상 사람들 서로 치켜세우고 편 가르는 것을 좋아하며, 말斗과 섬石으로만 서로를 헤아리네. 사람들은 친밀하게 영합하며 어깨를 가까이 대고 가고 어진 이는 멀리 숨어버리네. 봉황에게 메추라기를 기르는 새장을 주니 날개는 거두어지나 몸은 들어가지 않네. 임금은 어리석어 깨닫지 못하니 어찌 진심을 올리고 충정을 다하리? 사람들 어진 이를 가리고 시기하니 누가 나의 행동거지를 알아주리? 뜻을 펴서 울분을 나타내고자 하나 그 길흉을 어찌 알리오? 아름다운 옥돌이 시루의 구멍 아래에 놓여 있고, 추녀 농렴隴廉과 미녀 맹추孟娵가 같은 방에 있네. 온 세상 사람들 이것이 세상의 도리라 여기니 나는 정말 평생을 근심과 괴로움으로 보내야 하리. 외진 곳에서 외로이 몸을 뒤척이며 잠 못 이루고, 가슴엔 치미는 답답함과 분노만이 가득하네. 혼은 저 멀리 아득히 내달리는데 마음은 걱정되고 답답해 억울하기만 하네. 근심 때문에 마음은 불안해 편치 않고 길마저 그윽하고 어두워 가기가 무척이나 어렵네.

冠崔嵬而切雲兮, 劍淋離而從橫. 衣攝葉以儲與兮, 左袪挂於榑桑. 右衽

拂於不周兮, 六合不足以肆行. 上同鑿枘於伏戲兮, 下合矩矱於虞唐. 願尊

節而式高兮, 志猶卑夫禹湯. 雖知困其不改操兮, 終不以邪枉害方. 世幷擧

而好朋兮, 壹斗斛而相量. 衆比周以肩迫兮, 賢者遠而隱藏. 爲鳳凰作鶉籠

兮, 雖翕翅其不容. 靈皇其不寤知兮, 焉陳詞而效忠? 俗嫉妒而蔽賢兮, 孰

知余之從容? 願舒志而抽馮兮, 庸詎知其吉凶? 璋珪雜於甑窐兮, 隴廉與孟

娵同宮. 擧世以爲恒俗兮, 固將愁苦而終窮. 幽獨轉而不寐兮, 惟煩懣而盈

匈. 魂眇眇而馳騁兮, 心煩冤之忡忡. 志欲憾而不憺兮, 路幽昧而甚難.

嵬외: 높다. 淋림: 물을 뿌리다. 攝섭: 당기다. 儲저: 쌓다. 袪거: 소매. 衽임:
옷섶. 拂불: 닦다. 榑부: 부상扶桑. 전설에 나오는 신목神木 이름. 斗두: 말(용
량의 단위). 斛곡: 휘(용량의 단위). 迫박: 가까이하다. 鶉순: 메추라기. 籠롱:
새장. 翕흡: 거두다. 翅시: 날개. 馮풍: 성내다. 庸용: 어찌. 詎거: 어찌. 璋장:
반쪽 홀. 珪규: 홀圭. 甑증: 시루. 窐규: 구멍. 隴농: 땅 이름. 娵추: 미녀. 懣
만: 화내다. 眇묘: 멀다. 忡충: 근심하다. 憾감: 서운하다. 憺담: 편안하다.

○切雲절운: 모자이름. ○淋離임리: 검이 긴 모양. ○攝葉섭엽: 옷이 커서 펼
쳐지지 않는 모양. ○儲與저여: 옷이 커서 펼쳐지지 않는 모양. 앞의 "섭엽攝
葉"과 비슷한 의미. ○不周부주: 신화에 나오는 산 이름. ○六合육합: 천지사
방. ○鑿枘착예: 구멍과 구멍에 들어가는 장부. 이곳에서는 법도 내지 규범을
의미. ○矩矱구확: 곱자와 자. 이곳에서는 법도를 의미. ○唐虞당우: 요임금과
순임금. ○式高식고: 고결함을 본받음. ○比周비주: 친밀하게 영합함. ○肩迫견
박: 어깨를 가까이 댐. 아주 친밀함을 형용. ○翕翅흡시: 날개를 거둠. ○靈皇
영황: 임금. ○從容종용: 행동거지. ○抽馮추풍: 화를 발설함. "추"는 원의는
뽑다. 이곳에서는 발설하다는 의미로 해석. ○庸詎용거: 어찌. ○隴廉농렴: 추
녀 이름. ○孟娵맹추: 미녀 이름. ○煩懣번만: 답답하고 화가 남. ○忡忡충충:
심각하게 근심하는 모양. ○欲憾감감: 걱정으로 불안함.

[3]

　외로이 이 굽은 모퉁이를 지키니 지독한 시름에 겨워 한참을 탄식하네. 긴 밤 시름에 빠져 몸을 뒤척이니 숨은 파도치듯 가빠오네. 새김칼을 잡아도 쓸모없고 그림쇠를 들고도 굴릴 수 없네. 천리마를 뜰에서 뛰게 하니 어찌 저 멀리 갈 수 있으리? 격자창의 우리에 원숭이를 가둬놓고 어떻게 빠르고 민첩하기를 바라는가? 절룩거리는 거북이를 몰고 산을 오른다면, 나는 정말 올라갈 수 없음을 알겠네. 관중과 안영晏嬰을 버려두고 노비를 쓴다면, 어찌 사람을 쓰는데 뛰어나다고 말할 수 있나? 좋은 대나무를 삼대와 섞고 쑥으로 만든 화살을 만들어 가죽과녁에 쏘네. 짐을 지고 조금만 나아가, 허리를 펴고 싶어도 그럴 수 없네. 밖으로는 쇠뇌의 위협을 받고 위에는 긴 주살을 매어두었네. 어깨를 움츠리고 등을 숙여도 받아주지 않네, 허리를 굽히면 숨쉬기 어렵건만. 무광務光은 심연에 몸을 던져 세속의 먼지를 뒤집어쓰지 않았네. 누가 이렇게 험하고 높은 곳에 오래 머물 수 있나, 물러나 외로운 곳에 살겠네. 산 속의 돌기둥을 뚫어 집으로 삼고 물가에 내려가 옷을 씻네. 아침에는 연무와 이슬이 자욱하게 피어나고 짙은 구름은 집까지 이어지네. 무지개는 오색찬연하고 아침노을은 눈부시며 저녁에는 비가 끊이지 않고 내리네. 돌아갈 곳 없어 멍하니 슬퍼하고 저 끝없는 들판을 하염없이 바라보네. 아래 계곡에서 낚시대를 드리우고 올라와서는 신선을 찾네. 적송자와 친구가 되고 왕자 교와 짝이 되어 함께 다니네. 효양梟楊(산신 이름)에게 앞장서서 길을 열라 하고, 백호에게 앞뒤에서 호응하라고 하네. 운무를 타고 아득한 곳에 들어가 흰 사슴을 타고 마음껏 돌아보리.

塊獨守此曲隅兮, 然欲切而永歎. 愁修夜而宛轉兮, 氣涫沸其若波. 握劑
劂而不用兮, 操規矩而無所施. 騁騏驥於中庭兮, 焉能極夫遠道? 置援狖於
櫺檻兮, 夫何以責其捷巧? 馭跛鼈而上山兮, 吾固知其不能陞. 釋管晏而任
臧獲兮, 何權衡之能稱? 篔簵雜於枲蒸兮, 機蓬矢以射革. 負櫩荷以丈尺兮,
欲伸要而不可得. 外迫脅於機臂兮, 上牽聯於矰弋. 肩傾側而不容兮, 固狹
腹而不得息. 務光自投於深淵兮, 不獲世之塵垢. 孰魁摧之可久兮, 願退身
而窮處. 鑿山楹而爲室兮, 下被衣於水渚. 霧露濛濛其晨降兮, 雲依斐而承
宇. 虹霓紛其朝霞兮, 夕淫淫而淋雨. 怊茫茫而無歸兮, 悵遠望此曠野. 下垂
釣於谿谷兮, 上要求於仙者. 與赤松而結友兮, 比王僑而爲耦. 使梟楊先導
兮, 白虎爲之前後. 浮雲霧而入冥兮, 騎白鹿而容與.

塊괴: 홀로. 隅우: 깊숙한 곳. 宛완: 굽다. 涫관: 끓다. 沸비: 끓다. 劑기: 새김
칼. 劂궐: 새김칼. 猨원: 원숭이. 狖유: 검은 꼬리 원숭이. 櫺령: 격자창. 檻함:
우리. 責책: 요구하다. 捷첩: 민첩하다. 篔균: 아름다운 대나무. 簵로: 대나무
이름. 馭사: 한 수레에 매우는 네 마리의 말. 跛파: 절뚝거리다. 鼈별: 자라. 權
권: 저울추. 衡형: 저울대. 櫩첨: 메다, 짊어지다. 荷하: 짐. 矰증: 주살. 弋익:
주살. 垢구: 때, 먼지. 魁괴: 으뜸, 크다. 摧최: 꺾다. 楹영: 기둥. 渚저: 물가. 濛
몽: 흐릿하다. 斐비: 오락가락하다. 茫망: 멍하다. 比비: 따르다. 耦우: 짝.

○曲隅곡우: 굽은 모퉁이. ○欲切감절: 매우 시름에 겨워함. ○宛轉완전: 몸을
뒤척임. ○涫沸관비: 부글부글 끓어오름. ○劑劂기궐: 새김칼. ○櫺檻영함: 격
자창이 있는 우리. ○捷巧첩교: 빠르고 민첩함. ○管晏관안: 관중管仲과 안영
晏嬰. 두 사람 모두 제나라의 유명한 재상. ○臧獲장획: 노비. 남자 노비를
"장"이라 하고, 여자 노비를 "획"이라고 함. ○權衡권형: 원의는 저울추와 저울
대. 이곳에서는 사람을 헤아리는 의미. ○篔簵균로: 좋은 대나무. ○丈尺장척:
아주 가까운 거리. 이곳에서는 아주 조금만 걸어간다는 의미. ○機臂기비: 쇠
뇌의 발사장치. ○傾側경측: 기울이고 숙임. ○狹腹협복: 배가 좁아짐. 허리를
앞으로 굽히는 의미. ○務光무광: 고대의 은사. 전설에 의하면, 탕 임금이 제

위를 자신에게 양위하자 받지 않고 돌을 안고 강에 뛰어들어 죽었다고 함. ○
魁摧괴최: 높고 위험함. ○依斐의비: 구름이 자욱하게 끼어 있는 모양. ○承宇
승우: 집까지 이어짐. ○梟楊효양: 산신山神 이름.

[4]

　내 영혼 외로이 홀로 가는데 너무 빨리 가서 돌아오지 않네. 높은
곳에 가니 나날이 멀어지고 마음은 혼란스러워 아파오네. 난새와
봉황은 창천을 비상하니 주살로도 맞출 수 없네. 교룡은 깊은 연못
에 숨으니 그물에 걸리지 않네. 미끼를 탐내면 죽음에 가까워지니
내려가 푸른 파도를 타고 놀리. 차라리 외진 곳에 숨어 화를 멀리
할지니, 누가 내 몸에 굴욕을 가할 수 있으리? 오자서는 죽어서 의
로운 사람 되었고 굴원은 멱라강에 뛰어들었네. 몸이 갈라져도 변치
않을 것이니 어찌 충직하고 신의를 가진 사람이 지조를 바꿀 수 있
으리? 나는 성실하고 곧아서 법도를 따르며 치우침이 없다네. 저울
을 들고 재는 데 사사로움이 없고 경중을 다는 데 어긋남이 없다네.
어지러운 세속의 먼지를 닦고 쌓인 더러움을 없애 본래의 모습으로
돌아가네. 겉모습은 희고 자질은 순수하며 마음은 밝고 깨끗하며
바르고 착하다네. 세상 사람들 실컷 먹고 만족해서 인재를 쓰지 않
으니 잠시 몸을 숨기고 멀리 가네. 몸을 숨겨 종적을 감추고 아무런
말없이 가만히 있네. 나 혼자 이렇게 걱정스러워하고 답답해하니,
어떻게 분함을 나타내고 마음을 드러낼까? 시간은 어둑어둑 곧 지
려 하니, 결국에는 답답하게 탄식만 하다 큰 이름 떨치지 못하리. 백
이는 수양산에서 죽었으니 결국 요절하여 출세하지 못했네. 태공 여

망이 주 문왕을 만나지 못했다면 죽었어도 뜻을 펼치지 못했으리. 아름다운 옥과 상아를 품고 옥 노리개를 찼건만, 충정을 올리고 싶어도 증명해줄 사람이 없네. 지나가는 나그네처럼 천지간에 왔으니 세월은 사라지고 이룬 것은 없네. 사악한 기운이 나의 영혼을 덮치니 슬픔과 두려움에 병이 생길까 두렵네. 한 번만이라도 따뜻한 봄날의 해를 봤으면, 오랜 시간을 다 보낼 수 없을까 두렵네.

魂耿耿以寄獨兮, 汩徂往而不歸. 處卓卓而日遠兮, 志浩蕩而傷懷. 鸞鳳翔於蒼雲兮, 故矰繳而不能加. 蛟龍潛於旋淵兮, 身不挂於罔羅. 知貪餌而近死兮, 不如下遊乎淸波. 寧幽隱以遠禍兮, 孰侵辱之可爲? 子胥死而成義兮, 屈原沈於汨羅. 雖體解其不變兮, 豈忠信之可化? 志怦怦而內直兮, 履繩墨而不頗. 執權衡而無私兮, 稱輕重而不差. 摡塵垢之枉攘兮, 除穢累而反眞. 形體白而質素兮, 中皎潔而淑淸. 時厭飫而不用兮, 且隱伏而遠身. 聊竄端而匿迹兮, 嘆寂黙而無聲. 獨便悁而煩毒兮, 焉發憤而抒情? 時暖暖其將罷兮, 遂悶歎而無名. 伯夷死於首陽兮, 卒夭隱而不榮. 太公不遇文王兮, 身至死而不得逞. 懷瑤象而佩瓊兮, 願陳列而無正. 生天地之若過兮, 忽爛漫而無成. 邪氣襲余之形體兮, 疾懵怛而萌生. 願壹見陽春之白日兮, 恐不終乎永年.

耿정: 홀로 가는 모양. 汩율: 빠르다. 徂조: 가다. 矰증: 주살. 繳격: 주살의 줄. 罔망: 그물. 怦평: 성실하다. 摡개: 닦다. 攘양: 물리치다. 皎교: 희다, 밝다. 飫어: 물리다, 실컷 먹다. 竄찬: 달아나다. 嘆막: 고요하다. 悁연: 근심하다. 暖난: 따뜻하다. 懵참: 슬프다. 怛달: 두려워하다.

○耿耿경경: 홀로 가는 모양. ○卓卓탁탁: 높은 모양. ○浩蕩호탕: 마음이 종잡을 수 없을 만큼 혼란함. ○侵辱침욕: 공격하고 욕을 보임. ○怦怦평평: 성

실한 모양. ○枉攘왕양: 어지러운 모양. ○厭飫염어: 많이 먹어 만족함. 『초사집주』는 "스스로 만족하여 보고 듣는 것을 좋아하지 않는다는 의미다 自足而不樂見聞之意也"라고 했다. ○竄端찬단: 원의는 단서를 숨김. 이곳에서는 몸을 숨기는 의미. ○便悁편연: 걱정함. ○煩毒번독: 답답함. "독"은 근심하다. ○暖暖난난: 어두워 분명치 않은 모양. ○爛漫난만: 사라짐. 『초사장구』는 "'사라지다'는 의미다 猶消散也"라고 했다. ○憯怛참달: 슬프고 두려움.

제15편 | 구회

九懷

그리움과 아쉬움의 노래

작자는 전한前漢 사람 왕포王襃다. 자는 자연子淵이고 촉蜀 땅 사람이다. 전한 선제宣帝 때 익주자사益州刺史 왕양王襄의 추천으로 조정의 부름을 받았다. 선제에게 「성주득현신송聖主得賢臣頌」을 올려 간의대부諫議大夫에 임명되었다. 나중에 선제가 그를 익주益州의 금마벽계金馬碧鷄의 신에게 제사지내기 위해 보냈는데 가던 도중 사망했다.

이 편은 총 9편의 문장으로 이루어져 있다. "회"는 "그리워하다"의 의미. 왕일은 『초사장구』에서 이 글을 쓴 목적을 다음과 같이 기술하고 있다.

"'회'는 '그리워하다'의 의미다. 굴원은 쫓겨났지만 임금을 그리워하고 위급에 처한 나라를 걱정하며 잊지 못한 것을 말한다. 포가 굴원의 글을 읽어보니, 그의 마음은 순수하고 올곧았으며, 문채는 아름답고 뜻은 남김없이 발휘되었다. 또 금과 옥을 갖고도 더러운 도랑물에 버려지고, 난세를 만나 알아주는 사람이 없었다. 이를 생각하고 애석히 여기고, 「구회」를 지어, 그의 가사를 보충했다."

懷者, 思也. 言屈原雖見放逐, 猶思念其君, 憂國傾危而不能忘也. 襃讀屈原之文, 嘉其溫雅, 藻采敷衍, 執握金玉, 委之污瀆, 遭世溷濁, 莫之能識. 追而愍之, 故作「九懷」, 以裨其詞

「구회」의 내용과 서술방식은 앞의 작품과 유사하다. 처음에는 어두운 사회 현실을 읊으면서 마음 아파해한다. 이어 작가는 세상을 떠나 하늘과 땅을 오가며 마음을 푼다. 마지막에 작가는 현실을 떠나고자 하나 임금과 고국 생각에 차마 떠날 수 없는 모순된 심정을 노래한다.

이 편은 현실에 대한 강한 풍자와 농후한 서정성은 「이소」와 유사한 모습을 보여준다.

광기匡機

위태로움을 바로 세우며

【해제】

"광匡"은 "바로잡다"의 의미. "기機"에 대해서 쉬렌푸徐仁甫는 『구회편제시해九懷篇題試解』에서 "기幾"와 통한다고 했다. "기幾"는 "위태롭다"의 의미. 따라서 "광기"는 "위태로움을 바로잡음"의 의미 정도로 풀 수 있다.

내용상 이 "위태로움을 바로 잡는" 길은 임금의 충직한 신하가 되어 열심히 보좌하고 간언하는 것이라고 할 수 있다. 그러나 간신들로 가득 찬 조정에 어떻게 할 수 없었던 작자는 자신의 처지를 탄식하고 괴로워한다. 결국 하늘의 선계를 꿈꾸며 이런 현실을 벗어나고자 하나 역시 임금과 고국을 잊지 못한다.

[1]

하늘의 운행이 바르지 않아, 억울함을 참고 어렵게 지내네. 나는 깊은 근심 때문에 마음이 비통하고, 한 번만이라도 진심을 아뢰었으면 하건만 방법이 없네.

極運兮不中, 來將屈兮困窮. 余深愍兮慘怛, 願一列兮無從.

中중: 바르다. 愍민: 근심하다. 慘참: 애처롭다, 아프다. 怛달: 슬프다.

[2]

해와 달을 타고 위로 올라가다가, 머리 돌려 호경鎬京과 풍읍酆邑을 그리네. 저 먼 구주의 끝을 두루 보고 향기로운 궁전을 거니네. 백지로 만든 대문과 방에는 갖은 향기가 퍼져 나오고. 혜초로 꾸민 누각들과 우뚝 솟은 누대 사이로 길은 이리저리 뻗어 있네. 귀한 황금이 쌓여 있고 아름다운 옥이 전당에 가득하네. 계수나무 꽃향내 머금은 물은 졸졸, 물결을 일으키며 흘러가네. 큰 거북이는 자유롭게 기어 다니고 공작과 학이 빙빙 돌며 나네.

乘日月兮上征, 顧遊心兮鄗酆. 彌覽兮九隅, 彷徨兮蘭宮. 芷閭兮藥房, 奮搖兮衆芳. 菌閣兮蕙樓, 觀道兮從橫. 寶金兮委積, 美玉兮盈堂. 桂水兮潺湲, 揚流兮洋洋. 蓍蔡兮踊躍, 孔鶴兮回翔.

와 통함. "기"는 늙다.

[3]

난간을 어루만지며 멀리 바라보니 임금님 생각 나 잊을 수 없네. 하소연 할 곳 없어 답답하고, 한참을 생각하다보니 마음이 저려오네.

撫檻兮遠望, 念君兮不忘. 怫鬱兮莫陳, 永懷兮內傷.

檻함: 난간. 怫불: 답답하다.

통로通路
영도로 가는 길

【해제】

이 편은 「구회」 중에서 가장 긴 작품이다. 내용은 자신의 출로를 찾는 것이다. 앞부분에서는 무능한 이들이 득세하는 암울한 현실에서의 작가 개인의 고충과 번민을 읊고 있다. 이어서 이런 현실을 벗어나 천지를 떠돌며 마음을 풀려고 해도 여전히 임금과 고국을 생각하는 고통스런 심정을 노래하고 있다.

[1]

하늘은 문, 땅은 방문, 어진 이는 어디로 가야하나? 바르지 않은 이들이 어지러이 몸을 두고 있으니, 누가 덕을 품은 이를 볼 수 있으리? 옷을 벗지 않고 누우니 마음은 아파오는데, 누가 나와 밤새도록 이야기를 나눌 수 있을까? 봉황이 멀리 떠난 것 비통하고 메추라기를 기르고 가까이하네. 고래와 상어는 깊은 곳에 숨고 물고기를 따르는 새우들만 물가에서 노니네.

天門兮地戶, 孰由兮賢者? 無正兮溷厠, 懷德兮何睹? 假寐兮愍斯, 誰可與兮寤語? 痛鳳兮遠逝, 畜鶉兮近處. 鯨鱏兮幽潛, 從蝦兮遊階.

[2]

규룡을 타고 하늘에 오르며 코끼리를 타고 위를 나네. 아침에 총령蔥嶺을 출발해 저녁에 명광明光에 왔네. 북쪽 비천飛泉의 계곡에서 물을 마시고 남쪽에서 영지의 꽃을 따네. 뭇 별들을 두루 살피고 북극성을 돌며 거니네. 무지개로 붉은 옷을 만들고 옅은 청백의 구름으로 하의를 만드네. 옥 노리개를 펴니 댕그랑 소리가 나고 간장干將의 보검을 잡아보네. 등사騰蛇가 뒤에서 따라오고 쏜살 같이 나는 버새(수말과 암나귀 사이에 태어난 짐승)가 옆에서 함께 가네. 현포가 희미하게 보이고 북두칠성의 일곱 번째 별인 요광瑤光을 살펴보네.

乘虹兮登陽, 載象兮上行. 朝發兮蔥嶺, 夕至兮明光. 北飲兮飛泉, 南采兮芝英. 宣遊兮列宿, 順極兮彷徉. 紅采兮騂衣, 翠縹兮爲裳. 舒佩兮綝纚, 竦余劍兮干將. 騰蛇兮後從, 飛駏兮步旁. 微觀兮玄圃, 覽察兮瑤光.

蚖규: 뿔이 없는 용. 蔥총: 파. 宣선: 펴다. 騂성: 붉다. 縹표: 옥색. 綝침: 성한 모양. 纚리: 이어지다. 竦송: 잡다. 騰등: 오르다. 駏거: 버새.

○登陽등양: 하늘에 오름. ○象상: 전설에 나오는 신령스런 코끼리. 『초사장구』는 "신령스런 코끼리다. 몸은 하얗고 머리는 붉으며, 날개가 있어 날 수 있다神象, 白身赤頭, 有翼能飛也"라고 했다. ○蔥嶺총령: 산 이름. 지금의 신장위구르자치구 서남쪽. ○明光명광: 동쪽에 있는 신선들이 사는 산 이름. ○飛泉비천: 곤륜산에 있는 산골짜기 이름. ○芝英지영: 영지의 꽃. ○宣遊선유: 두루 돌아봄. ○極극: 북극성. ○紅采홍채: 무지개. 『초사장구』에는 "옛 판본에는 '홍채혜예의'로 되어 있다古本: 虹采兮霓衣"라고 했다. "홍채虹采"는 무지개를 말함. ○翠縹취표: 옅은 청색. 이곳에서는 옅은 청색의 구름을 의미. ○綝纚침리: 옥이 울리는 소리. 『초사장구』는 "끈이 느슨하여 천천히 걸을 때 옥들이 소리를 내는 것이다緩帶徐步, 五玉鳴也"라고 했다. ○干將간장: 춘추시기 오나라 사람으로, 검을 잘 만들었다고 함. ○騰蛇등사: 전설에 나오는 용 같이 생긴 신령스런 뱀. ○飛駏비거: 쏜살 같이 나는 버새. 버새는 수말과 암나귀 사이에서 난 짐승. ○瑤光요광: 북두칠성의 일곱 번째 별이름.

[3]

상자를 열고 시초蓍草를 꺼내니, 화를 당할 운명인 것이 슬프네.

혜초를 잇고 영원히 이별하여 그리운 이를 떠나려 하네. 이리저리 떠다니는 뜬구름, 나를 어디로 인도할지? 멀리 고국 땅 바라보니 어둡고 흐릿한데 천둥소리만 우르릉 꽝꽝 들려오네. 걱정되고 괴로워 내 마음 흔들리고 슬프고 낙심하며 처지를 불쌍히 여기네.

啓匱兮探策, 悲命兮相當. 紉蕙兮永辭, 將離兮所思. 浮雲兮容與, 道余兮何之? 遠望兮仟眠, 聞雷兮闐闐. 陰憂兮感余, 惆悵兮自憐.

探탐: 찾다. 仟천: 무성한 모양. 闐전: 성하다. 惆추: 실심하다. 悵창: 슬퍼하다.

○策책: 점을 칠 때 사용하는 시초蓍草. ○相當상당: 당한 것. 이곳에서는 인생에서 경험한 것을 의미. 『초사보주』는 "'상'은 어떤 판본에는 '소'로 되어 있다. 相, 一作所"라고 했다. ○仟眠천면: 어두워 분명치 않은 모양. ○闐闐전전: 소리가 아주 큼. ○感감: 흔들다. "감撼"과 통함. "감撼"은 흔들다.

위준危俊
인재들이 위태로워

【해제】

"위危"는 "위태롭다"의 의미. "준"은 "뛰어난 인사"를 의미. 따라서 "위준"은 뛰어난 인사들이 위태로움에 빠져있다는 의미로 풀 수 있다.

이 편은 작자가 고국을 떠나 하늘을 도는 역정을 읊고 있다. 작자는 어지러운 세상을 피해 태산에 오르고 별과 노닐어도 마음이 풀리지 않는다. 마음 한 구석에는 재능을 갖고도 배척 받고 임금이 알아주지 않는 현실에 대한 불만과 원망이 자리 잡고 있다. 결국 자신의 지기를 찾아 하소연하고 싶어도 지기가 없음을 슬퍼한다.

[1]

숲은 우는 매미를 받아들이지 않으니, 내 어찌 중원의 땅에 남으리? 좋은 날을 골라 수레를 모으고, 아름다운 꽃을 따서 수레를 꾸미네. 백지를 무성하게 엮고 구불구불 길을 가며 임금님을 떠나 먼 곳을 떠돌리.

林不容兮鳴蜩, 余何留兮中州? 陶嘉月兮總駕, 搴玉英兮自修. 結榮茞兮逶逝, 將去烝兮遠遊.

蜩조: 매미. 洲주: 섬. 陶도: 기뻐하다. 茞채: 구리때. 逶위: 구불구불 가다. 烝증: 임금.

○中州중주: 중원의 땅. 중국. ○陶嘉月도가월: 좋은 날, 길일. ○總駕총가: 수레를 모음.

[2]

북쪽의 먼 황량한 곳을 지나 높고 험한 산을 보고, 구천九天을 넘어 견우성을 보네. 이때를 이용해 잠시 거니는데 견우성은 찬란한 빛을 발하며 사방을 비추네. 태일(하늘에서 가장 높은 신)을 바라보며 잠시 쉬고 고삐를 풀어 수레를 정비하네. 날이 밝으니 동쪽에서 눈 부신 해가 떠오르고 길은 아득하여 끝이 없네. 고개 돌리니 저 멀 리 혜성이 지나가고 산속의 구름이 자욱하게 떠다니는 것이 보이네.

徑岱土兮魏闕, 歷九曲兮牽牛. 聊假日兮相伴, 遺光耀兮周流. 望太一兮 淹息, 紆余轡兮自休. 晞白日兮皎皎, 彌遠路兮悠悠. 顧列孛兮縹縹, 觀幽雲 兮陳浮.

岱대: 크다. 魏위: 높다. 遺유: 끼치다. 晞희: 밝다. 皎교: 밝다. 彌미: 더욱. 孛 패: 혜성. 縹표: 휘날리다.

○岱土대토: 북방의 황량한 곳. ○魏闕위궐: 높은 누대. 이곳에서는 높은 산 을 의미. "궐"의 원의는 궁문 밖 양쪽의 누대. ○九曲구곡: 구천九天. ○牽牛견 우: 별자리 이름. 견우성牽牛星. ○周流주류: 빛이 사방으로 흐름. 사방을 비 춘다는 의미. ○太一태일: 하늘에서 가장 높은 신 이름. ○紆우: 원의는 굽다. 이곳에서는 느슨하게 하다는 의미. ○列孛열패: 혜성. ○縹縹표표: 멀고 아득 한 모양.

[3]

큰 소리 내며 태세성太歲星이 움직이니, 꿩들은 울며 짝을 찾네. 천지는 넓고 아득해 깊은 생각에 빠지게 만드니, 내 마음 또 다시 시름에 빠질까 두렵네. 비주飛柱에서 말을 노닐게 하고 나와 짝이 될 사람이 있는지 둘러보네. 곧고 바른 사람을 끝내 찾지 못하니 근심스런 마음 오랫동안 가시질 않네.

　鉅寶遷兮砏磤, 雉咸雊兮相求. 泱莽莽兮究志, 懼吾心兮懤懤. 步余馬兮
飛柱, 覽可與兮匹儔. 卒莫有兮纖介, 永余思兮怵怵.

鉅거: 크다. 砏분: 큰 소리. 磤은: 우렛소리. 雊구: 울다. 泱앙: 넓다. 懤주: 근
심하다. 儔주: 짝. 纖섬: 곱다. 怵유: 근심하다.

○鉅寶거보: 태세성太歲星. ○砏磤분은: 돌 소리. 이곳에서는 소리가 매우 큼
을 형용. ○泱莽莽앙망망: 넓고 큰 모양. ○究志구지: 끝없이 생각에 빠져들게
함. ○飛柱비주: 신화에 나오는 산 이름. ○纖介섬개: 곧고 올바른 사람. ○怵
怵주주: 근심스러워하는 모양.

소세昭世
소상을 밝히며

【해제】

　"소昭"는 "밝다"는 의미. 이곳에서는 세상을 밝고 깨끗하게 한다
는 뜻이 담겨 있다. 따라서 "소세昭世"는 "세상을 밝힘"의 의미로 풀
수 있다.

　이 편은 세 부분으로 나눌 수 있다. 첫째 부분은 시대가 혼란해
멀리 떠나서 사람의 본성을 되찾고자하는 열망을 보여준다. 둘째
부분은 하늘과 땅을 떠돌며 지기를 찾고자 했으나 자신과 뜻이 맞
는 사람을 찾을 수 없는 것에 대한 한탄과 아쉬움을 진하게 표현하
고 있다. 셋째 부분에는 어지러운 세상을 떠나고 싶어 하면서도 나

라와 고향 생각 때문에 차마 떠나지 못하는 작자의 침통한 마음이
나타나고 있다.

[1]

세상은 어둡고 어지러워 임금을 떠나 본 모습으로 돌아가리. 용
을 타고 구불구불 나아가고 높이 비상해 위로 날아가네.

世溷兮冥昏, 違君兮歸眞. 乘龍兮偃蹇, 高回翔兮上臻.

違위: 떠나다. 蹇건: 멈추다. 臻진: 이르다.

○偃蹇언건: 구불구불하게 가는 모양. ○上臻상진: 위에 이름.

[2]

아름다운 붉은 옷을 걸치고 향기 나는 화려한 하의를 입네. 빙빙
도는 회오리바람을 타고 은하수를 떠돌며 홀로 즐거워하네. 마음을
차분하게 다스려 선인을 기다리네. 유성은 비 오듯 떨어지니 더 잘
보려고 산언덕을 오르네. 구름이 자욱하게 피어오르는 옛 땅을 보
니 내가 어찌 이곳에 오래 머물 수 있으리! 떠나고 싶은 마음 간절
하나 걱정스러워 말고삐를 느슨히 해놓고 머뭇거리네. 선녀가 살며
시 부르는 노래 들려오고, 복비가 피리 부는 소리를 듣네. 혼은 처

량하고 슬퍼지며 마음은 어지럽고 애간장이 타네. 무성한 옥 노리
개를 어루만지며 불쌍한 처지를 크게 한탄하네. 축융에게 먼저 가
서 길을 열게 하고, 소명昭明에게 천문을 열라하네. 여섯 마리의 교
룡을 몰아 올라가고, 나는 수레를 몰아 저 아득한 곳에 들어가네.

襲英衣兮緹縰, 披華裳兮芳芬. 登羊角兮扶興, 浮雲漠兮自娛. 握精神兮
雍容, 與神人兮相胥. 流星墜兮成雨, 進瞵盼兮上丘墟. 覽舊邦兮瀴鬱, 余安
能兮久居! 志懷逝兮心懰慄, 紆余轡兮躊躇. 聞素女兮微歌, 聽王后兮吹竽
. 魂凄愴兮感哀, 腸回回兮盤紆. 撫余佩兮繽紛, 高太息兮自憐. 使祝融兮
先行, 令昭明兮開門. 馳六蛟兮上征, 竦余駕兮入冥.

초
사
—
362

襲습: 꺼입다. 緹제: 붉다. 縰첩: 산뜻한 옷. 芬분: 향기롭다. 漠막: 조용하다.
雍옹: 온화하다. 胥서: 기다리다. 瞵린: 눈을 부라리며 보는 모양. 瀴옹: 구름
일다. 懰류: 근심하다. 慄율: 두려워하다. 竽우: 피리. 繽빈: 성한 모양. 竦송:
올리다.

○英衣영의: 꽃과 같은 아름다운 옷. ○緹縰제첩: 붉은 색의 옷. ○羊角양각:
회오리바람. ○扶興부여: 빙빙 도는 모양. ○雲漠운막: 은하수. ○雍容옹용:
사람의 행동거지 온화하고 정숙함. ○瞵盼인반: 눈이 빠지도록 봄. ○瀴鬱옹
울: 구름이 자욱하게 일어나는 모양. ○懷회: ~할 생각을 품다. ○懰慄유율:
걱정되어 두려움. ○素女소녀: 선녀仙女. ○王后왕후: 신녀神女. 복비伏妃를
말함. ○回回회회: 빙글빙글 돔. 마음이 어지럽고 혼란함을 형용. ○盤紆반우:
구불구불함. 애간장이 탐을 형용. ○繽紛빈분: 무성한 모양. ○祝融축융: 남방
의 불의 신. ○昭明소명: 염신炎神. 불을 다스리는 신.

[3]

구주를 지나며 뜻이 맞는 사람을 찾으니 누가 나와 평생을 함께 할 수 있을까? 문득 고개 돌려 서쪽 동산을 바라보니 깎아질 듯 가파르고 높은 험한 산이 보이네. 눈물은 줄줄 흘러내리고, 우리 임금님께서 총기聰氣를 잃으신 것이 슬프네.

歷九州兮索合, 誰可與兮終生? 忽反顧兮西囿, 睹軫丘兮崎傾. 橫垂涕兮泫流, 悲余后兮失靈.

―――

囿유: 동산. 崎기: 험하다. 泫현: 눈물 흘리는 모양.

○軫丘진구: 높고 험한 산. ○崎傾기경: 험하고 가파름.

존가尊嘉

덕망 있는 이를 존중하며

【해제】

"존尊"은 "존중하다"의 의미. "가嘉"는 "아름답다"의 의미. 이곳에서는 훌륭한 덕을 가지고 있는 사람을 의미한다. 따라서 "존가尊嘉"는 "훌륭한 덕이 있는 이를 존중함"의 의미로 풀 수 있다.

이 편은 만물이 생동하는 봄날의 모습을 그리면서 지난날을 회고하는 형식으로 되어 있다. 작가는 오자서나 굴원 같은 충신들의 비참한 조우를 생각하며 자신의 처지를 대비시키고 있다. 현실을 떠나 물속을 유력하며 황하의 신 하백河伯의 안내를 받아 즐기면서도 차마 고향을 잊지 못한다. 자신의 처지가 부평초처럼 정처 없이 떠도는 것을 비통해한다.

[1]

춘 3월에 바람과 햇살 따사롭고 풀들은 가지런히 자라네. 시든 난초, 아무렇게나 버려져 쌓인 것 슬프네. 향기로운 강리도 버려져 있고, 백목련도 밀려나 숨어버렸네. 전대의 성현들을 보니 그들도 대부분 화를 당했네. 오자서는 강에 버려졌고 굴원은 상수에 잠겼네.

季春兮陽陽, 列草兮成行. 余悲兮蘭生, 委積兮從橫. 江離兮遺捐, 辛夷兮擠臧. 伊思兮往古, 亦多兮遭殃. 伍胥兮浮江, 屈子兮沈湘.

委위: 버리다. 捐연: 버리다. 擠제: 밀다, 배척되다. 伊이: 발어사. 湘상: 강이름.

○季春계춘: 음력 3월. 늦봄. ○陽陽양양: 바람과 햇살이 따뜻한 모양. ○生생: 『초사장구』에는 "'생'은 어떤 판본에는 '췌'로 되어 있다生, 一作悴"라고 했다. "췌"는 시들다.

초
사
—
364

[2]

이로 나 자신을 생각하니 마음은 하염없이 슬퍼지네. 세차게 흐르는 회하淮河를 바라보고, 물가에 서니 어디론가 가고 싶네. 배를 저어 아래로 내려가니 물은 괄괄 소리 내며 동쪽으로 흐르네. 교룡이 앞에서 인도하고 아름다운 무늬를 가진 물고기가 급류를 지나가게 해주네. 창포를 뽑아 자리를 깔고 연꽃을 따서 배를 덮네. 물보라가 튀어 내 깃발이 젖고, 가는 수초가 배로 들어오네. 구름 깃발을 거니 배는 내달리는데, 위 아래로 들썩이며 빠르게 지나가네. 하백이 궁문을 열고 반갑게 나를 맞이해주네.

運余兮念玆, 心內兮懷傷. 望淮兮沛沛, 濱流兮則逝. 榜舫兮下流, 東注兮礚礚. 蛟龍兮導引, 文魚兮上瀨. 抽蒲兮陳坐, 援芙蕖兮爲蓋. 水躍兮余旌, 繼以兮微蔡. 雲旗兮電騖, 儵忽兮容裔. 河伯兮開門, 迎余兮歡欣.

運운: 돌리다. 淮회: 강 이름. 沛패: 빠르다. 濱빈: 가깝다. 榜방: 노, 배 젓는 막대기. 舫방: 배, 쌍배. 注주: 흐르다. 礚개: 돌 부딪치는 소리. 瀨뢰: 급류. 蒲포: 창포. 蕖거: 연꽃. 旌정: 깃발. 蔡채: 풀. 騖무: 달리다, 질주하다. 儵숙: 빠르다. 欣흔: 기뻐하다.

○濱流빈류: 물가에 섬. ○榜舫방방: 배를 젓다. ○文魚문어: 몸에 무늬가 있는 물고기. ○芙蕖부거: 연꽃. ○蔡채: 풀. 이곳에서는 수초를 의미. ○容裔용예: 떴다 가라앉았다는 하는 모양. 배가 파도에 들썩임을 형용.

[3]

고국이 그립고 앞길이 순탄하지 않음을 원망하네. 부평초 같은
인생을 남몰래 슬퍼하고 뿌리 없이 정처 없이 떠돌기만 하네.

　顧念兮舊都, 懷恨兮艱難. 竊哀兮浮萍, 汎汪兮無根.

艱간: 어렵다. 萍평: 부평초. 汎범: 물결 따라 떠도는 모양. 汪음: 넘쳐흐르다.

○艱難간난: 어려움, 곤궁함. ○汎汪범음: 정처 없이 떠돌아다님.

축영蓄英
아름다운 자질과 덕을 기르며

【해제】

　"축蓄"은 "쌓다"는 의미. "영英"은 "뛰어난 자질 내지 덕"을 의미.
따라서 "축영蓄英"은 "아름다운 자질과 덕을 키움"의 의미로 풀 수
있다.

　이 편은 가을날의 처량한 모습과 가을 동물들의 움직임을 그리며
암울한 현실을 떠나고 싶은 작가의 생각을 읊고 있다. 작가는 구름
을 타고 하늘로 올라가 고귀한 자질을 닦아 자신의 재능을 발휘해
훌륭한 정치를 하고 싶은 염원을 쓰고 있다. 이 때문에 현실을 떠나
고 싶으면서도 나라와 임금을 잊지 못하는 갈등과 근심이 짧은 시

편에 잘 나타나 있다.

[1]

가을바람 쓸쓸히 부니 향초와 나무들 흔들리고. 가는 서리 내리니 울던 매미는 병들어 죽네. 제비는 돌아가려고 영구靈丘에서 비상하며. 구름이 자욱하게 이는 계곡을 바라보니 곰들이 울부짖고 있네.

秋風兮蕭蕭, 舒芳兮振條. 微霜兮眇眇, 病殀兮鳴蜩. 玄鳥兮辭歸, 飛翔兮靈丘. 望谿兮瀗鬱, 熊羆兮呴嘷.

蕭소: 쓸쓸하다. 舒서: 흩어지다. 眇묘: 작다. 殀요: 일찍 죽다. 蜩조: 매미. 瀗옹: 구름 일다. 羆비: 큰 곰. 呴후: 울다. 嘷호: 짖다.

○病殀병요: 병들어 죽음. ○靈丘영구: 신령스런 산 이름. ○瀗鬱옹울: 구름이 자욱하게 일어남. ○呴嘷구호: 울부짖다.

[2]

요임금과 순임금은 계시지 않는데 어찌하여 이곳에 오래 머무나? 저 끝없이 깊은 심연에 다가가, 고개 돌리니 숲은 흐릿하게 보이고. 내 적삼을 꾸려 무지개 타고 남쪽으로 가리. 구름을 타고 빙빙 돌며 부지런히 자신을 가꾸겠네.

唐虞兮不存, 何故兮久留? 臨淵兮汪洋, 顧林兮忽荒. 修余兮袿衣, 騎霓兮南上. 乘雲兮回回, 亹亹兮自强.

袿규: 여자 웃옷. 亹미: 힘쓰다.

○汪洋왕양: 수면이 넓고 큰 모양. ○袿衣규의: 긴 적삼. ○回回회회: 빙빙 도는 모양.

[3]

난초가 무성한 물가에서 쉬고 생각이 짧았던 것 깊이 반성하네. 쌓인 근심에 얼굴은 타들어가고, 임금님 생각하니 맘이 편치 않네. 몸은 떠났지만 마음은 남아 있으니 슬프고 원망스런 마음에 근심만 가득하네.

將息兮蘭臬, 失志兮悠悠. 荔蘊兮黴黧, 思君兮無聊. 身去兮意存, 愴恨兮懷愁.

荔분: 풀 쌓다. 蘊온: 쌓다. 黴미: 검다. 黧려: 검다. 聊료: 즐겁다, 편안하다.

○失志실지: 생각이 부족했던 것. ○悠悠유유: 아득한 모양. 이곳에서는 깊이 생각하는 모양. ○荔蘊분온: 근심이 쌓인 모양. ○黴黧미려: 얼굴이 검은 모양.

사충思忠

마음을 슬퍼하며

【해제】

쉬렌푸徐仁甫는 "사思"를 "슬프다悲"라는 의미로 풀고, "충忠"을 "마음中心"의 의미로 보았다. 따라서 "사충思忠"은 "슬픈 마음"의 의미로 풀 수 있다.

이 편 역시 앞의 편들과 내용이 유사하다. 하늘에 올라 마음을 풀고 여명 때 신녀가 부르는 노래를 들으려는 바람을 읊고 있다. 이를 통해 세상의 시비가 분명하지 않음을 나타내고 이로 세상을 떠나 근심을 풀려는 생각을 반영하고 있다. 그러나 한편으로는 다른 편들과 마찬가지로 어지러운 세상을 떠나고 싶지만 차마 그러지 못하는 모순된 심정이 나타나 있다.

[1]

하늘에 올라 마음을 풀고 새벽녘에 신녀의 노래 소리 들려오네. 높은 산에는 칡만 무성하고 많은 가지와 잎이 어지러이 엉켜 있는 것 슬프네. 곧은 가지는 눌려서 시들어가고 바르지 않은 수레는 올라가 출세하네. 이를 보니 참담함이 밀려오고 슬픈 마음에 신세만 처량해지네.

登九靈兮遊神, 靜女歌兮微晨. 悲皇丘兮積葛, 衆體錯兮交紛. 貞枝抑兮枯槁, 枉車登兮慶雲. 感余之兮慘慄, 心愴愴兮自憐.

葛갈: 칡. 槁고: 마르다. 慄율: 두려워하다. 愴창: 슬퍼하다.

○九靈구령: 구천九天, 하늘. ○遊神유신: 마음을 풀어 즐겁게 함. ○靜女정녀: 신녀神女. ○微晨미신: 새벽. ○皇丘황구: 큰 산. ○衆體중체: 많은 가지와 잎. ○慶雲경운: 상스러운 구름. 이곳에서는 출세한다는 의미.

[2]

뿔이 없는 검은 용을 타고 북쪽으로 갔다가 길을 총령으로 향하네. 다섯 개의 별자리를 이어 지휘하는 깃발로 세우고 구름을 일으켜 깃발로 삼네. 광활한 곳을 쏜살같이 지나서 어두컴컴한 중원의 땅을 보네. 현무와 수모水母가 마중 와서 남쪽에서 나와 만나네. 화개성華蓋星을 올라 하늘에 오고, 잠시 북두칠성의 일곱 번째 별인 요광瑤光에서 자유로이 노니네. 고루성庫婁星을 잡고 술을 따르고, 박과성瓟瓜星을 당겨 식량으로 삼네. 다 쉬고 멀리 떠나고자 수레를 출발시켜 서쪽으로 가네.

駕玄螭兮北征, 向吾路兮蔥嶺. 連五宿兮建旄, 揚霧氣兮爲旌. 歷廣漠兮馳騖, 覽中國兮冥冥. 玄武步兮水母, 與吾期兮南榮. 登華蓋兮乘陽, 聊逍遙兮播光. 抽庫婁兮酌醴, 援瓟瓜兮接粮. 畢休息兮遠逝, 發玉軔兮西行.

螭리: 뿔 없는 용. 蔥葱: 파. 宿수: 별자리. 旄모: 깃대 장식. 期기: 만나다. 庫고: 곳집. 婁루: 별 이름. 瓟박: 오이. 畢필: 마치다. 軔인: 바퀴굄목.

○玄螭현리: 뿔이 없는 검은 용. ○五宿오수: 다섯 개의 별자리. ○氛氣분기: 구름. ○廣漠광막: 광활한 곳. ○玄武현무: 북방의 신. 거북이처럼 생겼다고 함. ○水母수모: 수신水神 이름. ○南榮남영: 남쪽. ○華蓋화개: 여러 개의 별들로 이루어진 별자리 이름. ○乘陽승양: 하늘에 오름. ○播光파광: 린자리林家驪는『초사』(중화서국, 2010)에서 "요광瑤光"의 잘못으로 봄. "요광"은 북두칠성의 일곱 번째 별 이름. ○庫婁고루: 별자리 이름. ○颺瓜박과: 별자리 이름. ○發玉軔발옥인: 옥으로 만든 바퀴굄목을 들어냄. 이곳에서는 수레를 출발시킨다는 의미.

[3]

세상 사람들 바르게 행동하는 사람들 질시하는 것 생각하니 이곳에 오래 머물 수 없네. 깨어나 가슴을 치며 한참을 생각해봐도 마음만 답답하고 아프네.

惟時俗兮疾正, 弗可久兮此方. 寤辟摽兮永思, 心怫鬱兮內傷.

———

惟유: 생각하다. 摽표: 치다. 怫불: 답답하다.

○辟摽벽표: 가슴을 침. "벽"은 "벽擗"과 같음. "벽擗"은 "가슴을 치다"의 의미.

도옹陶甕

버림받은 것을 답답해하며

【해제】

"도陶"는 "답답하다"의 의미. "옹甕"은 "막히다"의 의미. 따라서

"도옹陶壅"은 "막힌 것을 답답해함"으로 풀 수 있다. 이곳에서 말하는 "막힌 것을 답답해함"은 조정에 간신배들이 득세하는 가운데 임금에게 자신의 충정을 말할 수 있는 길이 막혀 있음을 말한다.

이 편은 세 부분으로 나눌 수 있다. 먼저 작가는 시대가 혼란한 것에 어찌할 수 없음을 느끼고 슬퍼하며 속세를 멀리 떠나려는 생각을 피력한다. 다음으로 작가는 하늘의 선계를 유력하나 자욱한 연무로 나아갈 수 없어 양성陽城에서 잠시 쉬기로 한다. 마지막으로 오랜 유력으로 몸은 지치고 얼굴색은 초췌해진다. 이때 요임금과 순임금의 태평성세를 그리며 현실에 탄식한다.

[1]

사람들의 짧은 생각을 보고 슬퍼지니 이제 어디로 가나? 세속의 어지러움에 마음이 아파 날개를 활짝 펴고 멀리 날아가고자 하네.

覽杳杳兮世惟, 余惆悵兮何歸? 傷時俗兮溷亂, 將奮翼兮高飛.

杳묘: 어둡다. 惟유: 생각하다. 惆추: 슬프다. 悵창: 슬프다. 奮분: 떨치다.

○杳杳묘묘: 어두운 모양. 이곳에서는 사람들의 생각이 무지몽매함을 의미.

2

여덟 마리 용을 몰아 구불구불 길을 가고, 무지개 깃발을 세우니 바람에 펄럭이네. 드넓은 세상을 보며 빠르게 위로 날아오르네. 익수溺水를 떠다니며 빛을 발산하고 물 가운데의 모래톱에서 잠시 노니네. 수레를 모아놓고 친구를 찾으며, 천제를 뵙고 가르침을 청하네. "도란 본래의 모습으로 돌아가는 것이니라. 나의 도술은 사람을 즐겁게 할 수 있으니 받들라." 나는 또 남쪽으로 가서 노닐고자, 외진 길을 가니 구의산이라네. 만 리나 이어진, 불이 솟구치는 곳을 넘고 바다 위의 수많은 높고 험한 산을 지나네. 강과 바다를 건너 세상의 허물을 벗어던지고, 북쪽의 다리를 건너 영원히 이별하네. 자욱한 구름이 일어나니 낮은 어두워지고 탁한 먼지와 흙이 마구 날리네.

駕八龍兮連蜷, 建虹旌兮威夷. 觀中宇兮浩浩, 紛翼翼兮上躋. 浮溺水兮舒光, 淹低徊兮京泝. 屯余車兮索友, 睹皇公兮問師. 道莫貴兮歸眞, 羡余術兮可夷. 吾乃逝兮南娭, 道幽路兮九疑. 越炎火兮萬里, 過萬首兮嶷嶷. 濟江海兮蟬蛻, 絶北梁兮永辭. 浮雲鬱兮晝昏, 霾土忽兮塵塵.

蜷권: 구부리다. 躋제: 오르다. 淹엄: 오래되다, 머무르다. 泝시: 물가. 屯둔: 모으다. 羨선: 부러워하다. 夷이: 기뻐하다. 娭애: 장난치다. 嶷억: 높다. 蛻태: 허물 벗다. 霾매: 흙비 오다. 塵매: 티끌.

○連蜷연권: 구불구불함. ○威夷위이: 깃발이 바람에 펄럭이는 모양. ○中宇중우: 세상, 천하. ○翼翼익익: 빠르게 높이 나는 모양. ○溺水익수: 강 이름. ○舒光서광: 빛을 발함. ○京泝경시: 물 가운데 있는 육지. "경"은 크다. ○皇

公황공: 천제天帝. ○道도: 원의는 길. 이곳에서는 동사로 쓰여, "길을 가다"는 의미. ○九疑구의: 산 이름. 구의산九嶷山을 말함. 지금의 후난 성 닝위안寧遠 경내에 있음. ○萬首만수: 바다에 있는 많은 섬들. ○嶷嶷억억: 높고 험함. ○蟬蛻선태: 원의는 매미가 허물을 벗다. 이곳에서는 세속의 관념에서 벗어나 해탈을 얻음을 의미. ○霾土매토: 먼지와 흙. ○忽홀: 먼지가 일어 시선이 흐릿해지는 모양. ○塵塵매매: 원의는 먼지. 이곳에서는 먼지가 날리는 모양을 형용.

[3]

　넓고 큰 집 양성陽城에서 쉬니, 지친 얼굴에 근심이 들어 의욕이 사라지네. 세상 돌아가는 이치를 잘 알아 여기서 자신을 돌아보네. 요·순 같은 성군이 계속 나오는 것 부러워하고 고요皐陶에게 가르침을 받길 바라네. 구주에 성군이 없음을 슬퍼하니, 수레 앞턱 횡목을 만지며 탄식하고 시를 짓네.

息陽城兮廣夏, 衰色罔兮中怠. 意曉陽兮燎寤, 乃自謵兮在玆. 思堯舜兮襲興, 幸咎繇兮獲謀. 悲九州兮靡君, 撫軾歎兮作詩.

罔망: 근심하다. 怠태: 게으르다. 曉효: 환히 알다. 燎료: 밝다. 寤오: 깨닫다. 診진: 보다. 襲습: 계승하다. 繇요: 부역. 靡미: 없다. 軾식: 수레 앞턱 가로나무.

○陽城양성: 초나라의 지명. ○廣夏광하: 큰 집. "하"는 "하厦"와 통함. "하厦"는 큰집. ○衰色罔쇠색망: 지친 얼굴에 근심이 든 것을 의미. "망"은 근심하다. ○中怠중태: 마음이 약해짐. 이곳에서는 의욕이 없어짐을 의미. ○曉陽효양: 잘 앎. "양"은 밝다. ○燎寤요오: 분명하게 깨달음. ○謵진: 보다. 『초사보주』는 "'진'은 '보다'는 의미. '진'이 되어야 한다謵, 視也. 當作診"라고 했다. "진診"은 보다. ○獲謀획모: 가르침을 받음.

주소株昭
간사한 이들을 꾸짖으며

【해제】

"주株"는 "주誅"와 통함. 따라서 "베다" 내지 "죽이다"의 의미. "소昭"의 원의는 "밝다"인데 이곳에서는 조정에서 높은 자리를 차지하고 있는 사람을 의미한다. 실질적으로는 조정에 득세하는 간사한 신하들을 말한다. 따라서 "주소株昭"는 "간사한 무리들을 없앰"의 의미로 풀 수 있다.

이 편 역시 앞의 글들과 형식과 내용이 비슷하다. 작가는 시비가 분명치 않은 암울한 현실에 대한 실망과 우려를 하고, 구름을 타고 천지간을 유력하며 세상을 떠나고자 한다. 그러나 나라와 임금에 대한 간절한 정 때문에 망설이는 내용이다.

[1]

슬퍼 탄식하니 마음은 베이고 갈리는 듯 고통스럽네. 관동款冬 같은 보잘 것 없는 풀은 자라건만, 저 초목들의 잎과 줄기는 시드네. 기와와 자갈을 보물이라 여겨 올리고, 수후隨侯의 구슬과 화씨和氏의 둥근 옥 같은 보물은 버리네. 납으로 만든 무딘 칼은 크게 쓰이고, 태아太阿 같은 보검은 버려지네. 천리마는 두 귀를 늘어뜨리고 산비탈에서 실족하여 넘어지네. 절룩거리는 나귀는 가운데에서 수레를 몰고 무능한 이들은 나날이 많아지네. 고결하고 아름다운 이는 외진 곳에 있고 보잘 것 없는 이들은 부귀해지고 총애를 받네.
봉황은 비상하지 않고 메추라기들만 날아다니네.

悲哉于嗟兮, 心內切磋. 款冬而生兮, 凋彼葉柯. 瓦礫進寶兮, 捐棄隨和.
鉛刀厲御, 頓棄太阿. 驥垂兩耳兮, 中坂蹉跎. 寒驢服駕兮, 無用日多. 修潔
處幽兮, 貴寵沙劘. 鳳皇不翔兮, 鶉鷃飛揚.

嗟차: 탄식하다. 磋차: 갈다. 款관: 정성. 凋조: 시들다. 柯가: 초목의 줄기. 礫
력: 자갈. 厲려: 떨치다. 頓돈: 꺾이다. 坂판: 비탈. 蹉차: 넘어지다. 跎차: 헛디
디다. 寒건: 절다. 服복: 말馬. 劘마: 깎다, 베다. 鶉순: 메추라기. 鷃안: 메추
라기.

○于嗟우차: 탄식함. "우차吁嗟"와 같다. "우吁"는 탄식하다. ○切磋절차: 베고
감. 이곳에서는 마음이 베이고 갈리는 고통을 의미. ○款冬관동: 풀 이름. 겨
울에 노란 꽃이 피며 약으로 복용할 수 있음. ○隨和수화: 수후隨侯의 구슬과
화씨和氏의 둥근 옥. 모두 보물 이름임. ○厲御여어: 크게 쓰임. "어"는 높다.
『광아廣雅』「석고釋詁」는 "'높다'의 의미高也"라고 했다. "어"는 쓰이다. ○太
阿태아: 보검 이름. ○中坂중판: 산비탈의 중간지대. ○蹉跎차타: 발을 헛디뎌
넘어짐. ○服駕복가: 가운데에서 수레를 끔. "복"은 가운데 말. ○沙劘사마: 보
잘 것 없음.

[2]

수무지개를 타고 암무지개를 곁말로 삼고, 구름을 타니 변화가
무궁하네. 봉황에게 길을 열라 하고 청사는 뒤에서 바짝 따라오네.
계수나무 숲으로 느리게 빠르게 가다하면서, 험준한 산을 지나가
네. 구릉은 춤추듯 비상하고, 계곡은 슬프게 노래하네. 신들이 오묘

한 시들을 지어내니, 악기들이 일제히 호응하여 조화를 이루네. 나는 은근히 이를 즐거워하니, 이보다 더한 것이 어디 있으리.

乘虹驂蜺兮, 載雲變化. 鷫鵬開路兮, 後屬靑蛇. 步驟桂林兮, 超驤卷阿.

丘陵翔舞兮, 谿谷悲歌. 神章靈篇兮, 赴曲相和. 余私娛玆兮, 孰哉復加.

虹홍: 수무지개. 쌍 무지개가 떴을 때 빛이 곱고 밝은 안쪽의 무지개. 驂참: 곁마. 예蜺: 암무지개. 쌍 무지개가 떴을 때 빛이 엷고 흐릿한 바깥쪽 무지개. 鷫초: 뱁새. 鵬명: 초명새 이름. 屬촉: 붙다. 驟취: 빠르다. 驤양: 머리를 들다. 章장: 나타내다.

○鷫鵬초명: 봉황의 일종. ○步驟보취: 느리게 빠르게 가다를 반복함. "보"는 걷다. 이곳에서는 느리게 가는 의미. ○超驤초양: 쏜살같이 지나감. "양"은 말이 머리를 들고 빠르게 지나가는 의미. ○卷阿권아: 구불구불한 험한 산. "아"는 높은 산. ○靈篇영편: 오묘한 노래. ○赴曲부곡: 악기들이 노래에 호응함. ○復加부가: 다시 더함. 이곳에서는 지금의 즐거움에 더 이상 다시 더할 것이 없음을 의미.

[3]

고개 돌려 세속을 보니 법도는 망가지고 없어졌네. 짐을 꾸려 떠나려니 눈물만 뚝뚝 떨어지네.

還顧世俗兮, 壞敗罔羅. 卷佩將逝兮, 涕流滂沱.

罔망: 그물. 滂방: 뚝뚝 떨어지다. 滂방: 뚝뚝 떨어지다. 沱타: 눈물 흐르다.

○罔羅망라: 원의는 그물. 이곳에서는 법도를 의미. ○卷佩권패: 옷을 말다. 이곳에는 짐을 꾸린다는 의미. ○滂沱방타: 눈물이 뚝뚝 떨어짐.

[4]

마무리: 황궁의 문을 열어 세상을 비추고 썩고 더러운 초목을 잘라내고 난초와 백지 같은 향초를 보네. 네 명의 간사한 신하가 유배를 당한 후에 우禹를 얻었고, 성군 순임금이 나라를 다스려 요임금의 사업을 밝게 빛냈으니, 누가 요임금과 순임금 같아서 내가 기꺼이 보좌할 수 있을까.

亂曰: 皇門開兮照下土, 株穢除兮蘭芷睹. 四佞放兮後得禹, 聖舜攝兮昭堯緒, 孰能若兮願爲輔.

株주: 나무. 攝섭: 쥐다. 緒서: 일, 사업.

○株穢주예: 썩고 더러운 나무. ○四佞사녕: 요임금 때의 네 명의 간사한 신하. 즉, 공공共工·환두驩頭·삼묘三苗·곤鯀을 말함.

제16편 | 구탄

九歎

회
고
와
떠
남
의
노
래

이 편의 작가는 전한 사람 유향劉向(기원전 79~기원전 8)이다. 자는 자정子
政이며 한나라 황족 출신으로, 초원왕楚元王 유교劉交의 사세손四世孫이다. 한
선제宣帝 때 산기간대부散騎諫大夫를 지냈고, 원제元帝 때는 종정宗正으로 발탁
되었다. 그는 여러 차례 환관 홍공弘恭과 석현石顯을 탄핵하는 글을 올렸다
가 두 차례 하옥되고 10여 년간 관직에 나아가지 못했다. 한 성제成帝 때
복권되어 광록대부光祿大夫를 제수 받고, 이름을 향向으로 바꾸었다. 유향은
궁중의 장서들을 교감하라는 성제의 명을 받고 경전·제자·시부 등을 교
열하는 작업을 했다. 이때 『초사』 16권을 집록했는데 가장 마지막 부분에
자신이 지은 「구탄」을 넣었다.

「구탄九歎」은 총 9수의 시로 이루어져 있다. 매 편마다 마지막에 "탄왈歎曰"
이라고 되어 있어 제목을 "구탄"이라고 했다. 왕일의 『초사장구』는 "굴원
의 충직하고 의리 있는 절개를 추념하기 위해 「구탄」을 지었다. '탄'은 '아
프다' 내지 '탄식하다'의 의미다追念屈原忠信之節, 故作「九歎」. 歎者, 傷也. 息也"라고
했다.

이 편은 굴원의 어투로 그의 정치적 불행에 동정심을 나타내고 그의 애국
정신이 비난받아 자살에 이르게 한 것에 분한 마음을 나타내고 있다. 첫째
작품 「봉분逢紛」은 굴원의 가계·이름·절개를 시작으로 덕을 가지고도 비
난받는 것에 대한 괴로움과 쫓겨난 이후 임금과 고국에 대한 그리움을 나
타내고 있다. 「이세離世」 「원사怨思」 「원서遠逝」는 굴원이 충정을 가지고도 등
용되지 못하는 심정과 고국에 대한 그리움의 정을 나타내며 이에 대한 원
한과 불만을 토로하고 있다. 「석현惜賢」은 「이소」의 내용과 결합하여 불행한
운명에 대한 불평과 애석함을 나타내고 있다. 「우고憂苦」는 조정에서 쫓겨
난 후의 처량함을 쓰면서 나라를 떠난 그리움과 원망의 정을 나타내고 있

다. 「민명惜命」과 「사고思古」는 작자가 충성을 다하고도 쫓겨난 굴원의 처지를 동정하고 있다. 마지막 편 「원유遠遊」는 굴원이 천지를 노닐며 천지와 함께 하려는 생각을 나타내고 있다.

봉분逢紛

어지러운 세상을 만남

【해제】

"분紛"은 "어지럽다"의 의미. 따라서 "봉분逢紛"은 "어지러운 세상을 만남"의 의미로 풀 수 있다.

이 편은 「이소」의 첫 부분을 모방하여 굴원의 가계와 출신 그리고 뛰어난 자질을 말하고 있다. 이어서 이런 우수한 자질들이 조정의 간신과 어리석은 임금에 의해 쓰이지 않고 도리어 비방을 받아 쫓겨남을 읊고 있다. 그리하여 굴원은 호수나 연못에서 노래하기도 하고 하늘 높이 날아 올라가기도 한다. 그러나 어떻게 마음을 풀려고 해도 고향 생각에 더욱 답답하고 괴로워져 심신이 피폐해진다.

[1]

백용의 후손으로, 나 굴원은 실로 바르고 곧네. 고양 임금님이 나의 시조가 되며, 초 회왕과 친족이시네. 나 굴원은 곧은 지조를 갖고 태어났으며, 아름다운 이름과 원대한 포부가 있었네. 내 이름은 천지와 나란히 하고, 또 하늘의 뭇 별처럼 밝고 빛나네. 천지의 정기를 마셔 더럽고 탁한 기운을 토하며, 혼란하고 사악한 세상에 있지만 저들과 영합하지 않네. 진실하고 충직하며 아첨하지 않아, 결국 모함 받고 배척되었네. 임금님께서 근거 없는 말을 믿어 충직한 이를 내쫓고, 소인배들의 가식적인 마음을 따르고 나를 거들떠보지 않으셨네. 분해 화가 나고 마음은 갈피를 잡지 못해 의기소침해 있네. 임금이 나를 믿지 않으니 실망스럽고 가까이 하시지 않으니 괴롭네. 임금님과 이별하자니 마음이 슬퍼 호수와 강가에서 노래하네. 화초와 계수나무가 넘어지고 망가져도 충성을 다해야 성심으로 돌아가는 것이리. 저 많은 아첨하는 자들 다른 사람은 공격하면서도 자신은 과시하니, 어찌 내 뜻을 펼 수 있으리.

伊伯庸之末胄, 諒皇直之屈原. 云余肇祖于高陽兮, 惟楚懷之嬋連. 原生受命于貞節兮, 鴻永路有嘉名. 齊名字於天地兮, 并光名於列星. 吸精粹而吐雰濁兮, 橫邪世而不取容. 行叩誠而不阿兮, 遂見排而逢讒. 后聽虛而黜實兮, 不吾理而順情. 腸憤悁而含怒兮, 志遷蹇而左傾. 心懍慌其不我與兮, 躬速速其不吾親. 辭靈修而隕志兮, 吟澤畔之江濱. 椒桂羅以顚覆兮, 有竭信而歸誠. 讒夫藹藹而漫著兮, 曷其不舒予情.

伊이: 어조사. 胄주: 혈통. 皇황: 바르다. 云운: 어조사. 肇조: 시작하다. 嬋선: 잇닿다. 雰분: 어지럽다. 叩고: 조아리다. 阿아: 아첨하다. 黜출: 쫓다. 理리: 상대하다. 悁연: 성내다. 懍당: 실망하는 모양. 與여: 편들다. 隕운: 떨어지다. 藹애: 많다. 漫만: 어지럽다. 曷갈: 어찌.

○伯庸백용: 굴원의 먼 조상. ○末胄말주: 후손. ○皇直황직: 바르고 곧음. ○肇始조시: 시조始祖. ○嬋連선련: 연결되어 있음. 이곳에서는 초나라 회왕과 굴원은 친족이라는 의미. ○鴻永路홍영로: 원대한 포부. "홍"은 크다. "영"은 길다. ○精粹정수: 천지의 맑은 정기. ○雰濁분탁: 더럽고 탁한 기운. 『초사장구』는 "'분'은 '더러운 기운'의 의미다雰, 惡氣也"라고 했다. ○叩誠고성: 진실하고 충직함. ○黜實출실: 충직한 사람을 내쫓음. ○順情순정: 간신들의 가식적인 마음을 따름. ○憤悁분연: 화가 나고 분해함. ○遷蹇천건: 마음이 불안해 안정되지 않음. ○左傾좌경: 의지가 꺾여 의기소침해함. ○懍慌당황: 낙심하다, 실망하다. 『초사보주』는 "낙심하다失意"라고 했다. ○速速속속: 가까이 하지 않는 모양. ○隕志운지: 낙담함. ○羅라: 당하다. "리罹"의 가차자. ○藹藹애

애: 아주 많음. ○漫著만저: 다른 사람은 공격하고 자신은 높임. "만"은 더럽히다. "저"는 과시하다.

[2]

처음에 임금께서는 나와 묘당廟堂에서 만나기로 했건만, 도중에 다른 이의 말을 믿고 어기셨네. 난초·혜초·두형·백지를 안고 황량한 들판에 나가 뿌렸네. 조정을 생각하며 슬피 울고, 옛 땅 그리며 시름에 겨워했네. 임금께서 한가로우실 때 힘을 다하고자 하나, 길은 어둡고 막혀 있네. 얼굴은 검어지고 기력은 쇠잔해가고 마음은 의기소침해 나날이 늙어가네. 바람이 들어오니 바지가 펄럭이고 진한 이슬에 웃옷이 젖네. 장강과 상수의 급류 속으로 나아가 거센 파도를 따라 아래로 내려오네. 산골짜기에서 천천히 거니는데 사나운 회오리바람 불어오네. 수레를 현석玄石으로 달리고 동정洞庭에서 말을 잠시 거닐게 하네. 날이 밝을 때 창오를 출발해 저녁에 석성石城에 머무네. 연꽃으로 지붕을 덮고 마름꽃으로 수레를 만들며, 보랏빛 조개로 누대를 쌓고 백옥을 전당에 까네. 벽려로 아름다운 옥을 장식해 침대 깔개로 삼고 알록달록한 웃옷에 하얀 바지를 입네. 봉룡逢龍에 올라 아래를 내려다보니 떠나온 옛 땅은 아득하기만 하네. 영도의 오랜 전통을 생각하니 애끓는 마음은 하루 밤에도 아홉 번을 오가네. 끝없고 깊은 강의 파도는 출렁대고 거센 파도를 따라 동쪽으로 가네. 슬퍼 한참을 생각해봐도 답답하기만 하고 기운만 날로 빠져가네. 진한 백로가 잇따라 내리고 세찬 가을바람에 쓸쓸하기만 하네. 이 몸은 강물 따라 가서 영원히 돌아오지 않을 것이나 영혼은 멀리가도 늘 근심에 잠기겠지.

始結言於廟堂兮, 信中塗而叛之. 懷蘭蕙與衡芷兮, 行中野而散之. 聲哀哀而懷高丘兮, 心愁愁而思舊邦. 願承閑而自恃兮, 徑逞曃而道壅. 顏黴黧以沮敗兮, 精越裂而衰耄. 裳襜襜而含風兮, 衣納納而掩露. 赴江湘之湍流兮, 順波湊而下降. 徐徘徊於山阿兮, 飄風來之洶洶. 馳余車兮玄石, 步余馬兮洞庭. 平明發兮蒼梧, 夕投宿兮石城. 芙蓉蓋而菱華車兮, 紫貝闕而玉堂. 薜荔飾而陸離薦兮, 魚鱗衣而白蜺裳. 登逢龍而下隕兮, 違故都之漫漫. 思南郢之舊俗兮, 腸一夕而九運. 揚流波之潢潢兮, 體溶溶而東回. 心怊悵以永思兮, 意晻晻而日頹. 白露紛以塗塗兮, 秋風瀏以蕭蕭. 身永流而不還兮, 魂長逝而常愁.

叛반: 배반하다. 恃시: 믿다. 曃에: 음산하다, 가리다. 黴미: 검다. 黧려: 검다. 沮저: 기가 꺾이다. 耄모: 늙어빠지다. 襜첨: 적삼. 湍단: 여울, 급류. 湊주: 모이다. 洶흉: 물살이 세차다. 薦천: 돗자리. 潢황: 깊다. 晻엄: 어둡다. 塗도: 진흙. 瀏류: 숲에 바람이 부는 소리.

ㅇ結言결언: 약속함. ㅇ中野중야: 황량한 들판. ㅇ高丘고구: 원의는 높은 산, 이곳에서는 조정을 의미. ㅇ自恃자시: 자신의 책무를 다함. ㅇ沮敗저패: 기력이 떨어짐. ㅇ越裂월렬: 의기소침함. ㅇ襜襜첨첨: 옷이 바람에 흔들리는 모양. ㅇ納納납납: 옷이 젖음. ㅇ掩엄: 모두. ㅇ波湊파주: 원의는 물이 모인 파도. 이곳에서는 거센 파도를 의미. ㅇ洶洶흉흉: 원의는 물이 세차게 흐르다. 이곳에서는 바람이 매우 세참을 의미. ㅇ玄石현석: 산 이름. ㅇ平明평명: 날이 밝음. ㅇ蒼梧창오: 산 이름. 구의산九嶷山을 말함. ㅇ石城석성: 산 이름. ㅇ陸離육리: 아름다운 옥. ㅇ魚鱗衣어린의: 색깔이 알록달록한 옷. 『초사장구』는 "다섯 가지 색채를 섞어 만든 옷인데, 물고기의 비늘 같은 무늬다雜五釆爲衣, 如鱗文也"라고 했다. ㅇ逢龍봉용: 산 이름. ㅇ下隕하운: 원의는 아래로 떨어지다. 이곳에서는 위에서 아래로 내려다보는 의미. ㅇ南郢남영: 초나라의 수도 영도郢都. ㅇ潢潢황황: 물이 깊고 넓은 모양. ㅇ溶溶용용: 파도가 거세게 치는 모

양. ○晻晻엄엄: 답답함. ○塗塗도도: 진한 모양.『초사보주』는 "두꺼운 모양이
다厚貌"라고 했다.

[3]

마무리: 저 흐르는 물은 끝없는 파도를 일으키며 철썩 소리를 내
네. 파도는 사납게 용솟음쳐 오르고 거침없이 도도하게 흘러가네.
물보라를 날리며 넘실대고, 흐르고 흘러 아래로 가며 가파른 산석
과 부딪치네. 강물은 빙빙 돌아치고, 구불구불 이어지다 결국 나가
지 못하고 막혀 한 곳에 모이네. 화를 당하고 재앙을 만나고 비방을
당했네. 훌륭하고 아름다운 글을 지어 후인들에게 전하리.

歎曰: 譬彼流水, 紛揚磑兮. 波逢洶涌, 潰滂沛兮. 揄揚滌蕩, 漂流隕往,
觸崟石兮. 龍邛脟圈, 繚戾宛轉, 阻相薄兮. 遭紛逢凶, 蹇離尤兮. 垂文揚采,
遺將來兮.

磑개: 돌 소리. 涌용: 샘솟다. 潰분: 뿜다. 물이 서로 휘감기며 흐르는 모양. 滂
방: 세차게 흐르다. 揄유: 끌다. 滌척: 씻다. 崟음: 험준하다. 邛공: 언덕. 脟
렬: 굽다. 繚료: 얽히다. 戾려: 어그러지다. 宛완: 굽다. 薄박: 모이다. 蹇건: 어
조사.

○滂沛방패: 물이 세차게 흐름. ○揄揚유양: 일으키다. ○滌蕩척탕: 넘실대다.
○崟石음석: 가파른 산석. ○龍邛용공: 물이 빙빙 돌며 부딪쳐서 잘 흐르지
않는 모양. ○脟圈열권: 물이 빙빙 돌아 부딪치는 모양. ○繚戾요려: 물이 빙빙
돌며 부딪치는 모양. 앞의 "열권脟圈"과 같은 의미. ○宛轉완전: 구불구불하게
됨. ○垂文揚采수문양채: 글을 후세에 전함. "수"와 "양"은 "전하다"의 의미.
"문"과 "채"는 문장의 의미.

이세離世

세상을 떠남

【해제】

"이세離世"는 "세상을 떠남"의 의미.

이 편은 굴원이 충직함에도 등용되지 못하는 괴로움과 쫓겨난 후에도 여전히 고향과 나라를 염려하는 마음을 읊고 있다. 본문의 앞부분에는 다섯 개의 "영회靈懷"라는 말이 이어지고 있는데 문장의 기세가 급박하고 강한 느낌을 준다. 이는 회왕이 참언을 믿고 자신을 멀리한 것에 대한 분노를 보여준다. 또 작자는 자신의 충정을 증명하기 위해 천지와 사시·일월 등을 불러 증거로 삼고자 한다. 이어온 세상이 혼탁해져 국운이 나날이 기울어져 가는 것을 말하고 있다. 마지막에는 영도를 떠나 멱라강과 상수·원수를 지나 남하하는 길에서 내심의 괴로움과 고국에 대한 그리움을 토로한다.

[1]

그 분께서는 나를 알아주지 않고 나의 말을 들어주지도 않네. 그분의 조부에게 가서 알리고 그 분의 조상에게도 하소연하네. 그 분은 나를 쓰지 않고 저 아첨하는 자들의 말을 듣네. 나의 말은 위로 천지와 합해지고 사시로 검증할 수 있네. 해와 달이 영원히 내 마음을 알아줄 것이며 북두칠성이 시비를 가려줄 것이네. 사광師曠을 청해 나의 말을 살피게 하고 고요에게 함께 들어라 하네. 거북점을 쳐서 이름을 정칙正則이라 지었고 점을 쳐서 자를 영균靈均이라 했네. 나는 어려서 이런 큰 자질을 가졌고 커서는 더욱 굳고 순수했네. 세속을 따르며 한쪽으로 치우치지 않았으며 몸과 마음을 곧게 펴고 뜻을 나타냈네. 법도를 어기고 나쁜 것을 따르지 않았으며 본심을 굽혀 일하지 않았네. 내 행동은 옥과 같이 올바르고 선대 대왕의 족적을 따랐네. 저 많은 편을 가르고 아첨하는 자들 임금의 혜안을 흐리고 나라를 망쳐 위험에 빠뜨리네. 수레가 중도에 돌아오니 수레를 끄는 네 마리의 말은 놀라 이리저리 마구 날뛰네. 고삐를 잡은 사람이 말을 통제하지 못하면 분명 멍에는 부러지고 끌채는 망가질 것이네. 재갈이 떨어지면 말들은 재빠르게 달아나고 저녁에 객사를 지나도 누가 멈추게 할 수 있으리. 길은 아득하고 사람은 없으니 결국 아무런 방해도 받지 않고 천리를 간다네.

靈懷其不吾知兮, 靈懷其不吾聞. 就靈懷之皇祖兮, 愬靈懷之鬼神. 靈懷曾不吾與兮, 卽聽夫人之諛辭. 余辭上參於天地兮, 旁引之於四時. 指日月使延照兮, 撫招搖以質正. 立師曠俾端詞兮, 命咎繇使幷聽. 兆出名曰正則兮, 卦發字曰靈均. 余幼旣有此鴻節兮, 長愈固而彌純. 不從俗而詖行兮, 直躬指而信志. 不枉繩以追曲兮, 屈情素以從事. 端余行其如玉兮, 遹皇輿之踵迹. 群阿容以晦光兮, 皇輿覆以幽辟. 輿中塗以回畔兮, 馹馬驚而橫奔. 執組者不能制兮, 必折軛而摧轅. 斷鑣銜以馳騖兮, 暮去次而敢止. 路蕩蕩其無人兮, 遂不禦乎千里.

卽즉: 가까이하다. 愬소: 하소연하다. 延연: 오래되다. 兆조: 점치다. 卦괘: 점괘. 詖피: 치우치다. 指지: 뜻. 遹술: 잇다. 踵종: 발꿈치. 組조: 끈. 軛액: 멍에. 轅원: 끌채. 鑣표: 재갈. 銜함: 재갈. 次차: 객사客舍. 禦어: 막다

○靈懷영회: 초나라 회왕懷王. "영"은 "영수靈修"의 줄임말. "영수"는 임금. 이곳에서는 문장의 가독성을 위해 "그 분"으로 해석했음. ○旁引방인: 두루 끌어당김. 널리 증명할 수 있음을 의미. ○延照연조: 오래 비춤. ○招搖초요: 북두칠성의 일곱째 별 이름. 이곳에서는 북두성北斗星을 의미. ○質正질정: 시비를 판단함. ○師曠사광: 춘추시기, 진晉나라의 악사. 음을 잘 구분했다고 함. ○端詞단사: 말이 맞는지를 확인함. "단"은 바르다. ○咎繇구요: 고요皐陶. 요임금 때의 현신. ○幷聽병청: 함께 들음. ○躬指궁지: 몸과 뜻. ○情素정소: 본심, 양심. ○皇輿황여: 원의는 임금이 타는 수레. 이곳에서는 임금의 의미. ○阿容아용: 아첨하고 서로 무리를 이룸. ○晦光회광: 빛을 가림. 임금의 이목을 가리는 것을 의미. ○回畔회반: 원래 왔던 길로 되돌아감. ○鑣銜표함: 재갈. 입 옆에 물리는 것을 "표"라 하고, 입 안에 물리는 것을 "함"이라고 함. ○蕩蕩 탕탕: 넓고 큰 모양. ○不御불어: 머무르지 않음. "어"는 머무르다.

[2]

　　뜻밖의 모함을 받고 깊은 수렁에 빠졌으니 다시 등용될 길이 없네. 몸이 비천해지는 것은 생각지 않으나, 나라가 부흥하지 못하는 것이 애석하네. 도성의 문을 나와 곧장 앞으로 가고, 임금께서 한 번만이라도 이성을 찾아 다시 불러주었으면. 시종도 날 위해 분해하고 여러 차례 박해받고 해를 입은 것이 슬프네. 9년 동안 돌아오지 못하게 하니 팽함이 물에서 노닌 것을 생각하네. 사연師延이 물가를 떠도는 것 애석하고 나도 멱라강에 뛰어들어 강물 따라 흐르리. 굽이진 강을 따라 이리저리 흐르다 굽은 돌 언덕에 부딪쳐 다시 떠도네. 파도는 솟구치며 돌아 흐르고 긴 급류를 따라가니 탁류가 흐르네. 장강을 타고 아래로 내려가니 역류를 타고 다시 돌아가고 싶네. 수차는 내달리며 다른 배들과 나란히 나아가고 몸은 한가로워지며 나날이 멀어지네. 배를 저어 장강을 가로 질러 건너고 상수를 건너

남쪽으로 가네. 강가에 서서 하염없이 노래하고 거듭 탄식하니 슬퍼 애처로워지네. 마음은 혼란스러워 돌아갈 길을 잃고 정신은 사방을 노닐며 높이 나네. 걱정스러운 마음에 나라를 생각하니 혼은 아쉬워하면서도 홀로 가네.

身衡陷而下沈兮, 不可獲而復登. 不顧身之卑賤兮, 惜皇輿之不興. 出國門而端指兮, 冀壹寤而錫還. 哀僕夫之坎毒兮, 屢離憂而逢患. 九年之中不吾反兮, 思彭咸之水遊. 惜師延之浮渚兮, 赴汨羅之長流. 遵江曲之逶移兮, 觸石碕而衡遊. 波澧澧而揚澆兮, 順長瀨之濁流. 凌黃沱而下低兮, 思還流而復反. 玄輿馳而幷集兮, 身容與而日遠. 櫂舟杭以橫瀝兮, 濟湘流而南極. 立江界而長吟兮, 愁哀哀而累息. 情慌忽以忘歸兮, 神浮遊以高厲. 心蛩蛩而懷顧兮, 魂眷眷而獨逝.

坎감: 고생하다. 毒독: 미워하다. 逶위: 구불구불 가다. 碕기: 굽은 물가. 澧례: 물결소리. 沱타: 강 이름. 櫂도: 노.

○衡陷형함: 뜻밖에도 모함을 받음. "형"은 "횡橫"과 같음. "횡"은 뜻밖에도. ○端指단지: 곧장 앞으로 감. "단"은 곧다. ○坎毒감독: 분하고 원망스러움. ○師延사연: 상나라 주왕紂王 때의 악사. ○浮渚부저: 물가에서 노닒. 물에 몸을 던져 자살했다는 의미. ○逶移위이: 구불구불 끝없이 이어짐. ○石碕석기: 구불구불한 돌로 된 언덕. ○澧澧예예: 물결소리. ○揚澆양요: 물이 빙빙 돌아흐름. ○黃沱황타: 장강長江의 또 다른 이름. ○玄輿현여: 수차水車. "현"은 〔물〕水. 『초사장구』에는 "'현'은 '물'의 의미다玄輿, 水也"라고 했다. ○舟杭주항: 배. "항"은 "항航"과 통함. "항航"은 배. ○瀝력: 건넘. ○高厲고려: 높이 비상함. ○蛩蛩공공: 근심스런 모양. 『초사장구』는 "근심을 가지고 있는 모양懷憂貌"이라고 했다. ○眷眷권권: 아쉬워하는 모양.

[3]

　마무리: 고향 생각에 속으로 주저하네. 날은 저물어 황혼녘이 되니 마음은 시리도록 비통해지고, 영도를 떠나 동쪽으로 가니 나는 누구를 본받아야 하나? 저 아첨하는 자들과 당파를 이룬 사람들, 그들 때문에 이렇게 되었네. 강물은 도도하게 흐르고 내 마음도 그러기를 바라네. 영도로 가는 길 돌아보니 이젠 영원히 돌아갈 수 없으리.

　歎曰: 余思舊邦, 心依違兮. 日暮黃昏, 羌幽悲兮. 去郢東遷, 余誰慕兮? 讒夫黨旅, 其以玆故兮. 河水淫淫, 情所願兮. 顧瞻郢路, 終不返兮.

羌강: 어조사. 黨당: 무리. 旅려: 무리.

○依違의위: 머뭇거림. ○淫淫음음: 물이 흐르는 모양.

원사怨思
　원망과 그리움

【해 제】

　"원사怨思"는 "원망과 그리움"의 의미.

　이 편은 굴원이 충성을 다했음에도 등용되지 못하고 모함을 받은 것에 대한 원망과 슬픔을 읊고 있다. 문장은 처음부터 "답답함"과 "괴로움"으로 시작하고 있어 작품의 분위기가 침체되어 있다. 이어

관용봉關龍逢·비간比干·여희驪姬 같은 역사 속 인물들의 일을 회고하며 시비가 전도된 현실을 개탄한다. 마지막으로 이런 현실에서 작자는 나아가지도 물러나지도 못해 저 먼 곳으로 떠나기로 결정한다.

[1]

마음은 답답하고 괴롭네, 불우한 처지를 당해도 뜻을 바꾸지 않으리. 몸은 새벽녘까지 잠을 자지 못해 초췌하고 아침부터 저녁까지 오래 슬퍼하네. 텅 빈 방의 외로운 사람을 가련히 여기고 메마른 버드나무 위의 어린 새를 슬퍼하네. 무리를 잃은 암새는 높은 성벽에서 짖고 울던 비둘기는 뽕나무와 느릅나무에 깃드네. 검은 원숭이는 깊은 숲 속으로 사라지고 나만 외지고 먼 곳으로 버려졌네. 먼 길 떠난 사람은 길에서 수고하고 집의 처자는 원망하며 멀리 바라보네. 법도에 어긋남이 없이 성신을 다해 아뢰고 마음은 묶은 비단처럼 순결하다네. 나의 덕은 일월과 함께 빛나고 나의 글은 옥석과 함께 반짝이네. 억압받아 뜻을 나타낼 길이 없음이 아프고 생각은 제한받아 펼칠 수 없네. 진한 향기는 결국 없어지고 이름도 사라져 알려지지 않겠지.

惟鬱鬱之憂毒兮, 志坎壈而不違. 身憔悴而考旦兮, 日黃昏而長悲. 閔空宇之孤子兮, 哀枯楊之冤雛. 孤雌吟於高墉兮, 鳴鳩栖於桑楡. 玄猨失於潛林兮, 獨偏棄而遠放. 征夫勞於周行兮, 處婦慎而長望. 申誠信而罔違兮, 情素潔於紐帛. 光明齊於日月兮, 文采耀於玉石. 傷壓次而不發兮, 思沈抑而不揚. 芳懿懿而終敗兮, 名靡散而不彰.

毒독: 근심하다, 괴롭다. 坎감: 구덩이, 험하다. 壈람: 불우하다. 考고: 마치다.
閔민: 가엾게 여기다. 雛추: 병아리. 雌자: 암컷. 墉용: 담, 벽. 鳩구: 비둘기.
楡유: 느릅나무. 猨원: 원숭이. 紐뉴: 묶다. 懿의: 아름답다, 훌륭하다. 靡미:
없다.

○憂毒우독: 걱정스러워 괴로움. ○坎壈감람: 순탄하지 않음. 인생이 자신의
뜻대로 되지 않음을 의미. ○考旦고단: 날이 밝음. "고"는 이르다. ○寃雛원추:
원추鵷鶵. 어린 새의 일종. "원"은 "원鵷"과 통함. ○桑楡상유: 뽕나무와 느릅
나무. ○潛林잠림: 깊은 숲속. ○周行주행: 대로, 큰길. ○處婦처부: 집에 있는
부녀자. 이곳에서는 먼 길 떠난 사람의 아내를 의미. ○紐帛뉴백: 묶은 비단.
○壓次압차: 마음이 억눌려 혼란스러움. 『초사장구』는 "'압'은 '누르다'의 의미
다. '차'는 '마음이 혼란하다'의 의미다壓, 鎭壓也. 次, 失次也"라고 했다. ○懿
懿의의: 향기가 진한 모양.

[2]

　궁문을 등지고 재빨리 달린 것은 해를 입어 욕을 당했기 때문이
라네. 관용봉關龍逢이 걸에게 간언하다 머리가 베어지고 왕자 비간
이 육장이 된 것과 같네. 사직의 위태로움을 생각했건만 도리어 원
수 같은 이들에게 원망을 받았네. 나라의 패망을 생각했건만 죄지
은 몸이 되어 해를 당했네. 간신들은 쉬파리처럼 말을 바꾸네, 진晉
나라의 여희驪姬가 도리에 어긋나는 짓을 하듯. 조정의 계단을 오르
면 해를 당할까 두려워 저 먼 곳에 물러나 몸을 숨기네. 간신들은
시끄럽게 떠들고 조정은 어지러워 다스리는 사람이 없네. 곧은 말로
간언하다 용안을 건드려 도리어 죄를 짓고 의심을 받네. 궁궁이와
균약은 어지러이 쌓여 있고 고본藁本은 더러운 도랑에 잠겨 있네.

향기로운 백지는 썩은 우물에 적셔지고 진귀한 무소의 뿔은 대나무 광주리에 버려지네. 당계棠谿로 쑥을 베고 간장干將으로 고기를 자르네. 표범 가죽으로 만든 바구니에 택사澤瀉를 담고 절굿공이로 초나라 화씨의 보옥을 깨뜨리네. 시대가 어지러워 시비가 분명치 않고 세상은 혼란하여 잘 살필 수 없네. 천천히 노닐며 때를 기다리고자 하나 나이가 이미 늦을까 두렵네. 절개를 굽혀 시속을 따르자 하나 마음은 얽매여 즐겁지 않네. 차라리 원수를 내달리며 장강과 상수로 내려가 떠돌겠네.

背玉門以奔鶩兮, 寒離尤而干詬. 若龍逢之沈首兮, 王子比干之逢醢. 念社稷之幾危兮, 反爲讎而見怨. 思國家之離沮兮, 躬獲愆而結難. 若靑蠅之僞質兮, 晉驪姬之反情. 恐登階之逢殆兮, 故退伏於末庭. 孼臣之號咷兮, 本朝蕪而不治. 犯顏色而觸諫兮, 反蒙辜而被疑. 菀蘼蕪與菌若兮, 漸藁本於洿瀆. 淹芳芷於腐井兮, 棄鷄駭於筐簏. 執棠谿以剌蓬兮, 秉干將以割肉. 筐澤瀉以豹鞹兮, 破荊和以繼築. 時溷濁猶未淸兮, 世殽亂猶未察. 欲容與以俟時兮, 懼年歲之旣晏. 顧屈節以從流兮, 心鞏鞏而不夷. 寧浮沉而馳騁兮, 下江湘以遭迴.

395

塞건: 어조사. 干간: 구하다. 詬후: 욕보이다, 부끄러움. 醢해: 인체를 소금에 절이는 형벌. 讎수: 원수. 沮저: 꺾이다. 愆건: 허물, 과실. 蠅승: 파리. 驪려: 산 이름. 孼얼: 꾸미다. 咷도: 울다. 菀완: 무성하다. 蘼미: 궁궁이. 藁고: 짚. 漸점: 젖다. 洿오: 웅덩이, 더럽다. 瀆독: 도랑. 淹엄: 담그다, 적시다. 筐광: 광주리. 簏록: 대나무 상자. 棠당: 팥배나무. 谿계: 시내. 剌불: 쪼개다. 瀉사: 쏟다. 豹표: 표범. 鞹곽: 생가죽. 築축: 절굿공이 殽효: 어지럽다. 晏안: 늦다. 鞏공: 묶다, 굳다. 夷이: 기쁘다. 遭전: 머뭇거리다. 迴회: 돌다.

○玉門옥문: 궁문. ○干詬간후: 굴욕을 당함. ○龍逢용봉: 관용봉關龍逢. 하

나라 때의 현인賢人. 걸桀에게 간언하다 피살됨. ○幾危기위: 위태로움. "기"
는 위험하다. ○離沮이저: 나라가 패망함. "이"는 당하다. ○靑蠅청승: 쉬파리.
이곳에서는 간신들을 의미. ○僞質위질: 진실을 바꿈. 시비를 전도하는 의미.
○反情반정: 도리에 어긋남. ○末庭말정: 먼 곳. "말"은 멀다. ○孼臣얼신: 간신
들. ○號咷호도: 소리치고 떠듦. ○本朝본조: 조정. ○顔色안색: 임금의 얼굴.
용안龍顔. ○蘪蕪미무: 궁궁이. 향초 이름. ○藁本고본: 향초 이름. 여름에 꽃
이 피고 잎은 날개 깃 모양을 함. 뿌리는 보라색을 띠며 약으로 복용할 수 있
음. ○洿瀆오독: 물이 더러운 도랑. ○鷄駭계해: 무소의 이름. 이곳에서는 무소
의 뿔 이름을 의미. ○筐簏광록: 대나무 광주리. ○棠谿당계: 보검 이름. ○干
將간장: 보검 이름. ○澤瀉택사: 풀 이름. 잎이 타원형으로 생겼으며, 희고 작
은 꽃이 핌. ○豹鞹표곽: 표범 가죽. ○荊和형화: 초나라 화씨和氏의 벽옥璧
玉. "형"은 초나라. ○繼築계축: 절굿공이를 씀. ○鞏鞏공공: 얽매임. 묶임. ○
邅迴전회: 떠돌아다님.

[3]

마무리: 삐걱삐걱 수레소리에 마음은 아파오고, 먼 길 떠나는 사
람은 두렵고 불안하니 누구에게 의지하나. 드넓은 들판을 이리저리
도니 온통 아득하고 그윽하기만 하네. 천리마를 타고 마음껏 달리
며 마음을 풀어보리. 죽어서 시신만이라도 옛 고향 땅으로 돌아가
고 싶건만, 누구에게 이 말을 해야 하나. 영원히 이별하고 멀리 가서
상수를 타고 떠돌겠네.

歎曰: 山中檻檻, 余傷懷兮. 征夫皇皇, 其孰依兮. 經營原野, 杳冥冥兮.
乘騏騁驥, 舒吾情兮. 歸骸舊邦, 莫誰語兮. 長辭遠逝, 乘湘去兮.

檻함: 우리. 骸해: 뼈.

○檻檻함함: 수레소리. 『초사장구』는 "수레소리다車聲也"라고 했다. ○皇皇황황: 두렵고 불안함. "황황惶惶"과 같음. "황惶"은 두렵다. ○經營경영: 이리저리 돌아봄. 『초사장구』는 "남북이 '경'이 되고, 동서가 '영'이 된다南北爲經, 東西爲營"라고 했다.

원서遠逝
멀리 떠나며

【해제】

"원서遠逝"는 "멀리 떠남"의 의미. 이 편은 앞의 "원사怨思"처럼 "걱정"과 "답답함"으로 시작되어 문장의 분위기가 침울하다.

이 편은 굴원이 큰 재주를 가지고서도 임금의 믿음을 받지 못하고 고국을 떠나 강남 일대를 떠도는 처지를 그리고 있다. 이 편은 내용상 「석송惜誦」과 유사한데, "상황上皇" "오악五岳" "팔령八靈" "육신六神" 등의 여러 신을 불러 모아 그들에게 억울함을 하소연하여 근심스런 마음을 풀고자 했다.

[1]

걱정되고 답답하네, 혼자 사람들과 원수가 된 것이. 마음은 어지럽게 돌고 눈물은 가루가 날리듯 흘러내리네. 탄식하며 한참을 생각해보고 천제께 하소연하여 시비를 가려 달라 하네. 오악五嶽과 팔방의 신들을 모으고, 북두구성北斗九星과 육종六宗(하늘·땅·봄·여름·

가을·겨울의 신)의 신들께 물어보리. 별들에게 내 뜻을 전하고 다섯 임금에게 글을 올려 하소연하네. 북두는 날 위해 공정하게 판단하고, 태일은 날 위해 잘 들어주네. 신들께서 말씀하시네, "음양의 정도를 행하고 대지처럼 조화를 이루라. 창룡蒼龍처럼 상황에 따라 몸을 굽히고 길게 이어진 무지개처럼 일을 함에 끊어지지 말라. 하늘의 밝은 혜성을 끌 것이며 주작朱爵과 준의騔艤를 어루만지라." 시원한 하늘 정원에서 노닐고 길고 긴 구름옷을 입네. 옥 채찍과 붉은 깃발을 쥐고, 오색찬란한 명월주를 차네. 무지개 깃발을 들어 해를 가리고 적황색의 깃발을 모아 세우네. 몸은 순수해지고 허물이 없어지니 선조들의 오묘한 도리를 잇네.

志隱隱而鬱怫兮, 愁獨哀而冤結. 腸紛紜以繚轉兮, 涕漸漸其若屑. 情慨慨而長懷兮, 信上皇而質正. 合五嶽與八靈兮, 訊九魁與六神. 指列宿以白情兮, 訴五帝以置辭. 北斗爲我折中兮, 太一爲余聽之. 云服陰陽之正道兮, 御后土之中和. 佩蒼龍之蚴虯兮, 帶隱虹之逶蛇. 曳彗星之晧旰兮, 撫朱爵兮騔艤. 遊淸靈之颯戾兮, 服雲衣之披披. 杖玉華與朱旗兮, 垂明月之玄珠. 擧霓旌之墆翳兮, 建黃纁之總旄. 躬純粹而罔愆兮, 承皇考之妙儀.

佛불: 울적하다, 답답하다. 紜온: 어지럽다. 繚료: 감기다, 두르다. 屑설: 가루, 부스러기. 慨개: 탄식하다. 訊신: 묻다. 魁기: 북두구성北斗九星. 佩패: 지니다. 蚴유: 꿈틀거리다. 逶위: 구불구불 가다. 曳예: 끌다. 晧호: 밝다. 旰간: 빛이 성한 모양. 騔준: 금계錦鷄. 艤의: 금계錦鷄. 颯삽: 바람 소리. 杖장: 잡다. 垂수: 드리우다. 墆체: 가리다. 翳예: 가리다. 纁훈: 분홍빛 비단. 儀의: 법도.

○隱隱은은: 걱정함. ○紛紜분온: 어지러움. ○繚轉요전: 빙빙 두름. ○漸漸점점: 눈물이 쏟아지는 모양. ○屑설: 원의는 가루. 이곳에서는 갈려져 나오는

가루가 계속 아래로 날리는 의미. ○慨慨개개: 탄식하는 모양. ○信신: 하소연함. "신申"과 통함. ○質正질정: 시비를 가려달라고 함. ○五嶽오악: 다섯 개의 큰 산. 즉, 동쪽의 태산泰山·남쪽의 형산衡山·서쪽의 화산華山·북쪽의 항산恒山·중앙의 숭산嵩山을 말함. ○八靈팔령: 여덟 방향의 신들. ○九魁구기: 북두구성北斗九星. ○六神육신: 육종六宗의 신. 즉, 하늘·땅·봄·여름·가을·겨울의 신. ○隱虹은홍: 긴 무지개. "은"은 길다. ○晧旰호간: 밝음. ○鵔鸃준의: 신조神鳥 이름. ○淸靈청령: 맑고 그윽한 하늘정원. ○颯戾삽려: 시원한 모양. ○披披피피: 긴 모양. ○玉華옥화: "화"는 어떤 판본에는 "책"으로 되어 있음. "옥책玉策"은 옥으로 만든 채찍을 의미. ○明月之玄珠명월지현주: 명월주明月珠. 구슬 이름. ○墆翳체예: 가림. ○妙儀묘의: 오묘한 도리.

[2]

옛날 임금과 생각이 맞지 않음이 애석하고, 멱라강을 가로 질러 물 따라 떠도네. 큰 파도를 타고 남쪽으로 가서, 장강과 상수를 흐르는 물 쫓아가네. 깊고 넓은 파도로 나아가, 돌 사이 급류를 지나 모래톱에 오르니. 높고 큰 토산은 시야를 가리고, 구름은 자욱해 앞은 어둡기만 하네. 험한 산들 끝없이 이어지고, 거대한 산세는 나를 압박하는 듯. 눈은 끝없이 흩날리며 나무를 덮고, 구름은 자욱하게 일어 아래로 깔리네. 산은 좁고 외져 위험하고, 울멍줄멍한 산석들은 해를 가리네. 고향을 그리니 원망스럽고, 고국을 떠난 지 이미 오래네. 용문龍門을 떠나 강으로 들어와, 높은 언덕에 올라 하수夏水의 입구를 바라보네. 배 머리를 돌려 상수를 건너니, 귀가 울리며 순간 멍해지네. 파도는 빙빙 돌아 멀리 흘러가고, 거센 물결은 넘실대며 도도하게 흐르네. 길은 아득해 끝이 없고, 사방은 어지러워 분간할 수 없네. 해·달·별을 방향 삼아 가다, 잠시 노닐며 근심을 풀고. 흐르는 물은 끝이 없고 그윽하며, 아득해서 동과 서를 구분할 수 없네. 강위의 풍랑을 따라 남북으로 돌아다니고, 짙은 안개가 이니 밤 같이 어두워지네. 해는 어둑어둑 서쪽으로 지려는데, 길은 멀고 험해 곤경에 빠져있네. 술 마셔 근심을 풀려 해도, 이 시름 좀처럼 가시질 않네.

惜往事之不合兮, 橫汨羅而下瀝. 乘隆波而南渡兮, 逐江湘之順流. 赴陽侯之潢洋兮, 下石瀨而登洲. 陵魁堆以蔽視兮, 雲冥冥而闇前. 山峻高以無垠兮, 遂曾閎而迫身. 雪霧霧而薄木兮, 雲霏霏而隕集. 阜隘狹而幽險兮, 石參嵯以翳日. 悲故鄕而發忿兮, 去余邦之彌久. 背龍門而入河兮, 登大墳而望夏首. 橫舟航而濟湘兮, 耳聊啾而懰慌. 波淫淫而周流兮, 鴻溶溢而滔蕩. 路曼曼其無端兮, 周容容而無識. 引日月以指極兮, 少須臾而釋思. 水波遠以冥冥兮, 眇不睹其東西. 順風波以南北兮, 霧宵晦以紛紛. 日杳杳以西頹兮, 路長遠而窘迫. 欲酌醴以娛憂兮, 蹇騷騷而不釋.

───────

瀝력: 건너다. 潢황: 깊다. 魁괴: 크다. 闇암: 어둡다. 垠은: 끝. 閎굉: 넓다, 크다. 霏비: 눈이 펄펄 내리는 모양. 阜부: 언덕. 隘애: 좁다. 參참: 산이 울멍줄멍하다. 嵯차: 울쑥불쑥하다. 忿분: 원망하다. 墳분: 언덕. 航항: 배, 건너다. 啾추: 시끄러운 소리. 懰당: 멍하다, 놀라다. 溶용: 성한 모양. 滔도: 물이 넘치다. 曼만: 길다. 須수: 잠깐, 잠시. 臾유: 잠깐. 窘군: 궁해지다. 騷소: 근심하다.

○隆波융파: 큰 파도. ○陽侯양후: 신화에 나오는 파도의 신. 이곳에서는 파도의 의미. ○魁堆괴퇴: 높고 큼. ○曾閎증굉: 높고 큼. ○氛氛분분: 눈이 흩날리는 모양. ○霏霏비비: 구름이 자욱하게 일어나는 모양. ○隕集운집: 아래로 모임. ○龍門용문: 초나라의 수도 영도郢都의 도성 문. ○大墳대분: 높은 언덕. ○夏首하수: 하수夏水가 시작되는 곳. ○聊啾요추: 귀가 울림. ○懰慌당황: 멍해짐. ○淫淫음음: 멀리 흘러감. ○周流주류: 돌아 흐름. ○鴻溶홍용: 물이 거셈. ○滔蕩도탕: 넓고 큰 모양. ○容容용용: 어지러움. ○極극: 북극성北極

星. ○須臾수유: 한가로이 노님. ○宵晦소회: 밤 같이 어두움. ○紛紛분분: 진한 모양. ○窘迫군박: 곤경에 처함. ○騷騷소소: 시름에 겨운 모양.:

[3]

마무리: 휘잉 회오리바람 불어 먼지가 일어나네. 초목은 흔들리고 떨어져 메말라 시드네. 위험에 처하고 화를 당해도 구해줄 수 없어라. 한참 동안 탄식하고 오래도록 흐느끼니 눈물은 끊임없이 흘러내리네. 시를 짓고 마음을 풀어 이 아픔에서 벗어났으면. 강물 따라 아래로 내려가니 몸은 나날이 멀어지네.

歎曰: 飄風蓬龍, 埃埃坲坲兮. 草木搖落, 時槁悴兮. 遭傾遇禍, 不可救兮. 長吟永欷, 涕究究兮. 舒情陳詩, 冀以自免兮. 頹流下隕, 身日遠兮.

埃애: 먼지. 坲불: 먼지가 자욱이 이는 모양. 欷희: 흐느끼다. 究구: 다하다. 頹퇴: 아래로 내려가다.

○蓬龍봉용: 바람이 돌며 몰아치는 모양. ○坲坲불불: 먼지가 자욱 일어나는 모양. ○遭傾조경: 위험을 만남. ○究究구구: 눈물이 끝없이 흘러내림. 『초사장구』는 "'그치지 않다'의 의미다不止貌也"라고 했다. ○陳詩진시: 시를 지음. ○頹流퇴류: 아래로 흐르는 강물.

석현惜賢

어진 이들을 슬퍼하며

【해제】

"석현惜賢"은 "어진 이를 아쉬워 함"의 의미.

이 편은 대언체 형식으로 된 다른 8편의 문장과 달리 작자가 직접 격앙된 정서로 불만을 나타내고 있다. 그중에서 굴원이 추종한 자교子僑·신도적申徒狄·허유許由·백이伯夷·개자추介子推 등의 인물에 존경의 마음을 보낸다. 또한 굴원의 작품에서 불행을 당한 신생申生·화씨和氏·신서申胥·비간比干 같은 인물에 대해서는 비통함을 나타냈다. 마지막에는 역사 인물들의 불행한 결말과 자신의 처지를 대비시키며 세상의 시비가 분명치 않음을 한탄하고 괴로워한다.

[1]

굴원의 「이소」를 읽으니 슬프고 답답해지네. 적막한 들판에서 외치니 나처럼 초췌한 시종만 보이네. 간신들을 벌하여 부정한 기풍을 바로하고 세속에 물든 자들을 자르네. 더럽고 간사한 자들을 쓸어버리고 예의가 없는 어지러운 자들을 없애버리네. 향기가 진한 혜초를 안고 강리를 차고 이리저리 돌아보네. 화초와 두약을 쥐고 높은 부운관浮雲冠을 쓰네. 높은 언덕에 올라 사방을 바라보고 정원에 줄지어 선 백지를 보네. 난초가 핀 물가와 혜초 핀 숲에서 노닐고, 울멍줄멍 이어진 옥 같은 산석을 보네. 찬란한 꽃의 정기精氣를 드날리니 향기는 진하면서 순수하고 아름답네. 부드럽고 아름다운 계수나무를 잇고, 창포·혜초·백목련 같은 향초를 꿰네. 이같이 향기로운데도 쓰이지 않고 숲속에 버려져 쌓인 채 죽어가네.

覽屈氏之「離騷」兮, 心哀哀而怫鬱. 聲嗷嗷以寂廖兮, 顧僕夫之憔悴. 撥謟諛而匡邪兮, 切洟涊之流俗. 蕩溾瀤之姦咎兮, 夷蠢蠢之溷濁. 懷芬香而挾蕙兮, 佩江離之斐斐. 握申椒與杜若兮, 冠浮雲之峨峨. 登長陵而四望兮, 覽芷圃之蠡蠡. 遊蘭皐與蕙林兮, 睨玉石之參嵯. 揚精華以眩耀兮, 芳郁渥而純美. 結桂樹之旖旎兮, 紉荃蕙與辛夷. 芳若茲而不御兮, 捐林薄而菀死.

怫불: 답답하다. 嗷오: 시끄럽다. 撥발: 다스리다. 洟전: 때가 끼다. 涊연: 때가 묻다. 蕩탕: 쓸어버리다. 溾외: 더러워지다. 瀤와: 더럽다. 夷이: 없애다. 蠢준: 꿈틀거리다. 斐비: 계집종. 蠡려: 좀먹다. 睨예: 흘겨보다. 郁욱: 향기롭다. 渥악: 두텁다. 旖의: 깃발이 펄럭거리는 모양. 旎니: 바람에 깃발이 펄럭거리는 모양. 紉인: 잇다. 荃전: 창포(향초 이름). 菀완: 쌓다.

○嗷嗷오오: 외치는 소리. ○洟涊전년: 때가 묻음. 이곳에서는 세속에 물든 사람들을 의미. ○溾瀤외와: 더러움. ○姦咎간구: 간사함. 이곳에서는 간사한 무리들을 의미. ○蠢蠢준준: 예의가 없음.『초사장구』는 "예의가 없는 모습이다 無禮義貌也"라고 했다. ○斐斐비비: 왔다 갔다 함.『초사보주』에는 "『설문해자』: 왔다 갔다 하는 모양『說文』: 往來斐斐貌"이라고 했다. ○浮雲부운: 모자 이름. ○蠡蠡려려: 줄지어 있는 모습.『초사장구』는 "'역역'과 같다. 줄을 선 모양이다 猶歷歷, 行列貌也"라고 했다. "역역歷歷"은 줄을 서다. ○精華정화: 꽃의 정기精氣. ○眩耀현요: 찬란함. ○郁渥욱악: 향기가 진함. ○旖旎의니: 부드럽고 아름다운 모양.『초사보주』는 "약한 모습弱貌"이라고 했다. ○林薄임박: 무성한 숲. ○菀死완사: 쌓여 죽어감.

　왕자 교를 따라 달리고 싶고, 신도적이 연못에 뛰어든 것 흠모하네. 허유許由와 백이의 순결하고 고상함을 따르고 개자추가 산에 은거한 것을 본받네. 진晉나라의 신생은 재앙을 당하고 초나라의 변화卞和는 피눈물을 흘렸네. 오나라의 오자서는 두 눈이 파헤쳐졌고 왕자 비간은 뜻밖의 재앙을 당했네. 몸을 낮춰 조아리고 싶어도 은근히 마음이 아파오니 이렇게 하지 못하네. 네모와 동그라미는 달라 합해질 수 없고 갈고리와 줄은 쓰이는 곳이 다르다네. 잠시 때를 기다리고자 해도 해는 어둑어둑 지려하네. 시간은 느려도 하루하루 가니 세월은 이렇게 빨라 금방 지나가네. 알랑거리고 영합하며 살고 싶어도 마음이 거절하고 받아들이지 않네. 세태가 맑고 깨끗해지길 바라나 연무가 먼지처럼 더욱 자욱하게 이네. 수비둘기처럼 보잘 것 없는 지조와 성심을 다하고자 해도 아첨하는 자들은 이간질하며 가려버리네. 말하지 않고 세상 돌아가는 대로 몸을 맡기며 부침하고자 해도 망설이며 이렇게 하지 않네. 마음은 실의에 빠져 슬프고 답답하며 생각은 혼란스러워 근심만 깊어가네. 산과 들에서 벽려를 뽑고 물가의 모래톱에서 연지撚支를 따네. 높은 산을 바라보고 탄식하니 눈물이 흐르고 한참을 생각하니 슬픔에 숨이 차오르네. 누가 나처럼 나라 위해 걱정 하리, 해는 어둑어둑 서쪽으로 지네.

驥子僑之奔走兮, 申徒狄之赴淵. 若由夷之純美兮, 介子推之隱山. 晉申生之離殃兮, 荊和氏之泣血. 吳申胥之抉眼兮, 王子比干之橫廢. 欲卑身而下體兮, 心隱惻而不置. 方圜殊而不合兮, 鉤繩用而異態. 欲俟時於須臾兮, 日陰曀其將暮. 時遲遲其日進兮, 年忽忽而日度. 妄周容而入世兮, 內距閉而不開. 俟時風之淸激兮, 愈氛霧其如塵. 進雄鳩之耿耿兮, 讒介介而蔽之.

黙順風以偃仰兮, 尙由由而進之. 心懷恨以冤結兮, 情舛錯以曼憂. 搴薜荔於

山野兮, 釆撚支於中洲. 望高丘而歎涕兮, 悲吸吸而長懷. 孰契契而委棟兮,

日晻晻而下頹.

挟結: 도려내다. 置치: 버리다. 鉤구: 갈고랑이. 曀에: 가리다. 塵매: 티끌. 懷
광: 실의하다. 恨량: 슬퍼하다. 舛천: 섞이다. 撚연: 비틀다. 晻엄: 어둡다.

○子喬자교: 왕자교王子喬. 신화에 나오는 선인. ○申徒狄신도적: 은나라 때
의 현인. 주왕의 폭정에 불만을 품고 강에 뛰어들어 자살했다. ○由夷유이: 허
유許由와 백이伯夷. 허유는 요임금 때의 은사隱士. 요임금이 그에게 제위를
물려주려 하자 받지 않고 기산箕山에 은거했다. 백이는 은나라 말기의 은사.
주나라에 반대하여 수양산首陽山에서 고사리를 캐먹다 굶어죽었다고 함. ○
申胥신서: 오자서伍子胥. ○挟眼결안: 눈이 도려내짐. ○橫廢횡폐: 뜻밖의 화
를 당함. 은나라 주왕이 비간이 간언하자 그의 심장을 도려낸 것을 말함. ○周
容주용: 알랑거리며 영합함. ○距閉거폐: 거절하고 받아들이지 않음. "거"는
"거拒"와 통함. "거拒"는 막다. ○淸激청격: 맑고 깨끗함. ○耿耿경경: 보잘 것
없는 지조와 성심.『초사장구』는 "보잘 것 없는 지조와 성심이다小節之誠信"라
고 했다. ○介介개개: 분리함, 이간함. ○偃仰언앙: 누웠다 일어섰다 함. 세상
과 함께 부침하겠다는 의미. ○由由유유: 망설이는 모양. ○懷恨광량: 낙심함.
○舛錯천착: 혼란스러움. ○曼憂만우: 근심이 깊어감. "만"은 길다. ○撚支연
지: 향초 이름. ○吸吸흡흡: 숨이 참. ○契契계계: 걱정스러워함.『초사장구』는
"걱정스러워하는 모양이다憂貌"라고 했다. ○委棟위동:『초사장구』는 "나라의
중요한 일을 맡다委其梁棟之謀"라고 했다. 따라서 이곳에서는 나라를 위해
몸을 바치는 의미.

[3]

마무리: 도도하게 흐르는 장강과 상수, 빠르게 지나가네. 강물을
휘저어 파도를 일으키고 출렁거리며 세차게 흐르네. 걱정스러워 몸
을 뒤척이니 마음만 답답하네. 울적하고 한스런 마음은 풀리지 않
으니 늘 괴롭고 슬프네. 어지러운 세상 만나 화를 당했으니 어이할
수 있으리. 근심걱정에 눈물이 펑펑 쏟아지네.

歎曰: 江湘油油, 長流汨兮. 挑揄揚汰, 蕩迅疾兮. 憂心展轉, 愁怫鬱兮.
冤結未舒, 長隱忿兮. 丁時逢殃, 可柰何兮. 勞心悁悁, 涕滂沲兮.

汨율: 빠르다. 挑도: 돋우다. 揄유: 끌다. 汰태: 일다. 怫불: 답답하다. 丁정:
당하다. 柰내: 어찌. 勞노: 근심하다. 悁연: 근심하다. 沲타: 눈물이 흐르는
모양.

○油油유유: 물이 흐르는 모양. ○挑揄도유: 휘젓다. ○揚汰양태: 파도를 일으
킴. ○展轉전전: 몸을 엎치락뒤치락함. ○怫鬱불울: 답답함. ○丁時정시: 세상
을 만남. 이곳에서는 어지러운 세상을 만났음을 의미.

우고憂苦

근심하고 괴로워하며

【해제】

"우고憂苦"는 "근심하고 괴로워함"의 의미.

이 편은 「원사」와 「원서」처럼 "괴로움"으로 시작하고 있다. 내용
은 굴원이 유배를 당했을 때의 비통한 심정과 시비를 가리지 않는

사회현실에 대한 강한 불만 및 고국에 대한 그리움을 읊고 있다. 앞부분에는 굴원이 유배를 당해 산림에서 배회하는 모습과 처량하고 차가운 경물로 굴원의 고독한 모습을 그렸다. 비유의 수법으로 시비가 전도된 사회현실을 묘사하면서 이것으로 내심의 아픔과 이런 상황에 어떻게 해볼 수 없는 마음을 나타냈다.

[1]

　마음이 괴로운 것 슬프고 옛 땅에서 화를 당한 것이 괴롭네. 떠난 지 9년 동안이나 복귀하지 못하고 혼자 외로이 남쪽으로 가네. 세상 돌아가는 것을 보니 마음은 혼란스러워 받아들일 수 없네. 넓은 들판을 따라 바람을 맞으며 외쳐보고 산의 굽은 곳에서 천천히 거닐어 보네. 높은 산 위의 평지에 있는 연못을 돌아보니 사방은 공허하고 적막하네. 암벽에 기대니 눈물이 흐르고 걱정에 초췌해지고 즐거움은 없네. 높고 험한 산에 올라 한참을 발돋움한 채 영도를 바라보네. 산은 아득히 길게 이어지고 길은 멀어 끝이 없네. 새벽에 현학玄鶴이 우는 소리 들리니, 저 높은 산언덕 위라네. 외롭고 분하지만 이 슬픈 와중에 마음을 풀어보고자 강가의 모래톱에서 한가로이 노래를 불러보네. 파랑새 세 마리가 남쪽에서 날아오고 그들의 마음을 보니 북쪽으로 가려하네. 새들에게 전하는 말을 맡기고 싶어도 저렇게 빨리 가버리니 그럴 수도 없네.

　悲余心之惸惸兮, 哀故邦之逢殃. 辭九年而不復兮, 獨䓤䓤而南行. 思余俗之流風兮, 心紛錯而不受. 遵野莽以呼風兮, 步從容於山廋. 巡陸夷之曲

衍兮, 幽空虛以寂寞. 倚石巖以流涕兮, 憂憔悴而無樂. 登巉岏以長企兮, 望
南郢而窺之. 山修遠其遼遼兮, 塗漫漫其無時. 聽玄鶴之晨鳴兮, 于高岡之
峨峨. 獨憤積而哀娛兮, 翔江洲而安歌. 三鳥飛以自南兮, 覽其志而欲北.
願寄言於三鳥兮, 去飄疾而不可得.

───────

悁悁: 근심하다. 縈煢: 외롭다. 莽莽: 넓다. 廆藪: 숨다. 巡徇: 돌다. 巉巉: 높이
솟다. 岏岏: 가파르다. 企企: 발돋움하다.

○山廆산수: 산의 구불구불한 곳. ○陸夷육이: 높은 산 위의 평지. ○曲衍곡
연: 구불구불한 연못. "연"은 연못. 『초사장구』는 "연못을 의미한다澤也"라고
했다. ○巉岏찬완: 높고 험한 산. ○玄鶴현학: 전설에 나오는 신조神鳥. ○三鳥
삼조: 신화에 나오는 파랑새 세 마리. ○飄疾표질: 손살 같이 가버림.

초사
|
408

[2]

　뜻을 바꾸고 지조를 굽히고 싶지만 마음이 혼란스러워 맞지 않
네. 겉으로 이리저리 돌며 구경해도 속으로는 슬픔 안고 괴로워한다
네. 이 괴로움 잊고자 잠시 노닐어 봐도 마음만 더욱 어지러워지네.
피리로 근심을 떨치려 해도 저만치 쌓인 근심은 풀기가 어렵네. 「이
소」를 읊으며 마음을 진작시키려 해도 「구장」까지 나아가지 못하네.
한참을 훌쩍거리고 흐느끼니 눈물이 줄줄 흐르네. 명주明珠를 진흙
에 버리고 물고기 눈알을 귀한 보석인양 깊이 숨기는 것이 슬프네.
둔한 노새와 준마를 같이 대하고 얼룩지고 천한 말을 좋아하네. 칡
과 등나무는 계수나무를 기어오르고 올빼미는 목란에 모여 있네.

도량이 좁은 자들은 조정에서 시국을 담론하고 높고 큰 어진 이들은 산으로 쫓겨나네. 순임금의 "소소簫韶" 같은 고상한 음악은 싫어하고 "격초激楚" 같은 통속적인 음악을 좋아하네. 귀한 주나라의 솥은 강가에 잠기고 전당에서 흙으로 만든 솥으로 밥을 짓네. 사람들은 속으로 옛날의 순박한 전통을 갖고 있지만 세태가 어지러워 오래 유지할 수 없네. 수레를 돌려 남쪽으로 향하니, 먼 길 가는 사람이 밤낮으로 길을 재촉하는 것 같네. 영도로 가는 길 생각하니 고개 돌리며 떠나기 아쉬워하네. 눈물은 마구 쏟아지며 끝없이 흐르네.

欲遷志而改操兮, 心紛結其未離. 外彷徨而遊覽兮, 內惻隱而含哀. 聊須臾以時忘兮, 心漸漸其煩錯. 願假簧以舒憂兮, 志紆鬱其難釋. 歎「離騷」以揚意兮, 猶未殫於『九章』. 長噓吸以於悒兮, 涕橫集而成行. 傷明珠之赴泥兮, 魚眼璣之堅藏. 同駑騾與乘駬兮, 雜班駁與闒茸. 葛藟虆於桂樹兮, 鴟鴞集於木蘭. 偓促談於廊廟兮, 律魁放乎山間. 惡虞氏之"簫韶"兮, 好遺風之"激楚". 潛周鼎於江淮兮, 爨土鬵於中宇. 且人心之持舊兮, 而不可保長. 遭彼南道兮, 征夫宵行. 思念郢路兮, 還顧睠睠. 涕流交集兮, 泣下漣漣.

遷遷: 바꾸다. 簧황: 피리. 殫탄: 다하다. 噓허: 탄식하다. 璣기: 구슬. 騾라: 노새. 駬이: 준마. 班반: 아롱지다. 駁박: 얼룩말. 闒탑: 천하다. 茸용: 미련하다. 藟류: 등나무 덩굴. 虆류: 기어오르다. 偓악: 악착스럽다. 促착: 악착스럽다. 簫소: 순임금의 음악. 爨찬: 불 때다. 鬵심: 용가마. 睠권: 그리워하다. 漣련: 눈물 흘리다.

○紛結분결: 어지럽게 엉켜 있음. ○須臾수유: 한가로이 노님. ○煩錯번착: 심란함, 어지러움. ○噓吸허흡: 훌쩍임. ○於悒오읍: 흐느껴 움. ○駑騾노라: 둔한 노새. ○乘駬승장: 준마 이름. ○班駁반박: 얼룩진 말. ○闒茸탑용: 비천하고 미련함. ○葛藟갈류: 칡과 등나무. ○鴟鴞치효: 올빼미. ○偓促악착: 악착

같이 일을 따짐. 이곳에서는 도량이 좁은 사람들을 의미. ○廊廟낭묘: 조정.
○律魁율괴: 높고 큰 모양. 이곳에서는 어진 사람들을 의미. ○虞氏우씨: 순舜
임금. ○簫韶소소: 순임금 때의 음악. ○遺風유풍: 전대에서 전해온 풍습. ○
激楚격초: 초나라의 민간음악. ○土鬻토심: 흙으로 만든 가마솥. ○中宇중우:
전당殿堂. ○睠睠권권: 아쉬워하는 모양.

[3]

마무리: 산에 올라 멀리 바라보니 마음은 슬퍼지고, 저 푸르고
울창한 초목들 대하니 눈물만 줄줄 흐르네. 북쪽의 영도 생각에 아
쉬운 듯 고개를 돌리니 눈물이 흐르네. 나의 굳은 의지와 진실한 뜻
이 꺾이고 좌절되어도 세상과 부침하지 않으리. 나 외로운 것 생각
하니 영혼은 누구를 찾으려. 시종은 근심에 초췌한데 이 헤어짐
은 흘러가면 다시 돌아오지 않는 강물 같구나.

歎曰: 登山長望, 中心悲兮. 菀彼青青, 泣如頹兮. 留思北顧, 涕漸漸兮.
折銳摧矜, 凝泛濫兮. 念我焚焚, 魂誰求兮? 僕夫慌悴, 散若流兮.

銳예: 날카롭다. 矜긍: 공경하다. 凝응: 막다.

○折銳절예: 굳은 의지가 꺾임. ○摧矜최긍: 진실한 뜻이 좌절됨. ○泛濫범람:
부침浮沈함.

민명憫命
운명을 슬퍼하며

【해제】

"민憫"은 "슬퍼하다"의 의미. 따라서 "민명憫命"은 "운명을 슬퍼함"의 의미로 풀 수 있다.

이 편은 굴원의 불행한 운명을 읊으면서 깨끗한 정치에 대한 염원과 시비가 전도된 사회현실에 대한 불만을 나타내고 있다. 동시에 작자 유향은 굴원의 불행한 운명에 대해 깊은 동정을 나타내고 있다. 이 편은 두 부분으로 나눌 수 있다. 첫 부분에서는 "부친"이 계실 때 정치가 잘 된 것을 회고하고 있다. 두 번째 부분에서는 고금의 여러 가지 정치적 사례를 들어 작금의 혼란스런 세태를 읊는다.

[1]

옛날 부친은 큰 포부를 가지시어 유능하고 어진 사람들을 발탁하길 좋아하셨지. 마음이 순결하시고 때 묻지 않으셨으며, 타고난 자질이 뛰어나시고 허물이 없으셨네. 말 잘하고 모함을 일삼는 자들을 유배 보내시고 아첨하는 자들과 임금의 총애를 받는 근신들을 배척하셨네. 곧고 바르며 성실한 이들을 가까이 하시고 어질고 지혜로운 이들을 부르셨네. 마음은 헤아릴 수 없을 정도로 넓으셨고 성품은 깊은 연못처럼 차분하셨네. 간신들이 회피하며 들어올 수 없었고 올바르고자 하는 마음을 정말로 바꾸지 않으셨네. 품계가 낮은 시첩들을 후당으로 내쫓으시고 이수伊水와 낙수洛水에서 복비를 맞으셨네. 아첨하는 자들을 조정에서 몰아내시고 재야에 있던 여상呂尚과 관중을 발탁하셨네. 산림에는 원망하는 이가 없고 강가에

숨는 이가 없었네. 사악한 무리들을 유배 보내니 이윤과 고요 같은
어진 신하들이 조정을 채웠네.

昔皇考之嘉志兮, 喜登能而亮賢. 情純潔而罔薉兮, 姿盛質而無愆. 放佞
人與諂諛兮, 斥讒夫與便嬖. 親忠正之悃誠兮, 招貞良與明智. 心溶溶其不
可量兮, 情澹澹其若淵. 回邪辟而不能入兮, 誠願藏而不可遷. 逐下袟於後
堂兮, 迎宓妃於伊雒. 刜讒賊於中廇, 選呂管於榛薄. 叢林之下無怨士兮, 江
河之畔無隱夫. 三苗之徒以放逐兮, 伊皋之倫以充廬.

薉예: 더럽다, 거칠다. 諂첨: 아첨하다, 알랑거리다. 嬖폐: 사랑하다. 悃곤: 정
성. 溶용: 성한 모양. 澹담: 조용하다. 辟벽: 피하다. 臧장: 착하다. 袟질: 품계.
雒낙: 강 이름. 刜불: 치다. 廇류: 가운데 방. 榛진: 우거지다. 倫륜: 무리. 廬
려: 임시 거처, 오두막집.

초
사
―
412

○便嬖편폐: 임금의 좌우에서 총애를 받는 근신近臣. ○悃誠곤성: 정성을 다
함. ○溶溶용용: 원의는 물이 넓고 큰 모양. 이곳에서는 마음이 넓고 큼을 의
미. ○澹澹담담: 차분한 모양. ○回邪회사: 부정不正함. 이곳에서는 간신들을
의미. "회"는 어그러지다. ○下袟하질: 품계가 낮은 시첩侍妾. ○伊雒이락: 이
수伊水와 낙수雒水. 두 강 모두 지금의 허난 성 서쪽에 있으며, 낙양洛陽에서
합류하여 황하로 흘러들어감. ○中廇중류: 전당의 중앙. 조정을 의미. ○呂管
여관: 여상呂尙과 관중管仲. ○榛薄진박: 초목이 우거짐. 이곳에서는 재야在
野를 의미. ○三苗삼묘: 요堯 임금 때의 간신. ○伊皋이고: 이윤伊尹과 고요
皋陶. ○充廬충려: 조정을 채움. "려"의 원의는 오두막집. 이곳에서는 조정의
의미.

[2]

지금은 도리어 겉을 속이라 하고 하의를 상의라 하네. 남궁만南宮

萬 같은 역신이 가장 높은 자리에서 총애 받고 주공周公과 소공邵公은 저 먼 곳으로 버려지네. 천리마를 퇴출시켜 물건이나 옮기게 하고 나귀나 노새를 타고 달리네. 어진 채蔡나라의 여인은 쫓겨나 휘장을 나가고 서쪽 오랑캐 출신의 추녀가 들어와 수놓은 비단 옷을 입네. 용맹한 경기慶忌는 지하 감옥에 갇히고 진불점陳不占은 벌벌 떨며 포위를 풀러가네. 백아伯牙의 호종금號鐘琴을 깨뜨리고 작은 쟁箏을 타네. 옥과 비슷한 돌은 쇠 상자에 보관하고 붉은 색이 감도는 아름다운 옥은 중정中庭에 버리네. 한신韓信은 갑옷과 투구를 걸쳤어도 사졸에 불과하고 일개 병사가 군대를 이끌고 성을 공격하네. 골풀과 궁궁이는 물가의 모래톱에 버려지고 호로병과 표주박은 질 좋은 대나무 광주리에 담겨지네. 기린은 굽이진 물가로 달려가고 곰들은 무리지어 동산에서 한가로이 노니네. 향기로운 가지와 옥 같은 꽃들을 꺾고 탱자나무·가시나무와 땔나무를 심네. 창포·혜초·야간射干을 캐고 명아주·콩잎·양하蘘荷를 심네. 지금 세상의 시비가 이처럼 다르고 고금의 사람들이 생각하는 것 같지 않음을 애석해하네. 누구는 세속에 빠져 생각이 트이지 않고 누구는 순수하고 열정적이어도 형통하지 않네. 내 평생 때를 만나지 못하고 혼자 화를 당해 죄지은 몸 된 것이 한스럽네. 충직하게 뜻을 나타내고 싶어도 임금과 뜻이 달라 막힐 것이라네. 진한 향기를 썩었다고 하는 것이 정말 가슴 아프네. 향기 진한 초료椒聊를 안고 어지러운 세상 만나 욕을 당하네.

今反表以爲裏兮, 顚裳以爲衣. 戚宋萬於兩楹兮, 廢周邵於遐夷. 卻騏驥以轉運兮, 騰驢驘以馳逐. 蔡女黜而出帷兮, 戎婦入而綵繡服. 慶忌囚於阱室兮, 陳不占戰而赴圍. 破伯牙之號鍾兮, 挾人箏而彈緯. 藏瑤石於金匱兮,

捐赤瑾於中庭. 韓信蒙於介冑兮, 行夫將而攻城. 莞芎棄於澤洲兮, 爬蠪蠱
於筐簏. 麒麟奔於九皐兮, 熊羆群而逸囿. 折芳枝與瓊華兮, 樹枳棘與薪柴.
掘荃蕙與射干兮, 耘藜藿與蘘荷. 惜今世其何殊兮, 遠近思而不同. 或沈淪
其無所達兮, 或淸激其無所通. 哀余生之不當兮, 獨蒙毒而逢尤. 雖謇謇以
申志兮, 君乖差而屛之. 誠惜芳之菲菲兮, 反以玆爲腐也. 懷椒聊之藐藐兮,
乃逢紛以罹詬也.

戚척: 친하다. 楹영: 기둥. 邵소: 고을 이름. 驟라: 노새. 帷유: 휘장. 戎융: 서
쪽 오랑캐. 綵채: 비단. 阱정: 함정. 戰전: 두려워하다. 緯위: 짜다. 瑉민: 옥돌.
匱궤: 함. 瑾근: 붉은 옥. 介개: 갑옷. 莞완: 골풀. 芎궁: 궁궁이. 爬박: 호로병.
蠪례: 표주박. 蠱두: 좀. 枳지: 탱자나무. 薪신: 섶나무, 땔나무. 柴시: 섶. 掘
굴: 파다. 荃전: 창포향초 이름. 耘운: 김매다. 藜려: 명아주. 藿곽: 콩잎. 蘘양:
양하. 謇건: 떠듬거리다. 屛병: 막다. 藐설: 향기롭다. 罹리: 걸리다, 당하다. 詬
후: 꾸짖다, 욕하다.

○宋萬송만: 춘추시기 송나라 때의 남궁만南宮萬. 송 혼공湣公 때의 역신逆
臣. ○兩楹양영: 전당 중앙에 있는 두 개의 기둥. 이곳에서는 아주 높은 자리
를 의미. ○周邵주소: 주 성왕 때 함께 섭정했던 주공周公과 소공邵公. "소공"
은 "소공召公"이라고도 함. ○遐夷하이: 소수민족이 사는 먼 곳. "이"의 원의는
동쪽 오랑캐. ○轉運전운: 물건을 옮김. ○蔡女채녀: 원의는 채나라의 여인.
현모양처의 대명사로 쓰임. ○戎婦융부: 서쪽 오랑캐 출신의 여인. ○慶忌경
기: 오나라의 공자公子. 용맹함으로 이름이 높았다고 함. ○阱室정실: 지하 감
옥. ○陳不占진불점: 춘추시기 제나라의 겁이 많았던 신하. 진불점은 최저崔杼
가 제 장공莊公을 죽이려고 한다는 것을 알고 구원하러 갔다. 그런데 너무 긴
장한 나머지 밥을 먹다 밥숟가락을 떨어뜨렸다. 또 말을 탈 때는 손잡이를 잡
지 못했다. 현장에 와서는 전투소리에 놀라 죽었다고 한다. ○號鍾호종: 거문
고 이름. ○人箏인쟁: 작은 쟁箏. 쉬렌푸의 『초사별해』는 "'인'은 '소'가 잘못된
것이 아닌가 싶다疑'人'爲'小'字之誤"라고 했다. ○彈緯탄위: 타다. ○瑉石민석:
옥 같이 생긴 돌. ○赤瑾적근: 붉은 색의 옥. ○韓信한신: 한 고조 유방과 함
께 천하를 평정한 명장. ○行夫행부: 병사. ○蠱두: "양蘘"의 잘못된 표기. "양"
은 담다. ○九皐구고: 굽이진 물가. ○瓊華경화: 옥 같은 꽃들. ○薪柴신시: 땔
나무. ○射干야간: 향초 이름. 여름에 꽃이 피고 잎은 검劍처럼 생겼음. 뿌리

는 약으로 복용할 수 있음. ○謇謇건건: 충직한 모양. ○乖差괴차: 어긋남. ○
菲菲비비: 향기가 진함. ○椒聊초료: 향초 이름.『초사장구』는 "향초다香草"라
고 했다. ○蔎蔎설설: 향기가 진함. ○逢紛봉분: 어지러운 세상을 만남. ○離
詬이후: 욕을 당함. "이"는 당하다.

[3]

마무리: 훌륭한 임금님께서는 돌아가시고 끝내 돌아오시지 않네.
산 속은 그윽하고 험한데 영도로 가는 길은 멀기만 하네. 아첨하는
자들은 교묘한 말을 올리니 누구에게 하소연하나. 먼 길 가는 사람
은 이를 곳 없으니 누구와 말하나. 길가며 노래하다 몇 번이나 울먹
이고 흑흑 탄식하네. 몸에 가득 밴 근심과 슬픔, 이 얼마나 사람을
낙담하게 만드는가.

歎曰: 嘉皇旣沒, 終不返兮. 山中幽險, 郢路遠兮. 讒人譀譀, 孰可愬兮. 征
夫罔極, 誰可語兮. 行吟累欷, 聲喟喟兮. 懷憂含戚, 何侘傺兮.

皇황: 임금. 譀전: 말 잘하다. 愬소: 하소연하다. 喟위: 한숨 쉬다. 侘차: 실의
하다. 傺제: 실망하다.

○駕皇가황: 훌륭한 임금. ○譀譀전전: 말 잘하는 모양. ○喟喟위위: 탄식하는
소리.

사고思古
옛날을 생각하며

【해 제】

"사고思古"는 "옛날을 생각함"의 의미.

　이 편은 굴원이 유배를 당한 후 알아주는 사람 없이 강호를 떠돌며 나아가지도 물러나지도 못하는 고통스런 심정을 읊고 있다. 내용상 앞부분은 그윽하고 쓸쓸한 곳에서 혼자 산야를 배회하며 고국을 떠나 상수와 원수를 떠도는 자신의 불행한 처지를 생각한다. 뒷부분은 이 와중에 나라의 장래를 생각하며 돌아가고 싶지만 아무도 알아주지 않는 현실을 개탄하고 멀리 떠나 은둔할 수밖에 없음을 토로한다.

[1]

　그윽한 깊은 숲, 울창한 수목. 산은 울멍줄멍하고 험한데 토산은 어두워지며 해를 가리네. 내 마음 근심 때문에 슬프고 저 멀리 바라보니 눈물이 흐르네. 휘잉 바람 불어 나무들을 흔들고, 구름은 말리면서 떠다니네. 내 평생에 즐거움 없음이 슬프고 산과 들에 사는 것이 괴롭네. 낮에는 높은 비탈에서 배회하고 저녁에는 거닐다 혼자 잠드네. 머리카락은 풀어져 어지럽게 엉켜 있고 심신은 지쳐 아프네. 혼은 허둥지둥 남쪽으로 가니 눈물이 옷깃에 떨어져 소매를 적시네. 복잡한 심사를 하소연할 곳 없으니 입을 굳게 다물고 말을 하지 않네. 영도의 옛 마을을 떠나 상수와 원수를 건너 멀리 떠도네. 내 나라가 큰 혼란에 빠질 것을 생각하니 종묘의 조상님들께 제사 지낼 사람이 없네. 선조들의 사업이 도중에 끊어지는 것이 애석하니 그 어리석음에 죄송하여 슬퍼지네. 잠시 산의 협곡을 이리저리 거닐고 강가로 와서 주위를 걸어보네. 깊은 강물 앞에서 한참을 노래 부르고 잠시 거닐며 주위를 둘러보네.

冥冥深林兮, 樹木鬱鬱. 山參差以嶄巖兮, 阜杳杳以蔽日. 悲余心之悁悁兮, 目眇眇而遺泣. 風騷屑以搖木兮, 雲吸吸以湫戾. 悲余生之無歡兮, 愁倥偬於山陸. 旦徘徊於長阪兮, 夕仿偟而獨宿. 髮披披以鬙鬙兮, 躬劬勞而瘏悴. 魂佂佂而南行兮, 泣霑霑而濡袂. 心嬋媛而無告兮, 口噤閉而不言. 違郢都之舊閭兮, 回湘沅而遠遷. 念余邦之橫陷兮, 宗鬼神之無次. 閔先嗣之中絶兮, 心惶惑而自悲. 聊浮遊於山陜兮, 步周流於江畔. 臨深水而長嘯兮, 且倘佯而泛觀.

參참: 가지런하지 않다. 差치: 들쑥날쑥하다. 嶄참: 높다. 阜부: 언덕. 悁연: 근심하다. 吸흡: 구름이 움직이는 모양. 湫추: 다하다. 倥공: 괴롭다. 偬총: 괴롭다. 阪판: 비탈. 鬙양: 머리가 엉키다. 劬구: 수고롭다. 瘏도: 앓다. 佂광: 허둥지둥하다. 霑점: 젖다. 濡유: 젖다. 噤금: 입을 다물다. 宗종: 종묘. 閔민: 마음 아파하다. 惶황: 두려워하다. 陜섬: 고을 이름. 嘯소: 읊조리다.

○參差참치: 가지런하지 않음. ○嶄巖참암: 높고 험함. ○遺泣유읍: 눈물이 떨어짐. ○騷屑소설: 바람소리. 『초사장구』는 "바람소리다風聲貌"라고 했다. ○吸吸흡흡: 구름이 떠다니는 모양. 『초사장구』는 "구름이 움직이는 모습이다雲動貌"라고 했다. ○湫戾추려: 둘둘 말리는 모양. ○倥偬공총: 괴로움. ○長阪장판: 높은 비탈. ○披披피피: 머리카락을 풀어 헤친 모양. ○鬙鬙양양: 머리카락이 엉켜 있는 모양. ○劬勞구로: 수고로움. ○瘏悴도췌: 피곤해서 아픔. ○佂佂광광: 허둥지둥함. ○嬋媛선원: 심사가 복잡함. ○橫陷횡함: 큰 재앙에 빠짐. "횡"은 넓다. ○無次무차: 제사를 지내지 않음. 『초사장구』에는 "'차'는

'순서'의 의미다. 그 순서가 없어져 제사를 지내지 않는 것이다次, 第也. 失其次第而不見祀也"라고 했다. ○先嗣선사: 선조들의 사업을 계승함. ○山嶼산섬: 산 사이의 협곡. "섬"은 "峽峽"과 같음. "협"은 골짜기.

[2]

「이소」 지어 은근히 알려드리니, 임금께서 한번만이라도 깨달으시길. 영도로 수레를 돌려 전대 성현들의 법도를 따르고자 했네. 길은 멀어 돌아가기 어렵고 내 마음은 아프기 그지없네. 삼황三皇과 오제五帝의 바른 도리를 어기고 「홍범洪範」의 법도를 끊네. 그림쇠와 곱자를 버려 규칙을 어기고 저울추와 저울대를 두고 임의로 무게를 다네. 법을 지키는 사람은 유배를 당하고 부정하게 사람의 환심을 산 사람은 곁에서 임금을 모시네. 감당甘棠나무는 말라가고 야초는 무성해지며, 명아주와 가시나무를 뜰 가운데에 가득 심네. 미인 서시는 측실로 쫓겨나고 추녀 비휴仳催는 가까이서 임금을 시중드네. 역사力士 오획烏獲은 총애 받아 수레의 오른쪽에 타고 어진 신하 연공燕公은 마구간에서 일했네. 패륜을 저지른 괴귀蒯瞶는 종묘에 들어가고 고요는 들판에 버려졌네. 이를 생각하며 한참동안 탄식하니, 조정에 가고 싶어도 망설여지네. 백수白水를 타고 마음껏 내달려 이 혼탁한 세상에서 물러나 영원히 이별하겠네.

興「離騷」之微文兮, 冀靈修之壹悟. 還余車於南郢兮, 復往軌於初古. 道修遠其難遷兮, 傷余心之不能已. 背三五之典刑兮, 絶「洪範」之辟紀. 播規矩以背度兮, 錯權衡而任意. 操繩墨而放棄兮, 傾容幸而侍側. 甘棠枯於豊草兮, 藜棘樹於中庭. 西施斥於北宮兮, 仳催倚於彌楹. 烏獲戚而驂乘兮, 燕公操於馬圉. 翢瞨登於淸府兮, 咎繇棄而在野. 蓋見玆以永歎兮, 欲登階而狐疑. 乘白水而高騖兮, 因徙弛而長辭.

軌궤: 법도. 辟벽: 법法. 播파: 버리다. 度도: 법도. 錯착: 두다. 權권: 저울추. 衡형: 저울대. 藜려: 명아주. 仳비: 추하다. 倠휴: 추하다. 戚척: 친하다. 驂참: 배승陪乘하다. 圉어: 마구간. 翢괴: 황모黃茅. 瞨귀: 죄다 보다. 弛이: 없애다.

○微文미문: 은근히 풍자하는 글. ○初古초고: 전대前代. ○三五삼오: 삼황三皇과 오제五帝. ○典刑전형: 바른 도리. "전"은 바르다. "형"은 법도. ○洪範홍범:『상서尙書』의 편명. 내용은 기자箕子가 주 무왕에게 "천지의 큰 법도"에 대해 말하고 있음. "홍"은 크다. "범"은 법도. ○辟紀벽기: 법도. ○容幸용행: 영합하고 환심을 삼. ○甘棠감당: 나무이름. ○北宮북궁: 측실. ○仳倠비휴: 추녀 이름. ○彌楹미영: 가까이서 임금을 시중듦.『초사장구』는 "'미'는 '두루'의 의미인 '편'과 같다. '영'은 '기둥'이다. (…) 두 기둥 사이에 가득 서서, 좌우로 시중드는 것이다彌, 猶徧也. 楹, 柱也 (…) 立遍兩楹之間, 侍左右也"라고 했다. ○烏獲오획: 전국시기, 진秦나라의 역사力士. ○驂乘참승: 수레 오른쪽에 앉아 호위함. ○燕公연공: 연燕나라의 시조 소공召公. ○翢瞨괴귀: 위衛 영공靈公의 태자. 모친을 해치려고 했음. ○淸府청부: 고대 제왕의 종묘. ○白水백수: 신화에 나오는 강 이름. ○徙弛사이: 물러남. ○長詞장사: 영원히 떠남. "사"는 "사辭"와 통함.

[3]

마무리: 검누런 흙의 비탈에서 거니니 연못은 깊기도 하네. 한수漢水의 물가를 둘러보니 눈물이 줄줄 흐르네. 종자기鍾子期와 유백아兪伯牙가 세상에 없으니 누가 소리를 알까? 섬아纖阿가 수레를 몰지 않으면 말은 어떻게 마음을 풀까? 더욱 슬프고 처량한 마음에 흐느끼니 마음은 찢어질 듯 아프네. 높은 산으로 고개를 돌리니 눈물이

비 오듯 쏟아지네.

歎曰: 倘佯壚阪, 沼水深兮. 容與漢渚, 涕淫淫兮. 鍾牙已死, 誰爲聲兮?

纖阿不御, 焉舒情兮? 曾哀凄欷, 心離離兮. 還顧高丘, 泣如灑兮.

倘佯: 어정거리다. 壚로: 흑토黑土. 沼소: 늪. 曾증: 더하다. 欷희: 흐느끼다.
灑쇄: 뿌리다.

○壚阪노판: 검누런 흙으로 덮인 비탈. ○鍾牙종아: 종자기鍾子期와 유백아兪
伯牙. 두 사람 모두 음악에 정통했다고 함. ○纖阿섬아: 신화 속 월신月神의 수
레를 끄는 마부. ○離離리리: 마음이 찢어질 듯 고통스러움.『초사장구』는 "벗겨
지고 찢어지는 모습剝裂貌"이라고 했다. ○高丘고구: 높은 산. 조정을 가리킴.

원유遠遊

멀리 떠돌며

【해제】

"원유遠遊"는 "멀리 떠남"의 의미.

이 편은 굴원의 「원유遠遊」와 제목도 같고, 내용과 형식적으로도
유사한 점이 많다. 굴원의 「원유」는 외부환경이 개인에게 압박을 가
해 멀리 떠나게 되는 것인 반면, 유향의 「원유」는 "내 성품 고칠 수
없어 슬프나"로부터 시작하여 "천지와 함께 장수하며 일월과 나란
히 빛나네"라고 하며 세상을 떠난다. 때문에 굴원의 슬픔이 무겁고
처량한 슬픔인 반면, 이 편의 슬픔은 호탕하고 강개한 슬픔이다. 이
편은 화려하고 다채로운 장면묘사를 통해 신기하고 기묘한 신화 속

의 세계를 보여줌과 동시에 진리를 찾으며 꺾이지 않는 굴원의 정신 세계를 보여준다.

[1]

내 성품을 고칠 수 없어 슬프나 잇단 처벌을 받아도 바꾸지 않으리. 옷은 화사하여 사람들과 다르고 모습은 우뚝 솟은 산처럼 높고 크네. 왕자 교가 구름을 타고 가는 듯하고 붉은 구름을 타고 하늘로 오르는 듯하네. 천지와 함께 장수하며 일월과 나란히 빛나네. 곤륜산에 올라 북쪽을 향하니 모든 신령이 알현하러 오네. 북극北極에서 귀신을 골라 함께 천문으로 올라가 천제의 궁전으로 가네. 서쪽으로 수레를 돌려 무지개 깃발을 들고 옥문산玉門山으로 가네. 여섯 마리 용을 몰아 삼위산三危山으로 달려, 아홉 굽이진 물가에서 서쪽의 신령을 모으네. 수레를 타고 서산西山을 맴돌다가 비천의 골짜기를 가로질러 남쪽으로 가네. 도광都廣의 들판을 지나 곧장 달리며 축융이 사는 남방을 지나가네. 염화炎火에서 옥 수레를 돌리니 함지에서 두 번이나 묵을 수 있었던 것을 놓치네. 혼돈의 기운을 지나 동쪽으로 가서 부상에서 여섯 마리의 용을 매네.

悲余性之不可改兮, 屢懲艾而不迻. 服覺晧以殊俗兮, 貌揭揭以巍巍. 譬若王僑之乘雲兮, 載赤霄而凌太淸. 欲與天地參壽兮, 與日月而比榮. 登崑崙而北首兮, 悉靈圉而來謁. 選鬼神於太陰兮, 登閶闔於玄闕. 回朕車俾西引兮, 襄虹旗於玉門. 馳六龍於三危兮, 朝西靈於九濱. 結余軫於西山兮, 橫飛谷以南征. 絶都廣以直指兮, 歷祝融於朱冥. 枉玉衡於炎火兮, 委兩館于咸唐. 貫頹濛以東揭兮, 維六龍於扶桑.

艾애: 다스리다. 迻이: 옮기다. 晧호: 밝다. 揭게: 높이 들다. 巍외: 높고 크다. 譬비: 비유하다. 僑교: 높다. 霄소: 태양 곁에 일어나는 운기. 凌릉: 오르다. 參참: 나란히 하다. 比비: 나란히. 首수: 향하다. 謁알: 뵈다, 아뢰다. 閶창: 천문天門. 합闔: 문짝. 俾비: 시키다. 褰건: 들다, 올리다. 于우: 가다. 朝조: 모으다. 軫진: 수레. 絶절: 건너다. 委위: 버리다. 頹홍: 흘러내리는 모양. 濛몽: 흐릿하다. 揭걸: 가다. 維유: 매다.

○懲艾징애: 처벌을 받음. ○覺晧각호: 환하고 밝음. 『초사장구』는 "'각'은 '환하다'는 의미다. '호'는 '밝다'는 의미다. (…) 환해서 아주 밝은 의미다覺, 較也. 晧, 猶明也 (…) 較然盛明"라고 했다. ○揭揭게게: 높은 모양. ○赤霄적소: 붉은 구름. ○太淸태청: 하늘. ○參壽참수: 함께 삶. ○比榮비영: 나란히 빛남. ○北首북수: 북쪽을 향함. ○靈圉영어: 여러 신들. 『초사장구』는 "여러 신이다衆神也"라고 했다. ○太陰태음: 북극北極 내지 북쪽. ○閶闔창합: 천문天門. ○玄闕현궐: 천궁天宮. 신화 속 천제가 산다는 궁전. ○玉門옥문: 옥문산玉門山. 서쪽에 있는 신선들이 사는 산. ○三危삼위: 신화 속 신선들이 사는 산 이름. ○西靈서령: 서쪽의 신. ○九濱구빈: 아홉 굽이진 물가. ○結결: 맴돌다. 『초사장구』는 "'결'은 '돌다'는 의미다結, 旋也"라고 했다. ○飛谷비곡: 신화 속 비천飛泉의 골짜기. ○都廣도광: 신화에 나오는 들판 이름. ○直指직지: 곧장 가리킴. 이곳에서는 곧장 지나감을 의미. ○祝融축융: 남방의 신. ○朱冥주명: 남방. ○枉왕: 원의는 굽다. 이곳에서는 수레의 방향을 돌리는 의미. ○玉衡옥형: 옥 수레. "형"의 원의는 수레의 채 끝에 댄 횡목橫木. 이곳에서는 수레의 의미. ○炎火염화: 신화에 나오는 지명. ○兩館양관: 두 번 묵음. "관"은 묵다. ○咸唐함당: 함지咸地. 신화에 나오는 해가 목욕한다는 곳. ○頹濛홍몽: 혼돈의 기운. 『초사장구』는 "기운이다氣也"라고 했다. 또 『회남자』 「정신精神」은 "아직 형상으로 이루어지지 않은 기운未成形之氣"이라고 했다.

[2]

세상을 두루 돌며 위 아래로 마음껏 내달리네. 구천의 신들을 불러 하늘을 돌리는 축인 천극天極에서 만나고, 무지개 깃발을 세워 지휘하네. 난새와 봉황을 타고 위에서 노니니 현학玄鶴과 초명鷦明이 따라오네. 공작새들이 날며 보내주고 맞이하며 학들은 무리 지어 북두성을 지나네. 천제의 궁문을 밀어 하늘정원에 들어가고, 현포에 오르니 눈이 어지러워 분명하게 볼 수 없네. 옥 나무 가지 엮어 옥 노리개에 다니 금성金星이 나와 해를 잇네. 천둥을 타고 번개를 앞지르며 북극성에 많은 귀신을 매어두네. 풍백風伯을 채찍질해 앞에서 길을 열게 하고 북방의 신 현제玄帝를 해가 지는 곳인 우연虞淵에 가두네. 높이 부는 큰 바람을 맞이하며 노닐고 북쪽을 둘러보네. 전욱顓頊에게 하소연해보고 공상산의 현명玄冥에게 물어보네. 수레를 돌려 숭산崇山으로 가고 구의산에서 순임금에게 아뢰네. 버드나무로 만든 배를 타고 회계會稽로 가서 오호五湖에서 오자서에게 가르침을 청하네. 영도의 세태를 보니 원수와 상수에 몸을 던져 죽을 수밖에 없네. 암담한 고국의 현실을 바라보니 세상의 혼란스러움은 바뀌지 않으리. 향기로운 난초와 백지를 품어 간신들에게 시기를 받고 꺾었네. 화려하고 아름다운 붉은 휘장 세우니 살며시 불어오는 미풍은 그것에 막히네. 환한 해는 서쪽에서 쉬려는데 그 밝고 뜨거운 잔광은 다시 돌아가려 하네. 잠시 시간 내어 노닐어도 이 근심은 어찌 그대로일까?

周流覽於四海兮, 志升降以高馳. 微九神於回極兮, 建虹采以招指. 駕鸞鳳以上遊兮, 從玄鶴與鷦明. 孔鳥飛而送迎兮, 騰群鶴於瑤光. 排帝宮與羅囿兮, 升縣圃以眩滅. 結瓊枝以雜佩兮, 立長庚以繼日. 凌驚雷以軼駭電兮, 綴鬼谷於北辰. 鞭風伯使先驅兮, 囚靈玄於虞淵. 溯高風以低佪兮, 覽周流於朔方. 就顓頊而陳辭兮, 考玄冥於空桑. 旋車逝於崇山兮, 奏虞舜於蒼梧.

濟楊舟於會稽兮, 就申胥於五湖. 見南郢之流風兮, 殞余躬於沅湘. 望舊邦之黯黮兮, 時溷濁其猶未央. 懷蘭茝之芬芳兮, 妒被離而折之. 張絳帷以襜襜兮, 風邑邑而蔽之. 日暾暾其西舍兮, 陽焱焱而復顧. 聊假日以須臾兮, 何騷騷而自故?

徵징: 소집하다. 鶺초: 뱁새. 眩현: 현혹하다, 어둡다. 軼일: 앞지르다. 綴철: 꿰매다. 驅구: 달리다. 溯소: 거스르다, 맞서다. 考고: 살펴보다. 殞운: 죽다. 黯암: 어둡다, 검다. 黮담: 검다. 央앙: 없애다, 다하다. 絳강: 진한 적색. 襜첨: 휘장. 暾돈: 아침 해. 舍사: 쉬다. 焱염: 불꽃, 타다.

○九神구신: 신화 속 하늘의 신들. ○回極회극: 원의는 하늘을 돌리는 축. 이곳에서는 천극天極 내지 하늘의 중앙. 『초사장구』는 "'회'는 '돌다'의 의미다. '극'은 '가운데'의 의미다回, 旋也. 極, 中也"라고 했다. ○招指초지: 지휘함. ○鶺明초명: 전설에 나오는 신조神鳥. "초명鶺鵬"이라고도 함. ○瑤光요광: 북두칠성의 일곱 번째 별. ○羅囿나유: 신화에 나오는 하늘정원. ○眩滅현멸: 눈이 어지러워 또렷하게 볼 수 없음. ○長庚장경: 금성金星. ○驚雷경뢰: 소리가 아주 큰 천둥. ○駭電해전: 아주 강렬한 번개. ○鬼谷귀곡: 『초사장구』는 "어떤 곳에는 '백귀'로 되어 있다一作百鬼"라고 했다. "百鬼백귀"는 많은 귀신의 의미. ○北辰북신: 북극성. ○靈玄영현: 신화에 나오는 북방의 신. 현제玄帝 혹은 흑제黑帝라고도 함. ○虞淵우연: 신화에 나오는 해가 지는 곳. "우천虞泉"이라고도 함. ○朔方삭방: 북쪽. ○陳辭진사: 하소연함. ○玄冥현명: 북방의 수신水神. 형벌과 죽음을 주관한다고 함. ○空桑공상: 신화에 나오는 산 이름. ○蒼梧창오: 산 이름. 구의산九嶷山을 말함. ○五湖오호: 태호太湖. 호수 이름. ○黯黮암담: 어두움. 시국이 어지러움을 형용. ○襜襜첨첨: 색채가 선명한 모양. ○邑邑읍읍: 미약한 모양. 『초사장구』는 "미약한 모습이다微弱貌也"라고 했다. ○暾暾돈돈: 원의는 아침에 떠오르는 해. 이곳에서는 밝은 태양을 의미. ○焱焱염염: 불이 세차게 타오르는 모양. "염염炎炎"과 같음. ○須臾수유: 한가로이 노님. ○騷騷소소: 근심스러움. ○自故자고: 예전 그대로임.

[3]

　마무리: 저 교룡이 구름을 탄 것 같네. 두껍고 짙은 구름을 따라 떠도니 안개 이는 듯 어지럽네. 흐르는 물처럼 이리저리 얽히고, 천둥이 움직이고 번개가 치듯 재빨리 높이 날아가네. 높고 아득한 하늘에 올라, 탁한 기운을 버리고 맑은 기운에서 노닐며 천제의 궁전에 들어가네. 꼬리를 흔들고 날개를 펼쳐 바람을 몰고 비를 부리며, 끝없는 하늘에서 마음껏 노니리라.

　歎曰: 譬彼蛟龍, 乘浮雲兮. 泛淫涒溶, 紛若霧兮. 潺湲轇轕, 雷動電發, 馺高擧兮. 升虛凌冥, 沛濁浮淸, 入帝宮兮. 搖翹奮羽, 馳風騁雨, 遊無窮兮.

———

涒홍: 흘러내리는 모양. 溶용: 성한 모양. 潺잔: 물 흐르는 소리. 湲원: 물 흐르는 모양. 轇교: 시끄럽다, 요란하다. 轕갈: 수레 소리, 번잡한 모양. 馺삽: 빠르다. 翹교: 꼬리의 긴 털.

○泛淫범음: 물 따라 정처 없이 떠다님. ○涒溶홍용: 물이 깊고 넓은 모양. 이곳에서는 구름이 두껍고 짙은 모습을 형용. ○潺湲잔원: 물이 흐르는 모양. ○轇轕교갈: 얽힘. ○升虛승허: 하늘로 올라감. ○凌冥능명: 하늘의 높은 곳에 오름. ○沛패: 『초사장구』에는 "어떤 곳에는 '기'라고 되어 있다—作棄"라고 했다. "기棄"는 버리다.

구
탄
—
425

九思

슬픔과 미움의 노래

「구사九思」는 후한 사람 왕일王逸이 지었다. 자는 숙사叔師이고 의성宜城(지금의 후베이 성 이청宜城) 사람이다. 그는 한 안제安帝 원초元初 연간에 교서랑校書郎을 지냈다. 순제順帝 때에는 시중侍中을 역임했다. 그는 『초사』의 최초 주석본인 『초사장구』를 엮어 『초사』의 전승과 연구에 큰 기여를 했다. 「구사」는 바로 『초사장구』의 맨 마지막에 실린 작품이다.

이 편은 왕포의 「구회」와 유향의 「구탄」을 잇는 작품이다. 『초사장구』에는 이 편을 쓴 목적이 기록되어 있다.

"「구사」는 왕일이 지었다. 일은 남양 사람으로 박식하고 고상하며 책을 많이 읽었다. 『초사』를 읽고 굴원의 처지에 마음을 아파하고 애석히 여겨 이것에 주해를 넣었다. (…) 일은 굴원과 같은 땅 같은 나라 사람이라 애도의 마음이 일반 사람들과 달랐다. 유향과 왕포의 가르침을 흠모해, 칭송하는 글을 한 편 지어 「구사」라 하고 그 말을 보충했다."

「九思」者, 王逸之所作也. 逸, 南陽人, 博雅多覽, 讀『楚辭』而傷愍屈原, 故爲之作解 (…) 逸與屈原同土共國, 悼傷之情與凡有異. 竊慕向·褒之風, 作頌一篇, 號曰「九思」, 以神其辭

이를 보면, 이 편은 왕일이 굴원을 추도하기 위해 지은 것이라고 할 수 있다. 다만 이 편에 주석을 단 사람에 대해서는 역대로 세 가지 설이 존재한다. 첫째는 왕일이 직접 주석을 달았다는 설이다(『사고전서총목四庫全書總目』「초사장구제요楚辭章句提要」). 둘째는 왕일의 아들 왕연수王延壽가 주석을 달았다는 설이다(송나라 홍흥조洪興祖). 셋째는 위진魏晉 시기의 사람이 주석을 달았다는 설이다(청나라 유월俞樾의 『독초사讀楚辭』와 손이량孫詒讓의 『찰이札迻』 등).

이 편은 총 9수의 작품으로 이루어져 있다. 왕일이 굴원을 대신하여 비분한 마음을 토로하는 내용이다.「봉우逢尤」와「조액遭厄」은 화를 입은 굴원의 비분함을 읊고 있고,「원상怨上」은 임금을 원망하지만 자신을 등용해주길 바라는 바람을 담고 있다.「민상憫上」은 작자가 굴원을 깊게 동정하고 있다.「질세疾世」와「도란悼亂」은 굴원이 처한 어지러운 세태를 그리고 있다.「상시傷時」와「애세哀世」는 계절과 사람의 감정을 연결하여 그 비애를 더욱 깊게 드러내고 있다.「수지守志」는 작품의 결말로, 긴 슬픔과 실의를 거쳐 천상의 찬란하고 아름다움을 그려 굴원의 마음 속 깊은 곳에 있는 밝음에 대한 갈망과 추구를 나타냈다.

이 편은 풍부한 상상력과 비유법을 동원하여 굴원의 모순된 심리와 감정의 변화를 생동감 있게 묘사하고 있다. 또한 편마다 현실과 이상을 오가고 고통과 해탈이 서로 대비를 이루고 있어 예술성도 뛰어나다.

봉우逢尤
화를 당해

【해제】

"우尤"는 "화禍"의 의미. 따라서 "봉우逢尤"는 "화를 당함"의 의미
로 풀 수 있다.

이 편은 굴원이 화를 당한 후의 심리적 변화를 섬세하게 포착하
고 있다. 큰 화를 당해 멀리 떠나고자 하면서도 임금이 불러주길 바
란다. 그러나 암울한 현실에 좌절하고 전대의 성군들을 생각하며 거
대한 고통 속에 빠져든다.

[1]

슬프고 근심스럽네, 또 가련하고 걱정스럽네. 태어나 어두운 세상
만나 이유 없이 모함을 받고 죄지은 몸 되었네. 답답하고 울적한 마
음에 급히 수레를 타고 놀러 나가네.

悲兮愁, 哀兮憂. 天生我兮當闇時, 被諑譖兮虛獲尤. 心煩憒兮意無聊,
嚴載駕兮出戱遊.

───────

闇암: 어둡다. 諑착: 헐뜯다. 譖참: 참소하다. 憒궤: 심란하다. 聊료: 즐기다.
嚴엄: 급하다.

○虛허: 아무런 까닭 없이. ○획우獲尤: 죄를 지음.

[2]

저 먼 팔방의 땅과 구주九州를 돌아, 황제黃帝와 순임금을 찾네.
그들의 시대는 이미 아득해서, 옥 노리개 들고 가던 길에서 머뭇거
리네. 고요가 법도를 세운 것을 부러워하고 풍후風后가 하늘로부터
상스러운 책을 받았음을 찬미하네. 모질고 억센 운명을 불쌍히 여
기고 좋은 자질은 진흙길에 버려졌네. 놀라 허둥대며 산의 연못에
와 떠돌다가 외지고 그윽한 곳까지 왔네. 수레의 끌채는 부러지고
말은 지쳐 쓰러지니, 슬퍼 멍하니 있음에 눈물이 콸콸 쏟아지네.

周八極兮歷九州, 求軒轅兮索重華. 世旣卓兮遠眇眇, 握佩玖兮中路躇.
羨咎繇兮建典謨, 懿風后兮受瑞圖. 愍余命兮遭六極, 委玉質兮於泥塗.
遽偉逞兮驅林澤, 步屛營兮行丘阿. 車軹折兮馬虺頹, 慭恨立兮涕滂沱.

卓탁: 멀다. 玖구: 옥돌. 躇저: 머뭇거리다. 謨모: 계책. 懿의: 칭찬하다. 愍
민: 근심하다. 偉장: 놀라다. 逞황: 허둥지둥하다. 阿아: 구석. 軹월: 끌채 끝.
虺회: 고달프다. 慭준: 어수선하다. 滂방: 비가 퍼붓다. 沱타: 큰 비가 내리는
모양.

○八極팔극: 여덟 방향의 아주 먼 곳. ○九州구주: 고대에 중국을 아홉 개의
주州로 나눔. ○軒轅헌원: 황제黃帝. ○重華중화: 순舜 임금의 이름. ○佩玖패
구: 옥돌이 들어간 노리개. ○典謨전모: 법도. ○咎繇구요: 고요皐陶. 순임금
때 형벌을 주관했다고 함. ○風后풍후: 신화에 나오는 황제黃帝의 신하이름.
○瑞圖서도: 상스러운 책. ○六極육극: 여섯 가지 아주 좋지 않은 일. ○玉質
옥질: 좋은 자질. ○偉逞장황: 놀라 허둥지둥함. ○屛營병영: 떠돌아다님. ○
丘阿구아: 산언덕의 깊고 외진 곳. ○虺頹회퇴: 지쳐 쓰러짐. ○慭恨준창: 『초
사장구』에는 "어떤 곳에는 '추'로 되어 있다—作惆"라고 했다. "추惆"는 슬프다.
"추창惆悵"은 슬퍼하는 모양. ○滂沱방타: 눈물이 마구 쏟아짐.

　영민하시고 지혜로우신 무정과 문왕을 그리워하고, 어리석고 무
능한 회왕과 부차夫差를 슬퍼하네. 여상과 부열은 중용되어 은나라
와 주나라가 융성했고, 비무기費無忌와 백비伯嚭가 국정을 농단하면
서 초나라와 오나라는 패망했네. 하늘을 우러러 탄식하니 숨이 꽉
막혀오고 근심과 원망에 숨이 멈추었다 이어졌다 하네. 조정에서는
호랑이와 무소가 다투고 승냥이와 늑대가 내 곁에서 싸우네. 운무
가 모이니 해는 어두워지고 회오리바람이 일어 먼지를 날리네. 간신
들의 심기를 건드려 얼른 이리저리 피해 숨고자 해도 또 어디를 가
리. 임금의 궁전이 깊고 먼 것을 생각하니 충정을 다하고 싶어도 막
혀 길이 없네. 고국을 바라보니 길은 구불구불 멀기만 하고, 걱정스
러워도 내 뜻을 부지런히 갈고 닦고자 하네. 혼은 외로워 잠잘 겨를
이 없고 새벽녘까지 눈을 멀뚱히 뜬 채로 지새네.

　思丁文兮聖明哲, 哀平差兮迷謬愚. 呂傅擧兮殷周興, 忌嚭專兮郢吳虛.
仰長歎兮氣饐結, 悒殟絶兮咶復蘇. 虎兕爭兮于廷中, 豺狼鬪兮我之隅. 雲
霧會兮日冥晦, 飄風起兮揚塵埃. 走鬱罔兮乍東西, 欲竄伏兮其焉如? 念靈
閨兮隩重深, 願竭節兮隔無由. 望舊邦兮路逶隨, 憂心悄兮志勤劬. 魂煢煢
兮不遑寐, 目眽眽兮寤終朝.

謬류: 그릇되다. 嚭비: 크다. 虛허: 없다. 饐열: 목메다. 悒읍: 근심하다. 殟올:
심란하다, 기절하다. 咶할: 숨 쉬다. 蘇소: 깨어나다. 兕시: 외뿔들소. 隅우:
곁, 옆. 罍창: 술 이름. 乍사: 갑자기. 隩오: 깊다. 隔격: 막히다. 悄초: 근심하
다. 劬구: 수고롭다. 煢경: 외롭다. 遑황: 겨를. 眽맥: 서로 보다.

○丁文정문: 은나라의 고종高宗 무정武丁과 주 문왕文王. ○平差평차: 초나라 평왕平王과 오나라 임금 부차夫差. ○尙傅상부: 여상呂尙과 부열傅說. ○忌嚭 기비: 초나라의 대부 비무기費無忌와 오나라의 대부 백비伯嚭. ○郢吳영오: 초나라와 오나라. "영"은 초나라의 도성. ○餬結열결: 숨이 막힘. "결"은 막다. ○悒瘟읍온:『초사장구』에는 "『석문』에는 '온'이라고 되어 있다『釋文』作瘟"라 고 했다. "온瘟"은 원망하다. 따라서 "읍온悒瘟"은 근심하고 원망함의 의미. ○ 走鼙罔주창망: 모함을 일삼는 자들을 밟고 감. 이곳에서는 모함을 일삼는 자들의 심기를 건드리는 것을 의미.『초사장구』는 "아첨하고 비방하는 사람들을 건드리고 범하여, 이리저리 달아나는 것이다動觸讒毁, 東西趣走"라고 했다. "창"은『초사보주』에서 "'뛰다' 내지 '밟다'는 의미다距也, 踏也"라고 했다. ○靈 閨영규: 임금의 궁전. ○無由무유: 방법이 없음. ○逶隨위수: 구불구불하고 멂. ○眽眽맥맥: 눈을 뜬 모양.

원상怨上

임금님이 원망스러워

【해제】

"상上"은 "하늘" 내지 "임금"의 의미. 따라서 "원상怨上"은 "하늘을 원망함" 내지 "임금을 원망함"의 의미로 풀 수 있다.

이 편은 굴원이 간신들의 모함을 받고 황량한 산야에 거처하면서 사직의 위태로움에 어찌해볼 수 없는 비통한 심정을 읊고 있다.

[1]

영윤令尹은 거만하게 말하고 관리들은 말이 많네. 조정이 어지러운 것 슬프고 위아래가 모두 한통속이네. 콩과 덩굴이 만연하고 향기로운 백지는 꺾여 말랐네. 옳고 그름이 어지럽게 섞여 있어도 구별하는 사람이 없네. 이 바위 동굴에 기대어 한참을 생각해도 길은 멀기만 하네. 회왕이 간신들에게 미혹되는 것을 탄식하고, 뜻을 펼치고 싶어도 나타내기 어렵네. 나라를 떠받치는 인재들은 없어지고 어진 이들은 사라지네. 내 마음은 타들어가고 이를 생각하니 걱정스러워지네.

令尹兮警警, 群司兮讆讆. 哀哉兮溷溷, 上下兮同流. 菽藟兮蔓衍, 芳蘺兮挫枯. 朱紫兮雜亂, 曾莫兮別諸. 倚此兮巖穴, 永思兮窈悠. 嗟懷兮眩惑, 用志兮不昭. 將喪兮玉斗, 遺失兮鈕樞. 我心兮煎熬, 惟是兮用憂.

警오: 헐뜯다, 거만하다. 讆누: 말이 많다. 溷굴: 흐리다, 어지럽다. 菽숙: 콩. 藟류: 등나무 덩굴. 蘺효: 백지白芷. 曾증: 이에. 諸제: 다르다. 窈요: 그윽하다. 眩현: 어둡다. 鈕뉴: 꼭지, 손잡이. 樞추: 지도리. 煎전: 졸이다, 애태우다. 熬오: 볶다, 마음 졸이다. 用용: 쓰이다.

○令尹영윤: 초나라의 가장 높은 관직명. ○警警오오: 거만하게 말함. ○讆讆누누: 말이 많은 모양. ○群司군사: 여러 관리들. ○溷溷굴굴: 혼란한 모양. ○朱紫주자: 옳고 그름. "주"는 정색正色을 의미하고, "자"는 잡색雜色을 의미. ○別諸별제: 다름을 구별함. "제"는 다르다. ○窈悠요유: 길이 멀고 아득함. ○用志용지: 뜻을 펼침. ○玉斗옥두: 북극성. 이곳에서는 나라를 떠받치는 인재를 의미. 『초사장구』는 "'뉴추'와 '옥두'는 모두 귀중한 것이다. (…) 어진 이를 버리고 쫓아내는 것을 말한다鈕樞·玉斗皆所寶者 (…) 言放棄賢者逐去之"라고 했다. ○鈕樞뉴추: 원의는 북두칠성의 첫 번째 별. 이곳에서는 어진 사람을 의미. ○惟是유시: 이를 생각함. "유"는 생각하다.

충신 구목仇牧과 순식荀息을 생각하고 절개를 지킨 팽함과 무광을 돌아보네. 이 분들의 족적을 따르고 싶으나 어디로 가야할지. 황량한 들에서 노래 부르고 위로 북극성을 보네. 대화성大火星은 서쪽으로 기울고 섭제성攝提星은 나지막이 도네. 우르릉 천둥치고 우박과 싸라기눈이 퍼붓네. 번개가 내리치며 사방을 비추고 서늘한 바람 부니 서글퍼지네. 짐승과 새들은 놀라 서로 의지하며 보금자리로 가네. 원앙은 꾸욱꾸욱 울고 여우는 서로 붙어 다니건만. 나만 외로이 의지할 곳 없이 혼자 사는 것이 슬프네. 땅강아지는 동쪽에서 울고 쓰르라미는 서쪽에서 우네. 쐐기나방의 유충은 내 옷 따라 꿈틀거리고 나비 애벌레는 내 품에 들어오네. 곤충과 벌레들조차 나를 에워싸니 실망스러워 슬퍼지네. 우두커니 서 있으니 비통하기 그지없고 마음은 답답해 찢어지는 듯하네.

進惡兮九旬, 復顧兮彭務. 擬斯兮二蹤, 未知兮所投. 謠吟兮中野, 上察兮璇璣. 大火兮西睨, 攝提兮運低. 雷霆兮磅磕, 雹霰兮霏霏. 奔電兮光晃, 凉風兮愴淒. 鳥獸兮驚駭, 相從兮宿棲. 鴛鴦兮噰噰, 狐狸兮微微. 哀吾兮介特, 獨處兮罔依. 螻蛄兮鳴東, 蛁蟟兮號西. 載緣兮我裳, 蠋入兮我懷. 蟲豸兮夾余, 惆悵兮自悲. 佇立兮忉怛, 心結縎兮折摧.

擬의: 헤아리다. 蹤종: 자취, 발자취. 璇선: 아름다운 옥, 북두성의 둘째 별. 璣기: 구슬, 북두성의 셋째 별. 睨예: 기울다. 霆정: 천둥소리. 磅랑: 돌이 부딪치는 소리, 우렛소리. 磕개: 돌이 부딪치는 소리. 雹박: 우박. 霰산: 싸라기눈. 霏비: 눈이 펄펄 내리다. 晃황: 밝다, 빛나다. 棲서: 깃들다. 噰옹: 새소리.

徽미: 서로 따르다. 罔망: 없다. 螻루: 땅강아지. 蛄고: 땅강아지. 蟊모: 해충. 곡식의 뿌리를 잘라 먹는 해충. 蠿절: 쓰르라미. 蠈자: 쐐기, 쐐기나방의 유충. 緣연: 따르다. 蠋촉: 나비 애벌레. 豸치: 발 없는 벌레. 夾협: 끼다. 佇저: 우두커니. 忉도: 근심하다. 怛달: 슬프다. 縎골: 맺히다.

○進惡진악: 어떤 판본에는 "진사進思"로 되어 있음. "진사"는 나아가 생각함. ○九旬구순: "구순仇荀"이 되어야 함. "구"는 구목仇牧. 송만宋萬이 송 민공閔公을 시해하자 구목이 검을 들고 그에게 소리치다 송만에게 살해됨. "순"은 순식荀息. 이극里克이 공자 탁卓을 살해하자 순식은 자살했다고 함. ○彭務팽무: 팽함彭咸과 무광務光. 두 사람 모두 청렴하고 곧은 사람으로 이름이 높았음. ○中野중야: 황량한 들판. ○璇璣선기: 북두성의 두 번째 세 번째 별 이름. ○大火대화: 별이름. ○攝提섭제: 별이름. ○硍硈낭개: 원의는 돌이 부딪치며 나는 소리. 이곳에서는 천둥이 치는 소리를 의미. ○霏霏비비: 눈이 펄펄 내리는 모양. ○光晃광황: 비춤. ○嗈嗈옹옹: 새들이 서로 호응하며 지저귀는 소리. 『초사장구』는 "호응하며 지저귀는 모습이다和鳴貌也"라고 했다. ○徽徽미미: 서로 따라 다니는 모습. ○介特개특: 홀로, 혼자. 『초사장구』는 "'혼자'의 의미다獨也"라고 했다. ○螻蛄누고: 땅강아지. ○蟊蠿모절: 쓰르라미. 푸른색을 띠며 매미와 비슷하지만 몸집이 작음. ○忉怛도달: 비통함. ○結縎결골: 답답함. ○折摧절최: 꺾임.

질세疾世
세상을 미워하며

【해제】

"질疾"은 "미워하다"의 의미. "질세"는 "세상을 미워함"의 의미로 풀 수 있다.

이 편은 세 부분으로 나눌 수 있다. 첫째는 소인배들과 어울리지 않고 어진 이를 찾지 못해 하늘 위로 올라가 해탈을 구하는 부분이다. 둘째는 충심으로 의리를 행하고 싶어도 세상이 어지러워 뜻을 펼치지 어려워하는 부분이다. 셋째는 자신의 절개가 소인배들과 다

름을 대비하면서 세상에 지기를 찾기 어려운 괴로운 마음을 토로하
는 부분이다.

[1]

한수의 물가를 이리저리 거닐며 여신女神을 찾아보네. 이 나라에
어진 이 없음을 개탄하고 중매쟁이는 말이 어눌하고 쓸데없는 말만
하네. 메추라기와 참새들은 늘어서서 시끄럽게 떠들고 구관조九官鳥
는 요란스럽게 우네. 소화昭華 같은 아름다운 옥과 귀한 반쪽 홀을
소리치며 팔아도 사는 사람 없네. 몸을 돌려 저 먼 북쪽으로 가서
뜻이 맞는 지기를 불러보네. 해는 어둑어둑 빛은 사라지니 고요하고
어두워 앞을 볼 수 없네.

周徘徊兮漢渚, 求水神兮靈女. 嗟此國兮無良, 媒女詘兮謰謱. 鶉雀列兮
謱謱, 鴝鵒鳴兮聒余. 抱昭華兮寶璋, 欲衒鬻兮莫取. 言旋邁兮北徂, 叫我
友兮配耦. 日陰曀兮未光, 闃眇窕兮靡睹.

詘굴: 말이 막히다. 謰련: 말이 얽히다. 謱루: 곡진하다. 鶉안: 메추라기. 謱
화: 시끄럽다. 謱환: 시끄럽다. 鴝구: 구관조九官鳥. 鵒욕: 구관조九官鳥. 聒
괄: 떠들썩하다. 璋장: 반쪽 홀. 衒현: 팔다. 鬻육: 팔다. 邁매: 멀리 가다. 耦
우: 짝. 曀에: 가리다. 闃격: 고요하다. 眇초: 잠깐 보다. 窕조: 고요하다, 그윽
하다. 靡미: 없다.

○靈女영녀: 물속의 여신女神. ○謰謱연루: 쓸데없는 말만 하고 요점이 없음.
○謱謱연루: 시끄럽게 떠듦. ○鴝鵒구욕: 구관조九官鳥. ○昭華소화: 아름다
운 옥 이름. ○寶璋보장: 귀한 반쪽 홀. ○衒鬻현육: 소리치며 팜. ○言언: 어

조사. 의미가 없음. ○旋邁선매: 몸을 돌려 멀리 감. ○配耦배우: 짝이 되다.
○眇窕초조: 그윽하고 어두움.『초사장구』는 "그윽하고 어둡다는 의미다幽冥
也"라고 했다.

[2]

잘 꾸며진 수레를 내달려 복희씨를 찾으리. 강가 언덕을 따라 돌
아보니, 길은 변하고 시대도 달라졌네. 망망대해를 건너 동쪽을 돌
며 천지天池에서 몸을 씻네. 동방의 청제靑帝를 찾아 천도天道의 요
체를 물으니, 인의보다 귀한 것은 없다고 하네. 기쁜 마음을 안고 돌
아와서 빈邠 땅과 기岐 땅에 계신 주 문왕께 가네. 옥 같은 꽃을 들
고 문왕과 맹세하니, 해는 저물어 마음이 아프네. 하늘이 내리는 복
록이 더 이상 없음을 생각하니 신의를 저버리는 것은 자신을 버리
는 것이라네. 농퇴산隴堆山을 넘고 사막을 지나 서쪽의 계거산桂車山
과 합려산合黎山을 통과하네. 곤륜산에 와서 준마를 매고, 공공거허
蛩蛩駏虛(전설상의 괴수)와 함께 노닐며 쉬네. 옥액玉液을 마셔 갈증을
풀고 영지 꽃을 먹고 허기를 달래네. 고요하고 드넓은 곳에 있으니
알아주는 지기가 없고, 곤경에 빠져 오도 가도 못해 마음은 위태롭
고 혼미하네. 드센 장강과 한수를 바라보니 간절한 고향 생각에 마
음이 아프네. 해가 나오니 날은 밝아오는데 자욱하게 낀 안개는 사
라지지 않네. 걱정에 침식할 겨를도 없고 천둥치듯 버럭 화를 냈다
가도 탄식만 거듭하네.

紛載驅兮高馳, 將諮詢兮皇羲. 遵河皐兮周流, 路變易兮時乖. 瀝滄海兮
東遊, 沐盥浴兮天池. 訪太昊兮道要, 云靡貴兮仁義. 志欣樂兮反征, 就周

文兮邠岐. 秉玉英兮結誓, 日欲暮兮心悲. 惟天祿兮不再, 背我信兮自違.

霤隴堆兮渡漠, 過桂車兮合黎. 赴崑山兮畢駼, 從邛遨兮棲遲. 吮玉液兮止渴

, 齧芝華兮療饑. 居嶜廓兮勘疇, 遠梁昌兮幾迷. 望江漢兮濩渃, 心緊絭兮

傷懷. 時㬠㬠兮旦旦, 塵莫莫兮未晞. 憂不暇兮寢食, 吒增歎兮如雷.

___

載재: 꾸미다. 諮자: 묻다. 詢순: 묻다. 盥관: 씻다, 양치질하다. 邠빈: 땅 이름.
霤유: 넘다. 畢칩: 매다. 駼록: 준마 이름. 邛공: 언덕. 遨오: 놀다. 吮연: 빨다.
齧교: 깨물다. 嶜교: 쓸쓸하다. 廓곽: 크다. 勘선: 적다, 드물다. 疇주: 무리,
짝. 幾기: 위태하다. 濩호: 퍼지다. 渃약: 큰물. 絭권: 묶다. 㬠불: 새벽. 晞희:
사라지다. 吒타: 꾸짖다, 슬프다.

○紛載분재: 무성하게 꾸밈. 이곳에서는 잘 꾸며진 수레를 의미. ○諮詢자순:
찾아봄. 방문함. ○皇羲황희: 복희씨伏羲氏. "황"은 복희씨에 대한 존칭. ○沐
盥浴목관욕: 몸을 씻음. "목"은 머리를 감음. "관"은 손을 씻음. "욕"은 몸을 씻
음. ○天池천지: 함지咸池. 신화에서 해가 목욕을 한다는 곳. ○太昊태호: 동
방의 청제靑帝. 『초사장구』는 "동방의 청제다東方靑帝也"라고 했다. 앞에 나
온 "복희씨伏羲氏"를 가리킨다는 설도 있음. ○道要도요: 천도天道의 요체. ○
邠岐빈기: 주나라가 가장 먼저 터를 잡고 활동한 지역이자 나라를 세운 곳.
"빈"은 지금의 산시陝西 성 일대. "기"는 지금의 산시 성 치산岐山 동북쪽 일
대. ○隴堆농퇴: 산 이름. ○桂車계거: 서쪽에 있는 산 이름. ○合黎합려: 서쪽
에 있는 산 이름. ○崑山곤산: 곤륜산. ○畢駼칩록: 준마를 매어둠. ○邛공: 괴
수怪獸 이름. 『초사장구』는 "짐승 이름이다獸名"라고 했다. 또 『초사보주』는
"'공'은 '공공거허'를 말한다邛, 謂邛邛駏驢也"라고 했다. "공공거허"는 전설에
나오는 괴수. ○棲遲서지: 머물다, 쉬다. ○療饑요기: 허기를 달램. ○嶜廓교
곽: 고요하고 드넓음. ○勘疇선주: 자신을 알아주는 지기가 없음. "선"은 드물
다. ○梁昌양창: 궁지에 빠져 오도 가도 못함. ○幾迷기미: 위태하고 혼미함.
○濩渃호약: 물이 드셈. ○緊絭긴권: 사로잡힘. 이곳에서는 고향 생각에 사로
잡힌 것을 의미. ○㬠㬠불불: 해나 달이 처음 나와 그 빛이 강하지 않는 모양.
○旦旦단단: 날이 밝아오는 모양. ○莫莫막막: 먼지와 흙이 날리는 모양. 이곳
에서는 안개가 자욱하게 이는 것을 형용.

민상憫上
자신을 가엽게 여기며

【해제】

"민憫"은 "가엽게 생각하다"의 의미. "상上"에 대해 중국의 초사 연구가 탕빙정湯炳正은 『초사금주楚辭今註』에서 "자신己"으로 봐야한다고 여겼다. 따라서 "민상憫上"은 "자신을 가엽게 여김"의 의미로 풀 수 있다.

이 편은 간신들이 권력을 차지하고 충신들이 쫓겨나는 현실을 반영하면서 굴원의 방황과 울분을 읊고 있다.

[1]

세상 사람들 눈치나 살피고 친근한 말로 비위를 맞추는 것이 슬프네. 많은 사람 아첨하고 몸을 굽혀 환심을 사는 것이 세태가 되었네. 탐욕스럽고 부정한 무리들은 당파를 이루고, 곧고 바른 이들은 고립무원의 처지에 빠지네. 고니는 탱자나무와 가시나무에 숨고 소쩍새는 휘장 안에 모이네. 찰풀은 울창하게 자라고 고본藁本은 메말라 떨어지네. 이들의 위선과 속임에 마음은 찢어지고 뒤틀리네.

哀世兮睌睌, 謰謱兮嗌喔. 衆多兮阿媚, 骫靡兮成俗. 貪枉兮黨比, 貞良兮煢獨. 鵠竄兮枳棘, 鵜集兮帷幄. 蘮蕠兮靑葱, 槀本兮萎落. 睹斯兮僞惑, 心爲兮隔錯.

睒睗: 보는 모양. 謰전: 교묘히 말하다. 嗌익: 아첨하는 소리. 喔악: 억지로 웃는 모양. 阿아: 아첨하다. 媚미: 아첨하다. 斯위: 굽히다. 靡미: 쏠리다. 比비: 따르다. 좇다. 枳지: 탱자나무. 鵜제: 소쩍새. 帷유: 휘장. 幄악: 휘장. 蘄계: 찰풀. 茟나: 찰풀. 蔥총: 푸르다. 稾고: 마르다. 萎위: 시들다. 錯착: 어긋나다, 그릇되다.

○睒睒녹녹: 보는 모습. 이곳에서는 사람들을 눈치를 보며 조심스럽게 행동하는 의미. ○謰謰전전: 교묘하게 말을 함. ○嗌喔익악: 아첨하고 비위를 맞춤. ○阿媚아미: 아첨하다. ○斯靡위미: 굽히고 쏠림. 몸을 굽히며 환심을 사는 의미. ○黨比당비: 무리를 지어 따름. ○蘄茟계나: 찰풀 종류의 이름. 미나리와 비슷하며 식용할 수 있음. ○靑蔥청총: 푸름. 풀들이 무성함을 의미. ○稾本고본: 향초 이름. 앞에서 나온 고본藁本과 같음. 여름에 꽃이 피고 잎은 날개 깃모양을 함. 뿌리는 보라색을 띠며 약으로 복용할 수 있음. ○隔錯격착: 나눠지고 어긋남.

[2]

  농원과 늪을 돌다 밭 사이로 난 길 작은 길을 따라 걸어보네. 내와 골짜기는 깊고 토산은 높네. 숲은 무성하고 나무는 곧게 뻗어 있네. 서리와 눈은 하얗게 쌓이고 연못은 얼어붙었네. 동서남북 어디에도 머물 곳 없어라. 메마른 나무 아래에 몸을 맡기고 암벽 동굴에 숨어보네. 차갑고 매서운 바람에 몸을 웅크리고, 혼자 있으니 뜻을 나타내지 못하네. 수명은 다해가고 명은 짧아지네. 다그쳐지고 꺾여늘 화를 입고 욕을 당하고, 근심걱정에 일찍 늙어 아무런 즐거움이 없네. 수염과 머리카락은 엉클어지고 귀밑머리는 허연데 하늘의 은택으로 한번이라도 머리를 감아봤으면. 가슴에 난초를 안고 손에는 옥 같은 두약을 쥐고 날이 밝기를 기다리며 서성이네. 구름은 자욱하고 번개는 번뜩이는데 외로운 암새는 놀라 끼룩끼룩 우네. 치미는 화에 마음은 찢어질듯 아프고 이 근심과 분노 누구에게 말할까?

逡巡兮圃藪, 率彼兮畛陌. 川谷兮淵淵. 山阜兮峇峇. 叢林兮崟崟, 株榛兮岳岳. 霜雪兮漼澄, 冰凍兮洛澤. 東西兮南北, 罔所兮歸薄. 庇蔭兮枯樹, 匍匐兮巖石. 踡跼兮寒局數, 獨處兮志不申, 年齒盡兮命迫促. 魁壘擠摧兮常困辱, 含憂强老兮愁不樂. 鬢髮蕚領兮顦鬢白, 思靈澤兮一膏沐. 懷蘭英兮把瓊若, 待天明兮立躑躅. 雲蒙蒙兮電儵爍, 孤雌驚兮鳴呴呴. 思佛鬱兮肝切剝, 忿悁悒兮孰訴告?

구사 ― 441

逡준: 뒷걸음질 치다. 圃포: 밭. 藪수: 수풀, 늪. 率솔: 따르다. 畛진: 두렁길. 陌맥: 두렁, 길. 峇액: 웅장하다. 崟음: 험준하다. 株주: 나무. 榛진: 무성하다. 漼최: 눈이나 서리가 쌓이는 모양. 澄기: 희다. 庇비: 덮다. 跼국: 구부리다. 數촉: 촘촘하다. 擠제: 배척하다. 蕚녕: 흐트러지다. 領췌: 야위다. 顦표: 머리털이 흰 모양. 躑척: 머뭇거리다. 躅촉: 머뭇거리다. 儵숙: 빛. 爍삭: 빛나다. 佛불: 발끈하다. 忿분: 성내다. 悁연: 근심하다. 悒읍: 근심하다.

○逡巡준순: 돌아다님. ○圃藪포수: 농원과 늪. ○畛陌진맥: 밭 사이로 난 작은 길. ○淵淵연연: 깊고 그윽함. ○山阜산부: 토산土山. ○峇峇액액: 높고 큰 모양. ○崟崟음음: 무성한 모양. ○株榛주진: ○岳岳악악: 곧게 뻗은 모습. ○漼澄최기: 서리와 눈이 쌓인 모양. ○洛澤낙택: 연못이 웅결됨. 연못이 언다는 의미. 『초사장구』는 "'낙'은 '웅결되다'의 의미다. 날이 추워서 연못이 웅결되면, 얼음이 된다洛, 竭也. 寒而水澤竭, 成冰"라고 했다. ○庇蔭비음: 몸을 맡겨 가림. ○匍匐포복: 원의는 엎드려서 김. 이곳에서는 몸을 숨기는 의미. ○踡跼권국: 몸을 움츠림. ○局數국촉: 원의는 절박하다. 이곳에서는 바람이 아주 세고 매서운 의미. ○年齒연치: 수명. ○迫促박촉: 다가옴. 짧아짐을 의미. ○魁壘괴루: 급하게 다그침.『초사장구』는 "급하게 다그치는 의미다促迫也"라고 했다. ○擠摧제최: 밀려 꺾임.『초사장구』는 "꺾여 굽히는 의미다折屈也"라고 했다. ○强老강로: 일찍 늙음. ○蕚領영췌: 머리는 엉클어지고 얼굴은 초췌함. ○靈澤영택: 하늘의 은택. ○膏沐고목: 여인들이 머리를 감을 쓰는 기름. 이곳에서는 동사로 쓰여, 머리를 감는다는 의미. ○躑躅척촉: 서성거림. ○蒙蒙몽몽: 구름이 자욱 끼인 모양. ○儵爍숙삭: 번뜩임. ○呴呴구구: 새 우는 소리. ○切剝절

박: 자르고 벗김. 마음이 대단히 고통스러움을 형용. ○悁悁연연: 근심함.

조액遭厄

불운을 당해서

【해제】

"액厄"은 "재앙" 내지 "불운"의 의미. 따라서 "조액遭厄"은 "불운을 당함"의 의미로 풀 수 있다.

이 편은 굴원이 조정에서 배척을 받고 멀리 떠나 광명을 찾고자 했으나 찾지 못한 것을 읊고 있다. 굴원은 고국을 떠나 높이 날아 광명을 찾고자 한다. 하늘도 인간세상처럼 어두워 광명을 볼 수 없었다. 그러다 하늘에서 문득 고국을 보며 돌아가고픈 마음이 일었다. 그러나 그의 고국은 사악한 무리들이 득세하고 있어서 그는 돌아가야 할지 갈등한다. 작자 왕일은 굴원의 이런 갈등을 잘 포착하고 있으며, 그는 굴원의 불행한 운명과 심정에 깊은 이해와 동정을 보내고 있다.

[1]

굴원 선생께서 화를 당해 상수의 멱라에 몸을 던진 것이 애통하네. 초나라는 그 가르침을 잘 새기지 않고 왜 지금까지 변하지 않나. 관리들은 큰 뜻이 없고 호화로운 생활만 추구하며, 아첨과 모함을 일삼으며 정쟁을 벌였네. 바르고 의로운 것을 잘못된 것이라 여기고 옥벽을 돌이라고 비난하네. 올빼미와 수리가 화려한 전당에서 노닐고 금계는 섶 더미에 깃드네. 날개를 떨쳐 얼른 달아나 보잘 것 없는 무리가 욕보이는 것을 피하네.

悼屈子兮遭厄, 沈玉躬兮湘汨. 何楚國兮難化, 迄于今兮不易. 士莫志兮 羔裘, 競佞諛兮讒鬩. 指正義兮爲曲, 訕玉璧兮爲石. 鴟鵰遊兮華屋, 駿鸃棲 兮柴蔟. 起奮迅兮奔走, 違群小兮譏詬.

化화: 따르다. 羔고: 새끼 양. 裘구: 가죽옷. 鬩혈: 다투다. 訕산: 헐뜯다. 鴟치: 올빼미. 鵰조: 수리. 駿준: 금계錦鷄. 鸃의: 금계錦鷄. 蔟족: 모이다. 違위: 떠나다. 譏혜: 창피주다. 詬후: 꾸짖다.

○屈子굴자: 굴원屈原. "자"는 사람에 대한 존칭. ○玉躬옥궁: 옥체玉體, 몸. ○湘汨상멱: 상수湘水의 지류인 멱라강汨羅江. 굴원은 멱라강에서 몸을 던져 자살했다고 알려져 있음. ○難化난화: 따르지 않음. 이곳에서는 굴원이 강에 몸을 던진 교훈을 잘 새기지 않음을 의미. ○羔裘고구: 새끼 양의 가죽으로 만든 갖옷. 이곳에서는 호화로운 생활을 영위한다는 의미. ○柴蔟시족: 섶 더미. "족"은 모이다. ○譏詬혜구: 욕하고 나무람.

[2]

청운을 타고 위로 올라가 해가 있는 곳으로 가네. 하늘 위의 큰 길을 밟고 한참을 달려 해가 나오는 곳에서 노니네. 은하수를 지나 남쪽을 건너고 견우성에서 말에게 먹이를 먹이네. 구름과 무지개 자욱이 일어 해를 가리고, 삼성參星과 신성辰星은 돌아 위치를 바꾸네. 유성을 만나 길을 물으니 나를 보며 왼쪽을 가리키네. 추성樞星

과 자성觜星을 지나 곧장 내달리다 마부는 길을 잃고 헤매네. 결국 제대로 가지 않아 잘못된 곳에 오니 일월과 다른 길을 가네. 뜻은 막혔으니 어디로 가나, 생각하는 것이 사람들과 다름을 슬퍼하네. 천계성天階星에 올라 밑을 보니 도성에 있는 옛 집이 보이건만, 돌아가 거닐고 싶어도 사악한 자들이 많아 때가 좋지 않네. 억울하고 분해 목이 메고 눈물은 비 오듯 줄줄 흐르네.

載靑雲兮上昇, 適昭明兮所處. 躡天衢兮長驅, 踵九陽兮戱蕩. 越雲漢兮南濟, 秣余馬兮河鼓. 雲霓紛兮晻翳, 參辰回兮顚倒. 逢流星兮問路, 顧我指兮從左. 倥嫐觜兮直馳, 御者迷兮失軌. 逐踢達兮邪造, 與日月兮殊道. 志闕絶兮安如, 哀所求兮不耦. 攀天階兮下視, 見鄢郢兮舊宇. 意逍遙兮欲歸, 衆穢盛兮杳杳. 思哽饐兮詰詘, 涕流瀾兮如雨.

昇승: 오르다. 躡섭: 밟다. 衢구: 도로, 길. 踵종: 쫓다. 秣말: 말을 먹이다. 晻엄: 어둡다. 倥경: 지나다. 嫐추: 별이름. 觜자: 털 뿔. 踢탕: 넘어지다. 造조: 이르다. 闕알: 막다. 耦우: 짝짓다. 鄢언: 고을 이름. 哽경: 목 메이다. 饐의: 쉬다. 詰힐: 굽다. 詘굴: 굽다. 瀾란: 물결이다.

○昭明소명: 해, 태양. ○天衢천구: 하늘의 큰 길. ○九陽구양: 신화에 나오는 해가 출입한다는 곳. ○戱蕩희탕: 한가로이 노님. ○雲漢운한: 은하수. ○河鼓하고: 견우성牽牛星. 별 이름. ○晻翳晻翳: 해를 가려 어둡게 만듦. ○參辰삼신: 삼성參星과 신성辰星. 모두 별이름. 각자 동쪽과 서쪽에 나타나기 때문에 서로를 볼 수 없다고 함. ○嫐觜추자: 추성嫐星과 자성觜星. 모두 별 이름. ○踢達탕달: 걷는 것이 바르지 않음. 『초사보주』는 "가는 것이 바르지 않는 모습이다行不正貌"라고 했다. ○邪造사조: 잘못된 길로 감. "조"는 이르다. ○天階천계: 별 이름. ○鄢郢언영: 초나라의 도성. ○杳杳묘묘: 어두움. 이곳에서는 시기가 좋지 않음을 의미. ○哽饐경의: 목 멤. ○詰詘힐굴: 원의는 굽다. 이곳에서는 억울함을 의미

도란悼亂

어지러운 세상을 슬퍼하며

【해 제】

"도悼"는 "슬퍼하다"의 의미. "도란悼亂"은 "어지러운 세상을 슬퍼함"의 의미로 풀 수 있다.

이 편은 "어지러움"으로부터 시작해 짐승들과 같이 살아가는 위험성과 인간 세상에 시비가 전도된 혼란한 모습을 남김없이 쓰고 있다. 어진 이는 쫓겨나고 간신들은 총애 받는 상황에 분노하며 은거하고자 해도 짐승들의 위협을 받고 뿐만 아니라 지기도 찾기 어려워 근심을 풀기 더욱 어렵게 된다. 마지막에 굴원은 자신이 고국을 그리워한다는 사실을 발견하고 상황이 얼마나 어렵던 돌아가고자 한다.

[1]

탄식하며 슬퍼하네, 이 어지럽고 혼란스러움을. 띠풀과 실을 함께 짜고 모자와 신발을 똑같이 장식하네. 화독華督과 송만宋萬은 연회에서 임금을 시중들고 주공과 소공은 짚을 지네. 흰 용(황하의 신)은 화살에 맞고 신령한 거북은 구금되네. 공자는 곤경에 처하고 추연鄒衍은 감옥에 갇히네. 이를 생각하니 얼른 달아나서 숨어야지. 높은 산에 오르자니 위에는 원숭이가 있고, 깊은 계곡에 들어가자니 아래에는 무시무시한 독사가 있네. 왼쪽에서는 때까치가 짖고 오른쪽에서는 올빼미가 우네. 놀라고 두려워 호흡은 가빠오고 벗어나고자

껑충 뛰며 힘껏 달리네. 들판을 돌아다니다 하늘 보며 거듭 탄식하
네. 들판엔 무성한 솔새와 기름사초에, 어지럽게 자란 억새와 갈대
로 가득. 사슴은 작은 길 사이로 껑충 뛰고 오소리들은 재빠르게 서
로를 쫓아가네. 송골매와 새매가 훨훨 비상하고 메추라기들은 푸드
덕 날개 짓을 하네.

嗟嗟兮悲夫, 殽亂兮紛挐. 茅絲兮同綜, 冠屨兮共絢. 督萬兮侍宴, 周邵
兮負芻. 白龍兮見射, 靈龜兮執拘. 仲尼兮困厄, 鄒衍兮幽囚. 伊余兮念玆,
奔遁兮隱居. 將升兮高山, 上有兮猴猿. 欲入兮深谷, 下有兮虺蛇. 左見兮鳴
鵙, 右睹兮呼梟. 惶悸兮失氣, 踊躍兮距跳. 便旋兮中原, 仰天兮增歎. 菅
蒯兮野莽, 菫葦兮仟眠. 鹿蹊兮躙躙, 貒貉兮蟫蟫. 鷑鳩兮軒軒, 鶉鷁兮甄甄.

殽효: 어지럽다. 挐나: 뒤섞다. 屨구: 신발. 絢구: 신코 장식. 芻추: 꼴, 건초.
鄒추: 나라 이름. 伊이: 어조사. 虺훼: 살무사. 鵙격: 때까치. 梟효: 올빼미. 悸
계: 두려워하다. 距거: 크다. 跳도: 달리는 모양. 菅관: 솔새풀 이름. 蒯괴: 기
름사초풀 이름. 莽망: 무성하다. 菫관: 억새. 仟천: 무성하다. 眠면: 어지럽다.
蹊혜: 지름길, 질러가다. 躙단: 발자국. 貒단: 오소리. 貉학: 오소리. 蟫담: 벌
레가 움직이는 모양. 鷑전: 송골매. 鳩요: 새매. 軒헌: 오르다. 鶉순: 鷁암: 메
추라기. 甄견: 날다.

○紛挐분나: 혼란함. ○同綜동종: 같이 엮음. ○督萬독만: 화독華督과 송만宋
萬. 모두 춘추시기 송나라 사람으로 임금을 시해하는 행위를 저질렀음. ○周
邵주소: 주공周公과 소공邵公. 모두 주나라의 개국공신. ○仲尼중니: 공자.
○鄒衍추연: 전국시기 제齊나라 사람. 모함을 받아 감옥에 수감되었다. ○虺
蛇훼사: 독사. ○惶悸황계: 놀라고 두려워함. ○失氣실기: 호흡이 가빠짐. ○
踊躍용약: 뛰다. ○距跳거도: 힘껏 달림. "거"는 "거巨"와 통함. ○便旋편선: 돌
아다님. ○中原중원: 들판. ○仟眠천면: 초목이 무성한 모습. "면"은 어지럽다.
○躙躙단단: 짐승이 가는 모습. ○蟫蟫담담: 서로 뒤따라가는 모습. ○軒軒헌
헌: 날아오르는 모습. ○甄甄견견: 비상하는 모습.

[2]

　나 혼자임이 슬프고 뜻이 같은 사람이 없네. 구슬프게 한 수 읊으려고 하나 벌써 해가 지는 황혼이네. 검은 학은 높이 날아 푸른 하늘을 마음껏 비상하네. 꾀꼬리는 꾀꼴꾀꼴 지저귀고 산 까치는 까악까악 우네. 고니와 가마우지는 날개를 펴고 돌아가려는 기러기는 이제 길 떠나려 하네. 이제야 깨달았네, 자신이 영도를 그리워하고 있다는 것을. 신을 신고 일어서서는 걸음을 멈추고 환하게 날 밝아오길 기다리네.

　哀我兮寡獨, 靡有兮齊倫. 意欲兮沈吟, 迫日兮黃昏. 玄鶴兮高飛, 曾逝兮靑冥. 鶬鶊兮喈喈, 山鵲兮嚶嚶. 鴻鸕兮振翅, 歸雁兮于征. 吾志兮覺悟, 懷我兮聖京. 垂屣兮將起, 跱俟兮碩明.

靡미: 없다. 倫윤: 무리. 吟음: 읊다. 鶬창: 꾀꼬리. 鶊경: 꾀꼬리. 喈개: 새소리. 嚶앵: 새소리. 鸕로: 가마우지. 屣사: 신발. 跱주: 멈추다. 碩석: 크다.

○齊倫제륜: 뜻이 같은 사람. ○曾逝증서: 높이 남. ○靑冥청명: 하늘. ○鶬鶊창경: 꾀꼬리. ○喈喈개개: 새소리. ○嚶嚶앵앵: 새소리. ○鴻鸕홍로: 고니와 가마우지. ○聖京성경: 초나라의 수도 영도. ○垂屣수사: 신발을 신음. ○跱俟주사: 말을 멈추고 기다림. ○碩明석명: 날이 환하게 밝음.

상시傷時

때를 슬퍼하며

【해제】

"상시傷時"는 "때가 어지러움을 슬퍼함"의 의미.

이 편은 가을의 경물을 보고 감흥이 일어 지은 작품이다. 겨울이 가고 봄이 와서 꽃이 피는 계절에 겨울의 살벌함과 꽃들의 시듦을 생각한다. 작자는 이런 모습은 간신들이 법도를 어지럽히고 어진 이를 해치는 시국과 유사하다고 여긴다. 이에 작자는 이를 떠나 먼 곳으로 가고자 한다. 그러나 신령들의 극진한 대접을 받아도 결국에는 고국 초나라를 잊지 못한다. 시 전체에는 "어지러움"과 "그리움"이 교차하고 있어 고국에 대한 굴원의 감정을 잘 표현하고 있다.

[1]

봄의 신께서 신통함을 보이시어 날씨가 따뜻하고 청명하네. 솔솔 부는 바람은 따사롭고 풀들은 꽃을 피우네. 제비꽃과 씀바귀 무성한데 맑고 깨끗한 두형과 백지는 시드네. 곧고 바른 이들 해를 입고 일찍 꺾여 사라진 것이 애석하네. 세상은 밥에 물을 넣은 것처럼 혼탁하니 알아주는 이 없음을 슬퍼하네. 옛날의 성현들을 보니 그들도 욕을 당해 묶이고 갇혔다네. 관중은 몸이 묶여 족쇄와 수갑을 찼으며 백리해는 다른 곳에서 물건과 바뀌었네. 제나라 환공과 진秦나라 목공에게 인정받아 재능을 펼칠 수 있었네.

惟昊天兮昭靈, 陽氣發兮清明. 風習習兮穌煖, 百草萌兮華榮. 董荼茂兮扶疏, 蘅芷凋兮瑩嫇. 愍貞良兮遇害, 將夭折兮碎糜. 時混混兮澆饡, 哀當世兮莫知. 覽往昔兮俊彦, 亦誳辱兮係累. 管束縛兮桎梏, 百貿易兮傅賣. 遭桓繆兮識舉, 才德用兮列施.

穌화: 화합하다. 煖난: 따뜻하다. 董근: 제비꽃. 荼도: 씀바귀. 蘅형: 족두리풀. 凋조: 시들다. 瑩영: 밝다. 嫇명: 밝고 깨끗한 모양. 夭요: 어리다. 糜미: 짓무르다. 澆요: 물 대다. 饡찬: 국에 만 밥. 彦언: 선비. 系계: 잇다. 累루: 묶다. 桎질: 차꼬. 梏곡: 쇠고랑. 列열: 베풀다.

○昊天호천: 원의는 하늘. 이곳에서는 봄을 가리킴. ○昭靈소령: 영험을 드러냄. ○陽氣양기: 따뜻한 기운. ○習習습습: 봄바람이 솔솔 부는 모습. ○穌煖穌煖: 따사로움. ○華榮화영: 꽃. ○扶疏부소: 나뭇가지가 무성한 모습. ○蘅芷형지: 두형杜衡과 백지白芷. 모두 향초 이름. ○瑩嫇영명: 맑고 깨끗한 모양. ○碎糜쇄미: ○混混혼혼: 혼탁함. ○澆饡요찬: 원의는 물을 넣은 죽 밥. 물에 밥을 넣으면 밥 때문에 물이 뿌옇게 됨. 때문에 이곳에서는 세상의 어지러움에 비유함. ○俊彦준언: 재능 있고 어진 선비. ○誳辱굴욕: 굴욕을 당함. ○系累계루: 구금됨. ○管관: 관중管仲을 말함. 춘추시기, 제齊나라의 유명한 정치가. ○桎梏질곡: 차꼬와 쇠고랑. 형구의 일종. ○百백: 백리해百里奚를 말함. 진秦 목공穆公 때의 현신. ○貿易무역: 물건을 서로 바꿈. ○傅賣부매: 다른 곳으로 가서 자신을 팖. 『초사장구』는 "어떤 곳에는 '전'으로 되어 있다—一作傅"라고 했다. "전매傳賣"는 돌려 판다는 의미. ○桓繆환무: 제齊나라의 환공桓公과 진秦나라의 목공穆公. "무"는 "목"과 통함. ○列施열시: 재능을 나타냄.

[2]

잠시 거닐면서 자신을 달래고 거문고 타 책을 읽으며 노니네. 나라에서 핍박 받아 운신할 수 없으니 나는 동쪽 땅으로 가려네. 높고 험한 오령五嶺을 넘어 동해에 우뚝 솟은 부석산浮石山을 보네. 남쪽

의 단산丹山과 염야炎野를 지나 황지黃支에서 수레를 멈추네. 축융에
게 가서 의심스런 일을 물어보니 내가 행한 것은 자연스런 것이라고
칭찬하네. 이에 북쪽으로 방향을 바꿔, 북방의 신 휴㸐를 만나 연회
를 열어 즐기네. 가만히 즐기고자 해도 근심으로 가득 찬 마음에 그
럴 수 없네. 고삐를 풀고 말을 내달리는데, 갑자기 폭풍이 치고 검은
구름이 일어나네. 하늘을 나는 배를 타고 바다를 건너 안기생安期生
을 따라 봉래산에 오네. 하늘을 오르는 사다리를 따라 북쪽으로 가
서 태일이 사는 옥 누대를 오르네. 선녀에게 피리를 불어 달라 하고,
승과乘戈가 이에 맞춰 노래를 부르네. 소리가 맑고 트여 시원하면서
부드럽고, 선율은 유장하며 춤은 곱고 아름답네. 모두들 한창 좋아
하고 즐거워하는데 나만 아쉬워하며 슬퍼하네. 장화章華를 보며 길
게 탄식하고 속으로 고국을 떠나기 차마 아쉬워하네.

　且從容兮自慰, 玩琴書兮遊戲. 迫中國兮迮陿, 吾欲之兮九夷. 超五嶺兮
嵯峨, 觀浮石兮崔嵬. 陟丹山兮炎野, 屯余車兮黃支. 就祝融兮稽疑, 嘉己
行兮無爲. 乃回揭兮北逝, 遇神㸐兮宴娭. 欲靜居兮自娛, 心愁感兮不能.
放余轡兮策駟, 忽飈騰兮浮雲. 蹠飛杭兮越海, 從安期兮蓬萊. 緣天梯兮
北上, 登太一兮玉臺. 使素女兮鼓簧, 乘戈龢兮謳謠. 聲嗷誂兮淸和, 音晏
衍兮要婬. 咸欣欣兮酣樂, 余眷眷兮獨悲. 顧章華兮太息, 志戀戀兮依依.

迫박: 핍박하다, 몰리다. 迮책: 좁혀오다. 嵯차: 우뚝 솟다. 揭걸: 가다. 㸐휴:
북쪽 귀신. 娭애: 장난치다. 感척: 근심하다. 飈표: 바람, 폭풍. 騰등: 오르다.
蹠척: 밟다. 杭항: 건너다. 嗷교: 부르다, 외치다. 誂조: 꾀다, 유혹하다. 婬음:
음탕하다. 酣감: 즐기다, 한창. 眷권: 돌아보다. 依의: 의지하다.

○迮陿책협: 협소함. 운신의 폭이 없음을 의미. ○九夷구이: 동쪽에 사는 각
민족들. 이곳에서는 동쪽 땅을 의미. ○五嶺오령: 산 이름. 지금의 광둥·후난·

장시 성의 경계에 있음. ○浮石부석: 산 이름. 동해에 있다고 함. ○丹山단산: 남쪽에 있는 산 이름. ○炎野염야: 남방의 지명. ○黃支황지: 남방에 있는 옛 나라 이름. ○稽疑계의: 의심나는 것을 물음. ○無爲무위: 하지 않아도 자연스럽게 됨. ○回朅회걸: 방향을 바꾸어 감. ○神嬀신휴: 북방의 신 휴嬀. "휴"는 신 이름. ○飛杭비항: 하늘을 나는 배. "항"은 배. ○安期안기: 안기생安期生. 신선 이름. ○蓬萊봉래: 동해에 있다는 신선들이 사는 신산神山. ○天梯천제: 하늘에 오르는 사다리. ○太一태일: 천신天神 이름. ○素女소녀: 신녀神女 이름. 음악에 정통했다고 함. ○鼓簧고황: 피리를 붊. ○乘戈승과: 신화에 나오는 선인仙人 이름 ○謳謠구요: 노래함. ○噭洮교조: 맑고 탁 트임. ○晏衍안연: 선율이 유장함. ○要婬요음: 춤추는 모습이 곱고도 요염함. "음"은 "음淫"과 통함. ○眷眷권권: 아쉬워하는 모습. ○章華장화: 초나라 영왕靈王이 지은 누대 이름. 당시 "천하제일의 누대天下第一臺"로 불렸음. ○戀戀연연: 그리워하는 모양. ○依依의의: 아쉬워하는 모양.

애세哀歲

가는 세월을 슬퍼하며

【해 제】

"애세哀世"는 "세월이 감을 슬퍼함"의 의미다. 다시 말해 세월은 계속 흘러가고 자신은 이루어놓은 공이 없이 계속 늙어감을 한탄하는 내용이다.

이 편은 굴원이 유배를 당한 후 재능을 가지고도 펼치지 못하고 조정에 간신들이 득세하여 국가 기강을 어지럽히는 상황을 보며 어찌할 수 없음을 느낀다. 가을과 겨울의 살벌함처럼 시국이 위태롭지만 정작 굴원 자신은 아무 것도 할 수 없음에 괴로워한다. 앞의「상시傷時」가 만물이 소생하는 봄날을 근거로 굴원이 해탈하는 즐거움을 바란다면, 이 편은 가을과 겨울을 배경으로 굴원이 살았던 혼란한 시대와 그의 아프고 고통스런 인생 역정을 보여주고 있다.

[1]

가을이라 날은 선선하고, 높고 맑은 9월의 기운. 매섭고 차가운 북풍이 부니 초목은 시들어 누렇네. 맴맴 우는 매미들, 우들거리는 지네들. 세월은 빨라 또 한 해가 저물고 세태를 생각하니 마음이 아프네. 세상은 진흙탕처럼 혼탁하고 가려 있어 시비가 드러나지 않는 것이 슬프네. 저 모래와 자갈을 귀히 여기고 밤에도 빛나는 명주를 버리네. 산초나무와 아름다운 옥이 더러워지고 도꼬마리가 방을 채우네. 옷을 바로 하고 허리띠를 느슨히 하며 묵양墨陽 보검을 잡고 멀리 떠나리. 수레를 타고 마부에게 명해 저 먼 사방으로 달릴 것이라네. 대청에서 내려오니 전갈이 보이고 문을 나오니 벌떼를 만나네. 골목에는 그리마가 있고 마을에는 사마귀들로 가득하네. 이를 보고 저 해충들을 멸시하니 마음은 베이는 듯 아파오네.

旻天兮淸凉, 玄氣兮高朗. 北風兮潦冽, 草木兮蒼唐. 蜩蛺兮嘄嘄, 蜘蛆兮穰穰. 歲忽忽兮惟暮, 余感時兮凄愴. 傷俗兮泥濁, 曚蔽兮不章. 寶彼兮沙礫, 捐此兮夜光. 椒瑛兮涅汚, 枲耳兮充房. 攝衣兮緩帶, 操我兮墨陽. 昇車兮命僕, 將馳兮四荒. 下堂兮見蠆, 出門兮觸蜂. 巷有兮蚰蜒, 邑多兮螳螂. 睹斯兮嫉賊, 心爲兮切傷.

旻민: 하늘. 朗랑: 밝다. 潦료: 큰비. 冽렬: 차다. 蒼창: 청색. 蛺결: 쓰르라미. 嘄초: 새소리. 蜘즉: 지네. 蛆저: 지네, 구더기. 穰양: 넉넉하다. 曚몽: 눈멀다. 礫력: 자갈. 瑛영: 아름다운 옥. 涅열: 검고 미끈미끈한 흙. 枲시: 도꼬마리. 攝섭: 개다, 포개다. 蠆채: 전갈. 蚰유: 그리마. 蜒연: 그리마. 螳당: 사마귀. 螂랑: 사마귀.

○旻天호천: 가을. ○현기玄氣: 9월의 기운. "현"은 음력 9월. 『이아』「석천」에

는 "9월을 '현'이라고 한다九月爲玄"라고 했다. ○漻冽요렬: 매섭고 차가움. ○蒼唐창당: 초목이 시들 때의 청황색의 빛깔.『초사장구』는 "당은 어떤 곳에는 '황'으로 되어 있다唐, 一作黃라고 했다. "황黃"은 누렇다. ○蚸蛺이결: 씽씽매미. 매미의 일종. 몸빛은 암 황록색에 녹색 점무늬가 있음. ○噍噍초초: 새들이 우는 모양. ○蜘蛆즉저: 지네. ○穰穰양양: 많은 모양. ○朦蔽몽폐: 가려져 있음. "몽"은 "몽蒙"과 통함. "몽蒙"은 덮다, 가리다. ○夜光야광: 야광주夜光珠. 구슬 이름. ○涅汚열오: 더러워짐. "열"의 원의는 검고 미끈한 흙. 옛날 검은 색의 염료로 사용됨. 이곳에서는 검은 색으로 물들이는 의미. ○攝衣섭의: 옷을 단정하게 함. "섭"은 개다, 포개다. ○墨陽묵양: 보검 이름. ○四荒사황: 천지사방의 끝. ○蚰蜒유연: 그리마. 발이 많은 벌레로 회백색에 검누런 빛깔을 함. 나무나 돌 아래의 축축한 곳에 산다. ○螳螂당랑: 사마귀. ○嫉賊질적: 간신들을 미워함.

[2]

고개 숙여 오자서를 생각하고 고개 들어 비간을 불쌍히 여기네. 보검을 차고 관모를 벗으며 용처럼 몸을 굽히고 펴지 않네. 산과 연못에 몸을 숨기고 수목이 무성한 곳에 사네. 개울물을 보니 물은 매섭게 돌아 흐르네. 즐거워하는 자라와 악어들, 떼 지은 두렁허리와 메기들. 위 아래로 무리지어 오가며 늘어서서 움직이네. 지기가 없음이 한스럽고 나 혼자만 이렇게 외로이 있네. 겨울밤은 길고 날은 어두운데 비와 눈이 내리네. 신령스런 빛은 환하게 빛나고 귀신의 빛은 희미하게 번뜩이네. 덕을 닦아도 끌어줄 사람 없어, 걱정만 되고 흥이 나지 않으니 어떻게 살아야 하나. 온 몸을 감도는 이 근심과 답답함을 어디에서 풀어야 하나.

俛念兮子胥, 仰憐兮比干. 投劍兮脫冕, 龍屈兮蜿蹀. 潛藏兮山澤, 匍匐兮叢攢. 窺見兮溪澗, 流水兮沄沄. 黿鼉兮欣欣, 鱣鮎兮延延. 群行兮上下,

駢羅兮列陳. 自恨兮無友, 特處兮熒熒. 冬夜兮陶陶, 雨雪兮冥冥. 神光兮
熲熲, 鬼火兮熒熒. 修德兮困控, 愁不聊兮遑生. 憂紆兮鬱鬱, 惡所兮寫情.

俛부: 머리를 숙이다. 蜿완: 꿈틀거리다. 蹼선: 올무. 攢찬: 모이다. 澗간: 계곡
의 시내. 沄운: 물이 돌아 흐르는 모양. 黿원: 자라. 鼍타: 악어. 鱣전: 두렁허
리. 鮎점: 메기. 駢병: 나란히 하다. 熲경: 빛나다. 熒형: 빛나다. 困곤: 부족하
다. 控공: 당기다. 聊료: 즐기다. 遑황: 어찌. 惡오: 어찌.

○龍屈용굴: 용처럼 몸을 굽힘. ○蜿蹼완선: 펴지지 않는 모양. ○叢攢총찬:
모임. 이곳에서는 수목이 무성한 곳을 의미. ○沄沄운운: 물이 돌아 솟구쳐 흐
르는 모양. ○延延연연: 매우 많음. ○陶陶도도: 아주 긴 모양. ○冥冥명명: 어
두운 모양. ○熲熲경경: 아주 빛나는 모양. "형형炯炯"과 같음. ○熒熒형형: 희
미하게 번뜩이는 모양. ○困控곤공: 끌어줄 사람이 없음. ○憂紆우우: 온 몸을
감싸고 있는 근심. ○惡所오소: 어디. "소"는 곳, 장소.

수지守志

뜻을 지키리

【해제】

"수지守志"는 "자신의 뜻을 지킴"의 의미다.

이 편은 굴원이 정치적으로 큰 화를 당하고도 조정의 간신들에게
자신의 절개를 굽히지 않겠다는 신념을 읊고 있다. 굴원은 현실에
불만을 품고 선계를 날아 전대의 성현들을 비롯한 하늘의 별들과
함께 노닐며 교류하고, 또 천제를 도와 공을 세워 정신적 만족을 얻
는다. 편말에 실의와 탄식을 하지만 자신의 의지와 절개를 굳건히
하려는 마음이 더 잘 드러나고 있다. 특히 마무리 부분에서 독자에
게 보여주는 성군과 현신 그리고 훌륭한 정치를 그리는 마음은 왕

일이 굴원이 살았던 어두운 시대를 개탄하는 것이자 굴원으로 하여
금 자아를 초월하여 이상적인 정치를 완성하도록 바라는 마음을 보
여준다.

[1]

곤륜산 올라 자유로이 거닐고 높고 험한 산등성이를 보네. 계수
나무는 엉기어 자라고 쭉 뻗은 가지는 보랏빛 꽃을 피웠네. 공작새
와 난새가 살아야 하건만 지금은 올빼미들만 모이네. 놀란 까마귀
와 까치 까악까악 우는데 이를 보니 슬퍼지네. 저 해와 달은 빛이 없
고 어두운 것은 요사스런 기운이 하늘을 가렸기 때문이네. 우리 임
금님 명철하지 못하시니 어떻게 정성스런 마음을 보이고 충성을 다
할 수 있으리. 날개를 펴고 속세를 초월해 즐겁게 노닐며 마음을 키
우리. 구불구불 이어진 여섯 마리 교룡을 타고 내달려 구름 위로 올
라가리.

陟玉巒兮逍遙, 覽高岡兮嶢嶢. 桂樹列兮紛敷, 吐紫華兮布條. 實孔鸞
兮所居, 今其集兮惟鴞. 烏鵲驚兮啞啞, 余顧瞻兮怊怊. 彼日月兮闇昧, 障覆
天兮浸氛. 伊我后兮不聰, 焉陳誠兮效忠. 攄羽翮兮超俗, 遊陶遨兮養神.
乘六蛟兮蜿蟬, 遂馳騁兮陞雲.

岡강: 산등성이. 嶢요: 높다. 鴞효: 부엉이. 啞아: 까마귀 소리. 怊초: 슬프다.
闇암: 어둡다. 浸침: 요기妖氣. 焉언: 어찌. 攄터: 펴다. 翮핵: 깃촉. 陶도: 기
뻐하다. 遨오: 놀다. 蜿완: 굼틀거리다. 蟬선: 연속하다

○玉巒옥만: 곤륜산. 『초사장구』는 "곤륜산을 말한다崑崙山也"라고 했다. ○嶢嶢요요: 산이 높고 험한 모양. ○紛敷분부: 뒤섞여 퍼져있음. "분"은 섞이다. "부"는 퍼지다. ○布條포조: 가지가 뻗어 있음. ○啞啞아아: 까마귀나 까치가 우는 소리. ○怊怊초초: 슬퍼하는 모양. ○祲氛침분: 상스럽지 않은 기운. ○羽翮우핵: 날개. ○陶遨도오: 즐겁게 노님. ○蜿蟬완선: 구불구불하게 길게 이어짐.

[2]

　혜성의 빛을 날리며 깃발로 삼고 번개의 빛을 잡아 채찍으로 삼네. 새벽에 영도를 출발해 아침을 먹을 무렵에 은하수에 이르네. 곡아曲阿를 돌아 북쪽에 머물렀다가 수레를 몰아 남쪽 끝에 오네. 천지의 신을 알현해 예물을 올리고, 충직하고 올바른 이를 숭상하는 마음 더욱 굳건히 하네. 천궁을 돌며 두루 살펴보고 귀한 물건과 보물을 보네. 신성辰星으로 가서 용을 타고 직녀성織女星과 혼인을 맺네. 천필성天畢星을 들어 사악한 자들을 없애고 천호성天弧星을 당겨 간사한 자들을 쏘네. 선인을 따라 자유롭게 비상하고 원기를 먹고 장생하리. 위엄 있는 태미성太微星을 바라보고, 찬란한 삼계성三階星을 보네. 임금을 도와 가르침을 이루고 큰 업적을 세워 후세에 공을 전하네. 해는 어느덧 서쪽으로 지니 길은 멀고 험해 탄식만 나오네. 마음은 억눌리고 통하지 않으니, 실의에 빠져 슬퍼하는 이 몸을 불쌍히 여기네.

　揚彗光兮爲旗, 秉電策兮爲鞭. 朝晨發兮鄂郢, 食時至兮增泉. 繞曲阿兮北次, 造我車兮南端. 謁玄黃兮納贄, 崇忠貞兮彌堅. 歷九宮兮遍觀, 睹秘藏兮寶珍. 就傅說兮騎龍, 與織女兮合婚. 擧天畢兮掩邪, 彀天弧兮射姦.

隨眞人兮翱翔, 食元氣兮長存. 望太微兮穆穆, 睨三階兮炳分. 相輔政兮成化, 建烈業兮垂勳. 目瞥瞥兮西沒, 道遐迥兮阻歎. 志稸積兮未通, 悵敞罔兮自憐.

次차: 머물다. 造조: 이르다. 贄지: 폐백, 면회할 때 가지고 가는 예물. 秘비: 숨기다. 畢필: 토끼그물. 掩엄: 엄습하다. 彀구: 당기다. 翱고: 날다, 비상하다. 睨예: 흘겨보다. 瞥별: 빠르다. 迥형: 멀다. 阻조: 험하다. 稸축: 쌓다. 敞창: 높다.

○彗光혜광: 혜성의 빛. ○電策전책: 번개의 빛. ○增泉증천: 은하수. ○曲阿곡아: 지명. ○玄黃현황: 천지의 신. 『초사장구』는 "중앙의 신이다中央之帝"라고 했다. ○納贄납지: 연장자나 높은 사람을 만날 때 내는 예물. ○九宮구궁: 천궁天宮. ○秘藏비장: 원의는 숨기고 감춤. 이곳에서는 드러나지 않았던 귀한 물건을 의미. ○傅說부열: 은나라 무정武丁 때의 현신. 전설에 의하면, 부열은 사후에 하늘에 올라가 신성辰星이 되었다고 함. 이곳에서는 "신성"을 말함. ○天畢천필: 별이름. 천필天畢이라고도 함. 별이 그물을 펼쳐놓은 모양 같다고 하여 붙인 이름. ○掩邪엄사: 사악한 무리들을 엄습함. 간신들을 없앤다는 의미. ○天弧천호: 별 이름. 별이 화살을 활에 올려놓은 모양 같다고 해서 붙인 이름. ○太微태미: 별이름. ○穆穆목목: 위엄 있는 모양. ○三階삼계: 별 이름. "삼태三台"라고도 함. 고대 이 별은 임금을 도와 정무를 처리하는 "삼공三公"에 비유됨. ○炳分병문: "빈분繽紛"이 바뀐 발음. "빈분"은 빛이 밝음. ○成化성화: 가르침을 달성함. ○烈業열업: 큰 업적. ○目목: "일日"의 잘못된 표기로 추정됨. ○瞥瞥별별: 빛이나 소리가 순식간에 없어짐. ○遐迥하형: 멀고 아득함. ○稸積축적: 억눌림. ○敞罔창망: 실의한 모양.

[3]

마무리: 하늘께서 밝아지시니 구름과 무지개는 숨고 일월성신께서는 온 세상을 환하게 비추시네. 도마뱀을 물리치고 거북과 용을 올리시며 계책을 따라 나라를 안정시키시네. 후직后稷과 설契에 비

견되시고 요임금의 업적을 드날리시니, 세상의 인재 중에 누가 여기
에 비견되리.

亂曰: 天庭明兮雲霓藏, 三光朗兮鏡萬方. 斥蜥蜴兮進龜龍, 策謀從兮翼
機衡. 配稷契兮恢唐功, 嗟英俊兮未爲雙.

鏡경: 비추다. 蜥석: 도마뱀. 蜴척: 도마뱀. 翼익: 돕다. 配배: 짝짓다. 恢회: 넓
다. 嗟차: 탄식하다.

○天庭천정: 하늘. ○三光삼광: 해·달·별. ○蜥蜴석척: 도마뱀. ○機衡기형:
북두칠성의 세 번째 별인 선기璇璣와 다섯 번째 별인 옥형玉衡을 합해서 부
른 말. ○稷契직설: 두 사람 모두 요임금의 현신. "직"은 후직后稷으로, 주나라
의 선조가 됨. "설"은 상商나라의 선조가 됨. ○唐功당공: 요임금의 공업. "당"
은 요임금. ○영준英俊: 뛰어난 인재.

찾아보기

【사람 이름】

【땅·나라 이름】

초사

© 권용호 2015

1판 1쇄 2015년 10월 30일
1판 3쇄 2021년 7월 7일

지은이 굴원·송옥 외
옮긴이 권용호
펴낸이 강성민
편집장 이은혜
마케팅 정민호 김도윤
홍보 김희숙 김상만 함유지 김현지 이소정 이미희 박지원

펴낸곳 (주)글항아리 | 출판등록 2009년 1월 19일 제406-2009-000002호
주소 10881 경기도 파주시 회동길 210
전자우편 bookpot@hanmail.net
전화번호 031-955-1936(편집부) 031-955-2696(마케팅)
팩스 031-955-2557

ISBN 978-89-6735-262-2 03140

잘못된 책은 구입하신 서점에서 교환해드립니다.
기타 교환 문의 031-955-2661, 3580
www.geulhangari.com